Thilo Sarrazin

Die Vernunft und ihre Feinde

Thilo Sarrazin

Die Vernunft und ihre Feinde

Irrtümer und Illusionen ideologischen Denkens

LMV

MIX
Papier aus verantwortungsvollen Quellen
FSC® C014889
www.fsc.org

1. Auflage August 2022
2. Auflage September 2022

Umschlaggestaltung: BÜRO JORGE SCHMIDT, München
Satz: Satzwerk Huber, Germering
Druck und Binden: Friedrich Pustet GmbH & Co.KG, Regensburg
Printed in Germany
ISBN 978-3-7844-3641-8

www.langenmueller.de

Inhalt

Einleitung

Der Kern des gesamten menschlichen Fortschritts zu mehr Wissen und Erkenntnis ist das sogenannte evidenzbasierte Denken, das auf der Anwendung von Logik und Empirie auf die Erscheinungen der Wirklichkeit beruht. Es steht im Gegensatz zu Ideologie, Aberglauben und dem Herbeifantasieren von bloß gewünschten Wahrheiten. Es ist bedenklich, dass seit einigen Jahren in der westlichen Welt offenbar jene Minderheiten wachsen, die Wünsche, Fantasien und Vorurteile an die Stelle von positivem Wissen stellen. Solche Tendenzen werden auch von vielen Medien unterstützt, und sie finden sich auf der linken wie auf der rechten Seite des politischen Spektrums. Ich nenne einige aktuelle Beispiele:

- Der größte Angriff auf die menschliche Vernunft, der den meisten von uns bis zum Eindruck des Ereignisses ganz undenkbar erschien, war der Angriff Russlands auf die Ukraine am 24. Februar 2022. Seitdem wissen wir erneut: Das Böse und Irrationale ist in der Welt, und es richtet sich nicht nach unseren Wünschen.
- Auch ein Jahr nach der Erstürmung des Kapitols in Washington am 6. Januar 2021 durch fanatisierte Trump-Anhänger glaubten immer noch 70 Prozent der republikanischen Wähler, dass Donald Trump der Wahlsieg durch Fälschung gestohlen wurde, das ist immerhin ein Drittel der gesamten Wählerschaft.
- »Querdenker« und esoterische Impfgegner zweifeln den Nutzen und die Wirksamkeit von Impfstoffen gegen das Coronavirus an. Die Debatte über Pro und Contra des Impfens in der Coronapandemie hat teilweise die Grenzen kritischer Vernunft gesprengt.[1]
- Fundamentalisten im Christentum und im Islam verneinen die Gültigkeit der Darwin'schen Evolutionstheorie und bestehen auf einem wörtlichen Verständnis der Bibel und des Korans. Unter den religiösen Strömungen der Gegenwart haben diese Fundamentalisten einen wachsenden Einfluss.

- Fanatische Vertreter der Genderideologie verneinen die Existenz eines biologischen Geschlechts und verlangen, dass sich die gesellschaftliche Wirklichkeit ihren Fiktionen unterordnet.
- Linke Ideologen wenden sich gegen die Erkenntnis, dass auch die Struktur und die Reichweite des menschlichen Intellekts biologisch bestimmt sind und zum überwiegenden Teil genetisch determiniert werden. Sie hängen lieber dem Aberglauben an, dass der menschliche Geist beliebig formbar sei und alle wesentlichen Unterschiede zwischen den Menschen den Ungerechtigkeiten der Gesellschaft zuzurechnen seien.
- Zwei Jahrzehnte nach dem Terrorangriff vom 11. September 2001 verdrängen breite Strömungen in Politik und Gesellschaft die Gefahren des politischen Islam, solange er nur »gewaltfrei« auftritt, und nehmen es passiv hin, dass sich in den westlichen Einwanderungsgesellschaften an staatlichen Schulen religiöse Intoleranz ausbreitet und strenggläubige Muslime mehr und mehr die Regeln bestimmen. Insbesondere linke und grüne Politiker wollen von diesen Problemen nichts wissen.[2]

Wo Logik und Empirie an den Rand gedrängt werden und »alternative Fakten« an ihre Stelle treten, weitet sich der Raum für ideologisch geprägtes vorurteilsbeladenes Denken, und es sinkt die Toleranz: In den letzten Jahren und Jahrzehnten ist zu beobachten, dass sich die Toleranzräume und Toleranzbreiten in der Gesellschaft verschoben haben. Das prägt auch die Stoßrichtung politischer und moralischer Debatten. Während in Fragen der Kleidung, des guten Benehmens, der sexuellen Orientierung, der Einstellung zu Ehe und Familie eine große Liberalisierung stattgefunden hat, hat es auf anderen Gebieten eine erhebliche Verengung gegeben. Das gilt insbesondere für die kulturelle Haltung zu naturwissenschaftlichen und biologischen Erkenntnissen. Auch Diskussionen über Einwanderungsfragen und das Verhältnis der Geschlechter werden mehr und mehr ideologisch verengt. Eine solche Verengung passt nicht zum Geist der abendländischen Aufklärung. Soweit sie zur Intoleranz führt, kann sie ab einem bestimmten Punkt auch sicher geglaubte

Grundlagen der demokratischen und liberalen Gesellschaftsordnung infrage stellen.

Der Unterschied zwischen dem Menschen und dem Rest der belebten Natur besteht in der menschlichen Denkfähigkeit. Unter den Menschen selber sind aber die Richtungen, in die sie ihre Verstandeskräfte einsetzen, sehr unterschiedlich. Unterschiedlich ausgeprägt sind auch der Drang, die eigenen Verstandeskräfte zu bemühen, und die Bereitschaft, sich den Zwängen von Logik und Empirie zu stellen.

Das »Menschsein« ergibt sich aber nicht nur aus den formalen Fähigkeiten des menschlichen Gehirns, sondern auch aus seiner biologischen Natur, also seiner sterblichen Körperlichkeit und seinem Antrieb, zu leben und sich mit der Welt auseinanderzusetzen. Darum wird auch künstliche Intelligenz (KI) den Menschen nie ersetzen können (ob sie sich irgendwann zur Herrschaft über ihn aufschwingen kann, ist eine andere Frage). Der spezifisch menschliche Verstand befähigt den Menschen grundsätzlich zu Erkenntnis und Wahrheitsfindung. Dieser Unterschied zur Tierwelt – insbesondere zu den höheren Säugetieren und den Primaten – ist allerdings nicht prinzipiell, sondern graduell. Über die Richtung des menschlichen Denkens, die Fragen, die der Mensch sich stellt, und die Wege, auf denen er sie beantwortet, entscheiden zum einen Herkommen, Sitte und erlernte Gewohnheiten, zum andern seine vorrationalen Lebensantriebe.

Einer der großen Unterschiede liegt dabei in der Frage, ob jemand sein Denken einsetzt, um bestimmte, vorher feststehende »Wahrheiten« zu bestätigen, oder ob er sich ergebnisoffen um objektiven Erkenntnisfortschritt bemüht. Im letzteren Fall sind zumeist Hypothesen und Vermutungen der Ausgangspunkt, die dann mit den Mitteln von Logik und Empirie bestätigt, weiterentwickelt oder verworfen werden.

Auf dem Weg des Zweifels und des fragenden Einsatzes von Logik und Empirie entstand die menschliche Zivilisation mit all ihren technischen Fähigkeiten und Fertigkeiten. Dazu zählt insbesondere die moderne Naturwissenschaft, die uns hilft, das menschliche Genom zu entschlüsseln, über die Entstehung der Welt nachzudenken und Schwarze Löcher im Weltraum zu entdecken. Die Erfolge des menschlichen Geistes in Mathematik, Informationsverarbeitung, Naturwissenschaften, Medizin und Maschinenbau zeigen eindrucksvoll, dass dem Menschen objektive Erkenntnis und systematischer Erkenntnisfortschritt grundsätzlich möglich sind. Nur so konnte die menschliche Lebenserwartung auf durchweg mehr als 70 Jahre steigen und die Erde zum Lebensraum für mittlerweile bald acht Milliarden Menschen werden.

Auch in allen Fragen des menschlichen Zusammenlebens und der richtigen Organisation menschlicher Gesellschaften sind objektive Erkenntnisse und systematischer Erkenntnisfortschritt grundsätzlich möglich. Das zeigt sich, wenn man die Zustände parallel existierender Gesellschaften und Staaten vergleicht und die Ursachen für die beobachteten Unterschiede erforscht. Schnell wird klar: Über den inneren Frieden, die verwirklichte Freiheit und die materiellen Lebensbedingungen in einer Gesellschaft entscheiden deren historisch entwickelte Kultur, die Sozialisation der Menschen und die von ihnen geschaffenen Gesetze und Institutionen. Im weitesten Sinne entscheidet also das Sozialmodell einer Gesellschaft über ihren Erfolg. Überall auf der Welt – in den Anden ebenso wie am Rand der Sahara – könnten die Menschen so reich wie in Schweden sein, wenn sie ähnliche Institutionen geschaffen hätten und ähnlich gebildet, diszipliniert und arbeitsam wären.

Menschen sind aber keine Maschinen, die sich einmal gesetzten Zwecken einfach unterordnen. In ihrer begrenzten Lebenszeit suchen sie sich ihren je eigenen Lebenssinn. Die Sinnfrage kann aber jeder Mensch grundsätzlich radikal unterschiedlich beantworten. Je freiheitlicher eine Gesellschaft ist und je mehr die materielle Not sowie der schiere Kampf ums Überleben aus ihr verdrängt werden, umso unterschiedlicher können die Lebensentwürfe sein und umso heftiger kann man über Sinnfragen streiten. Die große Kulturleistung der modernen westlichen demokratisch verfassten Gesellschaft besteht darin, dass sie die Sinnfrage quasi privatisiert hat. Das ist der tiefere Sinn der in allen demokratischen Gesellschaften verfassungsrechtlich garantierten Religionsfreiheit. Nach dem westlichen Ordnungsmodell sollen sich Staat und Gesellschaft grundsätzlich auf das Organisatorische beschränken. Ihren Lebenssinn müssen sich die Bürger selber suchen, den können sie nicht von der Gesellschaft erwarten.

Dieses Gedankenmodell ist bestechend einfach und der Kern des gesellschaftlichen Freiheitsversprechens der westlichen Moderne. Darin liegt aber auch ihre Achillesferse, denn das westliche Gedankenmodell kommt an seine Grenzen, wenn Bürger ihre Sinnsuche auf die Organisation der Gesellschaft projizieren. Daraus erwachsen die meisten Spannungen, die gegenwärtig westliche Gesellschaften erschüttern:

- Die historisch gewachsene Sprache wird administrativ verändert, um im Sinne der Genderpolitik Gleichheitspostulate durchzusetzen, die im Zweifel auch biologische Unterschiede beiseiteschieben und notfalls verneinen.
- Die Begriffe und Organisationsformen von Ehe und Familie werden ihrer biologischen Fundierung beraubt, um jede sexuelle Beziehung zwischen zwei Menschen erfassen zu können. Selbst die Begriffe von Vater und Mutter werden ihrer biologischen Bedeutung entkleidet.
- Um der menschlichen Gleichheit willen werden genetische Unterschiede in Charakter, Fähigkeiten und Eigenschaften geleugnet und – wo dies beim besten Willen nicht funktioniert – gesellschaftlich und (jedenfalls in den Sozialwissenschaften) wissenschaftlich tabuisiert.
- Soweit diese normative Gleichheitsideologie zur Grundlage des staatlich gesteuerten Bildungswesens wird, verzichtet man auf die richtige Entwicklung der geistigen Ressourcen einer Gesellschaft und beeinträchtigt auf diese Art langfristig ihre Wissensgrundlagen.
- Gleichzeitig werden Aspekte von Sünde, Schuld, Erlösung und Gerechtigkeit im Übermaß auf die Gesellschaft projiziert. So nehmen die unterschiedlichsten Forderungen zur Organisation der Gesellschaft den Charakter eines Religionsersatzes an.
- In der Fülle der so entstehenden Widersprüche wird die Organisation der Gesellschaft gleichzeitig komplizierter und wider-

sprüchlicher. Notwendige Reaktionen auf extern bedingte Veränderungen werden langsamer. Die Risiken für einen künftigen Niedergang werden größer.

Der so skizzierte Rahmen erklärt zahlreiche Spannungen, die gegenwärtig westliche Gesellschaften heimsuchen. Dazu gehören auch ein ideologisch geprägter Gleichheitsbegriff und eine fatale Neigung, Fragen, die aufs Tatsächliche zielen, moralisch zu belasten und unerwünschte Antworten mit moralischer Verurteilung zu sanktionieren.

Es wäre natürlich unpolitisch und auch sinnlos, die Diskussion von Zielen und Werten aus der gesellschaftlichen Debatte auszuklammern. Notwendig aber ist es, dafür zu kämpfen, dass dabei Logik, Empirie und die Grundlagen solider Wissenschaft nicht unter die Räder geraten. Diese Gefahr wird gegenwärtig in Politik und Medien immer deutlicher, und das ist der Anlass dieses Buches.

Ob es künftig noch gelingen kann, dieser Gefahr zu begegnen, ist durchaus offen. Vom Verfassungsrechtler Ernst-Wolfgang Böckenförde stammt die Erkenntnis, dass der moderne demokratisch verfasste Staat auf Voraussetzungen beruht, die er selbst nicht schaffen kann. Und der Dichter Bertolt Brecht schrieb 1953 nach dem gescheiterten Aufstand in der DDR, das Volk habe das Vertrauen der Regierung enttäuscht, und darum müsse sich jetzt die Regierung ein neues Volk suchen. Beide Äußerungen sprechen die Legitimations- und Vertrauensfrage an, die in jeder Staatsform und erst recht in der Demokratie beileibe kein Selbstläufer ist.

Historisch gesehen, kommt auch der menschlichen Demografie ein großer Einfluss zu, denn Fortpflanzungsneigung und Fortpflanzungserfolg verteilen sich je nach Denkstil unter den Menschen unterschiedlich. So gibt es auch bei den größten Extravaganzen, die sich die menschliche Kultur und Zivilisation leisten, immer wieder die Rückkehr zu einer Normalität. Das gilt für sexuelle Neigungen, aber auch für die Eigenarten der Geschlechter. Wer sich zu sehr in rationalen Zweifeln aufhält und darüber die Erzeugung und Aufzucht von Nachwuchs aus dem Auge verliert, wird seine ererbten Eigenschaften, seine Einstellungen und Neigungen nicht so weitergeben können wie andere.

Wirklichkeits- und wahrheitsorientiertes Denken ist aber grundsätzlich immer möglich. Es liegt letztlich allen Wissens- und Erkenntnisfortschritten zugrunde, die menschliche Zivilisationen ermöglicht haben. Das gilt für die Mathematik, die Naturwissenschaften, aber auch für die Anstrengungen der Philosophen und Sozialwissenschaftler, die Situation und die Antriebe des Menschen und die von ihm geschaffenen Formen menschlichen Zusammenlebens besser zu verstehen. Methodisch richtiges, an Wirklichkeit und Wahrheit orientiertes Denken dient nicht nur der Wissenschaft und dem Erkenntnisfortschritt, sondern auch der Förderung des menschlichen Wohls und dem Fortschritt der Gesellschaft. Falsches Denken kann wiederum das Gegenteil bewirken. Was »falsch« und was »richtig« ist, zeigt sich bei allen empirisch gehaltvollen Behauptungen und Sachfeststellungen an ihrem Abgleich mit der Wirklichkeit und bei allen abstrakten Feststellungen an ihrer Übereinstimmung mit den Gesetzen der Logik.

Die »Wahrheit« über einen beliebigen Sachverhalt ist zumeist komplex. *Unterschiedliche Fragestellungen können so zu scheinbar widersprüchlichen Ergebnissen führen.* Alles Wissen über die Wirklichkeit, das wir erwerben, hat zudem vorläufigen Charakter, bis wir eine bessere Erkenntnis erworben haben. Der Erkenntnisfortschritt ist grundsätzlich nie abgeschlossen, und die innere Offenheit dafür ist die Bedingung, dass es überhaupt Erkenntnisfortschritt gibt (»Ich weiß, dass ich nichts weiß«).

Der Gegenstand dieses Buches ist zwar nicht die Erkenntnis- und Wissenschaftstheorie. Die Bezugnahme auf ihre Ergebnisse ist allerdings einer seiner Ausgangspunkte: Ich präzisiere, was unter »richtigem« Denken zu verstehen ist, und stütze mich dabei vor allem auf die von Karl Popper entwickelte Philosophie des *Kritischen Rationalismus*. Damit kontrastiere ich den Einfluss von religiös und ideologisch gefärbten Denkstilen. Diese können zu bestimmten Verzerrungen in Blickwinkel und Betrachtungsweise führen, die nicht nur der Wahrheitsfindung im Wege stehen, sondern für den menschlichen Erkenntnisfortschritt und für eine freie und offene Gesellschaft auch gefährlich werden können. Gerade das 20. und die ersten beiden Dekaden des 21. Jahrhunderts haben dafür schockierende Beispiele geliefert.

Unterschiedliche Denkstile führen zu unterschiedlichen Fragestellungen an die Wirklichkeit und färben auch die emotionale Sicht auf diese. Mit der schlagwortartigen Metapher vom »linken« oder »rechten« Denken sind die gegensätzlichen Denkstile einerseits treffend, andererseits aber unvollständig beschrieben. Quer dazu laufend ist der Gegensatz zwischen ideologischem und sachbezogenem Denken. Zur Frage des Einflusses von Denkstilen werde ich in dem Buch wiederholt zurückkehren. Der Einfluss unterschiedlicher Denkstile ist quasi sein Dreh- und Angelpunkt.

Ideologisches, magisches und religiöses vs. sachliches Denken

Der Mensch strebt danach, sich die Welt zu erklären, damit er sich in ihr zweckgerecht und mit Erfolg bewegen kann. Dieses Bestreben existiert grundsätzlich unabhängig vom Grad seiner geistigen Fähigkeiten und seines Wissens und unabhängig von Kultur, Gesellschaft und Lebensalter. Dabei spielen pragmatische Denkmuster eine Rolle, die sich rein lebenspraktisch bewährt haben. Aber auch gesellschaftliche und religiöse Normen sowie die eigenen Interessen, Begierden, Wünsche und Gefühle können hier einen großen und teilweise beherrschenden Einfluss ausüben.

Grundsätzlich ist es für die Qualität der Erkenntnis zwar ohne Belang, woher der Mensch seine Antriebe, Fragestellungen und vorgefertigten Denkmuster bezieht. Es gibt allerdings ein zentrales Unterscheidungskriterium:

- Ist sein Erkenntnisinteresse mit offener Wissbegier auf die Wirklichkeit gerichtet, will er diese begreifen und verstehen, und ist er bereit, entsprechend dazuzulernen und sich gegebenenfalls auch eines Besseren belehren zu lassen?
- Oder schaut er auf die Wirklichkeit mit der Absicht, sich eine bestimmte bereits vorgefasste Meinung und Positionierung bestäti-

gen zu lassen – auch um den Preis, dass sein Blick auf die Wirklichkeit und die Lehren, die er daraus zieht, grob verzerrt sind?

Ist Letzteres der Fall, dann hat sich der Mensch beim Denken Scheuklappen angelegt. Er tendiert dazu, nur noch jene Tatsachen zu sehen oder zumindest stärker zu gewichten, die seine vorgefasste Meinung bestätigen. Auf Abweichungen der Wirklichkeit von seiner vorgefassten Meinung reagiert er mit Ignoranz, Wut oder mit der Herabsetzung jener, die ein anderes Urteil haben als er.

Solche Blockaden aufgrund einer Präformierung der eigenen Meinung beruhen häufig auf intellektuellem Unvermögen oder geistiger Bequemlichkeit. Sie können aber auch daran liegen, dass jemand beim Denken geistig eine bestimmte ideologische oder religiöse Brille aufgesetzt hat. Nahezu jedermann rutscht aber leicht in eine solche erkenntnishemmende Einseitigkeit des Denkens hinein, wenn er in seinen Fragen an die Welt und ihre Wirklichkeit zu eng und zu einseitig ist. Er kommt dann in die Rolle dessen, der als einziges Werkzeug einen Hammer besitzt und aus diesem Grund überall einen Nagel sieht, den er einschlagen kann.

Zu der darin liegenden Gefahr und ihren Implikationen werde ich im Verlauf des Buches immer wieder zurückkehren.

Linkes, rechtes und ideologisches Denken

Als »linkes« oder »rechtes« Denken bezeichne ich die geistigen Flügel eines bestimmten Ausblicks auf die Welt, die nicht notwendigerweise ideologisch sind. Wohl aber sind sie durch Ideologie gefährdet, und dann führen sie zu jenen der Wahrheitsfindung abträglichen und für die Gesellschaft gefährlichen Verzerrungen des Denkens, die Gegenstand dieses Buches sind.

- Der Kern linken und durch Ideologie gefährdeten Denkens liegt in der Fixierung auf Fragen der Gleichheit unter den Menschen und den damit verbundenen Vorstellungen von Gerechtigkeit.

Ideologisch gewendet, führt dies zum Hass auf Reiche oder auf andere Weise in einer als ungerecht empfundenen Form Begünstigte. Wo linkes Gleichheitsdenken herrscht, ist der Neid selten fern, und auch Gewaltfantasien gehören dazu.[3]

– Der Kern rechten und durch Ideologie gefährdeten Denkens liegt in der Fixierung auf Abstammung, Tradition und Herkunft. Ideologisch gewendet, kann dies zu völkischem Denken und zu undifferenziertem Hass auf das Unbekannte, das Fremde und das kulturell Andersartige führen. Rechtes Denken wird dann besonders gefährlich, wenn das eigene Volk und seine Abstammung über ein bestimmtes Maß hinaus mystifiziert und mit einer besonderen historischen Bestimmung versehen werden: Hitler sah sich als Werkzeug einer »Vorsehung«, die die germanische Rasse zur Weltherrschaft führen sollte – das endete in Blutrausch und Völkermord –, und Putin begründete den Überfall auf die Ukraine mit der historischen Bestimmung der russischen Nation.
– Ideologisches Denken verabsolutiert ein bestimmtes Erklärungsmuster, das möglicherweise nur im Kopf des Ideologen besteht, zur absoluten Wahrheit. Es ordnet einem tatsächlichen oder vermuteten Übel einen Schuldigen zu. Bei dem oder den Schuldigen kann es sich um eine wie auch immer abgegrenzte Personengruppe, eine geistige Haltung, eine Organisationsform oder eine gesellschaftliche Institution handeln.

Der ehemalige Bundestagspräsident Wolfgang Thierse, aus der ostdeutschen Bürgerbewegung stammend und langjähriges Mitglied der SPD, zog Parallelen zwischen linker und rechter Identitätspolitik, legte bei beiden ihre demokratiefeindlichen Tendenzen offen und löste unter linken Sozialdemokraten einen Shitstorm aus, als er sich gegen die Cancel Culture wandte und die Opfer-Fixierung infrage stellte: »Opfer sind unbedingt zu hören, aber sie haben nicht per se recht und sollten auch nicht selber Recht sprechen und die Diskurse entscheiden.«[4]

Sowohl »linkes« als auch »rechtes« Denken sind nicht per se schädlich oder gar verderblich. In maßvoller, selbstkritischer Dosierung gehört beides zu den legitimen Aspekten unterschiedlicher Weltbilder und den damit verbundenen Ausprägungen unterschiedlicher Fragestellungen an die Welt. Zudem gibt es ganz unterschiedliche Strömungen von gemäßigt bis sehr radikal, bei den Linken zum Beispiel Marxisten, Kommunisten, traditionelle Sozialdemokraten, Anarchisten, Linksliberale, Ökolinke, Postkolonialisten.

Es hat sich aber seit einigen Jahrzehnten in der Wirklichkeit westlicher Gesellschaften so ergeben, dass »linkem« Denken, auch wo es irrtumsgeneigt ist und nachweislich verderbliche Wirkungen hatte, oft ein pauschaler moralischer Rabatt gegeben wird, weil es doch so »idealistisch« und so »fortschrittlich« ist und Linke – so geht die Saga – meist das Gute wollen, auch wenn sie durch Übereifer und Ungeschick häufig das Schlechte bewirken mögen.

»Rechtes« Denken dagegen gilt vielen selbst dann als moralisch fragwürdig, wenn es vernunftgeleitet ist und auf die Wahrung und Sicherung bewährter Ordnungsmuster zielt. In diesem Denkstil bleibt der »Rechte« bis zum Beweis des Gegenteils immer ein potenzieller Bösewicht, dem man zumindest mangelnde Einsicht unterstellen muss, während man dem »Linken« ungeprüft unterstellt, dass er zumindest in die richtige Richtung denkt. Der von den Linken und Linksliberalen aufgebaute Buhmann rechten Denkens ist tatsächlich die Denunzierung aller nicht linken Positionen als rechts(radikal)[5] und damit die implizite Verharmlosung von rechtem Extremismus, der nämlich damit aus dem politischen Fokus gerät.

Zur deutschen Gegenwart stellt Harald Martenstein kritisch fest, dass der »Kampf gegen rechts« vom Staat mit Millionen gefördert wird, während offenbar niemand auf die Idee kommt, einen »Kampf gegen links« auszurufen. Natürlich muss man demokratiefeindlichen politischen Extremismus von links und rechts gleichermaßen ablehnen. Martenstein weist darauf hin, dass derjenige, der nicht zwischen »rechts« und »rechtsradikal« unterscheidet, nur zum Schein gegen die Wiederkehr der Nazis, in Wirklichkeit aber gegen die Demokratie kämpft. »Der Gegensatz zwischen links und rechts war, von Anfang an, eine Konstante der bürgerlichen Gesellschaften. Ein Staat, dessen legitimes politisches Spektrum nur von halblinks bis linksextrem reichen darf, wäre nur noch eine halbe, eine gelenkte Demokratie. Die Grundrichtung wäre vorgegeben.«[6] Tendenzen in die von Martenstein beschriebene Richtung gibt es in Deutschland seit Jahren. Sie führten bei der Bundestagswahl im September 2021 zum Niedergang der CDU, die, indem sie sich unter Angela Merkel vor allem »gegen rechts« abgrenzte, einen großen Teil ihrer Stammwählerschaft verlor.

Es kommt mir nicht darauf an, eine »linke« gegen eine »rechte« Betrachtungsweise auszuspielen. Unterschiedliche Betrachtungsweisen spiegeln legitime politische Präferenzen und auch unterschiedlich gewichtete moralische Schwerpunkte wider. Ein anders gerichteter Blick kann selbstverständlich auch die Bewertung derselben Tatsachen unterschiedlich färben. Entscheidend ist aber, dass man stets bemüht bleibt, Tatsachen und kausale Zusammenhänge so objektiv wie möglich zu sehen und den Blick auf die Wirklichkeit von den eigenen Gefühlen und Sichtweisen möglichst wenig verzerren zu lassen. Dies ist auch möglich, wenngleich zumeist nicht im Sinn vollständigen Wissens und unumstößlicher Wahrheit. Zur dabei eingenommenen Perspektive können auch linke, rechte oder religiöse Einstellungen gehören.

Wenn sich aber der ideologische beziehungsweise religiöse Blickwinkel verselbstständigt, kommt es zu Verzerrungen der Wahrnehmung und Einschätzung. Solche Verzerrungen beherrschen große Teile der Wahrnehmung und Debatte in Medien und Politik. Überraschend viele Sachfragen zur Wirklichkeit lassen sich empirisch, objektiv und wahrheitsorientiert betrachten und so in erheblichem Umfang »entpolitisieren«. Das werde ich an kontroversen Sachthemen, die die gesellschaftliche und politische Debatte dominieren, demonstrieren und ihnen dann die für diese Themen typischen linken, rechten und andere religiös und ideologisch getriebene Verzerrungen gegenüberstellen. Theorien rund um Identität, Diversität, Gender, Vorwürfe des Kulturalismus, des Rassismus, des kulturellen Rassismus haben im Kern immer die Idee der Gleichheit, die aber im Sinne tatsächlicher Gleichheit, oder – wo das nicht geht – Gleichwertigkeit, überzogen wurde.

Auch bei ganz unterschiedlichen Standpunkten kann der gemeinsame Blick auf Tatsachen und kausale Zusammenhänge immer wieder voreilige Bewertungen und divergierende Einschätzungen relativieren. Wenn aber der Blick auf die Wirklichkeit hinter den Wunsch zurücktritt, die eigenen Bewertungen und Einschätzungen möglichst bestätigt zu sehen, kann er sich in gefährlicher und für das objektive Urteil abträglicher Weise verzerren. Ideologisch bedingte Fehleinschätzungen können die Folge sein. Bei auf solcher Grundlage getroffenen politischen Entscheidungen ist dies häufig der Einstieg ins Desaster.

Schlüsselerlebnisse waren für mich in dieser Hinsicht seit 2010 die Konflikte mit der SPD, der ich seit 1973 als Mitglied angehört hatte. Die Publikation von *Deutschland schafft sich ab* hatte seit 2010 einen Entfremdungsprozess zwischen der SPD und mir eingeleitet. Der Parteivorstand strengte wegen des Buches ein Parteiausschlussverfahren gegen mich an, zog den Ausschlussantrag aber letztlich zurück. Ein erneutes Ausschlussverfahren – diesmal wegen des islamkritischen Buches *Feindliche Übernahme* – führte im Sommer 2020 schließlich zum Erfolg. In beiden Fällen lag der »Stein des Anstoßes« nicht darin, dass den Büchern sachliche, statistische oder logische Fehler nachgewiesen wurden. Der »Skandal« bestand vielmehr darin, dass ich Fragen stellte und Sachverhalte erörterte, die für die herrschende Parteilinie offenbar tabu waren:

- Bei *Deutschland schafft sich ab* war die zentrale Quelle der Empörung meine Feststellung, dass Intelligenz überwiegend erblich ist, und die Erörterung der Konsequenzen daraus für Fragen der Demografie, der Bildungspolitik, der Integrations- und Einwanderungspolitik. Der renommierte Wissenschaftsjournalist Dieter E. Zimmer nahm seine Fassungslosigkeit darüber, wie die Führung der SPD den etablierten Erkenntnisstand der Intelligenzforschung bei der Polemik gegen mich ignorierte, zum Anlass, 2012 ein Buch zu veröffentlichen, in dem er den wissenschaftlichen Erkenntnisstand zur Erblichkeit von Intelligenz zusammenfassend referierte.[7]

– In *Feindliche Übernahme* führte ich 2018 Erscheinungen wie das wirtschaftliche Zurückbleiben muslimischer Länder und die weltweit unterdurchschnittliche Bildungsleistung von Muslimen sowie andere gesellschaftliche Phänomene muslimisch geprägter Gesellschaften auf die kulturelle Prägung durch die Religion des Islam zurück. Am Tag der Publikation – also ehe irgendwer auch nur eine Zeile in dem Buch gelesen haben konnte – leitete der SPD-Parteivorstand ein erneutes Ausschlussverfahren gegen mich ein. In diesem Verfahren wurde keine einzige Tatsachenbehauptung aus dem Buch, keine einzige Zahl, die ich nannte, widerlegt. Man bemühte sich nicht einmal darum. Der Vorwurf gegen mich lautete auf »antimuslimischen Rassismus«. Ein von mir vorgelegtes Gutachten des renommierten Islamwissenschaftlers Tilman Nagel, in dem er die Anwürfe Stück für Stück widerlegte und ad absurdum führte, blieb im gesamten Verfahren unerörtert. Es ging offenbar gar nicht um die von mir beschriebenen Fakten und Sachverhalte, sondern ausschließlich darum, dass ich überhaupt einen kritischen Blick auf die kulturelle Prägung durch den Islam geworfen hatte. Das durfte aus der Sicht der Partei nicht sein.

Beiden Fällen lag ein missverstandenes, quasi außer Rand und Band geratenes Gleichheitspostulat zugrunde – eine typische ideologische Falle, in die linkes Denken immer wieder gerät. Die von mir diskutierten Sachverhalte sollen aus der Sicht des SPD-Parteivorstands möglichst gar nicht öffentlich erörtert werden, damit eine geistig fehlgeleitete Ideologie der Gleichheit nicht in argumentative Nöte gerät. So bereitet man den Weg für künftige Misserfolge in der Bildungs-, Integrations- und Einwanderungspolitik vor. Der wackere Olaf Scholz, mittlerweile deutscher Bundeskanzler, hat übrigens die mit meinem Parteiausschluss verbundene Ausblendung von Themen, die für die Zukunft Deutschlands zentral sind, uneingeschränkt mitgetragen. Diese von mir gemachten Erfahrungen mit strategisch eingesetzter Ignoranz gaben letztlich den Anstoß für dieses Buch. Mein Ausschluss aus der SPD erfolgte nicht, weil meine Analysen sachlich falsch gewesen wären – die Frage danach interessierte niemanden –, sondern weil die Art der Fragestellung und deren sachliche Resultate nicht zum vorgefertigten linken Denkschema passten. Deshalb ist es auch folgerichtig, dass die SPD seit einem halben Jahrhundert überall in Deutschland dort das Bildungswesen nach unten gebracht hat, wo sie länger an der Macht war.[8]

Die politischen Begriffe von »links« und »rechts« sind selbstverständlich relativ. Sie sind historisch wandelbar und setzen als geistigen Bezugspunkt die Existenz einer »Mitte« voraus. Diese kann aber örtlich, zeitlich und längs der großen Linien der Geschichte inhaltlich ganz unterschiedlich verortet sein. Das lässt sich anschaulich illustrieren mit dem Blick auf die Ergebnisse der Bundestagswahl 2021:[9]

- Bundesweit waren die beiden »klassischen« Volksparteien, CDU/CSU und SPD, etwa gleich stark und kamen zusammen auf 49,8 Prozent. Die beiden Parteien links von der Mitte, Grüne und Linke, erzielten jeweils 14,8 beziehungsweise 4,9 Prozent. Die beiden Parteien rechts von der Mitte, FDP und AfD, kamen auf 11,5 beziehungsweise 10,3 Prozent. Das »linke« Lager (SPD, Grüne, Linke) erreichte zusammen 45,4 Prozent, das »rechte« Lager (CDU/CSU, FDP, AfD) erreichte zusammen 45,9 Prozent. Die annähernd gleichmäßige Verteilung der Stimmen auf die beiden Lager, mit einem leichten Vorsprung für das Spektrum auf der rechten Seite, entspricht der langjährigen Tradition in der Bundesrepublik Deutschland.
- Ganz anders waren die Verhältnisse im Land Berlin: Hier erreichten die Parteien auf der linken Seite des Spektrums 57,9 Prozent und die auf der rechten Seite des Spektrums lediglich 34,1 Prozent. Das steht in starkem Kontrast zu den Ergebnissen im Freistaat Sachsen: Die Parteien auf der linken Seite des Spektrums erreichten hier zusammen lediglich 37,2 Prozent, die Parteien auf der rechten Seite dagegen 52,8 Prozent.
- Noch krasser werden die Unterschiede, wenn man auf die Ebene der Wahlkreise geht: In Friedrichshain-Kreuzberg kamen die Grünen auf 36,7 Prozent der Zweitstimmen, die AfD erreichte dagegen nur 4,1 Prozent. Genau umgekehrt war es im Wahlkreis Sächsische

Schweiz, Östliches Erzgebirge: Dort bekam die AfD 31,9 Prozent der Zweitstimmen die Grünen dagegen nur 5,3 Prozent.

Frauen in Kopftüchern, arabische Clans, eine offene Drogenszene im Görlitzer Park, ein vermüllter öffentlicher Raum und dysfunktionale Schulen halten die Wähler in Friedrichshain-Kreuzberg seit vielen Jahren nicht davon ab, grün oder anderweitig links zu wählen. Umgekehrt haben im südlichen Sachsen sanierte Innenstädte, gesunde Waldluft und eine im Vergleich zu Berlin sehr leistungsfähige öffentliche Verwaltung die Wähler nicht daran gehindert, die systemkritische AfD zur mit Abstand stärksten Partei zu machen und die Grünen ins Abseits zu stellen. *Offenbar sind es eher die grundsätzlichen Einstellungen der Bürger als die tatsächlichen Verhältnisse, die das Wahlverhalten bestimmen*: Die Bürger im südlichen Sachsen möchten keine Berliner Verhältnisse, darum wählen sie bevorzugt AfD. Die Bürger in Friedrichshain-Kreuzberg möchten keine sächsischen Verhältnisse, darum wählen sie bevorzugt grün. Wenn sich die Bürger regional nach ihren Lebensstilen sortieren und Wahlentscheidungen nach Maßgabe ihrer bevorzugten Weltsicht treffen, so kann dies zu einem erheblichen Auseinanderklaffen der politischen Verhältnisse führen.

Die gemeinsame Basis unterschiedlicher politischer Denkstile kann immer nur der Sachbezug auf die Wirklichkeit sein. Die Verankerung des eigenen Denkens in einer möglichst objektiven Analyse der tatsächlichen Verhältnisse kann jede Politik besser machen, egal ob sie links oder rechts fundiert ist. Umgekehrt wird es immer dort gefährlich, wo der eigene klare Blick auf die Wirklichkeit ideologisiert und auf diese Weise verzerrt oder vernebelt wird.

Zum Kampf zwischen unterschiedlichen Denkstilen gibt es historisch spannende Beispiele:

- in der Astronomie die Auseinandersetzung zwischen geo- und heliozentrischem Weltbild
- in der Biologie zwischen Kreationismus und Evolutionstheorie
- in den Gesellschaftswissenschaften zwischen Marktwirtschaft und Sozialismus.

Aber auch alle Irrungen und Wirrungen der Gegenwart – von der Kernenergie über den Pflanzenschutz bis hin zur Gendertheorie und zur Identitätspolitik – spiegeln in ihren Kontroversen den Gegensatz zwischen richtigem (kritisch-rationalem vernunftgeleitetem) und falschem (ideologisch und religiös getriebenem) Denken.

In Kapitel 1 beschreibe ich die Entstehung meines persönlichen Denkstils aus meiner Biografie heraus. Zentral und wichtig ist die Erkenntnis, dass ein Denkstil als solcher niemals einen Wahrheitsanspruch erheben kann. Er ist einfach eine geistige Herangehensweise an die Welt. Das ändert aber nichts daran, dass die Wahrheit als solche unabhängig vom Denkstil des Betrachters einen objektiven Charakter hat. Je nach dem Standort und Denkstil des Fragestellers geraten dabei unterschiedliche Facetten derselben Wahrheit ins Licht. Es ist deshalb hilfreich, sich über den eigenen Denkstil Rechenschaft abzulegen und ihn im Diskurs auch gegenüber anderen offenzulegen: Kein Mensch beginnt sein Leben als eine leere Schiefertafel. Zu den angeborenen Neigungen und Eigenschaften des neugeborenen Menschen, die sich mit dem Aufwachsen biologisch herausbilden, treten der Einfluss der Familie, der umgebenden Gesellschaft sowie die Zufälle der Begegnungen und Lebenskreise, in die man gerät. Die in das Kapitel 1 integrierte knappe biografische Beschreibung meiner geistigen Entwicklung ist – so hoffe ich – ein anschaulicher Weg, um den Leser in einige der Überzeugungen und Gedankengänge einzuführen, die in diesem Buch eine Rolle spielen.

In Kapitel 2 diskutiere ich zunächst die erkenntnistheoretischen und philosophischen Grundlagen richtigen Denkens und stütze mich dabei insbesondere auf die Philosophie des Kritischen Rationalismus (Karl Popper). Sodann analysiere und beschreibe ich die methodischen Verzerrungen und geistigen Fehlschlüsse von Denkstilen, die glaubens- oder ideologiegetrieben sind und deshalb – ohne dass dies ihren Vertretern immer bewusst ist – nicht auf Wahrheitsfindung oder auf Wissensvermehrung, sondern auf die Bestätigung eines bestimmten Weltbilds gerichtet sind.

In Kapitel 3 setze ich mich mit jenen Einflussfaktoren für die menschliche Entwicklung auseinander, die sich aus Evolution, Biologie und Demografie ergeben. Mit dem so erworbenen methodischen Rüstzeug analysiere ich naturwissenschaftliche und gesellschaftspolitische Kontroversen in Geschichte und Gegenwart. Auch religiös oder ideologisch bestimmte Denkfiguren können den ehernen Rahmen, der sich aus den Naturgesetzen, aus Biologie und Evolution ergibt, nicht relativieren und schon gar nicht sprengen. Sie sind vielmehr gefährlich, weil sie ein sachlich verzerrtes Bild der Wirklichkeit und ihrer inneren Zusammenhänge liefern. Aber sie können den Menschen bei der Sinnsuche helfen und ihr Bedürfnis nach anschaulichen, einfachen Erklärungen befriedigen.

In Kapitel 4 stelle ich wesentliche Ausprägungen ideologischen Denkens in ihren ideengeschichtlichen Kontext und erörtere ihre Beziehungen zueinander. Ideologien jedweder Art können zwar die Einflüsse aus der Ordnung der Natur, wie sie sich aus den Naturgesetzen, aus Biologie und Evolution ergeben, in einem Willensakt negieren, sie können aber ihre Wirkungen nicht aufheben. Eine Ideologie ist wie der religiöse Glaube eine durch einen Willensakt geschaffene geistige Ordnungskategorie. Sie ist wirkmächtig nach Maßgabe ihres Einflusses auf das menschliche Bewusstsein. Und wo genügend Menschen glauben, mag es auch etwas Falsches, Gefährliches oder Unsinniges sein, prägen Religion und Ideologie die gesellschaftlichen Verhältnisse – unabhängig davon, ob sie in der Sache richtigliegen oder nicht.

In Kapitel 5 beschreibe ich den Einfluss von Ideologie auf die politische und gesellschaftliche Ordnung.

In Kapitel 6 lege ich die Sonde der Ideologiekritik an die im Dezember 2021 abgeschlossene Koalitionsvereinbarung der Ampel-Koalition und zeige, wie ideologisches Denken auch die politischen Pläne der im Dezember 2021 ins Amt gekommenen Ampel-Regierung prägt.

Kapitel 1
Wie das Leben meinen Denkstil prägte

Ich hatte stets Schwierigkeiten, meinen Denkstil und meinen Ausblick auf die Welt auf einer links-rechts-Skala adäquat einzuordnen. Die Orientierung am staatlichen Ordnungsrahmen, an bürgerlichen Tugenden, am Individuum und an der individuellen Leistung betrachten manche als »rechts«, obwohl ich das nicht so empfinde. Meinen Atheismus, meine Distanz zu Herkunft und Sitte empfinden manche als »links«, obwohl ich das anders sehe.

Für alle Menschen und auch für mich gilt: Die Art, wie jemand die Welt sieht, ist von seinen Eigenschaften als Individuum und den Prägungen, die er durch Herkunft und Erleben erfuhr, grundsätzlich nicht zu trennen. Woher kommen die Einstellungen, die Werte, die Interessenrichtung, die grundlegenden Meinungen, die einen prägen? Das alles bestimmt die Richtung, die man im Leben nimmt. Niemand kann von sich sicher sagen, was davon angeborene Eigenschaften sind, welchen Einfluss die Familie hatte, in der man aufwuchs, wie weit der jeweilige Geist der Zeit, der Umgang, den man pflegte, und die Schulen, in die man ging, für die Entwicklung unserer Interessen und den Weg, den wir individuell genommen haben, verantwortlich sind. Darum sind auch unterschiedliche Ausblicke auf dieselbe Sache grundsätzlich legitim. Auch da, wo man nach objektiver Erkenntnis sucht, sollte die Frage nach der subjektiven Perspektive nicht unter den Tisch fallen.

Deshalb widme ich dieses einleitende Kapitel auch der Frage, wie ich eigentlich zu den Perspektiven und Blickwinkeln kam, die Ausgangspunkt dieses Buches sind. Dazu schaue ich knapp und themenbezogen in die Eckwerte meiner geistigen Biografie. Nach der Meinung des Philosophen Karl Popper (1902–1994), Begründer des Kritischen Rationalismus, hat jeder denkende Mensch – bewusst oder unbewusst – eine Alltagsphilosophie und ist so quasi sein eigener Philosoph. Es mache, so Popper, für jeden Menschen auch Sinn, sich über die Voraussetzungen und Annahmen des eigenen Weltbilds und die daraus hergeleiteten Erkenntnisse und Einstellungen Gedanken zu machen.[1] Die Gruppe der Berufsphilosophen betrachtete Popper kritisch, obwohl er sich selbst zu ihnen zählte. Er meinte, in der Philosophie gebe es wenig Neues, aber viel mystifizierenden Unsinn. Das meiste sei schon von wenigen großen Philosophen, vor allem von den griechischen Vorsokratikern, vorgedacht worden.

Philosophie ist für mich im Wesentlichen die Theorie, wie man Erkenntnisse über die Welt gewinnen und ihre Wahrheit überprüfen kann. Das hat schnell etwas Uferloses: Je intensiver man nachdenkt, umso größer erscheint der Kreis des eigenen Nichtwissens. Das geflügelte Wort von Sokrates »Ich weiß, dass ich nichts weiß« hat hier seine tiefere Bedeutung. Allerdings darf man es beim Beklagen der eigenen Unwissenheit auch nicht übertreiben. Jedes irdische Lebewesen, das sich in der ihm zugemessenen Lebensspanne mit Erfolg in der Welt behauptet, macht nämlich aus erkenntnistheoretischer Sicht etwas richtig. Sonst könnte es nicht Nahrung finden, sich gegen Feinde schützen und mit Erfolg fortpflanzen. Wo es etwas richtig macht, hat es einen kleinen Ausschnitt der Welt adäquat erfasst und bei seinen Handlungen berücksichtigt. Eine Katze zum Beispiel, die eine Maus aus der Deckung belauert und im plötzlichen Katzensprung fängt, hat bei der Auswahl der Deckung die Gesetze der Optik und bei der Bemessung des Sprungs die Wirkung der Schwerkraft adäquat beachtet, davon zeugt der erfolgreiche Mäusefang. Die Katze weiß etwas Richtiges über die Welt, anderes und vielleicht auch weniger als der Mensch, aber doch wohl mehr als ein Regenwurm. Alle Menschen wissen etwas Richtiges über die Welt und haben sich im Laufe der Zeit eine Alltagsphilosophie erworben, die – bewusst oder unbewusst – Denken, Handeln und Urteil bestimmt. Meine Alltagsphilosophie ist der Ausgangspunkt dieses Buches, und ich versuche, sie möglichst anschaulich aus meiner Biografie heraus zu entwickeln.

Die frühen Jahre

Meine Eltern verband eine Studentenliebe in Freiburg, und trotz ihres unterschiedlichen Charakters entschlossen sie sich Ende 1942 zur Heirat, ehe mein Vater nach seinem medizinischen Staatsexamen wieder als Truppenarzt an die Front musste. Mein Vater stammte aus einer westfälischen Familie und hatte eine englische Mutter. Seine Schwester verbrachte einen Teil ihrer Schulzeit im englischen Internat und war wegen ihrer Sprachkenntnisse während des Kriegs zeitweise Nachrichtensprecherin in den englischen Sendungen des deutschen Reichsfunks.

Meine Mutter lebte bis Januar 1945 mit ihren Eltern und ihrem jüngeren Bruder auf dem Gut der Familie in Westpreußen. Die beiden älteren Brüder waren 1942 in Russland gefallen. Mein Vater nahm ihr bei seinem letzten Fronturlaub im September 1944 das Versprechen ab, im Falle einer bedrohlichen Annäherung der Ostfront ihre Heimat unter allen Umständen rechtzeitig zu verlassen. Nach dem Zusammenbruch der Ostfront befolgte meine Mutter Ende Januar 1945 diesen Rat und kam nach abenteuerlicher Reise rechtzeitig vor meiner Geburt bei ihren Verwandten in Gera/Thüringen an. Dort wurde ich am 12. Februar 1945 im Städtischen Krankenhaus geboren.

Unmittelbar nach der Besetzung durch britische Truppen wurde meine Tante erste Dolmetscherin des britischen Stadtkommandanten in Recklinghausen und erfuhr auf diesem Weg sehr früh, dass das amerikanisch besetzte Thüringen ein Teil der Sowjetischen Besatzungszone (SBZ) werden würde. Ein britischer Militärlastwagen, der in Thüringen auf Versorgungsfahrt war, holte Ende Mai meine Mutter und mich in Gera ab. So kam ich in meine Heimatstadt Recklinghausen. Mein Vater wurde im September 1945 aus britischer Gefangenschaft nach Recklinghausen entlassen. Auch dabei war meine Tante hilfreich tätig.

Das Schicksal war somit der jungen Familie gnädig. Der Vater meiner Mutter verstarb 1946 in einem polnischen Lager. Meine Großmutter und der jüngere Sohn kamen im Frühling 1946 ohne Schuhe und Strümpfe in Berlin an und lebten bald auch bei uns in Recklinghausen. Uns ging es auch in meiner frühen Kindheit nach damaligen Maßstäben gut. Die Verhältnisse waren nach dem Krieg natürlich sehr bescheiden, aber mein Vater konnte als Arzt bei der Knappschaft seine Familie ernähren. Die vielen Trümmergrundstücke, die unser Haus mit der Mietwohnung im zweiten Stock umgaben, nahm ich als natürliches Umfeld wahr, ebenso die Lastwagenkolonnen mit britischen Soldaten, die regelmäßig durch unsere Straße fuhren.

Meine Mutter verwand den Verlust von Heimat und Besitz nur schwer und kreiste in Worten und Gedanken immer wieder – und je älter sie wurde, desto öfter – um das verloren gegangene Leben auf dem Gut im Osten. Meine Großmutter (Jahrgang 1895) trauerte um Mann und Söhne, der Verlust des Besitzes schien sie nicht weiter zu kümmern. Anfang der Fünfzigerjahre ließ sie sich für die CDU in den Stadtrat von Recklinghausen wählen und wurde in den folgenden 20 Jahren zu einem bekannten Gesicht der dortigen Kommunalpolitik. Mit manchen ihrer ehemaligen polnischen Angestellten auf dem nunmehr polnischen Staatsgut in Westpreußen hielt sie Briefkontakt und schickte ihnen Pakete. Aber sie weigerte sich stets, die alte Heimat zu besuchen. Ihr Umgang mit dem materiellen Verlust war souverän, und das strahlte sie auch aus. Aber ich wuchs gleichwohl in einer Familie auf, die von schmerzlichen Verlusterfahrungen geprägt war, und war sehr sensibel dafür.

Mein Vater, ältestes von vier Kindern, war im Alter von 15 Jahren Vollwaise geworden und machte sein Abitur an einem katholischen Internat. Er begann 1933 mit dem Studium der Germanistik, wechselte aber nach einigen Semestern zur Medizin, als der Zugriff der Nationalsozialisten auf die Studieninhalte zunahm und die Liste der verbotenen oder unerwünschten Schriftsteller immer länger wurde. Das Kriegsende erlebte er als Truppenarzt in Italien. Einer seiner Sanitätsgefreiten stammte aus Auschwitz, von ihm erfuhr er, was dort geschah.

Von seinem Selbstverständnis her war mein Vater vor allem ein Intellektueller und Literat, die Medizin war sein Brotberuf. Seit der Studentenzeit in den Dreißigerjahren bis ins hohe Alter publizierte er immer wieder Gedichte. Er hatte eine beeindruckende Gedächtniskapazität, konnte zahlreiche deutsche Gedichte und weite Strecken von Goethes *Faust* auswendig zitieren – was er dort, wo es passte, auch gerne tat. Die Interessen meiner Eltern überschnitten sich kaum. Was sie in ihrer siebzig Jahre währenden Ehe verband, blieb uns Kindern weitgehend unklar. Wahrscheinlich war es das Spannungsverhältnis zwischen dem intellektuellen Zugriff meines Vaters und dem emotionalen Zugriff meiner Mutter auf die Welt – verbunden mit dem Umstand, dass meine Mutter in ihrer Jugend eine sehr schöne Frau war.

Dem Erbe meines Vaters ist es wohl zu verdanken, dass ich zeit meines Lebens sehr viel las und den praktischen Anforderungen des täglichen Lebens immer wieder mit einer gewissen Distanz gegenüberstand. Dem bäuerlichen Erbe meiner Mutter schreibe ich einen erdverbundenen Zahlensinn sowie ein Gespür für wirtschaftliche Zusammenhänge und die damit verbundenen Interessen zu. Dass ich in einem Volk der Verlierer aufwuchs, war mir schon als Kind sehr früh bewusst. Dazu gehörten nicht nur die Trümmer um uns herum, sondern auch die Erzählungen meiner Mutter und meiner Großmutter über die verlorene Heimat und den Verlust von Vater, Mann und Söhnen. Die komplizierte Einbettung dieser Dramen in den Verlauf der deutschen Geschichte und die damit einhergehenden Fragen von Schuld und Sühne gingen an mir als Kind und Jugendlichem weitgehend vorbei.

In den physischen und seelischen Kriegstrümmern regte sich sehr früh hoffnungsvoll und auch für mich klar erkennbar der Wiederaufbau: Unsere Straße in Recklinghausen hatte noch 1951 – da war ich sechs Jahre alt – zu 80 Prozent in Trümmern gelegen. Vier Jahre später – vor dem Umzug in das von unseren Eltern neu erbaute Einfamilienhaus – sah ich von unserer Wohnung aus kein einziges Trümmergrundstück mehr. Selbst im fast völlig zerstörten Köln, das wir bisweilen mit dem Zug durchquerten, war die Ruinenlandschaft 15 Jahre nach dem Kriegsende weitgehend verschwunden. Auch mit dem für uns Kinder fühlbaren Lebensstandard ging es voran: 1952 konnte ich im Alter von sieben Jahren den Holzroller beiseitestellen und bekam den ersehnten Metallroller mit Ballonreifen. 1956 – ich wurde elf Jahre alt – bekam ich ein Jugendfahrrad mit blauer Metallic-Lackierung, und 1958 kauften sich unsere Eltern einen gebrauchten Opel Rekord.

Gebannt verfolgte ich schon als Kind den Wettbewerb der Wirtschaftssysteme und war mächtig stolz darauf, in einem westlichen Land mit funktionierender Marktwirtschaft zu leben. Gleichzeitig spürte ich überall die Angst – die Angst vor einem neuen Krieg, die Angst vor einer sowjetischen Invasion. Mit dem Drama des Ungarn-Aufstands wurde ich im Herbst 1956 im Alter von elf Jahren zum täglichen Zeitungsleser und habe damit bis heute nicht aufgehört.

Inmitten der Trümmer einer jüngst vergangenen Katastrophe, die meine frühe Kindheit und Jugend umgaben, und den Zeugnissen der fühlbar überall stattfindenden Aufbauleistung entwickelte ich ein Sensorium dafür, wie bedroht und keineswegs selbstverständlich das alles war. Meine lebenslange Faszination für die Organisation und die innere Mechanik von Politik, Wirtschaft und Gesellschaft begann in jenen Jahren. Daraus speiste sich auch ein frühes Interesse an Erdkunde und Geschichte – den einzigen beiden Schulfächern, die mir Antworten auf die Fragen geben konnten, die mich schon früh fesselten.

Die evangelische Pfadfindergruppe, der ich mich mit elf Jahren anschloss, war ziemlich friedensbewegt und links. Unsere Gruppenführer, damals alle im Alter von 16 bis 19 Jahren, waren durchweg Pazifisten und Kriegsdienstverweigerer. In den wöchentlichen Treffen lernte ich die Hegel'sche Geschichtslehre von These, Antithese und Synthese kennen und erfuhr den Unterschied zwischen historischem und dialektischem Materialismus. Außerdem lernte ich, dass die von mir so geschätzte Marktwirtschaft zu Krisen neige und der nächste Kladderadatsch bestimmt nicht fern sei. Unser Gruppenführer, der uns all das beibrachte, verließ uns 1959 mit dem Abitur und studierte in Münster evangelische Theologie.

Im selben Jahr wurde ich konfirmiert. Unser junger Pfarrer Dietrich erklärte uns im Konfirmandenunterricht, es stimme nicht, dass wir Adolf Hitler die Autobahnen verdankten, der Autobahnbau habe schon in der Weimarer Republik begonnen. Im Sommer 1959 ging er in die DDR – damals im Westen SBZ genannt – und übernahm dort eine Pfarrstelle.

In diesem linken evangelischen Umfeld verbrachte ich bis zu meinem Abitur einen großen Teil meiner jugendlichen Freizeit. Dort war ich der Einzige, der gleichzeitig die Marktwirtschaft, die NATO und die atomare Aufrüstung verteidigte. Ich tat dies mit Verve und Überzeugung und gewöhnte mich früh an den über weite Strecken meines Lebens anhaltenden Zustand, in kontroversem Umfeld eine Minderheitenmeinung zu vertreten.

Im Gegensatz dazu war das altsprachliche Gymnasium, das ich nach der Volksschule bis zum Abitur besuchte, konservativ und sehr katholisch. Die aus grauer Vorzeit überkommene Schulsatzung erforderte, dass alle angestellten Lehrer katholisch waren. Eine Ausnahme gab es nur für den evangelischen Religionslehrer. Während meiner gesamten Schulzeit waren wir im evangelischen Religionsunterricht (zwei Wochenstunden) jeweils nur zwei bis vier Schüler. Meiner christlichen Grundbildung tat dies sehr gut. Unser Religionslehrer Werner Schneider war sehr aktiv in der Gesellschaft für christlich-jüdische Zusammenarbeit und organisierte die jährliche Woche der Brüderlichkeit mit Veranstaltungen in der Aula unserer Schule. An Informationen über die deutschen Verbrechen an den Juden und an deren geistiger Aufarbeitung mangelte es mir in meiner Jugend nicht.

Ansonsten war aber der gesamte Schulbetrieb so politikfern wie nur möglich gestaltet, und die Lehrer waren betont neutral. Menschlich war vielen von ihnen die Prägung durch die Erlebnisse von Krieg und Diktatur anzumerken, und in der Unterstufe hörten wir viele Erzählungen aus Russland, Kreta oder Nordafrika. Wenn ein Lehrer solchermaßen ins Erzählen kam, waren wir sehr froh und lenkten nach Kräften das Unterrichtsgespräch dorthin, denn dann wurde es im Unterricht unterhaltsamer und weniger anstrengend.

Seit meinem siebten Lebensjahr hatte ich einen großen Lesehunger. Er entstand infolge einer Scharlacherkrankung im ersten Schuljahr. Schulbeginn war damals Ostern. Ende September erkrankte ich an Scharlach und musste gemeinsam mit meiner ebenfalls erkrankten jüngeren Schwester für viele Wochen in strenger Isolation das Bett hüten. So wurde damals diese hoch ansteckende Kinderkrankheit auskuriert. Eine Behandlung mit Antibiotika war damals nicht üblich. Wir hatten weder Radio noch Fernsehen, nur ganz wenige Bilderbücher und langweilten uns tödlich. Die Buchstaben des Alphabets hatte ich von April bis September teilweise erlernt, aber es reichte nicht, um richtig zu lesen. Unser Vater las uns abends nach der Rückkehr aus dem Krankenhaus immer Märchen aus den Sammlungen von Grimm und Bechstein vor. Es handelte sich um zwei alte Ausgaben in deutscher Schrift (Fraktur) aus der Zeit vor dem Ersten Weltkrieg, eine hatte Illustrationen von Ludwig Richter. Die beiden Bände blieben neben meinem Bett bis zur Vorlesestunde am nächsten Abend liegen. In zermürbender Langeweile betrachtete ich tagsüber in meinen endlosen wachen Stunden Richters Illustrationen und rätselte an den gotischen Buchstaben. Das ging so über Wochen, und als der November zu Ende ging, konnte ich die deutsche Schrift der beiden Märchenbücher einigermaßen fließend lesen. Nach meinem damaligen Lebensgefühl retteten mich diese beiden Bücher vor einem frühen Tod aufgrund von Langeweile. Danach gab es kein Halten mehr. Mit Lesenlernen war ich vier Monate vor dem Ende des ersten Schuljahrs durch, und auch Fragen der Rechtschreibung waren für mich nicht mehr von Belang. Die »saß« einfach aufgrund der vielen Lektüre, ohne dass ich sie jemals »geübt« hätte.

Mein Vater führte mich am Ende des ersten Schuljahrs in die Stadtbücherei und machte mich mit der Bibliothekarin bekannt. Dort ging ich künftig selbstständig hin. Bis zu drei Bücher durfte ich ausleihen, und die Bibliothekarin suchte mir das Passende aus. Das Paradies schien für mich greifbar zu sein, als die Stadtbücherei 1957 in das neu erbaute Stadthaus umzog und man sich die Bücher in der Kinder- und Jugendabteilung anschauen und selbst aus den Regalen nehmen durfte. Unsere enge heimatliche Wohnung empfand ich als einen unwirtlichen Ort. Als das älteste von vier Kindern wurde ich, wie mir schien, unentwegt zu irgendwelchen ungeliebten Aufgaben herangezogen. So entfloh ich gern zu Tante und Großtante, die zehn Gehminuten entfernt wohnten, mir nachmittags in ihrem großen Wohnzimmer mit vielen alten Büchern gern Unterschlupf gewährten und mich rechtzeitig zum Abendessen nach Hause schickten.

Zur Abwechslung ging ich aber auch gern 15 Minuten zum Herzogswall in das *British Information Center Die Brücke* (Recklinghausen lag ja in der britischen Besatzungszone), wo es in ruhigen Altbauräumen eine Präsenzbibliothek mit einer Abteilung für Kinder und Jugendliche gab. So wollten die Briten die Umerziehung der Deutschen zu guten Demokraten unterstützen. Als jugendliches Objekt dieses Umerziehungsprogramms las ich dort sämtliche Kinderbücher von Enid Blyton, aber auch *Die Schatzinsel* von Robert Stevenson.

Dieser Fluchtort wurde mir unentbehrlich, als meine Eltern begannen, sich über meine »Lesesucht« Sorgen zu machen und eine Lesebeschränkung auf zwei Stunden am Tag einführten. In dieses Arrangement bezogen sie auch den Aufenthalt bei meiner Tante und Großtante ein. Aber niemand konnte überprüfen, ob ich statt zu lesen, wie vorgeschrieben und erwünscht mit anderen Kindern auf der Straße spielte oder mich in die stillen Leseräume der *Brücke* zurückzog.

Im gedrechselten schwarz lackierten Hochlehnsessel bei meiner Großtante begannen auch meine historischen Neigungen. In der Bücherwand neben dem Sessel stand eine *Illustrierte Weltgeschichte* in vier Bänden aus dem Jahr 1908, die – in Halbleder gebunden und reich illustriert – auf 2000 Seiten im Quart-Format das gesamte historische Wissen der Zeit aus der Perspektive des wilhelminischen Bürgertums darstellte. Zuerst fesselten mich die Bilder, im Lauf der Jahre auch die Texte. Ich las im Band *Geschichte der Neuesten Zeit* – über die Französische Revolution, die Befreiungskriege, den deutsch-französischen Krieg 1870/71.[2] Die Texte waren bildkräftig und anschaulich von einem königlichen Gymnasialdirektor verfasst. Ich las sie immer wieder zwischen meinem neunten und vierzehnten Lebensjahr. So wuchs in mir in jungen Jahren – ganz unbeeinflusst von Schule und Elternhaus – ein Fundament von historischen Fakten und Urteilen heran, auf dem alle späteren Lektüren aufbauten. Im Lauf meiner Schulzeit ergänzte ich dieses Fundament durch mannigfaltige weitere historische Lektüren. Der durchweg mangelhafte (und überdies lückenhafte) Geschichtsunterricht auf meinem Gymnasium spielte dabei überhaupt keine Rolle. Mein Vater hatte eine indirekte

Rolle, indem er meine historischen Interessen durch Ausleihen aus der Stadtbücherei und Buchgeschenke lenkte. Seine eigenen Interessen waren nicht historisch und auch kaum politisch, sondern überwiegend literarisch mit einem gewissen philosophischen Einschlag.

Zu seinen Geschenken gehörten die *Deutsche Geschichte des 19. und 20. Jahrhunderts* von Golo Mann und *Der Dreißigjährige Krieg* von Ricarda Huch, die ich beide im Alter von 16 Jahren las. So geriet mein etwas wilhelminisch geratenes Weltbild besser ins Lot, und auch Grauen und Absurdität des Kriegs wurden mir anschaulich nahegebracht. Aber nur wenige Bücher haben mein historisches und politisches Weltbild so geprägt wie die Lektüre zweier Werke von Winston Churchill: In *My Early Life* beschreibt er die ersten dreißig Jahre seines Lebens, unter anderem als Kavallerieoffizier in Indien und als Korrespondent im Burenkrieg. Es war der Bericht aus einer frohgemuten, optimistischen Welt, die mit dem Ersten Weltkrieg unterging. Die als Rowohlt-Taschenbuch erschienene deutsche Ausgabe las ich erstmals 1958 mit 13 Jahren und danach noch mindestens fünfmal.[3] Churchills Alterswerk über den Zweiten Weltkrieg las ich 1964, im Jahr meines Abiturs.[4] Glänzend zeigt er dort am Beginn des ersten Buches »Der Weg in die Katastrophe«, welche verhängnisvolle Rolle der von Rachegelüsten geprägte Friedensvertrag von Versailles für die weitere Entwicklung Europas spielte. Churchill illustrierte als Historiker, Politiker und Literat, um wie viel besser es um die Welt stehen könnte, wenn verantwortliche Politiker mehr Bildung und mehr gesunden Menschenverstand hätten.

Nicht zuletzt durch den Einfluss meines Vaters, der meine Lektüren unmerklich lenkte, las ich in meiner Schulzeit den klassischen Kanon der europäischen und amerikanischen Romanliteratur. Andere mochten sportlicher oder besser in Mathematik und Naturwissenschaften sein. Aber die ungeheure innere Bilderwelt, die ich aus der Lektüre von Romanen hatte und immer noch habe, wurde mir früh ein unvergleichlicher Besitz. Das gab mir in vielen Situationen Sicherheit. Der damit verbundene Reichtum der inneren Anschauung hat mir, da bin ich sicher, auch beruflich oft geholfen, denn er ist wie eine Festung, in die man sich bei Bedrängnis zurückziehen kann. Er bietet aber auch eine Fülle von Anregungen für das eigene Denken und Handeln, wenn es irgendwo an einer Stelle nicht recht weitergeht. Wie schon erwähnt, war ich seit dem Ungarn-Aufstand im Oktober 1956 ein täglicher Zeitungsleser und habe von dieser lästigen und weitgehend nutzlosen Angewohnheit trotz wiederholt gefasster gegenteiliger Vorsätze bis heute nicht lassen können. Täglich hofft man auf die erlösende Nachricht, die den Durchbruch zur nachhaltigen Lösung der zerrütteten Weltverhältnisse bringt oder zumindest deren Verständnis grundlegend verbessert. Natürlich hofft man vergebens. Auch an dem Tag meines Todes wird die Welt für Milliarden Menschen ein guter Ort und für andere Milliarden ein Jammertal sein. Am Tag meiner Geburt war es nicht anders, nur dass die Menschen zwischenzeitlich durch die Gesetze der Biologie ausgetauscht wurden und ihre Zahl sich erheblich vergrößert hat.

Aus der Zeitungslektüre, den verschiedenen historischen Werken und den Gesprächen im Elternhaus wurde mein Weltbild gespeist, den wechselnden Zeitgeist atmete ich sowieso ein. Regelmäßig besuchten wir unsere Verwandten in der DDR, die in Rostock und Gera lebten. Das graue tägliche Leben dort, die Schäbigkeit im öffentlichen Raum und der offenkundige Mangel an Perspektive bedrückten mich schon als Schüler jedes Mal, wenn ich dort zu Besuch war. Ich war froh, dass es die NATO und die Amerikaner gab, die uns vor solchen Verhältnissen bewahrten, und konnte nicht begreifen, wie ein intelligenter Mensch im Westen den östlichen Sozialismus gutheißen oder auch nur Marxist sein konnte. Meinen linken Freunden bei den evangelischen Pfadfindern, die zum großen Teil Pazifisten waren, begegnete ich darum mit völligem Unverständnis.

Gymnasialzeit

Meine schulische Laufbahn am Gymnasium vollzog sich mit einigen Unebenheiten. Die dreitägige Aufnahmeprüfung hatte ich anstandslos bestanden. Auf der Volksschule war ich zuletzt Klassenbester gewesen, hatte dort aber einen strengen Lehrer, der mir sehr auf die

Finger sah und mich durch die Wucht seiner Persönlichkeit in seinen Bann schlug. Auf dem Gymnasium hatte ich dagegen viele Lehrer, von denen sich keiner für mich persönlich zu interessieren schien. Ich war stets friedfertig, aber notorisch unaufmerksam und wandte mich einfach innerlich vom Unterricht ab, wenn er mich gerade nicht interessierte, was überwiegend der Fall war. Eigentlich interessierten mich nur Erdkunde und Geschichte, in beschränktem Maße Biologie. Aber in Erdkunde und Geschichte brauchte ich auch nicht zuzuhören, weil ich die entsprechenden Schulbücher längst von Anfang bis Ende mehrmals gelesen hatte. So hatte ich zumeist schlechte Kopfnoten, insbesondere was Ordnung, häuslichen Fleiß und Beteiligung am Unterricht betraf.

In der Klasse gehörte ich zu den Jüngsten und lag im körperlichen Wachstum zurück. Von Jahr zu Jahr wurden die Noten ein wenig schlechter, und in der Untertertia (8. Klasse) brachte ich auf dem Herbstzeugnis vier Fünfen (Latein, Griechisch, Mathematik und Englisch) und zwei Sechsen (Physik und Sport) nach Hause. In der Mitte des Schuljahrs wurde ich eine Klasse zurückversetzt. Drei Jahre lang durchlief ich in der neuen Klasse bei mäßigen Noten eine im Großen und Ganzen ungefährdete Schullaufbahn. Aber vor Weihnachten brachte ich in der Untersekunda (10. Klasse) zwei blaue Briefe nach Hause: Versetzungsgefährdung! In Latein und Griechisch hatte ich jeweils in zwei Klassenarbeiten eine Fünf geschrieben. Eigentlich wollte ich mit den Pfadfindern nach Weihnachten im Sauerland wandern gehen, aber mein Vater strich die Reise: Jeden Tag während der gesamten dreiwöchigen Weihnachtsferien, selbst an den Feiertagen, musste ich je eine Seite Livius (Latein) und Xenophon (Griechisch) schriftlich übersetzen. Das war die gerade aktuelle Schullektüre. Mein Vater setzte sich jeden Abend mit mir hin und besprach die Korrekturen. Als die Schule wieder begann, wurde das tägliche Deputat auf eine halbe Seite gesenkt. Das Ergebnis war frappant. Nach einigen Wochen kannte ich den gesamten Wortschatz von Livius und alle Eigenheiten seiner Grammatik und konnte seine Texte praktisch fließend übersetzen. Auch mit den Texten von Xenophon fand ich mich gut zurecht. In Griechisch schrieb ich in den nächsten beiden Klassenarbeiten eine Drei und eine Drei +. In Latein gab es zunächst eine glatte Zwei, die zweitbeste Arbeit der Klasse. Bei der nächsten Arbeit wurde ich im großen Zeichensaal getrennt gesetzt. Oberstudienrat Klagges nahm mir gegenüber Platz und beäugte mich die ganze Zeit. Es wurde eine Zwei +, die beste Arbeit der Klasse. Bei der Zeugnisausgabe – in Latein bekam ich eine Drei – sagte er zu mir: »Sarrazin, aus dir werde ich auch nicht schlau.«

Ich aber hatte in den vergangenen Monaten die wichtigste Erkenntnis meiner gesamten Bildungslaufbahn gewonnen und verinnerlicht. Der plötzliche Erfolg durch die konsequente Zuwendung zu einem Gegenstand zeigte mir die tiefe Wahrheit von Erich Kästners Ausspruch »Es gibt nichts Gutes, außer man tut es.«

Diese Erfahrung änderte mein Leben. Ich blieb zwar ein mäßiger und in der Summe recht fauler Schüler. Aber bis zum Abitur geriet ich nie mehr in eine Gefahrenzone. Ich hatte gelernt, meinen Arbeitseinsatz gezielt zu steuern. Und ich hatte gelernt, dass man, wenn es wirklich ernst wird, klotzen muss und nicht kleckern darf. Nie mehr in meinem Leben war ich am Schreibtisch von einer Leistungshemmung geplagt. Wenn ich faul war, war ich es mit vollem Bewusstsein, und ich war stets bemüht, mir über meine eigene Leistung nichts vorzumachen.

Extrem erstaunt war ich über die Latein- und Griechischkenntnisse meines Vaters, die auch dreißig Jahre nach seinem Abitur am Erzbischöflichen Gymnasium in Opladen wesentlich besser als die meinen waren. Wiederum fünfunddreißig Jahre später machte ich dann eine ähnliche Erfahrung mit meinen Söhnen. Am renommierten Mainzer Theresianum kamen sie in der lateinischen Lektüre nur bis Cäsar, ehe sie das große Latinum erwarben. Das Leistungsniveau, das mir noch abgefordert wurde, war offenbar undenkbar geworden. So bekam ich erstmals eine Ahnung davon, dass der Verfall des deutschen Bildungswesens auch vor den bürgerlichen Spitzeninstitutionen nicht haltmacht.

In der Oberprima (13. Klasse) hatte ich nicht die geringste Vorstellung über meine berufliche Zukunft. Allenfalls am Studium der Geschichte hätte ich Interesse gehabt, aber Lehrer wollte ich keinesfalls werden. Die Hälfte meiner Mitschüler hatte sich für das Medizinstudium entschieden, das wollte ich aber nicht. So gab ich aus Mangel an besseren Einfällen zum Abitur als Studienwunsch »Jura« an. Aber eigentlich war ich recht froh, dass die Wehrpflicht mir den Zwang zu einer schnellen Entscheidung abnahm.

Wehrdienst

Als Pfadfinder war ich es durch unsere Wanderungen im Sauerland und im Hochgebirge gewohnt, auch lange Strecken mit schwerem Gepäck zu bewältigen. Auch mit Zelten und Biwakieren kannte ich mich aus. Aber ansonsten merkte ich schnell, dass das Soldatische nicht zum Kernbereich meiner Fähigkeiten gehörte: Ich war ein schlechter Schütze, ein langsamer Läufer und für die aufmerksame Beobachtung des Geländes viel zu zerstreut. Bei einer Erkundungsübung sagte der Ausbildungsunteroffizier einmal bewundernd zu mir: »Sarrazin, bei diesem Spähgang wären Sie schon siebenmal erschossen worden.« Nach der Grundausbildung kam ich zu einer Radareinheit bei der aufklärenden Artillerie. Dort lernte ich das Vermessen. Die richtige Einmessung ist das A und O der Feuerleitung, und als Vermesser war ich auch sehr brauchbar. Vorgesetzte und Kameraden nahmen meine unsoldatische Zerstreutheit tolerant hin. Ich bekam quasi einen Intellektuellenbonus. Mein Fahrlehrer, ein altgedienter Oberfeldwebel, dehnte die Fahrten mit mir durchs Gelände immer endlos aus und ließ sich von mir während der Fahrt über die Einschätzung der Weltlage unterrichten. Von ihm bekam ich den Spitznamen »der Professor«.

Unsere mit zehn Mann belegte Stube umfasste neben zwei Abiturienten einen bunten Querschnitt der männlichen arbeitenden Bevölkerung. Wir waren gute Kameraden mit erheblichem Bierkonsum. Es waren helle Köpfe darunter, zum größten Teil Rheinländer.

Unsere Einheit war von Wuppertal nach Oldenburg verlegt worden. Im Rhythmus der vierteljährlichen Einzugstermine zur Wehrpflicht verliefen auch die Entlassungen und die Neuzugänge, und so wurde unsere Einheit allmählich immer unrheinischer und immer ostfriesischer. Das veränderte die Atmosphäre total. Die zumeist ländlichen Ostfriesen waren nicht so wortmächtig und flexibel wie die vorwiegend großstädtischen Rheinländer, wohl aber autoritätshöriger und bei übergriffigen Vorgesetzten verbal oft erkennbar hilflos.

Ich stand wenige Monate vor meiner Entlassung, als ich mitbekam, wie einem ostfriesischen Kameraden wegen einer geringfügigen verbalen Ausfälligkeit der Wochenendurlaub gestrichen und er als »Feuerwache« zum Kasernenarrest verdonnert wurde. Er war am Boden zerstört, die Angst um untreue Freundinnen war das ewige Thema. Ich hörte mir seine Klagen an und schlug ihm eine schriftliche Beschwerde vor. Er sah mich hilflos an, und ich diktierte ihm einen Text. Beschwerden nach der Wehrbeschwerdeordnung mussten nämlich eigenhändig niedergeschrieben oder mündlich zu Protokoll gegeben werden. Die Beschwerde hatte Erfolg. Am folgenden Montag standen drei Ostfriesen in meiner Stube und wollten von mir Beschwerden formuliert haben. Das grenzte an Meuterei, ich diktierte die Beschwerden und schärfte ihnen ein, unter allen Umständen darauf zu bestehen, dass sie den Text selbst formuliert hatten.

Nun gab es kein Halten mehr. Vor unserer Stube bildeten sich Schlangen von Ostfriesen. Zwei wortmächtige Kameraden gingen mir beim Diktieren von Beschwerdetexten zur Hand. Der Batteriechef beauftragte seinen arroganten Leutnant mit der Untersuchung der vermuteten Meuterei. Alle Ostfriesen bestanden bei den Verhören strikt darauf, dass sie ihre Beschwerde ohne fremde Hilfe formuliert hätten. Die Angelegenheit wurde zum Kasernengespräch über unsere Batterie hinaus. Eines Tages wurde ich zum Bataillonskommandeur befohlen, einem Oberstleutnant. Er bot mir freundlich einen Platz an und fragte mich, ob ich etwas mit der Angelegenheit zu tun hätte. Ich verneinte. Er fragte nach den möglichen Gründen für die Beschwerden. Ich erläuterte ihm aus meiner Sicht die Führungsprobleme in unserer Einheit. Er wollte sich darum kümmern und fragte mich, ob ich denn sicherstellen könne, dass es keine weiteren Beschwerden mehr gebe, wenn alle disziplinarischen Ermittlungen eingestellt würden. Das sagte ich zu, und fortan hatten die Ostfriesen wesentlich weniger »Feuerwache«. Unversehens war ich eine Art Betriebsrat meiner Einheit geworden, und es hatte funktioniert. Ich lernte hier erstmals: Wer (gut) schreibt, der bleibt.

Bei meinen Vorgesetzten machte mich das nicht beliebter, und so musste ich meinerseits in meinen letzten Monaten vor der Entlassung viele »Feuerwachen« absolvieren und verbrachte die Wochenenden zumeist in der Kaserne. Um die Langeweile zu bekämpfen, kaufte ich mir *Die Zeit* und die *FAZ* und las sie von der ersten bis zur letzten Zeile. Die Bundesrepublik war gerade von der ersten Nachkriegsrezession heimgesucht worden. Das Wirtschaftswachstum der Nachkriegszeit hatte eine Pause eingelegt. Die Angst vor der Rezession und der damit verbundenen Arbeitslosigkeit beherrschte die Debatte. Ich war von der Diskussion fasziniert, verwarf meine halbherzige Entscheidung für Jura und beschloss, Volkswirtschaft zu studieren. Die FDP verließ wegen einer Deckungslücke von vier Milliarden DM im Streit über Ausgabenkürzungen und Steuererhöhungen die Koalition mit der CDU/CSU.[5] Bundeskanzler Ludwig Erhard stürzte, und es kam die erste Große Koalition mit Kurt Georg Kiesinger als Bundeskanzler und Willy Brandt als Außenminister zustande. Meine Entscheidung für das Studium der Volkswirtschaft stellte sich als eine goldrichtige Lebensentscheidung heraus, die ich ohne die durch den Wehrdienst erzwungene Besinnungspause wohl so nicht getroffen hätte. Insofern bereue ich keinen Tag meines Müßiggangs im Dienst der Bundeswehr.

Studium und erste Schritte im Beruf

Studium, Systemfragen und 68er-Bewegung

Mit dem Marktprinzip erschloss sich mir das Verständnis der Gesetzmäßigkeiten, nach denen eine Gesellschaft funktioniert. Der Kern einer jeden Gesellschaft ist ja das Wirtschaftliche, weil es zuallererst immer um das wirtschaftliche Überleben geht – getreu Bert Brechts Satz aus der *Dreigroschenoper*: »Erst kommt das Fressen, dann kommt die Moral.« Um die Organisation der wirtschaftlichen Verhältnisse der Menschen ranken sich dann die gesellschaftlichen und politischen Organisationsverhältnisse und Machtstrukturen. Ihr Bestand und ihre Legitimation hängen aber stets primär davon ab, dass sie die Grundbedürfnisse der Menschen nach Nahrung, Kleidung, Unterkunft erfüllen können. Das gilt grundsätzlich und immer von den steinzeitlichen Jägern und Sammlern bis zu den komplexen Volkswirtschaften der Gegenwart. Wer also verstanden hat, wie die Wirtschaft funktioniert, hat auch schon große Teile dessen verstanden, was die Gesellschaft zusammenhält.

In Bonn traf ich es recht glücklich an. Der Fachbereich war klein – etwa 800 Studenten und circa 70 Diplom-Examen im Jahr. Der Lehrkörper war überschaubar –, es gab acht Ordinarien und eine Reihe von Lehrbeauftragten – und er spiegelte eine beachtliche intellektuelle Breite: Die beiden Professoren für Wirtschaftspolitik waren ältere Vertreter der historischen Schule und vermittelten viel dogmatisches und institutionelles Wissen. Bei den Wirtschaftstheoretikern war der damals sehr bekannte Wilhelm Krelle, einer der Pioniere der mathematisch orientierten Wirtschaftstheorie in Deutschland und Schöpfer des ersten ökonometrischen gesamtwirtschaftlichen Modells für Deutschland, des »Bonner Prognosemodells«. Bei den Betriebswirten war der junge Horst Albach, Mitte dreißig, Schüler und Schwiegersohn des bekanntesten deutschen Betriebswirts Erich Gutenberg – und durch einen längeren Studienaufenthalt in den USA sehr anglifiziert.

Zu Albachs vierstündiger »Einführung in die Betriebswirtschaftslehre« im ersten Semester gab es eine ellenlange Leseliste, überwiegend auf Englisch. Ausgehungert nach der langen geistigen Dürre bei der Bundeswehr, las ich an langen Nachmittagen in der Fachbereichsbibliothek alles, was auf der Liste stand, und schloss die Übungsklausuren allesamt mit einer Eins ab. Auch die Buchhaltungsübung erbrachte eine Eins. Ich überlegte den Wechsel zu Betriebswirtschaft, aber darin konnte man in Bonn keinen Abschluss machen.

Der Zufall entschied aber Mitte des ersten Semesters in eine andere Richtung. Ein jovialer älterer Professor namens Fritz Voigt hielt eine Vorlesung »Einführung in die Wirtschaftspolitik«, die ich auch besuchte. Er war sehr kontaktfreudig und unterhielt sich nach Abschluss der Vorlesung gern mit den Studenten, die sich ihm mit einer Frage näherten. Ich beobachtete das einige Male und wandte mich auch mit einer Frage an ihn. Wir kamen ins Gespräch, und ehe ich michs versah, war ich als studentische Hilfskraft am Institut für Industrie- und Verkehrspolitik angeworben. Mit drei Mark pro Stunde wurde das nicht gerade fürstlich entgolten. Aber mein elterlicher Unterhalt von 250 Mark im Monat wurde doch so bei 20 bis 30 Stunden im Monat angenehm aufgebessert. Das Institut war groß und eine regelrechte Gutachtenfabrik (heute nennt man das Drittmittelforschung), und ich merkte schnell, dass mir hier ein angenehmer Karriereweg vorgezeichnet war: Alle langjährigen studentischen Hilfskräfte, die ein gutes Diplomexamen machten, konnten danach mit einem Angebot rechnen, am Institut Forschungsassistent in der Gutachten-Produktion zu werden, und nebenbei konnten sie bei Prof. Dr. Dr. Fritz Voigt promovieren. Das – so beschloss ich im Juni 1967 im ersten Semester – würde auch mein Weg sein, und genauso kam es auch: Im Herbst 1971 das Diplom, dann zwei Jahre als Forschungsassistent, nebenbei die Promotion, und im Herbst 1973 trat ich meine erste Stelle außerhalb der Universität bei der Friedrich-Ebert-Stiftung an.

Professor Fritz Voigt – Spezialgebiete Verkehrspolitik und Geldpolitik – gehörte als forschender Wissenschaftler nicht in die allererste Garde seiner Zunft. Aber er war sehr zugewandt und kontaktfreudig (heute würde man sagen ein begnadeter Netzwerker).

Allein die Versendung und Beantwortung der Weihnachtsgrüße war jedes Jahr erneut eine logistische Herausforderung, die ich gemeinsam mit einer anderen studentischen Hilfskraft bewältigen musste. Das Institut wurde förmlich mit Gutachtenaufträgen überschwemmt, und unsere studentische Zuarbeit war immer wieder lehrreich. Die Organisation konnte man als atmend-chaotisch bezeichnen. Wichtig war es, stets ausreichend viele Gutachten einzuwerben und sie pünktlich abzuliefern, am wichtigsten aber war es, dass Professor Voigt stets als Erster unter den Autoren aufgeführt wurde. Es war ein Arrangement zum gegenseitigen Vorteil, und es funktionierte. Für mein gesamtes späteres Berufsleben habe ich daraus viel gelernt.

In die Zeit meines Studienbeginns fielen auch die Anfänge der 68er-Bewegung mit den Demonstrationen gegen den Besuch des persischen Schahs und dem Mord am Studenten Benno Ohnesorg. Ich nahm diese ganze jugendliche Linksbewegung zunächst nicht ernst. In meinem Elternhaus, in der Schule und in meinem sonstigen Umfeld hatte ich keinen Mangel bei der Aufklärung über die Schrecken des Nationalsozialismus gespürt. Jedwede »Gefahr von rechts« schien mir für die deutsche politische Praxis gebannt und allenfalls von historischem Interesse. Real waren dagegen die Unterdrückung meiner Verwandten und der übrigen ostdeutschen Bevölkerung in der DDR sowie die militärische Bedrohung durch die Sowjetunion mit dem Warschauer Pakt.

Mit wachsendem Unverständnis betrachtete ich die systemkritischen Komponenten der 68er-Bewegung. Ich wollte es aber genau wissen und besuchte politische Versammlungen des Sozialistischen Studentenbundes (SDS), des neu gegründeten Spartakus-Bundes und maoistischer Basisgruppen. Die chaotischen Diskussionen dort empfand ich als lächerlich und zugleich bedrohlich. Gleichwohl vertiefte ich mich in die marxistische Geschichtstheorie. Ihr Determinismus war für mich nicht überzeugend. Er widersprach der in mir seit den frühen Jugendjahren gewachsenen Überzeugung, dass man historische Prozesse nicht in generalisierende Raster pressen kann. Vor allem überzeugte mich die wirtschaftstheoretische Kernbehauptung nicht, dass der marktwirtschaftliche Wettbewerb unvermeidlich in Überproduktionskrisen und den Tod des Wettbewerbs durch Konzentration münden müsse. In jedem Fall erschien mir ein System mit bisweilen auftretenden Wirtschaftskrisen vorzugswürdig gegenüber einem System des Dauermangels und einer zentralverwalteten Rückständigkeit, wie ich es bei meinen Verwandten in der DDR erlebt hatte.

Als im Sommer 1968 in Horst Albachs betriebswirtschaftlichem Seminar über Preispolitik eine Seminararbeit »Der sozialistische

Preistyp« angeboten wurde, meldete ich mich und griff zu. Ich verbrachte einige Wochen im Gesamtdeutschen Institut, das sehr bequem in Uni-Nähe lag und alle wichtigen Fachzeitschriften der DDR in seinem Bestand hatte. Dort studierte ich die DDR-Literatur zum »Neuen Ökonomischen System der Planung und Leitung« (NÖSPL). Unter diesem Namen wurden in der DDR seit 1963 Elemente marktwirtschaftlicher Reformen in der zentralen Planwirtschaft diskutiert. Über die Preisbildung sollten Knappheiten richtig abgebildet und Entscheidungen dezentralisiert werden, um der Verschwendung durch falsche Preissignale vorzubeugen. Die wissenschaftlichen Beiträge in den DDR-Zeitschriften hatten teilweise ein durchaus hohes Niveau. Eingerahmt durch passende Zitate von Marx, Engels, Lenin und Ulbricht konnte man so manches Problem der wirtschaftlichen Steuerung recht unbefangen diskutieren. Aber die Reformbemühungen versandeten alsbald, man hätte zu viel zentrale Macht aus der Hand geben müssen.

Mir wurde in den Sommermonaten 1968 grundsätzlich klar, dass eine Zentralverwaltungswirtschaft niemals die Komplexität marktwirtschaftlicher Steuerung simulieren konnte und deshalb dem »kapitalistischen« System unentrinnbar unterlegen war. Gleichzeitig machte seit Ende 1966 der neu ins Amt gekommene sozialdemokratische Wirtschaftsminister Karl Schiller mit dem System der keynesianischen Globalsteuerung Furore. So schien es möglich zu sein, mit staatlichen Nachfrageimpulsen die Wirkungen wirtschaftlicher Krisen auf Wachstum und Beschäftigung wenigstens teilweise zu glätten. Die von den Marxisten beschworene Gefahr beziehungsweise die von ihnen behauptete sichere Wahrscheinlichkeit, dass der Kapitalismus an seinen eigenen Krisen zugrunde gehen werde, schien auf diese Weise gebannt zu sein.

Gleichwohl gewann linkes Denken Ende der Sechziger- und Anfang der Siebzigerjahre quasi unaufhaltsam an Boden, und das beunruhigte mich durchaus. Der »Prager Frühling« – der Versuch, einen »Sozialismus mit menschlichem Antlitz« in einem Ostblockstaat einzuführen – war im August 1968 durch den Einmarsch von Truppen des Warschauer Pakts gewaltsam beendet worden. Aber das schien die Marxisten und Kommunisten an deutschen Universitäten und in so mancher Redaktionsstube nicht weiter zu beeindrucken.

Der Zeitgeist ließ natürlich auch mich nicht unberührt. Er änderte zwar nicht meine ökonomischen Einsichten und Überzeugungen, aber er bewirkte ein intensives Interesse an psychologischen Fragen. Ich las Sigmund Freuds *Traumdeutung* und *Das Unbehagen in der Kultur* und befasste mich mit den linksgerichteten Ausdeutungen der Psychoanalyse durch Erich Fromm oder Alexander Mitscherlich. Über die kritische Auseinandersetzung mit der Psychoanalyse stieß ich auf die Werke des in Berlin geborenen britischen Psychologen Hans Jürgen Eysenck. So wurde 1972 mein Interesse an der Intelligenzforschung geweckt. Ich war fasziniert, denn natürlich – das war mir klar – war die menschliche Intelligenz letztlich die hauptsächliche, wenn nicht die einzige Quelle von Fortschritten in Zivilisation und Technik. So begann 1972 meine erstmalige Befassung mit den Grundlagen der Intelligenzforschung. Anhand der Unterlagen von Eysenck führte ich auch einen Intelligenztest an mir selber durch. Das Ergebnis zeigte mir meine Möglichkeiten, aber auch meine Grenzen auf und war mir hilfreich bei meinen weiteren Entscheidungen für meinen beruflichen Lebensweg.

Als ich mich 38 Jahre später in *Deutschland schafft sich ab* unbefangen und in wissenschaftlich einwandfreier Diktion auf die seit vielen Jahrzehnten ganz unstreitigen Ergebnisse der Intelligenzforschung bezog, erregte ich in der Führung der SPD einen Sturm der Entrüstung und handelte mir einen ersten, damals noch gescheiterten Versuch des Parteivorstands ein, mich aus der SPD auszuschließen. Ich hatte das Tabu der *Gleichheit* infrage gestellt.

Der erfolgreiche Wiederaufbau und der gewaltige Zuwachs wirtschaftlichen Wohlstands hatten meine Erlebniswelt in Kindheit und Jugend geprägt. Das galt auch für den jungen Studenten der Volkswirtschaft. Ich genoss den *Fortschritt* und wurde fortschrittsgläubig. Gleichzeitig erlebte ich das intensive Bedrohungsgefühl der damaligen Zeit. *Freiheit* und Sicherheit schienen mir stets bedroht. Das zeigte die erst durch die deutsche Niederlage überwundene nationalsozialistische Gewaltherrschaft, deren Ende genauso jung war wie ich selbst. Das zeigte aber auch der Ostblock mit seinen kommunistischen Diktaturen, der vor unserer Haustür auch die DDR im Griff hatte.

An den Mängeln der Welt musste es Schuldige geben. Ich spürte solche *Schuld* und suchte Schuldige. Das war sicher auch ein Erbe meiner christlichen Erziehung. Unterschiede in Einfluss, Macht und Reichtum prägten die deutsche Nachkriegsgesellschaft. Sie prägten zudem die Verhältnisse zwischen Staaten, Gesellschaften und ihren Wirtschaftssystemen. Es gab Arme und Reiche, Herrschende und Beherrschte. So stellten sich mir, ohne dass ich mir dies systematisch bewusst machte, Fragen von *Gleichheit* und *Gerechtigkeit*. Um diese fünf Pole – Fortschritt, Freiheit, Schuld, Gleichheit und Gerechtigkeit – kreiste – unbewusst und durchaus ungeordnet – mein Denken, als ich mein Studienfach wählte. Für Volkswirtschaft hatte ich mich entschieden, weil sich mir in den Ordnungsfragen der Wirtschaft die Fragen des Wohlstands, des Fortschritts, der Freiheit und der »richtigen« Organisation der Gesellschaft am ehesten zu überschneiden schienen. Fasziniert war ich von dem glänzenden Anstrich, den damals der Wirtschaftsminister Karl Schiller (SPD) und der Finanzminister Franz Josef Strauß (CSU) – als politisches Paar »Plisch und Plum« genannt – der deutschen Wirtschafts- und Finanzpolitik gaben. Auch war ich stolz auf die »japanischen Wachstumsraten« (O-Ton Helmut Schmidt) der westdeutschen Wirtschaft von jeweils 8 Prozent, die 1968 und 1969 erreicht wurden.

1968 schien der »Prager Frühling« dem Ostblock die Systemfrage zu stellen. Der Einmarsch der Truppen des Warschauer Pakts in die Tschechoslowakei im August 1968 bestärkte mich in meiner Überzeugung, dass der Sowjetkommunismus nicht reformfähig war. Umso fassungsloser und misstrauischer beobachtete ich, wie sich marxistisches und kommunistisches Gedankengut mit der 68er-Bewegung immer ungehemmter an den westlichen Universitäten ausbreitete. Hier schien es mir in der Tat Bestrebungen zur »Systemüberwindung« unter den linken Intellektuellen zu geben.

Voll Unverständnis betrachtete ich den ideologischen Kampf der Linken und Linksradikalen gegen die 1968 von der Großen Koalition verabschiedeten Notstandsgesetze. Die große Notstandsdemonstration im Mai 1968 in Bonn mit 30.000 Teilnehmern erlebte ich vom Straßenrand aus mit einer Mischung aus Faszination und Abscheu. Machtvoller Idealismus schien sich mir hier mit unendlicher Dummheit zu paaren. Was wollten diese Demonstranten? Hatten sie nicht das falsche Feindbild? Standen die Feinde der Freiheit nicht hochgerüstet 300 Kilometer weiter im Osten an der innerdeutschen Grenze?

Ich begann mich für Außenpolitik zu interessieren. Ganz klar schien mir, dass die Freiheit der westlichen Demokratien nur unter dem Schutz der NATO-Waffen gedeihen konnte, solange die mächtige Sowjetunion nicht wankte und die Staaten des Warschauer Pakts eisern zusammenhielten. Aber Frieden bedeutete eben auch, den machtpolitischen Status quo anzuerkennen. Die andauernde Existenz der DDR schien durch die Sowjetunion gesichert. Pommern, Ostpreußen und Schlesien würden nie mehr deutsch werden. Es war nötig, 25 Jahre nach Kriegsende daraus auch die formalen Konsequenzen zu ziehen und die gewachsene Wirklichkeit anzuerkennen, mochte es sich auch bei den Ostblockstaaten sämtlich um Diktaturen handeln. So wurde ich zum überzeugten Anhänger von Willy Brandts Ostpolitik.

Den Einmarsch des Warschauer Pakts in die Tschechoslowakei und die gewaltsame Niederschlagung des »Prager Frühlings« erlebte ich im August 1968 in Helsinki in einer internationalen Studentengruppe. Der Zufall wollte es, dass wir nur zwei Tage nach dem Einmarsch mit dem finnischen Studentenbund eine mehrtägige Busreise nach Leningrad unternahmen.[6] Meine Erlebnisse dort prägten mich tief, an der Reformfähigkeit des Sowjetkommunismus hatte ich fortan noch größere Zweifel als vorher.

Leningrad erlebte ich unter einem makellosen blauen Himmel als ein riesiges potemkinsches Dorf. Das Jubiläum der glorreichen russischen Oktoberrevolution war nur zehn Monate vorbei. Die Frontseiten der großen Straßen, Plätze und Paläste – und nur diese – erstrahlten in frischem Gelb, Gold und Grün. Der Kontrast zum ansonsten überall dominierenden Verfall war heftig.

Auf dem Newski-Prospekt wurden wir westliche Studenten von Horden jugendlicher Schwarzhändler umlagert, die uns für unsere hellen Jeans (die waren damals modern) Fantasiepreise in Rubel boten. Zwei Polizisten führten einen randalierenden Betrunkenen ab. Ich folgte ihnen mit einigem Abstand in eine Nebenstraße und sah zu, wie sie dort den wehrlosen Mann zusammenschlugen und liegen ließen.

An einem Abend besuchten wir ein Restaurant für die Nomenklatura, wo sich unsere finnischen Kameraden dem russischen Wodka hingaben – wohl ein wesentliches Motiv für den Leningrad-Besuch. Wir durften ins Lokal, weil wir Devisen hatten, ansonsten war es nur von der sogenannten besseren Gesellschaft und Offizieren in Uniform besucht. Ein Offizier vom Nebentisch näherte sich unserer lärmenden Gruppe und sprach die beiden Deutschen an, die halbwegs nüchtern schienen. In gutem Englisch entschuldigte er sich für den Einmarsch der Russen in Prag. Wie viele andere Offiziere auch, sei er eigentlich dagegen gewesen, das wolle er uns doch sagen, und schaute uns erwartungsvoll an. Wir antworteten nicht, weil wir nicht wussten, was wir sagen sollten, und er zog sich wieder zurück. Damals konnte ich den Vorfall nicht einordnen. Heute vermute ich eher einen geheimdienstlichen Anbahnungsversuch.

Der Zwangsumtausch hatte uns mehr Rubel verschafft, als wir vernünftigerweise vertrinken konnten, und so kehrte ich mit einer dicken Rolle künstlerisch hochwertiger russischer Revolutionsplakate nach Helsinki zurück, von denen einige vorübergehend die Wände meiner Bonner Studentenbude zierten, ohne dass sie auf meine Überzeugungen abfärbten.[7]

Mit dem Wechsel zur sozialliberalen Koalition begann die Ostpolitik im Herbst 1969 an Fahrt aufzunehmen. Für die Führung der DDR war das nicht einfach, weil sie nicht wusste, wie sie die Hoffnungen ihrer eigenen Bevölkerung managen sollte. Wie brutal sie mit ihrer eigenen Bevölkerung umging, merkte ich am Schicksal eines Onkels von mir:

Im Januar 1971 begleitete ich meine Mutter zu einem mehrtägigen Besuch unserer Rostocker Verwandten. Ihr Vetter, ein Onkel zweiten Grades von mir, war an einem bekannten landwirtschaftlichen Institut nahe Rostock ein erfolgreicher, in seinen Fachkreisen international bekannter Wissenschaftler für Kartoffelzucht. Er war parteilos geblieben. Aber als wir zu Besuch waren, bekamen wir mit, wie sehr unter einer neuen Institutsleitung der Druck auf ihn gewachsen war. Auf der Hinreise hatte unsere Kontrolle im Zug durch einen Zollbeamten unter der Aufsicht eines Grenzoffiziers stattgefunden. Auf der Rückreise durchsuchte derselbe Zöllner unter der Aufsicht desselben Offiziers unsere Habseligkeiten. An der innerdeutschen Grenze vor Lübeck mussten wir den Zug nach Hamburg mit unserem Gepäck verlassen. Der Zug wurde aufgehalten, eine Leibesvisitation fand statt. Meine Filme wurden beschlagnahmt und offenbar entwickelt. Ich bekam sie nicht zurück. Schließlich durften wir wieder in den Zug einsteigen, der seine Fahrt mit vierstündiger Verspätung fortsetzte. Kurz nach unserem Besuch wurde mein Onkel verhaftet. Er kam erst nach Monaten wieder frei. Seine Stelle als Wissenschaftler hatte er verloren. Von 1971 bis zu seiner Rehabilitation im Jahr 1990 arbeitete er als einfacher Landarbeiter im 400 Kilometer entfernten Gera. Dort hatte ihm sein Bruder, der Tierarzt war, eine Stelle verschafft. Wie wir später erfuhren, spielte in seinen Verhören der Kontakt zu mir eine maßgebliche Rolle, denn ich sei in Studentenkreisen in Bonn als Antikommunist bekannt. Meine Fotos, die das städtebauliche Elend verfallender Stadtviertel in Rostock zeigten, aber sonst keine Staatsgeheimnisse preisgaben, wurden als Zeugnisse kapitalistischer staatsfeindlicher Propaganda interpretiert. Unsere Erlebnisse wurden unmittelbar nach der Freigabe des Zuges und dem Grenzübertritt von einem Offizier des Bundesgrenzschutzes protokolliert. Als ich einige Jahre später im Bundesfinanzministerium anheuerte, lagen die Erkenntnisse bei der dortigen Sicherheitsüberprüfung vor. Ich erhielt die Auflage, nicht in die DDR zu reisen, woran ich mich bis zum Fall der Mauer hielt.[8]

Auch aufgrund dieser persönlichen Erlebnisse wurde ich zum ausgeprägten Antikommunisten. Zutiefst war ich von der grundsätzlichen Überlegenheit des marktwirtschaftlichen Wirtschaftssystems überzeugt und der Meinung, dass der Westen den Systemwettbewerb allemal gewinnen würde. Dazu brauchte man Frieden und keine Kämpfe an falschen Fronten. Der Vietnamkrieg der Amerikaner war für mich in dieser Hinsicht ein verhängnisvoller Irrweg. Noch nie war es dem Westen gelungen, einen Guerillakrieg zu gewinnen. Darum wurden ja in nur 20 Jahren, von 1945 bis 1965, nahezu alle Kolonien europäischer Mächte aufgegeben. Was die Amerikaner in Vietnam machten, schien mir eine sinnlose Kraftverschwendung zu sein.

Mein Rendezvous mit dem Kritischen Rationalismus

Im Herbst 1971 legte ich das Diplom-Examen ab. Am Ende meines Studiums beschäftigten mich vor allem die Inflationstheorie und die Konjunktur- und Wachstumstheorie sowie die Fragen von Geld und Kredit. Letzteres war mein Wahlfach in der Diplomprüfung und hatte für mich ein besonderes Interesse wegen der damit verbundenen ordnungspolitischen Fragen. Damals gewann der von Milton Friedman geprägte Monetarismus an öffentlichem Einfluss. Friedrich August von Hayek hatte ich natürlich auch gelesen. Ich war der Überzeugung, dass der Staat den institutionellen und rechtlichen Rahmen für die private Wirtschaftstätigkeit sparsam, aber intelligent setzen müsse und eine wohlverstandene maximale Freiheit der Individuen auch die wichtigste Basis des Wohlstands ist.

Wie erhofft und seit vier Jahren geplant erhielt ich nach dem sehr gut bestandenen Diplom das Angebot, an unserem Institut für Industrie- und Verkehrspolitik als Forschungsassistent zu arbeiten. Die Gutachten, die ich zur Bearbeitung bekam, ließen mir die Möglichkeit, meine Zeit blockweise einzuteilen und mich tatsächlich über große Zeitspannen überwiegend meiner Promotion zu widmen. Das wissenschaftliche Steckenpferd meines Chefs und Doktorvaters war die Verkehrspolitik. Er bat mich, ein 1964 erschienenes Buch eines amerikanischen Wirtschaftshistorikers zum Einfluss der Eisenbahnen auf die amerikanische Wirtschaftsentwicklung zu lesen, mit dessen Inhalt er nicht einverstanden war.[9] Robert William Fogel stellte anhand ausgefeilter statistischer Untersuchungen die These auf, dass der Einfluss der Eisenbahnen auf die amerikanische wirtschaftliche Entwicklung bislang sehr überschätzt worden sei. Mit seinem neuartigen methodischen Ansatz begründete Fogel eine neue Richtung der Wirtschaftsgeschichte, die »New Economic History« oder »Cliometrics«.[10] Mein Doktorvater hielt in Bezug auf den wirtschaftlichen Einfluss der Eisenbahnen Fogels Thesen für unsinnig. Ich las das Buch und fand den methodischen Ansatz überzeugend. Als Promotionsthema schlug ich meinem Doktorvater eine methodenkritische Arbeit vor, die sich mit der neuen Forschungsrichtung der »New Economic History« grundsätzlich auseinandersetzen solle, und erlangte seine Zustimmung.

Im Kern ging es um die Frage, welche Rolle ökonomische Gesetze bei der Erklärung kausaler Zusammenhänge in der Geschichte spielen konnten und wie man diese mit den Methoden quantitativer Wirtschaftsforschung verband. In weiterem Sinne handelte es sich generell um die Aufdeckung und Anwendung von Gesetzmäßigkeiten in der Geschichte. Auch die Auseinandersetzung mit der marxistischen Geschichtstheorie lag dabei nicht fern. Damit hatte ich ja schon als Schüler bei den Pfadfindern begonnen und seitdem nicht aufgehört.

Zu Beginn meiner Arbeit an der Dissertation stieg ich zunächst etwas tiefer in die methodischen Grundlagen empirischer Forschung und wissenschaftlicher Erkenntnis ein und stieß dabei auf den aus Österreich stammenden britischen Philosophen Karl Popper, der den Kritischen Rationalismus begründet hatte. Es stellte sich für mich heraus, dass der Kritische Rationalismus weit mehr als eine reine Erkenntnistheorie war, sondern eine erhebliche praktische Bedeutung für den Prozess der Überprüfung und Gewinnung von wissenschaftlichen Erkenntnissen, aber auch für den Ausblick auf die Organisation der Gesellschaft hatte. Nebenbei lieferte er auch eine schlagende Widerlegung aller deterministischen Geschichtstheorien in der Tradition von Hegel oder Marx.

Sekretär der SPD-Langzeitkommission

Im Mai 1973 gab ich die Dissertation bei meinem Doktorvater ab. Das Promotionsverfahren begann, ich dachte über meine weiteren Berufspläne nach und stolperte über eine Stellenanzeige in *Die Zeit*.

Darin suchte das Forschungsinstitut der Friedrich-Ebert-Stiftung zwei Sekretäre für die vom SPD-Parteivorstand eingerichtete Langzeitkommission »Orientierungsrahmen '85«. In der SPD hatte es seit der im Herbst 1972 souverän gewonnenen Bundestagswahl heftige Auseinandersetzungen über den künftigen ordnungspolitischen und ideologischen Kurs der Partei gegeben. Der Zeitgeist machte sich bemerkbar. Die marxistische Linke gewann in der Partei an Stärke. Mit der Langzeitkommission sollten unterschiedliche Strömungen eingebunden und die langfristige Politikfähigkeit der Regierungspartei SPD gesichert werden. Auch ich war durchaus angesteckt von der allgemeinen Zukunfts- und Planungseuphorie, die Anfang der Siebzigerjahre den Zeitgeist beherrschte. Durch meine intensive Befassung mit historischen Gesetzmäßigkeiten während meiner Promotion sah ich mich für solche Debatten in besonderem Maß gerüstet.

Ich bewarb mich bei der Friedrich-Ebert-Stiftung und fügte dem für die Bewerbung erbetenen Lebenslauf das Manuskript meiner Dissertation bei. Der Text gab den Ausschlag für meine Einladung zum Bewerbungsgespräch. Vom zweistufigen Bewerbungsverfahren ist mir das abschließende Gespräch mit den drei Kommissionsvorsitzenden in nachdrücklicher Erinnerung geblieben.[11] Der stellvertretende Kommissionsvorsitzende Horst Ehmke, damals Forschungsminister im Kabinett von Willy Brandt, fragte mich am Ende des Gesprächs, wie ich mir denn als Parteiloser den Auftritt vor Parteigremien vorstelle. Ich antwortete ihm: »Ach Herr Minister, ich dachte, die Wahrheit ist überparteilich.« Die drei Kommissionsvorsitzenden mussten lachen, und ich bekam die Anstellung als Sekretär der Langzeitkommission. So viel Liberalität beeindruckte mich. Einige Monate später, im November 1973, wurde ich Mitglied der SPD.

Tatsächlich spiegelte die mühsame Arbeit am Langzeitprogramm die beinharte ideologische Auseinandersetzung in der SPD. Ich betrachtete es dabei als meine Aufgabe, den marktwirtschaftlichen, nicht marxistischen Flügel zu stärken. Bei der Arbeit am Programmtext gelang dies auch erfolgreich, und ein gutes Stück dieses Erfolgs rechnete ich meiner Zuarbeit zu.[12] Aufgrund einer Empfehlung des Kommissionsmitglieds Konrad Porzner, damals Parlamentarischer

Staatssekretär beim Bundesminister der Finanzen, wechselte ich zum Januar 1975 ins Bundesfinanzministerium.[13] Das stellte sich als eine Lebensentscheidung heraus.

Staatsdiener

Auch wenn ich es als Kind und Jugendlicher nicht so genau formulieren und einschätzen konnte, standen doch, seitdem ich Bücher und Zeitungen las, Fragen des wirtschaftlichen Aufbaus, der Politik und der Organisation von Wirtschaft und Gesellschaft im Mittelpunkt meiner geistigen Interessen. Folgerichtig hatten sich daraus die Wahl meines Studienfachs und die Schwerpunkte ergeben, die ich im Studium wählte. Das Studium, zumal die Befassung mit Erkenntnistheorie im Rahmen meiner Promotion, gab mir methodische Sicherheit. Das anderthalb Jahre währende Intermezzo als Sekretär der SPD-Langzeitkommission zeigte mir zudem, dass ich mein Wissen und meine Einsichten bei Bedarf überzeugend und durchsetzungsstark vertreten konnte. Als ich kurz vor meinem dreißigsten Geburtstag ins Bundesfinanzministerium eintrat, fühlte ich mich so gesehen für alles, was da kommen mochte, wohl gerüstet.

Es folgten 35 Jahre, in denen ich die Möglichkeit bekam, auf immer neuen Arbeitsgebieten und Einsatzfeldern strukturelle Reformen zu erwirken oder auch schlichtweg Verschwendung und Misswirtschaft zu bekämpfen.

Gleich zu Beginn meiner Tätigkeit im Bundesfinanzministerium und auch in späteren Jahrzehnten wurde immer wieder Steuer- und Abgabenpolitik zu einem Thema, das mich beschäftigte und forderte. Das galt für das Zusammenwirken von Steuern und Sozialabgaben, für die steuerlichen Bemessungsgrundlagen, die Progression, die Unternehmensbesteuerung, die ertragsunabhängigen Steuern und den internationalen Wettbewerb über die Steuersysteme.

Bei der Finanzierung von Politikbereichen – Wohnungsbau, Landwirtschaft, Verkehr, Bildung, Soziales und so weiter – ging es immer wieder darum, die Logik eines Bereichs adäquat zu verstehen, ihm jene

Mittel zuzuführen, die er für die Erfüllung seiner Aufgaben brauchte, gleichzeitig aber Effizienz und Wirtschaftlichkeit sicherzustellen und die Abwägung zwischen den finanziellen Anforderungen ganz unterschiedlicher Politikbereiche nicht aus den Augen zu verlieren.

Immer wieder war es auch notwendig, mit konjunkturellen oder strukturellen Staatsdefiziten vernünftig umzugehen, Haushaltsumfänge auf das Notwendige beziehungsweise Mögliche zu beschneiden und die globale Rolle des Staates im Wirtschaftsablauf dabei ausreichend zu beachten.

Letzteres hatte auch eine internationale oder vielmehr europäische Dimension. Sehr gut erinnerlich ist mir aus meiner Zeit beim Internationalen Währungsfonds der Druck, der in den Jahren 1977 und danach auf Länder wie Deutschland und Japan ausgeübt wurde, um sie zu einer expansiveren Politik zu bewegen. Das empfand ich damals als falsch, aber der auf Deutschland ausgeübte Druck war real.

Wiederholt hatte ich es mit der Sanierung von Unternehmen zu tun, die sich in staatlichem Eigentum befanden: Das galt unter anderem in den Achtzigerjahren für die Deutsche Bundesbahn, nach der Einheit für den gesamten Bereich der Treuhandunternehmen, später für das Immobilienunternehmen Treuhand Liegenschaftsgesellschaft (TLG), schließlich in meinen Berliner Jahren für die Berliner Bankgesellschaft, die Berliner Wohnungsbauunternehmen oder die Berliner Verkehrsbetriebe (BVG).

Zwei absolute Ausnahmesituationen haben mich besonders gefordert, und der in beiden Fällen erzielte Erfolg erfüllt mich auch heute noch mit besonderer Genugtuung: der Entwurf der Konzeption und die Umsetzung der deutsch-deutschen Währungsunion 1989/91[14] und die Sanierung des Berliner Landeshaushalts von 2002 bis 2009.

Schaue ich auf die Erfolge zurück, die ich bei der Verbesserung der staatlichen Leistungsfähigkeit im Verlauf von 35 Jahren hatte, und auf die Eindrücke und Erfahrungen, die ich dabei machte, so treten demgegenüber alle erlittenen Strapazen und gelegentlichen Anfeindungen in der Bedeutung zurück. In überschaubaren Bereichen machte mein Wirken immer wieder einen Unterschied, und das ist auch im Rückblick Anlass zu großer Zufriedenheit.

Bonner Jahre

Nach meinem Studium und den frühen beruflichen Erfahrungen, die durch Wissenschaftstheorie und Ordnungspolitik geprägt waren, fühlte ich mich in der Grundsatzabteilung des Bundesfinanzministeriums gut aufgehoben und war dort unter verständigen Vorgesetzten in ganz unterschiedlichen Aufgabenbereichen tätig. Mein Schreibtalent fiel auf, und so wurde ich aus der Grundsatzabteilung heraus zum begehrten Autor für Reden unseres Ministers Hans Apel. Die Zeit im Außendienst, die für meine Verbeamtung notwendig war, verbrachte ich 1977 beim Internationalen Währungsfonds in Washington. Ein dort verfasstes Papier über geldpolitische Zwischenziele brachte mir eine sehr gute Beurteilung durch den IWF, die für meine weitere Laufbahn recht nützlich war.

Bei der Rückkehr aus Washington wechselte ich Anfang 1978 ins Bundesministerium für Arbeit und Sozialordnung, wo ich im Planungsstab und als enger Mitarbeiter des damaligen Arbeitsministers Herbert Ehrenberg tätig war. Der expansive sozialpolitische Kurs des Hauses wurde mir aber zunehmend fremder, und so nahm ich gern die Möglichkeit wahr, im Frühling 1981 ins Bundesfinanzministerium zurückzukehren. Dort war ich sehr eng eingeschaltet in die damaligen Bemühungen um die Konsolidierung der Staatsfinanzen und leitete schließlich das Ministerbüro der beiden letzten sozialdemokratischen Finanzminister der sozialliberalen Koalition, Hans Matthöfer und Manfred Lahnstein. Der Koalitionswechsel der FDP war im Herbst 1982 gleichwohl nicht aufzuhalten.

Unter dem neuen CDU-Finanzminister Gerhard Stoltenberg wurde ich als Referatsleiter zuständig für Finanzfragen des Verkehrs sowie für Bundesbahn und Bundespost. Diese Tätigkeit brachte mir erhebliche Gestaltungsmöglichkeiten und war mit großer Selbstständigkeit verbunden. Ich übte sie nahezu sieben Jahre aus, bis ich im August 1989 unter dem Finanzminister Theo Waigel und dem Währungsstaatssekretär Horst Köhler in die Währungsabteilung wechselte und dort das Referat »Nationale Währungsfragen« leitete. Aus dieser Position heraus entwickelte ich nach dem Fall der Mauer angesichts des drohenden wirtschaftlichen Zusammenbruchs der DDR das Konzept für eine deutsch-deutsche Währungsunion und wurde im Bundesfinanzministerium zunächst für die Durchführung der Währungsunion und nach der deutschen Wiedervereinigung für die Rechts- und Fachaufsicht über die Treuhandanstalt und damit für die Privatisierungsstrategie in Ostdeutschland zuständig. Nach zwei sehr ereignisreichen Jahren, die mich beruflich forderten wie noch nie in meinem Leben, ging ich schließlich im Mai 1991 als Staatssekretär ins Finanz- und Bauministerium von Rheinland-Pfalz.

Mainzer Jahre

Im ruhigen Mainz merkte ich alsbald, wie stark mich die Bonner Jahre geprägt hatten.

Die SPD trug 1991 in Rheinland-Pfalz in einer Koalition mit der FDP erstmals seit der Gründung des Landes Regierungsverantwortung. Da ich unter den Staatssekretären und Ministern der SPD der Einzige war, der nennenswerte ministerielle Erfahrung hatte, und da ich außerdem durch die mit Währungsunion und Treuhandaufsicht verbrachte Zeit ein hohes Arbeitstempo und lange Arbeitstage gewohnt war, wuchs mir sehr schnell ein Einfluss zu, der über das reine Amt weit hinausging.

Der junge und ehrgeizige Ministerpräsident Rudolf Scharping stützte sich in allen wirtschafts- und finanzpolitischen Fragen von bundespolitischem Belang sehr stark auf die Beratung und unmittelbare Zuarbeit durch mich und gab mir außerdem immer wieder persönliche Aufträge, die ich für ihn umsetzen musste. Das gesamte Netzwerk der Landesregierung und der sie tragenden Parteien war auf ein informelles Zusammenwirken von wenigen Personen eingerichtet, unter denen die Zusammenarbeit vertrauensvoll und sehr eng war.

Ich beriet und begleitete den jungen Ministerpräsidenten Scharping bei der Konzeption und Verhandlung des bundesweiten Solidarpakts für die ostdeutschen Länder und war dabei sehr erfolgreich. Seit der Wiedervereinigung im Herbst 1990 war es immer dringlicher geworden, den bundesweiten Finanzausgleich zwischen Bund und Ländern und unter den Ländern so zu ordnen, dass die ostdeutschen Länder für die lange Phase des wirtschaftlichen Aufholens eine ausreichende Finanzausstattung hatten, ohne dass die westdeutschen Länder darunter litten oder der Gesamtstaat finanziell überfordert wurde. Hier konnte ich dem Ministerpräsidenten Rudolf Scharping aufgrund meiner Erfahrungen mit der deutschen Einheit aus meiner Zeit im BMF ein nützlicher Ratgeber sein und gewann bei ihm schnell eine Vertrauensstellung. Scharping nutzte die darin auch für ihn liegende Chance und wurde vom SPD-Parteivorstand zum Koordinator der SPD-Seite für die Verhandlungen mit den unionsgeführten Bundesländern und der Bundesregierung bestimmt. In dieser Position erzielte er im Frühling 1993 mit dem bundesweiten Solidarpakt einen großen Verhandlungserfolg. Als es einige Monate später um die Nachfolge von Björn Engholm als SPD-Vorsitzendem ging, warf Scharping seinen Hut in den Ring und erreichte im August 1993 in der ersten Mitgliederbefragung, die die SPD jemals durchgeführt hatte, mehr Stimmen als seine Mitbewerber Gerhard Schröder und Heidemarie Wieczorek-Zeul. Er wurde auch Kanzlerkandidat der SPD für die Bundestagswahl 1994. Für den Fall seines Wahlsiegs war geplant, dass ich mit ihm ins Bundeskanzleramt nach Bonn ging.

Das zerschlug sich, weil am Ende doch Helmut Kohl die Wahl gewann. Rudolf Scharping war sehr fleißig, er hatte eine rasche Auffassungsgabe und ein gutes Gedächtnis. Er konnte aber leider mit seinen Kräften nicht haushalten und verzettelte sich bei Terminen. So gab es unnötige Fehler, und anlässlich einer Banalität – der Verwechslung von Brutto und Netto bei der Vorstellung einer Tabelle auf einer Pressekonferenz – kippte im Frühling 1994 die öffentliche Stimmung zu seinen Ungunsten.

Ich war enttäuscht, dass es mit dem geplanten Wechsel zurück nach Bonn nichts wurde. Aber für meine weitere Zukunft prägte ich mir ein, dass man niemals versuchen soll, dauerhaft mehr zu leisten und mehr Verpflichtungen auf sich zu nehmen, als die eigene persönliche Kraft es hergibt. Ein sensibles Wechselspiel von Konzentration und Delegierung ist entscheidend, wenn man längere Zeit in kräftezehrenden Führungsämtern Erfolg haben will.

Auch ohne bundespolitische Ambitionen gab es in Mainz für mich genug zu tun. Ich versuchte, den Landeshaushalt auf stabilen Pfaden zu führen, was mir auch gut gelang. Ich verbesserte die Leistungsfähigkeit einiger Landesbeteiligungen, reformierte die Staatsbauverwaltung, modernisierte die Wohnungsbauförderung und führte einen Pensionsfonds für die Beamten ein. Es waren gute, vergleichsweise entspannte Jahre, gleichwohl verließ ich die Mainzer Landespolitik im März 1997 nicht ungern Richtung Berlin. Ich war 52 Jahre alt und wollte es noch einmal richtig wissen.

Berliner Jahre

Der Anlass meines Wechsels nach Berlin war der Chefposten bei der bundeseigenen Treuhand Liegenschaftsgesellschaft (TLG), den mir der damalige Bundesfinanzminister Theo Waigel (CSU) anbot. Die TLG verwaltete und vermarktete alle nicht betriebsnotwendigen Immobilien aus den früher volkseigenen Betrieben der ehemaligen DDR. Es war ein kompliziertes Portfolio, und dem Unternehmen mangelte es an einer zukunftsfähigen Linie. Ich setzte eine betriebswirtschaftliche Selektionsstrategie mit gezielten Investitionen um. Der mit dem Eigentümer, dem Bund, zunächst konfliktreiche Kurs wurde zum Erfolg. Ich begleitete die TLG drei Jahre lang, später wurde sie vom Bund mit Erfolg privatisiert.

Der neue Bahnchef Hartmut Mehdorn lockte mich Anfang 2000 zur Bahn. Dort wurde ich bei der DB Netz AG der zuständige Vorstand für die Investitionen in die Netzinfrastruktur. Hinsichtlich der organisatorischen Abläufe und der Prioritätensetzung war dies erneut eine Sanierungsaufgabe. Ich bewältigte sie mit Erfolg. Meine Erfahrungen aus den Achtzigerjahren, die ich seinerzeit bei der Finanzaufsicht über die Bundesbahn gesammelt hatte, kamen mir dabei zugute. Allerdings wollte Mehdorn den Netzausbau in einer Weise forcieren, die für die Ordnung und Wirtschaftlichkeit der Abläufe unzuträglich war. Ich verweigerte mich seinen Vorgaben, darüber trennten sich unsere Wege.

Im Januar 2002 wurde ich Berliner Finanzsenator. Ich sanierte die Landesunternehmen, sanierte und verkaufte die Berliner Bankgesellschaft und reduzierte im Verlauf von sieben Jahren das Fünf-Milliarden-Loch im Berliner Landeshaushalt auf null. Als ich im Mai 2009 den Berliner Landesdienst verließ und in den Vorstand der Deutschen Bundesbank nach Frankfurt wechselte, hatte der Berliner Landeshaushalt den ersten Haushaltsüberschuss in der gesamten Landesgeschichte seit dem Jahr 1948 erwirtschaftet.

Die sieben Jahre als Berliner Finanzsenator erwiesen sich für mich als ein großer Einschnitt. Ich hatte immer schon versucht, öffentliche Finanzen, Wirtschaft und Gesellschaft gesamthaft zu betrachten. Das machte mich in jungen Jahren zu einem gefragten Redenschreiber. Es prägte aber auch die Art, wie ich Abgaben- und Steuerpolitik, Sozialpolitik, Haushaltskonsolidierung, Verkehrspolitik oder Währungspolitik konzeptionell betrieb. So hatte ich als Beamter stets in den für meine jeweilige Tätigkeit relevanten Fachkreisen einen recht hohen Bekanntheitsgrad und war auch mit der einschlägigen Presse stets gut vernetzt. Jenseits dieser Kreise aber war mein Name unbekannt, und das nahm ich auch nicht als Mangel wahr.

In der skandalträchtigen, aufgeheizten Atmosphäre der Berliner Landespolitik war dies ganz anders. Ich wurde Finanzsenator, weil meine Amtsvorgängerin Christiane Krajewski entnervt das Handtuch geworfen hatte und sich – zurückhaltend ausgedrückt – niemand nach diesem Amt drängte. Alle erwarteten, dass ich alsbald scheitern würde, und ich ging in großer Breite in die Berliner Öffentlichkeit, um für meinen Kurs zu werben. In der Summe hatte ich Glück und Erfolg. 2007 gelang es mir, die sanierte Berliner Landesbank für einen märchenhaften Preis an den Deutschen Sparkassen- und Giroverband zu verkaufen, und Anfang 2008 legte ich den ersten Haushaltsabschluss der Landesgeschichte ohne Nettoneuverschuldung vor. Mittlerweile war ich nicht nur in Berlin sehr bekannt geworden, auch bundesweit hatte ich einen gewissen Bekanntheitsgrad.

Natürlich hatte ich in den Jahren der Berliner Haushaltssanierung immer wieder über die Probleme der Stadt nachgedacht. Dazu gehörten auch eine hohe und verfestigte Arbeitslosigkeit und ein hoher Anteil von Empfängern der sogenannten Grundsicherung (Hartz IV) an der Stadtbevölkerung. Während meiner Zeit als Berliner Senator hatte mich die Tendenz in den Medien und der Politik der Stadt geärgert, allein äußeren Umständen die Schuld an den unterschiedlichsten unbefriedigenden Situationen der Stadt und ihrer Bevölkerung zu geben, während der Einfluss, den das eigene Verhalten auf Problemlagen hatte, unterbelichtet blieb. Das galt auch für die Probleme der Sozialstruktur. Ständig wurde »Armut« bejammert. Die Hauptprobleme der Empfänger von Sozialhilfe waren aber nicht ihre materiellen Umstände, sondern Fragen von Bildung und Ausbildung, von gesellschaftlichen Einstellungen und Fragen der Lebensführung.

Das machte ich im Winter 2008 zu einem politischen Thema und zum Stadtgespräch, indem ich zeigte, dass man sich anhand des offiziellen Hartz-IV-Regelsatzes sehr wohl ausgewogen, gesund und abwechslungsreich ernähren kann, wenn man auf Fertigprodukte verzichtet und selber kocht. Den diversen Tafeln, die zur Bekämpfung von »Armut« unentgeltlich Lebensmittel ausgaben, war damit die moralische Geschäftsgrundlage entzogen. Tatsächlich ging es in erster Linie um Verhaltensfragen und erst in zweiter Linie um Geldfragen. Meine Argumentation löste einen kollektiven Wutschrei aus und führte zu einem Sturm von Medienanfragen. Nach einigen Monaten drohte mir Klaus Wowereit, mit dem mich ansonsten ein sehr gutes Arbeitsverhältnis verband, unverhüllt mit Rauswurf aus dem Senat, wenn ich meine öffentlichen Ausflüge in die Sozialpolitik nicht einstellte. Ich hatte meinen Punkt gemacht und nahm wieder stärker andere Fragen in den Fokus. Aber die Medien und auch die Bürger verfolgten fortan mit Argusaugen, was immer ich zu sozialpolitischen Fragen tat oder äußerte.

Ohne dass ich das damals mit letzter Schärfe registrierte, setzte damit auch ein Entfremdungsprozess mit Teilen meiner Partei, der SPD, ein. Es galt vielen Parteifreunden und insbesondere vielen Parteifunktionären als unmoralisch und ungehörig, soziale Problemlagen auch mit Fragen des persönlichen Verhaltens in Verbindung zu bringen. Das durfte nicht sein: Wer sozial bedürftig war, galt als Opfer von Unglück und Ungerechtigkeit, und damit basta!

Noch während ich Finanzsenator war, erreichten mich mehrere Verlagsanfragen zu einem Buch über Sozialpolitik aus meiner Feder. Auf eine dieser Anfragen ging ich schließlich ein. Daraus wurde dann zwei Jahre später *Deutschland schafft sich ab.*

Epilog in Frankfurt

Als ich im Frühling 2009 hochgeehrt den Berliner Senat verließ und in den Vorstand der Deutschen Bundesbank wechselte, war ich dankbar und froh. Die Sanierungsaufgabe in Berlin hatte ich unerwartet erfolgreich beenden können. Ich war 64 Jahre alt und erwartete einen ruhigen Ablauf der fünfjährigen Dauer meines Vorstandsvertrags. Ich sollte mich täuschen. Grund dafür waren allerdings nicht die Aufgaben und Pflichten als Mitglied des Vorstands der Deutschen Bundesbank – diese Funktion erfüllte ich gewissenhaft. Meine Zuständigkeiten waren überschaubar. Außerdem war ich ja durch meine Berufslaufbahn fachlich vorbelastet, sodass der Einarbeitungsaufwand gering war.

Als ich in den Vorstand der Bundesbank eintrat, hatte diese einst mächtige Institution 90 Prozent ihrer Macht an die EZB abgegeben. Aber es galten noch die Schuldenregeln des Maastricht-Vertrags und das Verbot, sich mit den Mitteln der Geldpolitik an der Finanzierung von Staatshaushalten zu beteiligen. Ich wurde Zeitzeuge, wie dies im Mai 2010 zur Makulatur wurde. Auch Bundesbankpräsident Axel Weber hatte als Ökonom und deutscher Professor an die Gültigkeit des Maastricht-Vertrags und die Bindekraft internationaler Verträge geglaubt. Als er im EZB-Rat einfach so überstimmt wurde und auch beim Bundesfinanzminister Wolfgang Schäuble und bei der Bundeskanzlerin Angela Merkel kein Gehör mehr fand, setzte zwischen Axel Weber und der deutschen Politik ein Entfremdungsprozess ein, der schließlich dazu führte, dass er im Mai 2011 vorzeitig aus der Bundesbank ausschied.

Im Vorstand hatte Axel Weber mich immer mit Misstrauen betrachtet, weil ich aus der Politik kam. Das bekümmerte mich nicht weiter, ich war stets ein loyales Vorstandsmitglied. Der Verräter an seiner Mission war nicht Thilo Sarrazin, das waren Angela Merkel und Wolfgang Schäuble. Heute – elf Jahre nachdem Axel Weber die Bundesbank im Zorn verließ – sind die Länder der Eurozone verschuldet wie nie, und die Inflation hat das höchste Niveau seit dreißig Jahren. Die EZB hat ihr Pulver verschossen und traut sich nicht einmal mehr, notwendige Zinsanpassungen auf den Weg zu bringen.

In meiner Zeit als Vorstand der Deutschen Bundesbank las ich fleißig alle Vorstandsvorlagen, diskutierte im Vorstand mit, sah bei den Zuständigkeiten meines Ressorts nach dem Rechten und hielt Vorträge, wo immer ich eingeladen wurde. Gleichzeitig setzte ich die Arbeit an einem privaten Buchprojekt fort, das mit Geld- und Währungspolitik nichts zu tun hatte. Es handelte sich um das Manuskript von *Deutschland schafft sich ab*. Hier flossen die Erfahrungen meines gesamten Berufslebens, vor allem die der abschließenden Berliner Jahre ein. Das Buch erschien Ende August 2010. Es entwickelte sich in wenigen Tagen zu einem Skandal und zu einem großen Verkaufserfolg. Die Bundeskanzlerin Angela Merkel erklärte es – ungelesen – für »nicht hilfreich«. Zum 30. September 2010 schied ich aus dem Dienst der Bundesbank aus und wurde im Alter von 65 Jahren und 8 Monaten zum freien Autor.

Autor

Als studentische Hilfskraft hatte ich seinerzeit bei der Zuarbeit zu Gutachten und anderen Publikationen gemerkt, dass mir die Anfertigung lesbarer Texte offenbar leichter fiel als vielen anderen. Da ich gern und viel las, konnte ich auch stets auf einen großen Bestand an Denkfiguren und sprachlichen Wendungen zurückgreifen. Das kam mir bei der Formulierung von Forschungsanträgen zugute, denn die Gutachten, von denen unser Institut lebte, mussten auch eingeworben werden. Damit ich Zeit gewann für die Arbeit an meiner Dissertation, musste zudem ihre Anfertigung mit einer gewissen Schnelligkeit erfolgen. Während ich an meiner Dissertation schrieb, zog ich meinen Lebensunterhalt aus der Anfertigung von Forschungsgutachten. Das funktionierte so gut, dass ich von 1974 bis 1976 zusammen mit zwei Freunden neben dem Beruf eine selbstständige Gutachtertätigkeit betrieb. So verdiente ich das Eigenkapital für unser erstes, 1976 erbautes Haus.

Die frühen Werke

Meine Dissertation wurde 1974 vom Verlag Neue Gesellschaft unter dem Titel *Ökonomie und Logik der historischen Erklärung* als Buch veröffentlicht. Im Kreis von Wirtschaftshistorikern fand sie Aufmerksamkeit. Die damals sehr bekannten Wirtschaftshistoriker Hans-Jürgen Wehler und Jürgen Kocka luden mich 1975 zu einer Fachtagung nach Bielefeld ein.[15] Ich zögerte kurz, ob ich nicht doch eine wissenschaftliche Laufbahn einschlagen solle. Mittlerweile aber hatte ich mich im Bundesfinanzministerium etabliert, und es gefiel mir dort.

Die von 1973 bis 1975 rund um das SPD-Langzeitprogramm zu Fragen der Wirtschaftslenkung geführten Debatten beschäftigten mich geistig und emotional sehr, und ich begann, mit eigenen Veröffentlichungen kräftig mitzumischen.[16] So wurde ich plötzlich als Experte für Investitionslenkung wahrgenommen und dazu auch zu Vorträgen eingeladen.

Anfang 1975 veröffentlichte ich als Herausgeber zusammen mit drei Freunden einen Sammelband zum Kritischen Rationalismus.[17] Wir empfahlen darin die von Karl Popper entwickelte Methode der sozialen Stückwerkstechnik auch für den künftigen Weg der sozialdemokratischen Reformpolitik. Den damaligen Bundeskanzler Helmut Schmidt konnten wir für das Vorwort gewinnen. Das verschaffte dem Sammelband einige Aufmerksamkeit in den Medien. Weitere Bände zur sozialdemokratischen Theoriedebatte folgten.[18] Das allgegenwärtige marxistische Denken in den Köpfen sozialdemokratischer Intellektueller konnten wir damit allerdings nicht nennenswert eindämmen.

In den folgenden 20 Jahren war ich immer wieder als Ghostwriter für unterschiedliche Minister tätig[19] und veröffentlichte auch unter eigenem Namen gelegentlich in Zeitschriften und Sammelbänden. Die Themen ergaben sich stets aus den unterschiedlichen Schwerpunkten meiner jeweiligen Tätigkeit.

Mit Fragen der Währungspolitik war ich seit dem Studium immer wieder befasst gewesen. 1989, in den Monaten vor dem Fall der Mauer, war ich in der Währungsabteilung im Bonner Finanzministerium auch an den hausinternen Vorüberlegungen für eine Europäische Währungsunion beteiligt. Die damit verbundenen Fragen beschäftigten mich immer wieder, und so sagte ich gerne zu, als vom Bonner Dietz-Verlag Anfang 1996 die Anfrage kam, ob ich nicht ein Buch zum Euro schreiben wolle. Vorsichtig sprach ich mich darin für die neue Währung aus und wies auf die Sicherungen hin, welche die Vorgaben des Maastricht-Vertrags enthielten. Das Buch *Der Euro. Chance oder Abenteuer?* erschien von 1997 bis 1999 in mehreren Auflagen und wurde zu einem überraschenden Verkaufserfolg.[20]

Aber vor dem Blitzschlag, der mich im August 2010 mit der Veröffentlichung von *Deutschland schafft sich ab* traf, versank meine gesamte bisherige Laufbahn als Autor in Dunkelheit.

Die späten Bücher

Deutschland schafft sich ab kann als Untergangserzählung gelesen werden. Es kann aber auch gelesen werden als Parabel für die Unaufhaltsamkeit von Veränderung sowie als technokratische Anleitung, wo und wie welche Eingriffe nötig sind, um sachlich und politisch unerwünschte Entwicklungen zu verhindern. Die Aussage dieses Buches liegt im Auge des Betrachters. Entsprechend emotional und teilweise maßlos und hysterisch waren die Reaktionen in den Medien und in der Politik. Viele erklärten mich zur Unperson. Meine Frau, die als Grundschullehrerin in Berlin-Charlottenburg arbeitete, wurde massiv gemobbt – nicht etwa von Schülern und Eltern, sondern von ihrem Schulleiter und ihren Schulräten. Das Mobbing wurde so stark, dass sie schließlich ein Jahr nach der Veröffentlichung von *Deutschland schafft sich ab* bei der Vollendung des 60. Lebensjahres in den vorzeitigen Ruhestand ging, obwohl sie stets eine begeisterte und sehr erfolgreiche Lehrerin gewesen war.[21]

Mit *Deutschland schafft sich ab* hatte auch die schleichende Entfremdung zwischen der SPD und mir einen ersten Kulminationspunkt erreicht. Es ging nicht mehr um Logik und Fakten, sondern vielmehr um die Art des Blicks auf die Welt. In die nachklingende Aufregung über die Publikation schlug mein damaliger Verlag mir vor, mich erneut dem Thema der Europäischen Währungsunion zuzuwenden. Die Krise war seit 2010 virulent, und die Politik hatte letztlich reagiert, indem sie tragende Bestimmungen des Maastricht-Vertrags de facto außer Kraft setzte. In *Europa braucht den Euro nicht* (2012) betrachtete ich die rund um die Währungsunion gesponnenen Legenden und zeigte, dass die gemeinsame Währung für Wachstum und Beschäftigung keine positiven Wirkungen habe und zudem die beteiligten Völker und Staaten tendenziell einander entfremde.

Nach den Erfahrungen und Erlebnissen, die mir seit 2010 zuteilgeworden waren, war mir die publizistische Auseinandersetzung mit der Meinungsfreiheit in Deutschland ein Herzensanliegen. Ausgehend von Elisabeth Noelle-Neumanns Schweigespirale zeigte ich in *Der neue Tugendterror* (2014), wie individuelle Vorsicht und opportunistisches Denken die gelebte Meinungsfreiheit tatsächlich aushöhlen und die Stabilität der Demokratie gefährden können. Dabei analysierte ich auch den übermäßigen Einfluss der zumeist am linken Rand der Gesellschaft stehenden Medienvertreter und Journalisten.

In *Wunschdenken* (2016) setzte ich mich mit der Theorie und Praxis guten Regierens auseinander und baute dabei auf meinen eigenen beruflichen Erfahrungen aus vier Jahrzehnten auf. Besonders wandte ich mich der Mechanik politischer Fehlentscheidungen und den daraus resultierenden Fehlentwicklungen zu. Das diente mir als Folie, um abschließend für Deutschland ein ehrgeiziges, aber realistisches Zukunftsprogramm zu entwerfen.

In *Feindliche Übernahme* (2018) befasste ich mich intensiv mit der Religion des Islam sowie mit ihren soziologischen und politischen Begleiterscheinungen. Ich zeigte, dass die notorische Rückständigkeit islamischer Länder und ihr Mangel an Demokratie unmittelbare Quellen in der Religion und den durch sie bewirkten kulturellen Prägungen haben. Abschließend untersuchte ich die Risiken islamischer Masseneinwanderung für die Ordnung, innere Stabilität und kulturelle Eigenart der Staaten des Westens. Das Erscheinen dieses Buches war im August 2018 der Anlass für den SPD-Parteivorstand, ein drittes – und letztlich erfolgreiches – Parteiausschlussverfahren gegen mich zu betreiben.

In *Der Staat an seinen Grenzen* (2020) behandelte ich ethische Fragen der Einwanderungspolitik und setzte mich mit den Perspektiven und Möglichkeiten der weniger entwickelten Teile der Welt auseinander. Ein besonderes Augenmerk legte ich dabei auf die Demografie. Ich skizzierte die Weltgeschichte großer Wanderungsbewegungen und zeigte, dass Einwanderung für die Einheimischen der Zielgebiete regelmäßig große Risiken und erhebliche Nachteile mit sich brachte, die auch den eigenen Untergang miteinschließen konnten und nur zu oft auch einschlossen.

Die SPD und ich

Von Jugend an war mein Interesse an der Entwicklung von Staat und Gesellschaft sehr intensiv. Es hatte aber nie eine parteipolitische Färbung. Politische Parteien waren für mich vielmehr Akteure, deren Existenz einen wirksamen Wettbewerb um die Macht ermöglichen sollte. Als Parteigänger fühlte ich mich bis 1973 nicht.

Am Projekt eines Langzeitprogramms der SPD faszinierte mich 1973 die Idee einer langfristigen politischen Planung. Der Zielzeitpunkt – 1985 – schien mir damals unendlich weit weg. Als ich im Juli 1973 die Stellenanzeige der Friedrich-Ebert-Stiftung las, siegte die Faszination, und ich entschloss mich spontan zur Bewerbung. Mir war sehr bewusst, dass die damaligen Debatten in der SPD für

Deutschlands Zukunft entscheidend sein konnten: Die SPD hatte im Herbst 1972 die CDU/CSU als größte Partei überflügelt, der Genosse Trend war offenbar auf ihrer Seite, und die Zukunft im nicht kommunistischen Europa wirkte sehr sozialdemokratisch. Eine Linksdrift der Sozialdemokratie in Europa hielt ich vor diesem Hintergrund für gefährlich, und gerne trug ich meinen Teil dazu bei, sie zu verhindern.

Die SPD, deren Mitglied ich im November 1973 wurde, bot eine großartige geistige Freiheit. Von linken Marxisten bis zu konservativen Arbeiterführern wie Georg Leber und liberalen Großbürgern wie Klaus von Dohnanyi hatten dort alle ihren Platz. Die unterschiedlichsten geistigen Strömungen waren vertreten, und in den parteieigenen Verlagen Neue Gesellschaft und J.H.W. Dietz erschienen viele meiner frühen Schriften. Jeder, der mich in der SPD kannte, wusste von Anfang an, dass ich ein strikter Marktwirtschaftler, ein sparsamer Finanzpolitiker und in jeder Beziehung das Gegenteil eines Marxisten war.

Ich führte eine gute Feder und war ein durchsetzungsstarker Ministerialbeamter mit erheblichen Managementfähigkeiten, entsprechend begehrt waren meine Dienste. Das Gerüst meiner Werte und meiner Lebenseinstellungen ist seit 1973 (dem Jahr meines Eintritts in die SPD) bis heute weitgehend unverändert geblieben. Allerdings hat sich die SPD in diesen Jahrzehnten geändert. Sie wurde in der Summe linker, geistig enger und weniger liberal. Nachdem ich in den ersten Jahren meiner Mitgliedschaft an den programmatischen Debatten der SPD intensiv teilgenommen hatte, konzentrierte ich mich seit 1975 zunehmend auf meine jeweilige Berufstätigkeit, zuletzt sieben Jahre lang in Berlin auf die Sanierung der Berliner Finanzen. Das gelang brillant, und als ich im Frühling 2009 den Senat von Berlin hochgeehrt verließ, hatte ich einen großen Beitrag zur Regierungsfähigkeit der SPD in dieser Stadt geleistet. Die SPD brauchte mich nicht mehr, und ich brauchte sie auch nicht. In meinen Büchern kommt das Stichwort »SPD« kaum vor. Ich widmete mich anderen Themen.

Aber erst 2010, nachdem ich der Politik den Rücken gekehrt hatte, entdeckten SPD-Funktionäre, dass sie meine immer schon bekannten Ansichten, sobald sie in Büchern publiziert wurden, ganz unerträglich fanden – Grund genug für einen Ausschluss aus der SPD, den sie dreimal mit Energie betrieben. Die Frage der Fortdauer meiner Mitgliedschaft konnte mir eigentlich gleichgültiger nicht sein. Weder wollte ich in meinen noch verbleibenden Lebensjahren erneut an einem SPD-Programm schreiben, noch erneut einem SPD-Politiker dienen. Ich wollte mich aber auch nicht schlecht behandeln lassen und einen Rauswurf nach so vielen Jahrzehnten nicht einfach hinnehmen, denn ich war mir keiner Schuld bewusst. So wehrte ich mich zweimal mit Erfolg dagegen (2010 und 2011) und einmal ohne Erfolg (2020).

Mein letztendlicher Ausschluss wegen eines wissenschaftlichen Sachbuches, dem Denk- oder Faktenfehler nachzuweisen man sich die Mühe gar nicht machte, war sozusagen das notarielle Siegel auf der schmerzlichen Erkenntnis, dass die SPD aufgehört hat, grundsätzliche Debatten zu führen, und auch nicht mehr ein Hort geistiger Freiheit ist.

Anlass des Ausschlussverfahrens war mein 2018 erschienenes Buch *Feindliche Übernahme*. Man fand, es sei islamfeindlich und spiegele einen »kulturellen antimuslimischen Rassismus« wider. Falsche Fakten oder logische Fehler wurden mir aber nicht nachgewiesen. Bei der Bundesschiedskommission, der dritten Instanz, ließ man dann den Vorwurf des »antimuslimischen Rassismus« fallen. Gegen solch einen Unfug hätte ich zu leicht vor einem ordentlichen Gericht vorgehen können. Stattdessen erklärte die Bundesschiedskommission meine Vorschläge zur Reform des Asylrechts, die ich bereits 2016 in der *FAZ* publiziert und im Buch *Feindliche Übernahme* erneut vorgetragen hatte, als mit den Grundwerten der SPD nicht übereinstimmend und schloss mich deshalb aus.

Aufschlussreich war der fortwährende Wechsel der Begründung für den Ausschluss im Verfahrensverlauf:

– In der Stufe 1 des Verfahrens (Bezirksschiedskommission des Kreises Charlottenburg-Wilmersdorf) wurde meinem Buch »kultureller Rassismus« vorgeworfen. Das dazu vom Parteivorstand vorgelegte Gutachten zweier unbekannter junger Frauen ohne

wissenschaftlichen Ruf[22] ließ ich durch den renommierten Arabisten und Islamwissenschaftler Tilman Nagel überprüfen.[23] Nagel konnte in meinem Buch aus wissenschaftlicher Sicht keine sachlichen Fehler oder überzogenen Schlussfolgerungen entdecken und stellte fest, dass mein »Urteil durchweg ausgewogen« ausfällt. Das vom Parteivorstand beauftragte Gutachten habe offenbar zum Ziel, »dass Sarrazins Buch als eine Ansammlung von Behauptungen erscheinen soll, die den persönlichen Ressentiments des Verfassers entspringen. Dass dies nicht im mindesten der Fall ist, wird immer wieder deutlich, wenn man die kritisierten Sätze mit Sarrazins tatsächlichen Ausführungen zusammenhält und den Kontext, in dem sie stehen, sowie die zahlreichen und ganz unterschiedlichen Quellen entstammenden Belege überprüft.«[24] Nagel schließt seine Stellungnahme mit der Feststellung: »Geradezu abwegig ist das Fazit, mit dem die Expertinnen ihre Ausführungen zusammenfassen: In keinem Zusammenhang, den Sarrazin zu beschreiben suche, stütze er sich auf die ›seriöse Fachliteratur‹. Angesichts dieser im Grunde ehrenrührigen Behauptung fragt man sich, ob sie das Buch überhaupt einmal in der Hand gehalten haben.«[25] Die Expertise sei »gänzlich ungeeignet, sich ein wissenschaftlich abgesichertes Bild von Sarrazins Buch zu machen. Sie beruht weitgehend auf Ressentiments.«[26]
- In der Stufe 2 (Landesschiedskommission Berlin) stand dann der Vorwurf des Verstoßes gegen das geltende Hamburger Programm der SPD im Mittelpunkt. Das widerlegte ich durch einen ausführlichen schriftlichen Vergleich der Aussagen des Parteiprogramms mit den einschlägigen Passagen meines Buches.
- In Stufe 3 (Bundesschiedskommission) wurde auch dieser Vorwurf nicht weiterverfolgt. Es ging nur noch um meine Vorschläge zur Reform des Asylrechts. Diese widersprächen den Grundwerten der SPD.

In insgesamt zehn Stunden Verhandlungen war dem Generalsekretär Lars Klingbeil kein einziger Beleg für eine falsche Tatsachenbehauptung oder ein unrichtiges Zitat in allen meinen Texten zu entlocken.

Er erging sich stattdessen in allgemeinen Angriffen auf meine moralische Integrität und forderte mich wiederholt auf, zur AfD zu wechseln. Getreulich befolgte der Generalsekretär Klingbeil den Rat von Arthur Schopenhauer: »*Wenn man merkt, dass der Gegner überlegen ist und man unrecht behalten wird, so werde man persönlich, beleidigend und grob. Diese Regel ist sehr beliebt, weil jeder zur Ausführung tauglich ist, und wird daher häufig angewandt.*«

Ich hatte in *Feindliche Übernahme* beobachtete Zusammenhänge mit einer Theorie unterlegt und aus den Beobachtungen in Zusammenhang mit der Theorie kausale Schlüsse gezogen. Der Inhalt dieser kausalen Schlüsse wurde mir vorgeworfen. Aber weder wurde der Inhalt der von mir geschilderten Tatsachen bestritten noch wurde mir bei meinen Schlüssen ein logischer Fehler nachgewiesen. Vielmehr diente der Inhalt meiner Schlüsse als Beleg für eine falsche Gesinnung. Und diese falsche Gesinnung sollte den Parteiausschluss rechtfertigen.

Tatsächlich ging es darum, dass mein Buch eine ideologische Prämisse linken Denkens nicht teilte, nämlich dass kulturelle und religiöse Unterschiede für das menschliche Bewusstsein und die Integrationsfähigkeit des Menschen letztlich unbedeutend seien und dies insbesondere für den Islam und die Muslime gelte. Wer so argumentiert wie meine Gegner in der SPD, verrät die abendländische kritische Kultur der Aufklärung und ist geistig nicht satisfaktionsfähig. Ein weiterer Dialog ist hier zwecklos. Es ist aber auch kein Grund erkennbar, weshalb man als denkender Mensch einer Gruppe angehören möchte, in der solche Anschauungen dominant geworden sind. Deshalb konnte die SPD nicht mehr meine Partei sein. Sie lehnt heute gerade jenes Denken ab, das mich vor 49 Jahren zum Eintritt bewogen hatte.

»Stein des Anstoßes« waren für meine Gegner in der SPD nicht die 37 Jahre meiner Tätigkeit in Politik und Administration, auch nicht meine zahlreichen Publikationen, die diese Tätigkeit immer wieder begleiteten. Stein des Anstoßes waren auch nicht meine politischen Ansichten. Die waren seit meinem Eintritt in die SPD im Jahre 1973 allen, die mich trafen, bekannt, zumal ich aus meinem Herzen niemals eine Mördergrube gemacht habe. Meine politischen Ansichten behinderten auch nicht meinen durchschlagenden Erfolg als Berliner Finanzsenator von 2002 bis 2009.

»Stein des Anstoßes« waren meine seit 2010 erschienenen Bücher, vor allem *Deutschland schafft sich ab* (2010) und *Feindliche Übernahme* (2018). Dabei ging es nicht um irgendwelche sachlichen Fehler. Es ist auch bemerkenswert, dass keines meiner Bücher jemals in irgendeinem Detail presserechtlich angegriffen wurde. »Stein des Anstoßes« waren vielmehr drei elementare Sachverhalte der menschlichen Existenz, die in meinen Büchern immer wieder eine Rolle spielen:

- Geistige und seelische Eigenschaften des Menschen sind zu einem großen Teil erblich und bestimmen den Lebenserfolg ganz wesentlich.
- Die kulturelle und religiöse Prägung beeinflusst den Erfolg von Gesellschaften und Individuen in erheblichem Umfang und wirkt durch »kulturelle Vererbung« über Generationen hinweg positiv oder negativ.
- Für die Zukunft von Gesellschaften und Nationen ist es nicht gleichgültig, wer die Kinder bekommt und wie viele. Unterschiedliche Geburtenraten haben je nach Bildungshintergrund, Religion und Herkunft große Auswirkungen auf die Kultur und den Wohlstand der Nationen.

Das widerspricht einer impliziten Gleichheitsideologie, der die SPD, aber nicht nur sie, seit einigen Jahrzehnten huldigt. Sie ignoriert in großem Umfang naturwissenschaftliche Erkenntnisse (vgl. Kapitel 3). Diese Gleichheitsideologie braucht für politisch unwillkommene Unterschiede stets Schuldige, und sie betrachtet Gleichheit und Gerechtigkeit mehr oder weniger als Synonyme. Die Ideologen der Gleichheit möchten an ihrer Ideologie auch dann festhalten, wenn der Preis in einem verzerrten Blick auf die Wirklichkeit und ihre komplexen Kausalitäten besteht. In der SPD, aber auch im überwiegenden Meinungsbild der Medien, haben sie sich offenbar weitgehend durchgesetzt. Es gilt als unerträglich, aus der Feder eines ehemals prominenten SPD-Mitglieds mit einer anderen Sicht konfrontiert zu werden.

Klaus von Dohnanyi, der mich in meinem ersten Ausschlussverfahren verteidigte, kritisiert, »dass Parteien offene Debatten über grundsätzliche Richtungsfragen kaum noch führen, dabei wäre das doch gerade in Zeiten so tiefen Wandels eigentlich ihre wichtigste Aufgabe«.[27] Der Soziologe Norbert Bolz schreibt zu solcher Debattenverweigerung:

> Wir haben es hier mit einer Ethik der Tabus und der Kontaktschuld zu tun. Tabuisiert werden bestimmte Gedanken nicht, weil sie falsch sind, sondern weil es unakzeptabel ist, dass man sie denkt. Die *woke* Linke reagiert auf jede abweichende Meinung mit dem Ausschluss aus der Gemeinschaft der Guten. Ihre Medien werden zum Pranger, und an die Stelle der Kritik tritt das Canceling. Dabei ist die Umkehr der Beweislast fast schon selbstverständlich geworden: Die Beschuldigung, Sexist oder Rassist zu sein, gilt als Schuldbeweis.[28]

Diese Haltung ist Ideologie in Reinkultur. Es geht nicht um Wahrheit, sondern um Geltung. In den kommunistischen Parteien des Ostblocks hatte man früher die Bereinigung der zulässigen innerparteilichen Meinungsbreite über den regelmäßigen »Austausch der Parteibücher« bewerkstelligt. Jetzt geht es um die Lenkung durch Beispiel. Durch den Umgang der SPD mit dem »Fall Sarrazin« ist einer breiten Öffentlichkeit ganz klar geworden, welche perspektivischen Sichtweisen auf die Welt nicht zur SPD gehören sollen und dort auch nicht toleriert werden. Auf diese Weise kann man sicher sein, dass die Fragen, die ich aufgeworfen habe, zwar hoffentlich irgendwo in der Gesellschaft, aber ganz bestimmt nicht in der SPD diskutiert werden. Für ihre Zukunftsfähigkeit hat sie sich damit keinen Gefallen getan. Als Ort einer geistigen Auseinandersetzung um die wesentlichen Zukunftsfragen unserer Gesellschaft hat sich die SPD weitgehend selbst aus dem Verkehr gezogen. Wenn man selber Argumentationsschwierigkeiten hat oder eine Debatte aus opportunistischen

Gründen scheut, kann es bequemer sein, jemanden als Feind zu beschimpfen, anstatt sich mit seinen Argumenten auseinanderzusetzen. So ist es mir mit der SPD geschehen. Aber der scheinbare Frieden und der Tod der Diskussion, den der Ausschluss eines unbequemen Dissidenten bringt, ist tatsächlich eine *geistige Friedhofsruhe*, die über kontroverse Themen gelegt wird.

Der Verhaltensökonom Cass Sunstein sagt dazu: »Werden bestimmte Ansichten bestraft, fallen unpopuläre Standpunkte früher oder später aus der öffentlichen Debatte heraus. Das vordem Undenkbare wird dann nicht mehr gedacht. Ursprünglich tabuisierte Ansichten, die selten oder gar nicht geäußert werden, werden gänzlich ausgemerzt, nur weil sie keiner mehr zu Ohren bekommt.«[29] So gehen Informationen und Gesichtspunkte unter, die von großer Bedeutung sein können. »Institutionen, die stattdessen Konformität belohnen, sind von Haus aus fehleranfällig. Institutionen haben weit bessere Erfolgsaussichten, wenn sie Offenheit und Dissens zur Norm erheben.«[30] Deshalb stelle ich der SPD als politischer Partei trotz ihres relativen Erfolgs bei der Bundestagswahl 2021 keine günstige Prognose aus.

Die heutige SPD erträgt es nicht, dass ein prominentes Mitglied der Partei in seinen Büchern wissenschaftlich unstreitige Sachverhalte vorträgt und daraus logische Schlussfolgerungen zieht. In solch eine engstirnige und geistig zurückgebliebene Partei wäre ich 1973 im Alter von 28 Jahren niemals eingetreten. Insofern verzichtete ich 2020 im Alter von 75 Jahren nach reiflichem Überlegen darauf, gegen die Unrechtshandlung meines Parteiausschlusses vor öffentlichen Gerichten zu klagen.

Als junger Mann war ich in die SPD eingetreten, um dort den liberalen Wirtschaftsflügel zu stützen. Diese Position nahm ich dann in meinem ganzen Berufsleben ein – auch und gerade dort, wo ich Ministern und Ministerpräsidenten der SPD diente. Nachdem ich aus allen staatlichen Ämtern ausgeschieden war, war meine Funktion in der SPD und für die SPD erfüllt. Mein Parteiausschluss im Jahr 2020 war darum für die Partei und für mich folgenlos. Wir hatten uns nichts mehr zu sagen. Die gegenwärtige SPD-Führung ist erleichtert, weil sie sich nicht mehr mit den Büchern von Thilo Sarrazin geistig auseinandersetzen muss, und ich bin erleichtert, weil ich Führungspersonen wie Kevin Kühnert verderbliche Konzepte wie den Berliner Mietendeckel nicht mehr erklären muss.

In eigentümlichem Kontrast stand mein eilfertiger Ausschluss wegen eines ungeliebten Sachbuchs zu den gewaltigen Windungen und inneren Krämpfen, die es den Parteivorstand der SPD offenbar kostete, bis er auf ein Ausschlussverfahren gegen den ehemaligen Bundeskanzler Gerhard Schröder letztlich verzichtete. In der heutigen SPD ist eine kritische Haltung zur Religion des Islam offenbar unverzeihlicher als die Männerfreundschaft zu einem Diktator und Kriegsverbrecher wie Wladimir Putin, von dem man sich mit vielen Millionen Euro aushalten lässt.

Immerhin: Einen geistigen Ertrag brachte mir das dritte – und letztlich erfolgreiche – Parteiausschlussverfahren: Es gab mir den Anlass und die Motivation, über die Ursachen und die Wirkungen ideologisch verzerrten Denkens gründlicher nachzudenken. Daraus entstand die Idee zum vorliegenden Buch. Es handelt davon, wie unser Denken durch Werturteile bestimmt wird, wie diese unsere Weltsicht bestimmen und den Blick auf Tatsachen und Zusammenhänge manchmal erhellen, oft aber auch vernebeln. Dieselben Tatsachen, dieselben Zusammenhänge können eine ganz andere Färbung annehmen, je nachdem, mit welcher Einstellung, mit welchen Vorurteilen man sie betrachtet.

Unterschiedliche Prägungen – gemeinsame Wahrheit

Mit dem kurzen Abriss meiner geistigen und beruflichen Entwicklung habe ich die Subjektivität meines Wollens, meiner Motive und meiner Erkenntnisziele dargelegt. Wie sich zeigte, waren mir – dem im Februar 1945 Geborenen – die Folgen von Krieg und Niederlage überaus gegenwärtig. Daran mag es liegen, dass mir Fortschritt, Leistung und Effizienz stets sehr wichtig waren und noch sind. Natürlich sind ganz andere Ausblicke als der meine auf die Welt möglich und genauso berechtigt.

Jeder Mensch hat – ausgehend von seinem genetischen Erbe, seiner Herkunft und seinem Platz in der Welt und der Geschichte – subjektiv gesehen eine von anderen Menschen unterschiedliche Weltsicht, andere Antriebe und andere Erkenntnisziele. Gleichwohl können sich ganz unterschiedliche Menschen mit unterschiedlichen Fragen an denselben Gegenstand sehr wohl darauf einigen, was objektiv wahr, objektiv falsch oder was ungewiss oder schlichtweg unbekannt ist. Die Subjektivität der Motive, Antriebe und Fragestellungen steht dem Anspruch, eine möglichst objektive Wahrheit zu finden, nicht grundsätzlich im Weg.

Kapitel 2
Objektive Erkenntnis – Der kritisch-rationale Blick

Sieben Fragen haben mich seit meinen jugendlichen Jahren immer wieder beschäftigt: Antworten gab ich mir teilweise selbst, teilweise fand ich sie bei meiner Beschäftigung mit Erkenntnistheorie:

1. Was können wir überhaupt wissen? Wie können wir die Sicherheit dieses Wissens »beweisen«, und wie können wir das sachlich Wahre von dem Falschen unterscheiden?
2. Wie kommen wir zu Wissensfortschritt, und wie können wir Irrtümer und Fehlrichtungen des Denkens aufdecken und so widerlegen, dass sie tatsächlich unter seriösen Gesprächspartnern aus dem Verkehr gezogen werden müssen?
3. Unterscheidet sich der Mensch grundsätzlich von der übrigen belebten Natur (»Krone der Schöpfung«), sodass ihm besondere Rechte, aber auch eine besondere Würde zustehen, oder ist das nur eine Projektion der Menschen auf sich selbst?
4. Woher kommen das »Gute« und das »Böse«? Gibt es objektive Maßstäbe der Moral? Und wie können wir das Gute befördern sowie das Böse beseitigen oder zumindest einhegen und begrenzen?
5. Haben das menschliche Leben sowie die uns umgebende Welt einen höheren Sinn, der über uns selbst hinausweist und uns quasi in den Dienst einer größeren Sache stellt? Und worin besteht dieser Sinn?
6. Gibt es ein natürliches Ziel, dem die Welt, die menschliche Gesellschaft und der einzelne Mensch zustreben, und können wir dieses Ziel erkennen und unterstützen?
7. Damit in Zusammenhang: Gibt es Gesetzmäßigkeiten, nach denen die Historie abläuft und die menschlichen Gesellschaften sich entwickeln?

Auf die Fragen 1 und 2, die eigentlich am Anfang von allem stehen, fand ich erst durch meine Bekanntschaft mit dem Kritischen Rationalismus eine Antwort, die mich grundsätzlich befriedigte.

Zur Frage 3 war mein Ausgangspunkt die christliche Erziehung, die ich genoss. Wieso sollte nur der Mensch, unabhängig von seinen persönlichen Eigenschaften, eine unsterbliche Seele haben? Der Pudel meines besten Freundes war emotional zugewandt, empfand Liebe und hatte offenbar ein differenziertes Gefühlsleben. Bei den alten Ägyptern war die Katze heilig, bei den gläubigen Hindus sind es bis heute die Kühe. Wo aber sollte man in der belebten Natur die Grenzen für die Vermutung einer unsterblichen Seele ziehen? Also, entweder hatte *jedes* Lebewesen eine unsterbliche Seele, bis hin zu den Stechmücken oder den Gräsern am Wegesrand. Oder *kein* Lebewesen hatte eine unsterbliche Seele. Auf diese Fragen konnte mir die Religion, so wie ich sie verstand, keine Antwort geben. Aus diesem Grund nahm ich – halb unbewusst und ganz allmählich – im Alter von fünfzehn bis sechzehn Jahren Abschied vom christlichen Glauben. Heute – 60 Jahre später – glaube ich, dass man den Menschen nur verstehen kann, wenn man ihn als Teil der belebten Natur begreift, und dass es einen ewigen, vom Körper unabhängigen Wesenskern, den man früher die unsterbliche Seele nannte, schlichtweg nicht gibt.

In meiner Kindheit und Jugend war ich ein intensiver Bibelleser – ganz einfach, weil sie spannende Geschichten enthielt. Das faszinierte mich auch stets am Religionsunterricht. Bereits in der Grundschule gehörte »Biblische Geschichte« zu meinen Lieblingsfächern. Dabei entging mir nicht, wie umstandslos schon im Alten Testament Kriege geführt und die feindlichen Völker unabhängig von Fragen der persönlichen Schuld massenhaft ermordet wurden. Durch die gesamte Menschheitsgeschichte schien das so weiterzugehen. Auch die Zehn Gebote galten offenbar nur innerhalb einer Gesellschaft und nicht jenseits ihrer Grenzen. Die Frage, wann etwas als »gut« und wann etwas als »böse« zu gelten hatte, war also in der gesamten Menschheitsgeschichte höchst relativ. Auch all die Gräueltaten der nationalsozialistischen und der sowjetischen Gewaltherrschaften, die die erste

Hälfte des 20. Jahrhunderts prägten, waren so gesehen nichts Neuartiges, sondern standen in der Tradition der Menschheitsgeschichte. Für mich folgte daraus, dass es »objektive« Maßstäbe für »Gut« und »Böse« nicht gibt und auch keinen fürsorglichen Gott im Himmel, der diese Maßstäbe setzt und über ihre Einhaltung wacht. So beantwortete ich für mich noch als Schüler die oben formulierte Frage 4. Diese Erkenntnis war für mich der endgültige Abschied vom christlichen Glauben und überhaupt von jeder Art von religiöser Überzeugung.

Natürlich glaube ich an die Bedeutung von Moral und bin der Meinung, dass eine menschliche Gesellschaft ohne klare Begriffe von »Gut« und »Böse« nicht funktionieren kann. Die Maßstäbe dafür ergeben sich letztlich aus dem menschlichen Zusammenleben. Sie sind gruppenbezogen und auch historisch wandelbar. Das macht sie aber nicht weniger wichtig.

Wenn es keine eindeutigen Maßstäbe von Gut und Böse und auch keinen persönlichen Gott gibt, der sie setzt und über ihre Einhaltung wacht, dann erübrigt sich auch Frage 5 nach dem Sinn des menschlichen Lebens und der uns umgebenden Welt. Unser gesamtes Wollen und alle Geschehnisse haben den Sinn, den wir ihm beimessen. Wir sind zufrieden und fühlen uns erfüllt, wenn wir unser Leben nach unseren innersten Antrieben gestalten können und dabei Erfolg haben. Neben den physischen Erfordernissen von Nahrung und Sicherheit bestimmen Gesundheit, Stolz auf die eigene Leistung, soziales Eingebundensein und die Anerkennung durch andere über Lebensglück und Zufriedenheit. Das war es: Mit der Geburt tragen wir unseren persönlichen Kosmos in die Welt, und mit dem Tod geht er mit uns unter.

Wenn das individuelle Leben mit der Zeugung beginnt und mit dem Tod endet, kann sich die Frage 6 nach einem Ziel der Geschichte und der menschlichen Gesellschaft nur überindividuell stellen – in dem Sinne, dass die einzelnen Menschen Glieder eines größeren Ganzen sind, dessen Bestimmung und dessen Ziel das Individuum transzendieren. Der einzelne Mensch wäre dann in seiner Rolle mit der Biene in einem Bienenstock oder der Ameise in einem Ameisenstaat zu vergleichen. Was das Überleben der Menschheit insgesamt oder die Zukunftschancen einzelner menschlicher Gesellschaften angeht, sind solche Vergleiche sicherlich nicht völlig absurd, aber sie können auch einseitig und irreführend sein. Die Überlebenstüchtigkeit als solche ergibt sich für Ameisenstaaten ebenso wie für menschliche Gesellschaften quasi wildwüchsig aus der Überlebensfähigkeit im Kampf ums Dasein. Denn es ist in der Tendenz allen Lebens angelegt, sich zu erhalten und zu vermehren. Mit höheren Zielen hat das aber nichts zu tun. Jeder Mensch ist ein Stück weit auch ein Rad im Getriebe der Gesellschaft. Das gibt aber weder seinem Leben noch der Zukunft der Gesellschaft einen über sich selbst hinausweisenden Sinn.

Wenig anfangen konnte ich auch zeit meines Lebens mit allen Versuchen, historische Entwicklungsgesetze gemäß der obigen Frage 7 aufzustellen. Diese Ablehnung war instinktiv:

- Schon in der Biblischen Geschichte in der Grundschule überzeugte mich nicht, dass die Stämme Israels Gottes auserwähltes Volk sein sollten und von Moses nach Gottes Weisung in das Gelobte Land geführt wurden, wo Milch und Honig fließen.
- Im Christentum überzeugte mich nicht, dass wir, geschlagen mit der Erbsünde, von Gottes Gnade abhängig sind und durch den schieren Glauben (Luther) beziehungsweise durch gute Werke (Katholiken) uns vor der Hölle retten und im Himmelreich das ewige Leben erlangen. Die Idee einer allein durch die Geburt erworbenen unentrinnbaren Schuld und die Abhängigkeit des immerwährenden Büßers von Gottes Gnade fand ich schon früh abstoßend. Die biblische Erzählung von der Schöpfung bis zum Jüngsten Gericht ließ der menschlichen Freiheit zu wenig Raum und beleidigte die Würde des autonomen Individuums.
- Wie bereits beschrieben, kam ich im Alter von zwölf Jahren bei den Pfadfindern erstmals mit den Geschichtstheorien von Hegel und Marx in Kontakt. Sie drehten das eschatologische Heilsgeschehen der christlichen Religion ins Diesseitige: Im Marxismus trat an die Stelle der Erbsünde der Kapitalismus. Das Jüngste

Gericht entsprach der Revolution der unterdrückten Proletarier, und das ewige Paradies entstand durch die Vergesellschaftung aller Produktionsmittel. In einer zunehmend diesseitigen Welt war diese Sicht auch für Theologen attraktiv, wurden doch auf diese Art die Hölle und das Paradies für die Menschen erlebbar gemacht, ohne dass sie dafür zunächst einmal sterben mussten. Das erklärte, weshalb mein marxistischer Pfadfinderführer evangelische Theologie studierte und weshalb der junge Pfarrer Dietrich, der mich konfirmiert hatte, im Sommer 1959 auf eine Pfarrstelle in der DDR wechselte. Aus denselben Gründen war vermutlich auch Horst Kasner, der Vater von Angela Merkel, 1954 als evangelischer Pfarrer von Hamburg in die DDR gegangen. Das von ihm geprägte Denken kehrte dann im Jahr 2005 mit Angela Merkel an die Spitze der Bundesrepublik zurück.

Meine Ablehnung aller historischen Stufentheorien und der darauf basierenden Entwicklungsgesetze ergab sich daraus, dass ich Geschichte in ihren vielfältigen Einflüssen und ihrer ganzen Zufälligkeit sah, Stufentheorien und Entwicklungsgesetze erschienen mir wie ein absurdes Prokrustesbett, in dem das Unpassende mit Gewalt passend gemacht wurde. Meine Ablehnung fand ich sachlich gut begründbar, aber sie war daneben auch emotional bestimmt.

Vernunft und Gefühl

Der menschliche Verstand ist uns bei der Ordnung der Welt und beim Verständnis der kausalen Zusammenhänge, die sie bestimmen, eine unerlässliche Hilfe. Die Richtung, in die unsere Fragen an die Welt und unsere Interessen gerichtet sind, wird aber nicht vom Verstand bestimmt, sondern von unseren Gefühlen. Der schottische Philosoph David Hume bezeichnete die Vernunft bzw. den forschenden Verstand (*reason*) als den Sklaven der Gefühle oder Leidenschaften (*passions*). Die Gefühle geben die Denkrichtung vor, und der Verstand sucht dann die passenden Gründe für das aus, was emotional längst vorentschieden wurde. Gerade wenn wir nach möglichst zuverlässiger, objektiver Erkenntnis suchen, müssen wir das, was wir für wahr halten, auf eine Weise überprüfen, die die empirischen und logischen Schwächen unserer Argumentation rigoros untersucht.

Das Gefühl (*passion*) prägt auch unsere moralischen Einstellungen. Dazu bemerkte David Hume 1739: »Die Sittlichkeit erregt Affekte und erzeugt oder verhindert Handlungen. Die Vernunft allein ist aber hierzu ganz machtlos; die Sittenregeln sind folglich keine Ergebnisse unserer Vernunft.«[1] Darum könne man Moral auch nicht mit Vernunft begründen. Vernunft bewege sich in den Kategorien von Wahr oder Falsch, Moral dagegen in den Kategorien von Gut oder Böse. »Nach allem diesem ist es unmöglich anzunehmen, dass die Unterscheidung zwischen dem sittlich Guten und dem sittlich Bösen durch die Vernunft gemacht werde.«[2] Hume gesteht der rationalen Vernunft keine eigenständige Rolle für das menschliche Handeln zu, er sieht sie vielmehr als eine Art Vollzugsorgan der menschlichen Gefühle und Leidenschaften: »Die Vernunft ist nur der Sklave der Affekte und soll es sein; sie darf niemals eine andere Funktion beanspruchen als die, denselben zu dienen und zu gehorchen.«[3] Als Diener der Gefühle ist die rationale Vernunft für den Menschen allerdings unverzichtbar: »Es bleibt uns also nur die Wahl zwischen falscher Erkenntnis oder gar keiner.«[4]

Der 29 Jahre alte David Hume veröffentlichte sein Werk *A Treatise of Human Nature* 1740 unter Pseudonym und bekannte sich (wohl aus Sorge vor einer Skandalisierung durch Theologen und Moralphilosophen) erst Jahrzehnte später dazu. Er hätte sich nicht sorgen müssen, denn es fand zunächst kaum Beachtung, und die zweite Auflage erschien erst 1817, vier Jahrzehnte nach seinem Tod. Indem Hume zeigte, was die menschliche Vernunft nicht vermag, wies er ihr zugleich den Platz zu, wo sie fruchtbar sein kann: die Welt mit den Mitteln von Empirie und Logik im steten Bewusstsein der eigenen Grenzen kritisch zu erforschen.[5] Humes Denken ist ein Vorläufer der modernen Erkenntnistheorie, wie sie einige Jahrzehnte später von Immanuel Kant entwickelt und schließlich von Karl Popper zum Kritischen Rationalismus fortgeführt wurde.[6]

Vereinfacht ausgedrückt, treffen die menschlichen Passionen und Gefühle eine Entscheidung oder fällen ein Urteil, und die Aufgabe, Entscheidung oder Urteil rational nachvollziehbar zu begründen, wird dann an den Verstand delegiert. Wegen dieser Gefühlsbindung löst es bei manchen eine geradezu atavistische Wut aus, wenn man mit rationalen Argumenten gegen Positionen angeht, deren Begründung auf der Gefühlsebene liegt. Auch die klassische Positionierung der menschlichen Ansichten zu Politik und Gesellschaft auf der Skala von links bis rechts – bei denen es sich im Kern um moralische Ansichten handelt – folgt grundsätzlich vorrationalen Entscheidungen auf der Gefühlsebene und sucht jeweils die passenden, dem menschlichen Verstand zumutbaren Rationalisierungen, die aber nicht die tatsächlichen Gründe darstellen.

Der amerikanische Psychologe Jonathan Haidt kleidete den Kern der Argumentation von David Hume in das schöne Bild des Reiters auf einem Elefanten.[7] Der Elefant sind unsere Gefühle. Sie führen ein Eigenleben jenseits unseres rationalen Denkens. Das rationale Denken dagegen folgt den Gefühlen. Für das, was wir fühlen und wollen, denkt sich unser Verstand die passenden Begründungen aus. Der Reiter auf dem Elefanten der Gefühle ist unser menschlicher Verstand. Er liefert die rationalen Gründe für die vom Elefanten eingeschlagene Richtung und glaubt am Ende sogar, er habe den Elefanten in diese Richtung gelenkt.

Die moralischen Gefühle haben sich im Verlauf der menschlichen Evolution entwickelt; in ihrer Widersprüchlichkeit zwischen Individualität und Gruppenbezug sowie zwischen Egoismus und Altruismus sind sie ein Ergebnis des Prozesses der natürlichen Selektion. Diese belohnt als *Individualselektion* individuelle Fitness, aber auch Egoismus, sofern er Überlebenswert hat,[8] und als *Gruppenselektion* belohnt sie altruistisches, gruppenbezogenes Verhalten, sofern dies relative Überlebensvorteile für die eigene Gruppe mit sich bringt.[9] Entsprechende Selektionsmechanismen können bei der Änderung von Rahmenbedingungen sehr schnell wirksam werden und sind deshalb auch schon für relativ kurze Zeiträume der menschlichen Geschichte relevant.[10] Charles Darwin fasste 1871 den evolutionären

Ursprung der Moral wie folgt zusammen: »Schließlich entsteht unser moralisches Gefühl, oder unser Gewissen; ein äußerst kompliziertes Empfinden, entsprungen den sozialen Instinkten, geleitet von der Anerkennung unserer Mitmenschen, geregelt von Verstand, Eigennutz und, in späteren Zeiten, von tiefen religiösen Gefühlen, und befestigt durch Erziehung und Gewohnheit.«[11]

Diese seherische Einschätzung ist auch heute noch gültig. Genetisch vorgegeben sind die Tatsache moralischer Gefühle und ihr Spektrum. Ihre Gewichtung ist dagegen ferner bestimmt durch Erziehung und Gewohnheit. So werden Unterschiede zwischen Kulturen und Gesellschaften und Änderungen im Zeitablauf erklärlich.

Die Skala moralischer Werte lässt sich in Gegensatzpaaren abbilden, die die Extrempunkte einer breiten Skala von Abstufungen darstellen. Jonathan Haidt entwickelt sechs Gegensatzpaare auf der Skala moralischer Werte:[12]

- Fürsorge (*care*) / Schaden (*harm*)
- Freiheit / Unterdrückung
- Fairness / Betrug
- Loyalität / Verrat
- Autorität / Umsturz (*subversion*)
- Heiligkeit (*sanctity*) / Herabwürdigung (*degradation*).

Der zuletzt genannte Wert ist vielleicht am wenigsten aus sich heraus verständlich. Er umfasst heilige Güter, zunächst das Göttliche und Religiöse, aber auch klassische Tabus wie das Inzesttabu oder die Verehrung nationaler Symbole, bei konservativen Royalisten beispielsweise die Verehrung der Queen oder bei Nationalisten die Verehrung nationaler Symbole wie die Nationalflagge. Wo Kulturen und Religionen diesen letzten Werten eine besondere Bedeutung beimessen, kann es gewalttätige Auseinandersetzungen geben, wenn andere sich die Freiheit nehmen, sich zu »heiligen« Werten kritisch oder gar spöttisch zu äußern.

Die Einstellungen zu diesen Werten weisen einen inneren Zusammenhang auf. Ihre Gewichtung ändert sich kontinuierlich mit der Einstufung von Befragten zwischen links (im amerikanischen Wortsinn von »liberal«) und konservativ. Die Werte für Fürsorge und Fairness fallen leicht ab, wenn eine Person konservativ ist. Auf der anderen Seite fallen die Werte für Loyalität, Autorität und Heiligkeit noch viel krasser ab, wenn eine Person links (im amerikanischen Wortsinn also »liberal«) ist. Im Ergebnis werden auf der linken Seite des Meinungsspektrums Fürsorge und Fairness weitaus höher gewertet als Loyalität, Autorität oder Heiligkeit. Auf der konservativen Seite des Meinungsspektrums liegen dagegen alle Werte wesentlich enger zusammen.

- »Linke« (»liberale«) und »konservative« beziehungsweise »rechte« Grundeinstellungen unterscheiden sich dadurch, dass sie diesen sechs Werten unterschiedliches Gewicht beimessen:
- Amerikanische »Liberals« achten die Werte *Fürsorge, Freiheit* und – nicht ganz so stark – *Fairness* sehr hoch. Dagegen ist ihre Wertschätzung der konservativen Werte *Loyalität, Autorität* und *Heiligkeit* eher lau.[13]
- Amerikanische Radikalliberale (»Libertarians«) halten einseitig den Wert *Freiheit* und ein wenig auch den Wert *Fairness* hoch. Zu allen übrigen Werten verhalten sie sich lau.[14]
- Sozial Konservative dagegen geben allen sechs Werten ein in etwa gleiches Gewicht.[15]

Das Wertesystem jeder Gesellschaft (und eines jeden Individuums) ist stets eine Mischung aus den sechs Werten. Tatsächlich beobachten wir in den westlichen und den vom Westen kulturell beeinflussten Gesellschaften eine säkulare Verschiebung in Richtung liberaler Werte, teilweise auf Kosten konservativer Werte. Dies hat den Ausbau bürgerlicher Freiheiten und die Entwicklung des Sozialstaats begünstigt. Eine funktionierende Gesellschaft bedarf allerdings stets einer situationsbezogenen und historisch angemessenen Balance zwischen allen Werten. Diese immer wieder neu zu finden und in die Wirklichkeit umzusetzen ist auch eine Aufgabe der Politik.[16]

Der amerikanische Psychologe Steven Pinker hat anhand unterschiedlicher Werteskalen, darunter auch jener von Haidt, gezeigt, dass der von ihm vielfältig dokumentierte Rückgang von Gewalt seit vielen Jahrhunderten mit der Ausbreitung liberaler, humanistischer Werte einhergeht. Er hofft, dass sich diese Entwicklung als Megatrend auch in Zukunft fortsetzt.[17] Im Durchschnitt sind Linke (im amerikanischen Wortsinn »Liberals«) gebildeter und intelligenter als Konservative. Pinker hat die Hoffnung, dass künftige Intelligenzgewinne, die durch bessere Erziehung erreicht werden, die heute zwischen Völkern und Gruppen gemessenen Intelligenzunterschiede (die er auf Umweltfaktoren zurückführt) verschwinden lassen und dass es zur weiteren Ausbreitung vernünftigen Denkens (*abstract reasoning*) kommt, was wiederum friedliebenden freiheitlichen Einstellungen und einer entsprechenden Politik förderlich ist.[18] Dieser Optimismus ist Steven Pinker zu gönnen. Er hat ihn sich am Ende seines stupenden Werks über den Rückgang von Gewalt und die Ursachen dieses Rückgangs quasi verdient. Ich teile seine Hoffnung allerdings nur begrenzt. Es bleibt für mich grundsätzlich offen, wie sich eine Balance der Werte in einer konkreten Gesellschaft künftig entwickelt. Schließlich müssen Staaten, Gesellschaften und Wirtschaftssysteme ja auch »funktionieren«. Es kann niemals ausgeschlossen werden, dass die wirtschaftlichen und sozialen Fundamente einer Gesellschaft beschädigt oder gar zerstört werden, wenn sich die herrschenden Werte anders entwickeln, als es den Funktionsbedingungen der aktuellen Gesellschaft entspricht.

Erkenntnis und Interesse

Der menschliche Erkenntnisprozess vollzieht sich so, dass der Mensch dort, wo er nicht rein instinktiv handelt, Hypothesen über den ihn gerade interessierenden Ausschnitt der Welt aufstellt. Die Beobachtungen, die er macht, versucht er in ein Erklärungsmuster zu bringen und stimmt darauf gegebenenfalls sein eigenes Verhalten ab. Die damit verbundenen geistigen Prozesse, auch die Hypothesenbildung, müssen nicht auf der obersten Bewusstseinsebene stattfinden. Zumindest im Alltagsleben können sie auch weitgehend unbewusst ablaufen.

Dies wirft die Frage auf, ob überhaupt objektive Erkenntnis möglich ist, wenn doch die Fragen, die man stellt, und das Erkenntnisinteresse, das man hat, subjektiv geprägt sind. Diese Problematik bestimmt grundsätzlich jedwede wissenschaftliche Erkenntnis. Sie ist aber dort besonders drängend, wo es um Fragen des menschlichen Zusammenlebens und der Organisation der Gesellschaft geht. Dort sind nämlich zumeist die Emotionen größer, und es ist häufig schwierig, kausale Zusammenhänge eindeutig festzustellen und adäquat zu beschreiben. Im Bereich der naturwissenschaftlichen Erkenntnis fällt dies häufig leichter und ist auch weniger emotional. Worauf sich unser Interesse richtet und welche Fragen wir an die Wirklichkeit stellen, hängt von vielen Faktoren ab: von unserem Vorwissen, unserer geistigen Regsamkeit, unseren Hoffnungen und Begierden, vom Geist der Zeit, von unserem sozialen Hintergrund und von vielem anderen mehr.

Es hängt subjektiv von uns ab, welche Fragen wir an die Wirklichkeit richten und welche Bedeutung wir unserem jeweiligen Interesse geben. Die Auswahl möglicher Fragestellungen ist unbegrenzt. Denselben Sachverhalt können wir unter ganz unterschiedlichen Perspektiven im Hinblick auf seine Bedeutung, seine Wirkungen und die mit ihm verbundenen kausalen Zusammenhänge untersuchen. So ist es auch nicht verwunderlich, dass man gerade in den Sozial- und Kulturwissenschaften auf scheinbar ähnliche Fragestellungen ganz unterschiedliche Antworten bekommt. Bedeutet dies, dass objektive Erkenntnis zumindest in den Kultur- und Sozialwissenschaften nicht möglich ist?

Im sogenannten Werturteilsstreit deutscher Ökonomen, Soziologen und Historiker wurde dies vor dem Ersten Weltkrieg intensiv diskutiert. Einer der Mitstreiter, der Soziologe Max Weber, sprach von der »oft haarfeine(n) Linie, welche Wissenschaft und Glauben scheidet«.[19]

Die subjektive, wertbehaftete Fragestellung steht der Objektivität der auf ihrer Grundlage gewonnenen Erkenntnis aber nicht prinzipiell im Wege. Im Gegenteil: Ohne eine klar gerichtete Fragestellung fehlen dem zu klärenden Sachverhalt die Bezugspunkte, an denen sich die Objektivität der Erkenntnis messen lässt. In den Worten Max Webers:

> Die *objektive* Gültigkeit allen Erfahrungswissens beruht darauf und nur darauf, dass die gegebene Wirklichkeit nach Kategorien geordnet wird, welche in einem spezifischen Sinn *subjektiv*, nämlich die *Voraussetzung* unserer Erkenntnis darstellend, und an die Voraussetzung des *Wertes* derjenigen Wahrheit gebunden sind, die das Erfahrungswissen allein uns zu geben vermag. Wem diese Wahrheit nicht wertvoll ist – und der Glaube an den Wert wissenschaftlicher Wahrheit ist Produkt bestimmter Kulturen und nichts Naturgegebenes –, dem haben wir mit den Mitteln unserer Wissenschaft nichts zu bieten.(…) Die ›Objektivität‹ sozialwissenschaftlicher Erkenntnis hängt (…) davon ab, dass das empirisch Gegebene zwar stets auf jene Wertideen, die ihr allein Erkenntnis*wert* verleihen, ausgerichtet, in ihrer Bedeutung aus ihnen verstanden, dennoch aber niemals zum Piedestal für den empirisch unmöglichen Nachweis ihrer Geltung gemacht wird.[20]

Das heißt, die Geltung von Werten jedweder Art lässt sich nicht aus der Wirklichkeit »beweisen«, dem steht ihr Charakter als subjektive Norm im Wege. Wohl aber kann das empirisch Gegebene unsere Einschätzung von der Bedeutung und Angemessenheit bestimmter Werte und Normen verändern. Um es im Bild von Jonathan Haidt auszudrücken: Der Elefant, unsere Gefühlswelt, ändert seine Richtung, und jetzt fallen dem Reiter all die Gründe ein, weshalb er einen neuen anderen Weg beschreiten soll. Weber spricht von dem »uns allen in irgendeiner Form innewohnende(n) Glaube(n) an die überempirische Geltung letzter und höchster Wertideen, an denen wir den Sinn unseres Daseins verankern«. Das schließt für ihn »die unausgesetzte Wandelbarkeit der konkreten Gesichtspunkte, unter denen die empirische Wirklichkeit Bedeutung erhält, nicht etwa aus, sondern ein: Das Leben in seiner irrationalen Wirklichkeit und sein Gehalt an möglichen Bedeutungen sind unausschöpfbar, die konkrete Gestaltung der Wertbeziehung bleibt daher fließend, dem Wandel unterworfen in eine dunkle Zukunft der menschlichen Natur hinein.«[21] Dem konkreten menschlichen Wertgerüst misst Weber keine

Dauer zu. Es ist historisch wandelbar und wird sich auch in Zukunft wandeln. Er beendet seine Ausführungen zur Möglichkeit objektiver Erkenntnis mit einem Zitat aus Goethes *Faust*:

> der neue Trieb erwacht,
> Ich eile fort, ihr ew'ges Licht zu trinken,
> vor mir den Tag und hinter mir die Nacht,
> den Himmel über mir und unter mir die Wellen.

Man könnte es auch so sagen: Die verschlungenen Wege des menschlichen Herzens, die *passions* in der Diktion von David Hume, führen uns in immer neue Richtungen. Bewährte Wahrheiten objektiver Erkenntnis werden dadurch zwar nicht ungültig. Aber sie können Staub ansetzen und sagen uns vielleicht nichts mehr, weil wir selber oder nachfolgende Generationen in ganz anderen Bezügen leben.

Weber erweist sich als überzeugter Empiriker. Er hält es für die Aufgabe der Wissenschaft, unter klar formulierten, durch das subjektive Erkenntnisinteresse geprägten Fragestellungen möglichst gültige und objektive Antworten zu finden, und er hält dies, methodisch gesehen, grundsätzlich für möglich. Hinsichtlich der Methodenvielfalt beim Finden von Fragestellungen und beim Formulieren von Hypothesen ist er liberal. Streng wird er bei der Forderung nach grundsätzlicher empirischer Überprüfbarkeit. Das ist die zitierte »haarfeine Linie, welche Wissenschaft vom Glauben trennt«. Die grundsätzliche Möglichkeit objektiver Erkenntnis sagt natürlich nichts zur Frage, ob es wirklich sicheres Wissen gibt.

Die Möglichkeit sicheren Wissens

In der Einleitung hatte ich den durch Platon überlieferten Ausspruch von Sokrates zitiert: »Ich weiß, dass ich nichts weiß«. Sokrates stand hier in der Tradition der frühen griechischen Philosophen, der sogenannten Vorsokratiker. Unter ihnen ragt Xenophanes (geb. um 580/570 v. Chr., gest. um 475/470 v. Chr.) besonders heraus. Er betrieb systematische Naturbeobachtung. Aus dem Umstand, dass sich auf Bergen Fossilien aus dem Meer befinden, schloss er, dass die ganze Welt früher von Wasser bedeckt gewesen sein musste. Er hinterfragte die Mythen der Religion und vermutete, dass der griechische Götterhimmel den Vorstellungen der Menschen entsprungen sei. Wären die Menschen Pferde, würden auch ihre Götter wie Pferde aussehen. Das menschliche Wissen war für ihn vor allem Vermutungswissen. Karl Popper sah in der erkenntnistheoretisch kritischen Haltung des Xenophanes einen Vorläufer des Kritischen Rationalismus.

Die Frage, ob es sicheres Wissen gibt, gehört zu den ältesten Fragen der Philosophie. Rein aus der Vernunft heraus können wir sie nicht beantworten. Universal gelten die Gesetze der Logik. Die Mathematik ist eine logische Wissenschaft, ihre Wahrheiten ergeben sich auf rein logischem Wege zwingend aus den gesetzten Axiomen und haben rein logisch gesehen eine universale Geltung. Unser Wissen über die konkrete Welt ist Erfahrungswissen. Was ihre inneren Zusammenhänge und die sie beherrschenden kausalen Beziehungen angeht, stellen wir Vermutungen an, deren Geltung wir an der Wirklichkeit überprüfen. So entsteht Wissensfortschritt, und so werden auch die Gesetzlichkeiten entdeckt, die die Natur beherrschen.

Unser Wissen hat vorläufigen Charakter und ist unvollständig, bisweilen auch falsch. Deshalb kann es als pragmatisches Orientierungswissen gleichwohl brauchbar sein: So kam man im täglichen Leben der vortechnischen Welt sehr gut mit der Auffassung klar, dass die Erde eine Scheibe sei und die Sonne von den Göttern über den Himmel bewegt werde. Die Erkenntnis, dass die Erde eine Kugel ist, ging zunächst Hand in Hand mit der Auffassung, dass die Sonne um die Erde kreist. Erst mit Kepler und Galilei erkannte man, dass die Erde tatsächlich nicht im Mittelpunkt des Kosmos steht, sondern als ein Planet um den Fixstern Sonne kreist. Mit den weiteren Erkenntnisfortschritten in Physik und Astronomie wurde das Bild der Welt kontinuierlich weitermodifiziert. Die entdeckten Naturgesetze wurden immer allgemeiner. Der Fortschritt der Erkenntnis fand statt, indem die Physiker und Astronomen Hypothesen aufstellten und diese an der Wirklichkeit testeten.

Der Grundgedanke des Kritischen Rationalismus besteht in Karl Poppers Erkenntnis, dass es nicht möglich ist, allein aus dem Erfahrungswissen allgemeine Urteile abzuleiten. In seinen eigenen Worten: »Bekanntlich berechtigen uns noch so viele Beobachtungen von weißen Schwänen nicht zu dem Satz, dass *alle* Schwäne weiß sind.«[22] Der Versuch, mit der Ansammlung von Erfahrungswissen allgemeine Gesetzlichkeiten zu »beweisen«, ist rein logisch unmöglich: Auch Millionen weiße Schwäne können den Satz »Alle Schwäne sind weiß« nicht beweisen. Aber ein schwarzer Schwan reicht aus, ihn zu widerlegen.

Den Versuch, mit der Ansammlung von Erfahrungswissen sichere allgemeine Schlüsse über die Wirklichkeit zu ziehen und auf dieser Grundlage kausale Beziehungen oder Gesetzlichkeiten zu »beweisen«, nennt man *induktive* Methode. Aber ein solcher Beweisweg ist grundsätzlich unmöglich. Dies gilt auch dann, wenn man mit einer abgeschwächten Induktionslogik statt auf einen sicheren Beweis lediglich auf eine Wahrscheinlichkeit abstellt.[23] Popper fordert die scharfe Unterscheidung zwischen »dem Zustandekommen des Einfalls und den Methoden und Ergebnissen seiner logischen Diskussion«. Für ihn besteht »die Aufgabe der Erkenntnistheorie oder Erkenntnislogik (im Gegensatz zur Erkenntnispsychologie)« darin, »dass sie lediglich die Methoden der systematischen Überprüfung zu untersuchen hat, der jeder Einfall, soll er ernst genommen werden, zu unterwerfen ist«.[24]

Für Popper gibt es keine »logische, rationale nachkonstruierbare Methode, etwas Neues zu entdecken«. Jede Entdeckung enthält ein »irrationales Moment«, eine »schöpferische Intuition«. Er zitiert die Worte Albert Einsteins »über (…) das Aufsuchen jener allgemeinsten (…) Gesetze, aus denen durch reine Deduktion das Weltbild zu gewinnen ist. Zu diesen Gesetzen führt kein logischer Weg, sondern nur die auf Einfühlung in die Erfahrung sich stützende Intuition.«[25]

Eine Theorie beziehungsweise eine Hypothese über die Wirklichkeit muss empirisch gehaltvoll sein. Das heißt, sie muss anhand ihrer logischen Struktur grundsätzlich empirisch überprüfbar und damit falsifizierbar sein. Der Erkenntnisfortschritt findet statt, indem man eine Hypothese an der Wirklichkeit testet und sich dabei um ihre Falsifizierung bemüht. Dies dient dem Bemühen, bessere oder allgemeinere Hypothesen zu entwickeln. Aber jedes so gewonnene oder verbesserte Wissen ist seiner Natur nach vorläufig, »es kann durch spätere negative Entscheidungen immer wieder umgestoßen werden«.[26]

Dagegen liefert die induktive Methode kein Kriterium, »durch das wir die empirische Wissenschaft gegenüber Mathematik und Logik, aber auch gegenüber ›metaphysischen‹ Systemen abgrenzen können«.[27] Das ist das sogenannte *Abgrenzungsproblem*, das schon David Hume und Immanuel Kant beschäftigt hatte. Popper nennt es deshalb »Kantisches Problem«.

Der von Popper kritisierte Positivismus will die empirische Wissenschaft auf Erfahrungssätze zurückführen und so von der Metaphysik abgrenzen. Dieser Abgrenzungsversuch scheitert aber, so Popper, am Induktionsproblem: »Der positivistische Radikalismus vernichtet mit der Metaphysik auch die Naturwissenschaft: Auch die Naturgesetze sind auf elementare Erfahrungssätze *logisch* nicht rückführbar. Vielmehr führt das induktionslogische Abgrenzungskriterium eben »nicht zu einer Abgrenzung, sondern zu einer Gleichsetzung der naturwissenschaftlichen und metaphysischen Theoriensysteme (die, vom Standpunkt des positivistischen Sinndogmas beurteilt, beide nur sinnlose Scheinsätze sind); nicht zu einer Ausschaltung, sondern zu einem Einbruch der Metaphysik in die empirische Wissenschaft«.[28]

Durch das Aufsummieren von noch so vielen einzelnen Erfahrungen kann man grundsätzlich keine allgemeinen Sätze »beweisen«. Dieses ungelöste Induktionsproblem hält Popper für die entscheidende Achillesferse der auf empirische »Beweise« gerichteten positivistischen Wissenschaftslehre. Sie kann infolgedessen auch das Abgrenzungsproblem zwischen Metaphysik und empirischer Wissenschaft nicht lösen.

Für Popper ist der »Schluss von den durch ›Erfahrung‹ (...) verifizierten besonderen Aussagen auf die Theorie (...) logisch unzulässig, Theorien sind somit niemals empirisch verifizierbar«.[29] Er schlägt dagegen die Falsifizierbarkeit als Abgrenzungskriterium vor und liefert damit den entscheidenden Beitrag des Kritischen Rationalismus zur Erkenntnistheorie – in seinen Worten:

> Wir fordern zwar nicht, dass das System auf empirisch-methodischem Wege endgültig positiv ausgezeichnet werden kann, aber wir fordern, dass die logische Form des Systems ermöglicht, dieses auf dem Wege der methodischen Nachprüfung negativ auszuzeichnen: ein empirisch wissenschaftliches System muss an der Erfahrung scheitern können.[30]

Zur Frage, ob objektive Erkenntnis möglich ist, hält Popper sich an Kant: »Kant verwendet das Wort ›objektiv‹, um die *wissenschaftlichen Erkenntnisse* als (unabhängig von der Willkür des Einzelnen) *begründbar* zu charakterisieren: die ›objektiven‹ Begründungen müssen grundsätzlich von jedermann nachgeprüft und eingesehen werden können: ›Wenn es für jedermann gültig ist, sofern er nur Vernunft hat, so ist der Grund desselben objektiv hinreichend.‹«[31] Anders als Kant spricht Popper nicht von Begründbarkeit, sondern von Nachprüfbarkeit, und so formuliert er in Anlehnung an Kant: »Die *Objektivität* der wissenschaftlichen Sätze liegt darin, dass sie *intersubjektiv nachprüfbar* sein müssen.« Dabei darf es nicht um ein einmaliges »zufälliges Zusammentreffen« gehen, »sondern um Zusammenhänge, die durch ihr gesetzmäßiges Eintreffen, durch ihre Reproduzierbarkeit grundsätzlich intersubjektiv nachprüfbar sind«.[32]

Die Forderung, dass auf die Wirklichkeit bezogene wissenschaftliche Aussagen ihrer logischen Struktur nach grundsätzlich empirisch überprüfbar und in diesem Sinn auch falsifizierbar sein müssen, ist als »Popper-Kriterium« seit Jahrzehnten der »Goldstandard« für seriöse empirische Forschung.

Die offene Gesellschaft

Karl Popper (Jahrgang 1902) wuchs in Wien als Sohn einer jüdischen Familie auf, die zum Christentum konvertiert war. Politisch gesehen war er in seiner Jugend kurzfristig Kommunist, lehnte dann aber Marx im Alter von 17 Jahren nach den Erfahrungen mit der Russischen Revolution ab und wurde Anhänger der sozialistischen

Partei. Nach dem Lehramtsstudium und der Promotion arbeitete er zunächst als Lehrer für Mathematik und Physik. Sein erkenntnistheoretisches Hauptwerk *Logik der Forschung* erschien 1934, zunächst auf Deutsch. Popper hatte wissenschaftliche Kontakte nach England, wo er sich 1935/36 für einige Monate aufhielt.

Popper hatte aus seinen erkenntnistheoretischen Überlegungen, die sich zunächst vor allem auf die Naturwissenschaften bezogen, schon früh die Ablehnung historischer Entwicklungsgesetze abgeleitet. Er war der Meinung, dass man den Lauf der Geschichte nicht rational voraussagen kann, weil Kausalitäten in der Geschichte zu vielen unterschiedlichen Einflüssen unterliegen. Diese können in der Summe nicht zuverlässig prognostiziert und schon gar nicht in groß angelegten Entwicklungsgesetzen abgebildet werden. Seine Grundüberlegungen dazu hatte er 1936 in Brüssel unter dem Titel *Das Elend des Historizismus* vorgetragen und 1954 als Buch veröffentlicht. Im Vorwort zur deutschen Ausgabe 1964 schreibt er:

> Meine Kritik des pseudo-wissenschaftlichen, pseudo-historischen und mythologischen Charakters der Geschichtsphilosophien, besonders der von *Marx*, aber auch der von *Spengler* (die der von Marx ganz ähnlich ist, so grundverschieden die beiden auch sein mögen) reifte durch viele Jahre. 1935 skizzierte ich sie in einer Form, die alle wesentlichen Gedanken dieses Buches enthielt.[33]

1937 nahm Popper ein Angebot als Dozent an der Universität in Christchurch (Neuseeland) an. Dort schrieb er das zweibändige Werk *Die offene Gesellschaft und ihre Fein*de. Es erschien 1944 und machte ihn als politischen Philosophen berühmt. Die geistige Verbindung dieses Werks zu seinen Überlegungen in *Das Elend des Historizismus* ist sehr eng.

Gefragt, was man aus der Geschichte für die Zukunft lernen könne, antwortete der Wirtschaftshistoriker Knut Borchardt, »dass eine Zukunft ohne Überraschungen das Überraschendste wäre, was uns passieren kann«.[34] In der Tat hält die Vergangenheit viel Lehrreiches bereit: über die Entstehung und den Einfluss von Kulturen, über die Auswirkungen des menschlichen Erfindergeistes, über die Kräfte, die menschliches Verhalten bestimmen. Man kann lernen, wie Katastrophen entstehen und welche Auswirkungen Irrtümer von Herrschern und Staatsmännern haben. Man kann sogar einiges darüber erfahren, ob Menschen Geschichte machen oder ob die Geschichte die Menschen formt. Mit mehr oder weniger Erfolg kann man sich um die Erklärung einzelner kausaler Ereignisse bemühen oder auch die wesentlichen Gründe bestimmter historischer Entwicklungen im Nachhinein beschreiben.[35] Vergeblich wird dagegen das Bemühen sein, in einer historischen Entwicklung als solcher ein Entwicklungsgesetz zu entdecken und so zur Prognose einer künftigen Entwicklung zu gelangen.

Platons Lehre vom idealen Staat speiste sich aus seiner Vorstellung einer überzeitlichen Staatsidee, die er am Ursprung des Staates auch verwirklicht sah, die aber unter historischen Gesetzmäßigkeiten degeneriert, wenn man nicht jene Vorkehrungen dagegen trifft, die in seiner Utopie vom idealen Staat beschrieben sind. Die historische Stufenlehre von Marx entsprach umgekehrt der Idee einer gesetzmäßigen Aufwärtsentwicklung der Menschheit mit der kapitalistischen Wirtschaftsweise als vorletzter und dem Kommunismus als letzter Stufe der menschlichen Entwicklung. Karl Popper nannte die Auffassung, aus dem Studium der Geschichte ließen sich historische Entwicklungsgesetze ableiten, historizistisch. Er zeigte die Verbindungen zwischen historizistischem und utopischem Denken und führte den Beweis, »dass es uns aus streng logischen Gründen unmöglich ist, den zukünftigen Verlauf der Geschichte mit rationalen Methoden vorherzusagen«.[36] Ausgehend von seiner Wissenschaftstheorie, die sich wesentlich auf Immanuel Kant bezieht, entwickelte Popper quasi eine Erkenntnistheorie der Politik, die indirekt auch den Raum vernünftigen politischen Handelns umschreibt.

Politik als Problem der Erkenntnistheorie

Jede Politik ist letztlich auf Handeln ausgerichtet. Politisches Handeln sollte wie jedwedes menschliche Handeln in dem Sinne rational sein, dass die Art der Handlung auf den Handlungszweck möglichst gut abgestimmt ist. Dazu sollte man ein möglichst gutes Wissen über die Handlungsfolgen haben. Man sollte also Ursachen und Wirkungen adäquat zuordnen können. Bei einfachen Handlungen ist dies oft klar, bei längeren Handlungsketten und komplizierten Handlungszusammenhängen schwer bis unmöglich. Das führt zur Frage, was wir grundsätzlich wissen können, wie sich unser Wissen verbessern lässt und wie sicher es ist.

Universal sind die Gesetze der Logik, die beispielsweise in der Mathematik gelten. Mit ihrer Hilfe können wir beweisen, dass bestimmte Aussagen wahr sind, wenn bestimmte Prämissen wahr sind. Was in diesem Sinne als logisch wahr bewiesen wird, ist endgültiges Wissen. Die logische Analyse liefert aber keine Information über die Wirklichkeit, diese steckt vielmehr in der Frage, ob die gesetzten Prämissen zutreffend sind oder nicht. Unser empirisches Wissen ist auch in Bezug auf den kleinsten Gegenstand niemals total, sondern ausschnitthaft und zudem abhängig von der jeweiligen Fragestellung. Darum ist es nicht unbedingt falsch. Es ist eben nur einseitig und begrenzt: Ein Hund kann höhere Töne hören als ein Mensch, deshalb hört der Mensch nicht falsch. Wir können infrarotes Licht nicht sehen, deshalb sieht unser Auge nicht falsch. Verfolgt man diesen Gedanken weiter, erweist es sich als geistige Sackgasse, die Totalität, das Wesen oder die Essenz einer Sache erforschen zu wollen. Es gibt kein *Wissen* »in dem Sinne, in dem Platon und Aristoteles das Wort verstanden haben, in dem Sinne nämlich, in dem es Endgültigkeit einschließt«.[37] Auch mit Definitionen müssen wir uns nicht im Übermaß plagen. Sie spielen »in der Wissenschaft keine besonders wichtige Rolle«.[38] Selbst ihre scheinbare Präzision bringt keinen Erkenntnisgewinn. Entscheidend ist, dass wir wissen, was wir meinen oder – wenn wir mit anderen kommunizieren – worüber wir reden.

Was wir erforschen können, ist nicht das »Wesen« der Dinge, sondern allein ihre Beziehungen untereinander. Für solche Beziehungen entwickeln wir erfahrungsgeprägte Hypothesen. Diese mögen für unsere Alltagswelt tauglich sein, doch in Wahrheit können die Zusammenhänge ganz anders sein, als sie sich uns darstellen.

Unser Wissen über die Zusammenhänge in der Welt ist stets vorläufig und gründet auf Hypothesen. Wissensfortschritt findet statt, indem man diese Hypothesen an der Wirklichkeit überprüft und, soweit sie falsifiziert werden, durch eine andere Hypothese ersetzt. Diese muss aber ebenfalls grundsätzlich empirisch überprüfbar und damit falsifizierbar sein, wenn sie Erkenntnisfortschritt ermöglichen soll. »Insofern sich die Sätze einer Wissenschaft auf die Wirklichkeit beziehen, müssen sie falsifizierbar sein, und insofern sie nicht falsifizierbar sind, beziehen sie sich nicht auf die Wirklichkeit.[39]

Behauptungen über die Wirklichkeit, die aufgrund ihrer logischen Struktur nicht grundsätzlich empirisch überprüft werden können, sind sinnlos. Ihre Diskussion ist Zeitverschwendung und ohne Aussicht auf Erkenntnisgewinn. Unser Wissen über die Wirklichkeit – einschließlich der Kenntnis kausaler Zusammenhänge bis hin zu Naturgesetzen – kann aus pragmatischen Gründen für bestimmte Zusammenhänge als wahr und gesichert gelten. Es hat gleichwohl, rein logisch gesehen, stets vorläufigen Charakter. Ich mag Millionen weiße Schwäne und niemals einen schwarzen Schwan gesehen haben, das schließt die Existenz eines schwarzen Schwans dennoch nicht aus. Was passieren kann, wenn man solch eine elementare erkenntnistheoretische Wahrheit aus dem Blick verliert, hat Nassim Taleb 2007 in seinem Buch *Der schwarze Schwan* gezeigt.[40] Die praktische Anwendung seiner Erkenntnisse erfolgte umgehend und sehr anschaulich mit der Weltfinanzkrise.

Der ordnende Geist des Menschen ist stets bemüht, Gesetzmäßigkeiten in seiner Umwelt zu entdecken und zu verallgemeinern. So kamen die Bauernregeln über die besten Saat- und Erntezeiten zustande. Ein Großstadtbettler findet sehr schnell heraus, zu welchen Zeiten und an welchen Stellen die Gebefreudigkeit am größten ist. Auch Höhere Säugetiere überprüfen ihre Umwelt kontinuierlich und sehr flexibel auf Gesetzmäßigkeiten und auf deren Änderung und versuchen, diese für ihre Zwecke zu nutzen. Bei der Suche nach Gesetzmäßigkeiten, die wir unserem Handeln und unserer Weltsicht zugrunde legen können, sind die folgenden Unterscheidungen zweckmäßig.

Logische Gesetze
Logische Gesetze betreffen Fragen der Mathematik, der Kybernetik, der Spieltheorie und alle Arten von Optimierungsstrategien, die unter den gegebenen Prämissen ein bestimmtes Optimum erreichen wollen. Logische Gesetze sind entweder logisch richtig oder logisch falsch, weil mit einem Denkfehler behaftet. Sie sind niemals wahr oder unwahr im empirischen Sinn. Ob sie sich praktisch bewähren, hängt von den Prämissen ab, auf denen sie beruhen. Nur diese können wahr oder unwahr sein.

Bei einem großen Teil sogenannter ökonomischer Gesetze handelt es sich tatsächlich um logische Gesetze. Sie beschreiben die logischen Schlussfolgerungen, die sich ergeben, wenn bestimmte Prämissen über das Verhalten der Akteure zutreffen. So kann beispielsweise eine optimale Preisstrategie für ein Unternehmen abgeleitet werden. Oder es kann eine Aussage darüber gemacht werden, wie eine bestimmte wirtschaftspolitische Maßnahme durchzuführen ist, etwa die Einführung eines Mindestlohns für Arbeit oder einer Obergrenze für die Wohnungsmiete.

Naturwissenschaftliche Gesetze
Das Zusammenwirken der physischen Dinge in Raum und Zeit ist Gegenstand der Naturwissenschaften. Die Entdeckung von Gesetzmäßigkeiten bei diesem Zusammenwirken kann immer nur im Zusammenhang mit der Beobachtung der empirischen Wirklichkeit erfolgen. Die Behauptung solcher Gesetzmäßigkeiten muss durch Beobachtungen empirisch überprüfbar sein. Damit muss eine solche Gesetzmäßigkeit durch eine Beobachtung, die dazu in Widerspruch steht, grundsätzlich empirisch widerlegbar sein. Ein solches Gesetz muss also von seiner logischen Struktur her falsifizierbar sein. Kant

kritisierte in seiner *Kritik der reinen Vernunft* »Vernunftschlüsse über die Welt, die das Prädikat ›rein‹ in dem Sinn verdienen, dass sie von Sinneserfahrung unberührt und durch keine Beobachtung kontrolliert sind. Kant kritisierte die ›reine Vernunft‹, indem er zeigte, dass *reines* spekulatives durch keine Beobachtungen kontrolliertes Argumentieren über die Welt uns immer in Antinomien verwickeln muss.«

Naturwissenschaftliche Gesetze müssen sich als theoretische Konzepte empirisch durch Überprüfung an der Wirklichkeit bewähren. Gleichwohl sind solche Gesetze »nicht das Resultat von Beobachtungen, sondern von unseren eigenen Denkmethoden: von den Methoden, die wir anwenden, um unsere Sinnesempfindungen zu ordnen, zueinander in Beziehung zu setzen, zu assimilieren, zu verstehen. Nicht die Sinnesdaten, sondern unser eigener Verstand – die Organisation und Konstitution unseres geistigen Assimilierungssystems – ist verantwortlich für unsere naturwissenschaftlichen Theorien.« [41]Kant formuliert es so: »Der Verstand schöpft seine Gesetze (…) nicht aus der Natur, sondern schreibt sie dieser vor.«[42]

Soziale Gesetze

Das soziale Verhalten der Menschen folgt gewissen Gesetzmäßigkeiten. Das sind teilweise angeborene Dispositionen, die sich aus der menschlichen Evolutionsgeschichte ergeben, teilweise sind sie eine Begleiterscheinung der jeweiligen Religion und Kultur und teilweise das Resultat ethnischer und nationaler Eigenheiten. Aber auch Fragen des Bildungshintergrunds und der Schichtzugehörigkeit können eine Rolle spielen. Solche Gesetzmäßigkeiten des Sozialverhaltens können sich im Laufe der Zeit ändern. Bei Verhaltensweisen, die an eine bestimmte Generation gebunden sind, geht dies unter Umständen sogar recht schnell. Ganze Gesellschaften können sich im Sozialklima unterscheiden, etwa hinsichtlich des Vertrauensgrades, der Bereitschaft zur Kooperation, des Egoismus oder der Bereitschaft, den Staat und den Mitbürger zu betrügen. Auch die Bedeutung von Verwandtschaft und Familie und die den Geschlechtern zugewiesenen Rollen können von Gesellschaft zu Gesellschaft sehr unterschiedlich sein.

Soziale Gesetze sind ein Feld der Evolutionsbiologie, der Psychologie, der Soziologie, der Politikwissenschaft und der Ökonomie. Grundsätzlich sollten soziale Gesetzmäßigkeiten, sofern man ihre Geltung behauptet, empirisch überprüfbar sein. In psychologischen und verhaltensökonomischen Untersuchungen kann solche Überprüfbarkeit eingelöst werden. Die Ableitung und Überprüfung sozialer Gesetze stößt aber auf zwei generelle Schwierigkeiten:

- Soziale Gesetze sind durchweg statistische Gesetze, das heißt, sie betreffen ein überwiegendes oder durchschnittliches Verhalten. Rückschlüsse auf das Verhalten des Individuums lassen sie kaum zu.
- Auf das Verhalten, das sich bei einem Einzelnen oder einer Gruppe zu einem bestimmten Zeitpunkt beobachten lässt, wirkt immer eine Fülle sozialer Gesetze ein. Dies erschwert den Nachweis von Kausalitäten und erleichtert die unterschiedlichsten Fehlschlüsse. Zwar lassen sich für begrenzte Fragestellungen und begrenzte Situationen experimentelle Versuchsanordnungen herstellen. Bei zahlreichen sozialen Phänomenen ist dies aber gar nicht möglich.

Aus diesen Gründen sind die Sozialwissenschaften in weitaus höherem Maße als die Naturwissenschaften Vermutungs- und Meinungswissenschaften. Dies begünstigt folgenloses Spekulieren, unbegründete Meinungsstärke und das Wuchern der unterschiedlichsten Theorien und Utopien.

Historische Gesetze

Es gibt den Zyklus von Sommer und Winter, je nach Neigung der Erdachse, und es gibt die Bahnen der Gestirne, die physikalischen Naturgesetzen folgend aufeinander einwirken. Es gibt jedoch kein davon unabhängiges historisches Entwicklungsgesetz für den Kosmos. Noch viel weniger gibt es prognostisch verwertbare Gesetzmäßigkeiten für die Geschichte der Menschheit. Wir können allenfalls Trends beschreiben, die aber von Bedingungen abhängen, die sich jederzeit ändern können. So gibt es, seit der Mensch existiert, den Trend, dass die Menschheit immer zahlreicher wird. Allerdings wurde dieser Trend durch allerlei Katastrophen immer wieder unterbrochen, und er wirkt keineswegs einheitlich über die gesamte Menschheit. Weniger entwickelte Völker und Gesellschaften hatten immer schon höhere Geburtenraten, aber erst mit der modernen Medizin und Hygiene, die aus den entwickelten Ländern importiert wurden, kam es zu einer Bevölkerungsexplosion. Umgekehrt haben zahlreiche entwickelte Länder eine extrem niedrige Geburtenrate, die zur Bestandserhaltung nicht ausreicht.

Seit der europäischen Renaissance und verstärkt seit der englischen industriellen Revolution gibt es einen Trend zur Beschleunigung der wissenschaftlich-technischen Entwicklung, die unablässig zu Innovationen und technischen Verbesserungen führt. Damit werden die materiellen Bedingungen der menschlichen Existenz kontinuierlich revolutioniert. Dieser Trend ist aber auf Teile der Welt beschränkt. Ihm haftet nichts Zwingendes an, und seine konkreten Auswirkungen sind nicht vorhersehbar.

In der industrialisierten Welt gibt es einen Trend zur Säkularisierung und zum Rückzug der Religion und teilweise auch zu mehr demokratischen Regierungsformen. Nach dem Zusammenbruch des Ostblocks gab es optimistische Prognosen, die diesen Trend quasi zu einem historischen Entwicklungsgesetz für den Rest der Welt erhoben. Davon ist nichts geblieben. Den Aufruhr in der islamischen Welt, das Vorrücken eines islamischen Fundamentalismus und den Rückfall Russlands in eine nationale, aggressive Diktatur hat sich vor einem Vierteljahrhundert wohl kaum jemand ausgemalt. Auch sorgt die generell höhere Geburtenzahl religiöser Menschen dafür, dass der Trend zur Säkularisierung durch demografische Entwicklungen immer wieder abgebremst oder in sein Gegenteil verkehrt wird.[43]

Neben diesen Trends gibt es noch zahlreiche andere, die örtlich und zeitlich begrenzt auf den Lauf der Geschichte einwirken können. Diese Fülle völlig heterogener Entwicklungen und die Einwirkung der unterschiedlichsten Zufälle macht die Aufstellung historischer Entwicklungsgesetze rein logisch unmöglich. Und schon gar nicht könnten sie eine Grundlage für langfristige Prognosen und Prophezeiungen zur Entwicklung der Menschheit, einzelner Kontinente, Staaten oder Gesellschaften bilden. Zum Beweis: Ein berühmtes Werk der Sozialutopie, der Bericht des Club of Rome *Die Grenzen des Wachstums* von 1972 (Buchausgabe 1973) zeigt besonders anschaulich die Fehlbarkeit langfristiger Prognosen. In diesem bis heute über 30 Millionen Mal verkauften Werk (für das der Club of Rome 1973 mit dem Friedenspreis des Deutschen Buchhandels ausgezeichnet wurde) ist zu lesen, dass im Jahr 2000 das Sozialprodukt pro Kopf in Japan mehr als doppelt so hoch wie das der USA sein wird, die Sowjetunion die Bundesrepublik überholen und China weiterhin in absoluter Armut verharren wird.[44]

Der attische Staatsmann Perikles sagte im 5. Jahrhundert vor Christus: »Es ist nicht unsere Aufgabe, die Zukunft vorherzusagen, sondern gut auf sie vorbereitet zu sein.« Damit hat er sowohl das Ziel als auch die Grenzen von Politik auf den Punkt gebracht.

Utopische Sozialtechnik und Stückwerk-Sozialtechnik

Der Glaube an ein historisches Entwicklungsgesetz führt fast immer zu einer Utopie. Umgekehrt führt der Glaube an eine Utopie fast immer zu der Überzeugung, dass die Menschen in ihr Verderben rennen, wenn man nicht dafür sorgt, dass sie sich in Richtung der angestrebten Utopie bewegen. Nahezu jeder Utopist bastelt sich ein historisches Entwicklungsgesetz und legt sich ein entsprechendes Programm für eine Revolution oder eine holistische Gesellschaftsreform zurecht. Für die einen ist die Menschheitsgeschichte eine Geschichte der Klassenkämpfe, für andere eine Geschichte des Geschlechterkampfs. Wieder andere sehen die Herrschaft des Kalifats auf der ganzen Welt als das Endziel der Geschichte, und seit einigen Jahren glauben einige an den Untergang der Menschheit, wenn der CO_2-Ausstoß nicht umgehend und drastisch reduziert wird.

Eine utopische Sozialtechnik strebt einen Neubau der Gesellschaft als Ganzes an und verlangt von den politisch Tätigen zunächst »die Festlegung unseres endgültigen politischen Ziels oder des idealen

Staates, bevor irgendeine praktische Handlung unternommen wird. Nur dann, wenn dieses Ziel zumindest in rohen Umrissen bestimmt ist, wenn wir einen Bauplan der von uns angestrebten Gesellschaftsordnung besitzen, nur dann können wir beginnen, uns die besten Mittel und Wege zu ihrer Verwirklichung zu überlegen und einen Plan für praktisches Handeln aufzustellen.«[45] Dieser Ansatz hört sich sehr überzeugend und verheißungsvoll an, führt aber in der gesellschaftlichen Wirklichkeit zu den allergrößten Problemen.[46]

Eine Alternative zur utopischen Sozialtechnik ist ein schrittweises Vorgehen, eine Ad-hoc-Sozialtechnik oder Stückwerk-Sozialtechnik, bei der die Handelnden immer wieder innehalten, um sich der Auswirkungen ihres Handelns zu versichern. Es gibt zwar, so Popper, »keine institutionellen Mittel, um einen Menschen glücklich zu machen (...), aber doch ein Recht, nicht unglücklich gemacht zu werden, soweit sich dies durchführen lässt. Den Leidenden steht ein Recht auf alle nur erdenkliche Hilfe zu. Dementsprechend wird sich der Anwalt der Ad-hoc-Technik nach den größten und dringlichsten Übeln in der Gesellschaft umsehen, und er wird versuchen, sie zu beseitigen; er wird nicht dem größten Gut nachspüren und sich für seine Verwirklichung einsetzen.«[47]

Der Unterschied zwischen den beiden Sozialtechniken ist von größter Bedeutung: »Es ist der Unterschied zwischen einer Methode, die sich in jedem Augenblick anwenden lässt, und einer Methode, deren Befürwortung leicht zu einer ständigen Verschiebung des Handelns auf einen späteren Zeitpunkt führen kann, wenn die Bedingungen günstiger sind.«[48] In der utopischen Sozialtechnik rechtfertigt das in ferner Zukunft liegende ideale Ziel alle möglichen Opfer in der Gegenwart. Erreichbar ist das ideale Ziel ohnehin nur, wenn es über den langen Zeitraum seiner Verwirklichung unverändert bleibt. Darin kann eine Gefahr für die demokratische Ordnung liegen, denn gesellschaftliche Ziele ändern sich oft recht schnell: »Was den Autoren des ursprünglichen Entwurfs als der ideale Staat vorschwebte, wird ihren Nachfolgern vielleicht nicht mehr im gleichen Lichte erscheinen.«[49]

Auch ist es schwer, über große ideale Ziele in der Gesellschaft vernünftig zu diskutieren, denn die Zusammenhänge sind im Grunde viel zu kompliziert, und die Mechanik der Gesellschaft zu unübersichtlich. Dagegen kann über konkrete, überschaubare Einzelmaßnahmen eher eine gesellschaftliche Debatte geführt werden. Und solche Einzelmaßnahmen können auch leichter revidiert oder modifiziert werden, wenn sie sich nicht bewähren.[50] Jede große Maschine in einem Produktionsprozess wird zunächst erprobt und gewöhnlich vielfach modifiziert, ehe sie den Betrieb aufnimmt. In der Ordnung der Gesellschaft ist das aber so nicht möglich. Es gibt kaum ein Feld für soziale Experimente in großem Stil. Jeder Schritt ist riskant, viele kleine Schritte sind es aber weniger als ein großer.[51]

Groß angelegte Veränderungen sind natürlich geistig und ästhetisch viel befriedigender. Es ist ja kein Zufall – Platon und Marx sind dafür die besten Beispiele –, dass extremer Radikalismus und geistiger Ästhetizismus oft Hand in Hand gehen. Wir können das, wenn wir ehrlich sind, an unseren eigenen Träumen von gesellschaftlicher Vervollkommnung beobachten. Der darin liegende Überschwang muss gezügelt werden. Nicht die ästhetische Schönheit eines Staatswesens im Sinne Platons darf das Ziel sein, sondern das Recht von jedermann, »sein eigenes Leben zu gestalten, wie er will, solange er dadurch das Leben anderer nicht zu sehr stört«.[52] In dieser Maxime Poppers erkennen wir Jeremy Benthams Wohlfahrtsdefinition und Immanuel Kants kategorischen Imperativ.

Eine Stückwerk-Sozialtechnik funktioniert umso besser, je stabiler und leistungsfähiger der Rahmen der Institutionen ist, die die Gesellschaft schrittweise reformieren und an wechselnde Notwendigkeiten anpassen. »Jede langfristige Politik ist institutionell.« Und hier kommt die Personalfrage ins Spiel, denn »das Funktionieren auch der besten Institutionen (...) hängt in beträchtlichem Ausmaß von den Personen ab, die im Rahmen dieser Institutionen arbeiten. Institutionen sind wie Festungen. Sie müssen wohlgeplant und wohlbemannt sein.«[53] Demokratische Strukturen machen es grundsätzlich möglich, Institutionen gewaltlos zu reformieren und dabei Vernunft zu gebrauchen. Aber Demokratie »kann nicht die Vernunft selbst herstellen. Die Frage des intellektuellen und moralischen Standards ihrer Bürger ist in weitem Ausmaß das Problem von Personen.«[54]

Auch das Führungsproblem ist kaum grundsätzlich lösbar. »Institutionelle Auswahl (...) wird immer die Tendenz haben, Initiative und Originalität und, allgemein, alle ungewöhnlichen und unerwarteten Qualitäten auszuschalten.« Das macht die Stabilität und Qualität der Institutionen und eine Begrenzung politischer Macht umso wichtiger: »Wir sollten uns immer auf die schlechtesten Führer vorbereiten, obwohl wir natürlich versuchen sollten, die besten zu bekommen.«[55]

Offene Gesellschaft und geschlossene Gesellschaft

Anders als der Glaube an historische Gesetze es nahelegt, hat die Geschichte weder einen Sinn noch ein Ziel, noch folgt sie irgendeinem Zweck. Es gibt kein wissenschaftlich belegbares historisches Gesetz, dem wir uns aus tatsächlichen oder moralischen Gründen unterordnen müssten. Es gibt auch keinen letzten Zweck, keine Essenz, kein inneres Wesen des Staates oder der Gesellschaft. Alle staatlichen und gesellschaftlichen Einrichtungen sind von Menschen für menschliche Zwecke gemacht. Der Mensch bestimmt über die Art, wie sie funktionieren, und er entscheidet, mit welchem Sinn er sie erfüllt und welche Zwecke er mit ihnen verfolgt. »Die Menschen sind einander nicht gleich; aber wir können uns entschließen, für gleiche Rechte zu kämpfen.«[56] Sie sind sich ähnlich in mancherlei Gefühlen und moralischen Empfindungen. Aber keine höhere Autorität kann die Ziele hinterfragen, die sie sich als Individuen setzen. Niemand kann für sie bestimmen, welchen Ideologien sie anhängen, welcher Religion sie folgen sollen. Man kann sie unter sozialen Druck setzen, manipulieren oder wegen falscher Meinungen verfolgen. Aber das entscheidet nicht über Wahrheit und Geltung dessen, zu dem sie möglicherweise gezwungen werden oder was sie vielleicht aus Tradition und Herkommen von ganzem Herzen glauben.

Popper nannte »die magische, stammesgebundene oder kollektivistische Gesellschaft (...) die *geschlossene Gesellschaft* (...); die Gesellschaftsordnung aber, in der sich die Individuen persönlichen Entscheidungen gegenübersehen, (...) die *offene Gesellschaft*.«[57] Eine geschlossene Gesellschaft versucht, den Freiheitsraum der menschlichen Werte, Zielsetzungen und Entscheidungsmöglichkeiten über jenes Maß hinaus einzuschränken, das nötig ist, damit die Menschen sich nicht gegenseitig Schaden zufügen. Eine offene Gesellschaft dagegen lässt innerhalb dieser Schranken die Unterschiedlichkeit menschlicher Ziele und Lebensentwürfe gelten. Natürlich steckt bei solcher Abgrenzung zwischen offener und geschlossener Gesellschaft der Teufel im Detail: Nur wenige Gesellschaften sind vollständig geschlossen und lassen gar keinen Raum für individuelle Entfaltung, und kaum eine Gesellschaft ist vollständig offen.

Eine offene Gesellschaft, die die unterschiedlichsten Ziele und Lebensentwürfe gelten und die Menschen selber über ihren Weg entscheiden lässt, muss weniger Gewalt anwenden, um die gesellschaftliche Ordnung zu sichern. In welche Richtung sie sich entwickelt, ist offen. Wenn sich die Ziele und Lebensstile der Menschen ändern, ändert sich eben auch die Gesellschaft. Das kann zum Besseren oder zum Schlechteren geschehen. Auch Abstieg, Armut, Krieg und Völkermord können sich aus den Auseinandersetzungen in einer offenen Gesellschaft ergeben. Aber die Menschen werden nicht kollektiv auf von außen vorgegebene Ziele eingeschworen, die mit ihnen selbst nichts zu tun haben, und ihr Schicksal wird nicht einer bestimmten Ideologie oder Religion untergeordnet.

Da wir die Wahrheit über das Wesen und die Bestimmung des Menschen nicht kennen und die Antwort darauf nur der einzelne Mensch geben kann, ist eine offene Gesellschaft im Sinne der Freiheit des Individuums grundsätzlich vorzuziehen. Sie wird umso stabiler und umso lebenswerter für ihre Mitglieder sein, je besser die Regeln des gemeinsamen Zusammenlebens sind. In der Ideengeschichte des Abendlandes steht die offene Gesellschaft in der Gestalt der westlichen Demokratien am Ende einer langen Entwicklung, in der zumeist die unterschiedlichsten Formen geschlossener Gesellschaften dominierten. Mit der Renaissance und der europäischen Aufklärung vollzog sich allmählich die Verwandlung in eine offene Gesellschaft. Ihre Durchbrüche sind markiert von der Glorreichen Revolution 1688 in England (die als der eigentliche Beginn der Demokratie in der Neuzeit betrachtet werden kann), der amerikanischen Unabhängigkeitserklärung 1776 und der Französischen Revolution 1789.

Die Faszination der geschlossenen Gesellschaft

Die seit zweieinhalb Jahrtausenden anhaltende Faszination für Platon erwächst aus dessen Versicherung, die Einsicht in eine gute Ordnung sei durch philosophische Anstrengung zu gewinnen, und die meisten Ursachen des menschlichen Unglücks seien zu vermeiden, wenn man nur seiner Vorstellung von einer guten Ordnung folge und konsequent – notfalls mit dem Mittel der Gewalt – alle schädlichen Einflüsse von dieser Ordnung fernhalte. Für ihn war der »Sündenfall des Menschen« der Zusammenbruch der geschlossenen Gesellschaftsordnung.[58]

Die biblische Geschichte von der Vertreibung aus dem Paradies folgte letztlich dem gleichen Muster: Das Paradies war die Ordnung einer geschlossenen Gesellschaft nach den Regeln des biblischen Gottes. Ewige Glückseligkeit war dort gesichert, solange man sich an die Regeln hielt, und davon gab es dank Gottes Güte nur eine einzige: Man durfte nicht vom Baum der Erkenntnis essen. Eben das tat Eva, verführt vom Teufel in Gestalt der Schlange, und sie verführte auch Adam dazu. Dieser Sündenfall wurde mit der Verstoßung aus dem Paradies bestraft und setzte die Menschheit dem Chaos dieser Welt aus.

Nicht nur Religionen, auch totalitäre Lehren aller Art kommen einem tief sitzenden, realen Bedürfnis des Menschen entgegen, sich in einer höheren Ordnung gleichsam geborgen und aufgehoben zu sehen. Dieses Bedürfnis steigt in Zeiten, in denen der überkommene religiöse Glaube schwindet. Es steigt, wenn soziale Zwietracht herrscht und man sich seines Platzes nicht mehr sicher ist. Es ist aber latent auch in den denkbar bestens geordneten sozialen und materiellen Verhältnissen vorhanden.

Platons Ideal, alle Veränderungen anzuhalten und quasi zur Stammesgesellschaft zurückzukehren, ist zweifellos »hoffnungslos verfehlt«.[59] Aus heutiger Sicht kann man diese Lösung als faschistisch bezeichnen. Auch Putins Hantieren mit der historischen Bestimmung Russlands und dem Bezug auf die »russische Seele« zeigt faschistische Anklänge. In gewisser Hinsicht wird er zu einem Epigonen Mussolinis. Solch ein transzendenter Nationalismus mit faschistischen Anklängen hat sich in den letzten Jahrzehnten in vielen Teilen der Welt eher verstärkt als verringert. Wir sehen ihn immer wieder bei den Caudillos in Südamerika, besonders massiv bei dem 2013 verstorbenen Hugo Chavez, dem Präsidenten von Venezuela, und gegenwärtig bei Jair Bolsonaro, seit 2019 Präsident Brasiliens. Auch der türkische Präsident Erdoğan ist nicht frei davon und redet von der Bestimmung des Türkentums, dessen Verunglimpfung nach dem türkischen Strafgesetzbuch unter Strafe steht.[60]

Besonderen Furor kann der Ruf nach einer geschlossenen Gesellschaft annehmen, wenn er sich mit der Religion verbündet. Dazu zählt die Unterstützung von Putins Kurs in der Ukraine durch die russisch-orthodoxe Kirche,[61] sie hat sich moralisch mitverantwortlich gemacht für den Tod und das Verderben, das die russischen Truppen seit dem 24. Februar 2022 in die Ukraine gebracht haben.

Gefährlich ist auch der stetige Kurs, den in der Türkei die regierende AKP und Präsident Erdoğan in Richtung auf eine Einschränkung der Pressefreiheit und eine Islamisierung des öffentlichen Lebens nehmen. Unübersehbar und teilweise verstörend sind die vielfältigen Versuche in der islamischen Welt – einschließlich der islamischen Minderheiten in Europa –, die Trennung zwischen Staat und Religion aufzuheben und zumindest den Vorrang der Religion bis hin zu einem islamistischen Gottesstaat einzuführen.

Die weltweit ungebrochene und teilweise sogar steigende Faszination für Modelle einer geschlossenen Gesellschaft wird offenbar durch die Erfolgsgeschichten der offenen Gesellschaften kaum gebremst. Nehmen wir zwei Schlagzeilen der Medien aus dem Frühjahr 2022:

– Seitdem die Taliban im August 2021 erneut die Macht in Afghanistan übernahmen, wurden die Rechte der Frauen kontinuierlich eingeschränkt. Seit Anfang Mai 2022 müssen sie nach einem Erlass von Taliban-Führer Hibatullah Achundsada in der Öffentlichkeit eine Burka tragen, »wie es traditionell und respektvoll ist«. So sollen »Provokationen« von Männern ausgeschlossen werden, die keine engen Verwandten sind.[62]

– Viele Rechtspopulisten, aber auch Anhänger linker Parteien, sehen seit Jahren über die autoritären und zunehmend faschistoiden Züge von Putins Herrschaft in Russland hinweg. Eine eindeutige Verurteilung des russischen Überfalls ließ in Deutschland bei großen Teilen der Linkspartei und der AfD monatelang auf sich warten. Man versuchte sich in einer Neutralität zu verstecken, die von einer passiven Inkaufnahme eines Untergangs der demokratischen Ukraine kaum zu unterscheiden ist. Auch für die SPD ist es kein Ruhmesblatt, dass sie so lange zögerte, bis sie sich mit der Lieferung schwerer Waffen an die Ukraine abfand.

In den deutschen Medien war die Berichterstattung über die neuen Freiheitseinschränkungen für afghanische Frauen verhalten. Proteste aus der islamischen Welt außerhalb Afghanistans wurden gar nicht bekannt. Niemand zog die naheliegende Folgerung, dass mit dem Islam etwas nicht stimmt, wenn er als Rechtfertigung für so beispiellose Unterdrückung herangezogen wird. In dieser Sicht der Dinge sind auch islamistische Anschläge zwar schrecklich, aber sie haben mit der Religion des Islam selbstverständlich nichts zu tun. Zur Ukraine forderte eine Gruppe deutscher Intellektueller unter Führung von Alice Schwarzer, der Ukraine keine schweren Waffen zu liefern, um die Atommacht Russland nicht zu provozieren. Diese Intellektuellen rieten auch von zu viel Gegenwehr gegen den russischen Angriff ab, um die Zahl der Opfer nicht unnötig zu erhöhen. Kaum verhüllt empfahlen sie der offenen demokratischen Gesellschaft der Ukraine, sich der faschistischen geschlossenen Gesellschaft Russlands zu ergeben und so auch den Westen vor der Gefahr einer militärischen Verwicklung zu bewahren.[63]

Es bleibt offenbar ein Grundproblem der offenen Gesellschaft, dass der Genuss ihrer Vorteile zwar als angenehm empfunden wird, sich aber mit der emotionalen Kraft eines geschlossenen Weltbildes – sei es nun marxistisch oder faschistisch oder islamistisch – nur schwer messen kann. Die Sehnsucht nach Sinngebung durch ein einfaches, geschlossenes Weltbild wird offene Gesellschaften wohl immer gefährden. Karl Popper, der Erfinder des begrifflichen Gegensatzes von offener und geschlossener Gesellschaft, vergleicht die geschlossene Gesellschaft mit einem Organismus, in dessen natürlicher Ordnung allen Teilen bestimmte Funktionen bleibend zugewiesen sind. Doch: »Nichts im Organismus entspricht einem der wichtigsten Kennzeichen der offenen Gesellschaft, dem Wettstreit ihrer Mitglieder um die Stellung, die sie in ihr einnehmen sollen.«[64] Damit verweist er auf den elementaren Schwachpunkt einer offenen Gesellschaft: Sie bietet kein emotionales Herdfeuer, an dem man sich wärmen kann. Sie ist eher eine »abstrakte oder entpersönlichte Gesellschaft«, die nach vereinbarten Regeln funktioniert. In ihr »leben viele Menschen, die keine oder nur sehr wenige persönliche Beziehungen haben, die in Anonymität und Isoliertheit leben und die in Folge davon unglücklich sind. Denn obgleich die Gesellschaftsform abstrakt geworden ist, hat sich doch die biologische Struktur des Menschen nicht sehr verändert; die Menschen haben soziale Bedürfnisse, die sie in einer abstrakten Gesellschaft nicht befriedigen können. (…) Die meisten konkreten sozialen Gruppen einer modernen offenen Gesellschaftsordnung (mit der Ausnahme einiger glücklicher Familien) sind armselige Ersatzmittel, denn sie schaffen nicht den Rahmen für ein gemeinsames Leben. Viele von ihnen haben überhaupt keine Funktion innerhalb der größeren gesellschaftlichen Zusammenhänge.«[65] Da muss man sich nicht wundern, dass gerade das Konstruktionsprinzip einer offenen Gesellschaft immer neue Anläufe zu einer geschlossenen Gesellschaft verursacht.

Die »offene Gesellschaft« als politischer Kampfbegriff

Anfang 2015 entschied das Bundesverfassungsgericht, dass ein pauschales Kopftuchverbot für Lehrkräfte in öffentlichen Schulen mit der Verfassung nicht vereinbar sei.[66] Das Bekanntwerden der Entscheidung löste ein lebhaftes und kontroverses öffentliches Echo aus. Unter der Überschrift »Karlsruhe stärkt die offene Gesellschaft« begrüßte Christian Geyer in der *FAZ* die Entscheidung. Damit würden »im Kontext der Debatten um eine Islamisierung des Abendlandes (…) aus Sicht der Verfassung die Proportionen zurechtgerückt«. In der »bekenntnisoffenen Gemeinschaftsschule« findet nach Geyers Interpretation »gerade keine Bekenntnisvermeidung nach dem laizistischen Modell, sondern (…) eine gewollte Konfrontation mit den verschiedenen religiösen und weltanschaulichen Vorstellungen« statt.[67] Und sein Kollege Patrick Bahners zitierte den ehemaligen Verfassungsrichter Ernst-Wolfgang Böckenförde: »Der freiheitlich säkularisierte Staat lebt von Voraussetzungen, die er selbst nicht garantieren kann.« Das bedeute eben auch keine »Zwangsemanzipation« für muslimische Frauen, die dies nicht wollen.[68]

Unter der Überschrift »Eine Gefahr für die offene Gesellschaft« übte Regina Mönch – ebenfalls in der *FAZ* – an dem Urteil scharfe Kritik: Es ziele »auf unser Grundvertrauen in die Gleichheit der Geschlechter, unser emanzipiertes Selbstverständnis«. Mit der Entscheidung habe »das Bundesverfassungsgericht den gesellschaftlichen Konflikt, welcher Islam zu Deutschland gehört, (…) in die Schulen« verlegt. Der »Anpassungsdruck (…), der vor allem auf Mädchen und Frauen in vielen muslimisch geprägten Vierteln lastet«, werde wachsen, »und die Segregation wird noch einmal zunehmen«.[69] Ihr Kollege Reinhard Müller wies darauf hin, es gehe in der Schule »eben nicht primär um die Selbstverwirklichung des Lehrers. Er muss vielmehr, als staatliche Autorität mit einiger Macht, die Grundrechte der Schüler (und ihrer Eltern) schützen.« Erst der neutrale Staat ermögliche die Freiheit des Glaubens. »Wer Lehrer zum Bannerträger für Weltanschauungen macht, redet einem Obrigkeitsstaat das Wort.«[70]

Der Beschluss des Bundesverfassungsgerichts fiel mit einem Stimmverhältnis von 6:2. Sowohl der Beschluss als auch das Minderheitenvotum sind sorgfältig formuliert und frei von Gedankenfehlern. Nicht die juristischen Argumente entscheiden, sondern die hinter ihnen liegenden Wertvorstellungen entsprechend der Erkenntnis von David Hume: »Moral kann nicht aus der Vernunft hergeleitet werden, da ja die Vernunft allein (...) niemals einen solchen Einfluss haben kann.«[71] Für die Senatsmehrheit war der freie Ausdruck der religiösen Überzeugung durch das Tragen eines Kopftuchs in dienstlicher Funktion vorrangig. Nachrangig war die von der Senatsmehrheit gar nicht bestrittene Tatsache, dass das Kopftuch auch der Ausdruck eines politischen Islam ist, der auf eine Unterdrückung und mindere Stellung der Frau zielt. Als nachrangig galt auch die Gefahr, dass die Freiheit der muslimischen Schülerinnen, sich für oder gegen das Kopftuch und das mit diesem verbundene weibliche Rollenbild zu entscheiden, hierdurch weiter eingeschränkt werden könnte. Für die Senatsminderheit war dagegen vorrangig, die Freiheit der muslimischen Schülerinnen vor dem Konformitätsdruck eines konservativen Islam und des mit ihm verbundenen Frauenbilds zu schützen, das der Gleichberechtigung widerspricht.

Natürlich teile ich den Standpunkt der Senatsminderheit. Das Votum der Senatsmehrheit zeigt eine Tendenz zur Blindheit gegenüber den Gefahren eines konservativen Islam für die offene Gesellschaft. Es räumt der Freiheit des religiösen Ausdrucks für Amtsträger auch dann Vorrang ein, wenn hierdurch die tatsächliche Ausübung der religiösen und bürgerlichen Entscheidungsfreiheit für ganze Bevölkerungsgruppen behindert wird. Schreibt man den Geist dieses Urteils weiter fort, so ist es klar, welche Tendenz die deutsche Gesetzgebung und Rechtsprechung in Zukunft haben wird, wenn das Gewicht eines konservativen Islam in Deutschland weiter zunimmt, was aus demografischen Gründen ziemlich unvermeidlich ist und durch die aktuelle Einwanderungspolitik noch dramatisch verstärkt wird.[72] Die Debatte um das Kopftuchurteil des Bundesverfassungsgerichts zeigt recht klar, dass das Konzept der offenen Gesellschaft vor missbräuchlicher Inanspruchnahme und vor dem Verschleiß im politischen Tageskampf geschützt werden muss.

Welche Ideen üben eigentlich Macht aus? In der Geschichte der Menschheit waren dies überwiegend Ideen mit emotionalem, überindividuellem Charakter, die ein Gefühl von Gemeinschaft schaffen und innerlich vorwärts stoßen, beispielsweise die Nation, die Revolution, die ewige Gerechtigkeit, der barmherzige Gott, der Dschihad, der unter Opfern errungene Sieg (für was auch immer), die Familie, der Stamm, der Fortschritt, kaum aber die Philosophie, der Individualismus, die Gedankenfreiheit, die persönliche Selbstverwirklichung und schon gar nicht die kinderlose Monade der Gegenwart, die weder an Gott noch an eine Mission glaubt und sich frei von familiären Bindungen und großen Zielen die verbleibenden Jahrzehnte vor dem großen Nichts, das mit dem Tod beginnt, angenehm gestaltet. Dieser Typus wird sich unterwerfen und den Feinden einer offenen Gesellschaft keinen großen Widerstand entgegensetzen, sollten sie in der einen oder anderen gerade modischen Verkleidung nach der Macht greifen.

Wer mit seinen Überzeugungen ringt und nach einigem Ringen an sie glaubt, der hält sie auch für wahr. In bester Absicht vertritt er die Ansicht, dass es besser sei für die Welt, wenn diese als wahr erkannten Überzeugungen zu allgemeingültigen Maximen von Politik und Gesellschaft würden. So ergeben sich aus einer löblichen Leidenschaft für die Wahrheit schnell auch Starrsinn, Intoleranz und, wenn man politische Macht errungen hat, ein Hang zur Unterdrückung abweichender Meinungen. Grundsätzlich vorbeugen lässt sich dieser Gefahr nicht. Man kann sie einschränken durch die zeitliche und sachliche Einschränkung politischer Macht und durch die rechtliche Absicherung der freien Meinungsäußerung in jedweder Form, solange sie nur gewaltfrei ist. Dadurch werden die Menschen zwar nicht besser, auch die Impertinenz ihrer Irrtümer und ihrer enervierenden Propaganda wird nicht geringer. Aber es kann dadurch weniger Schaden angerichtet werden.

Das gesellschaftliche Klima, die vorherrschenden Moden des Denkens, der Einfluss von Ideologie und Überzeugungen sind einem ständigen Wechsel unterworfen. Da es keine historischen Gesetze gibt, kann dessen Richtung natürlich nicht vorhergesagt werden. Feststellen lässt sich lediglich, dass religiöse Überzeugungen und kulturelle Einstellungen eine hohe Stabilität aufweisen, die oft viele Generationen überdauert. Neben den Bewegungen der Mode und des Zeitgeists haben deshalb Demografie und Wanderungsbewegungen auf die in einer Gesellschaft vorherrschenden Einstellungen großen Einfluss. Wer bestimmte kulturelle und religiöse Einstellungen als mit dem Geist einer offenen Gesellschaft nicht vereinbar erachtet, sollte entsprechende Wanderungsbewegungen aus einer geschlossenen in eine offene Gesellschaft sorgfältig regulieren und notfalls unterbinden, sonst verbreiten sich falsche und gegen die offene Gesellschaft gerichtete Einstellungen genauso schnell wie die Kopftücher auf den Schulhöfen von Neukölln oder Wedding.[73]

Der Marktmechanismus als erkenntnistheoretische Antwort auf die Probleme der Sozialplanung

Während Karl Popper im neuseeländischen Christchurch über die offene Gesellschaft und ihre Feinde nachdachte, publizierte Friedrich August von Hayek, ein weiterer Exilösterreicher, in England sein Buch *Der Weg zur Knechtschaft*.[74] Es erschien Anfang 1944, auf dem Höhepunkt des Zweiten Weltkriegs, und war, so Hayek, an die »Kreise der sozialistischen Intelligenz Englands gerichtet«. Es sollte verständlich machen, dass es sich beim Nationalsozialismus »um eine Fortentwicklung des Sozialismus handelte«. Man müsse »die grundsätzliche Ähnlichkeit der verschiedenen totalitären Systeme, des Nationalsozialismus, des Faschismus und des Kommunismus«, sehen. Ihre Brutalität sei »eine notwendige Folge jedes Versuches (…), eine ganze Gesellschaft völlig den von den Herrschern bestimmten Zielen dienstbar zu machen. Der Gegensatz zwischen einer freiheitlichen Ordnung, in der der Einzelne innerhalb der Schranken der Regeln des gerechten Verhaltens sein Wissen in der Verfolgung seiner selbst gewählten Ziele verwenden darf, und einem System, unter dem alle den von der Obrigkeit festgesetzten Zielen dienen müssen«, sei »grundsätzlich und unüberbrückbar«.[75] Dies formulierte ähnlich auch der junge ungarische Ökonom János Kornai in seiner Dissertation *Überzentralisierung*, die er 1956 kurz vor dem ungarischen Volksaufstand fertigstellte. Er zeigte darin, dass ein sozialistisches System unweigerlich mit Repression verbunden ist: »Je weniger das System auf materielle Anreize vertraut (und je weniger es mit der Begeisterung der Menschen rechnen kann), desto mehr muss es Zwangsmaßnahmen anwenden.«[76]

Hayeks Buch merkt man – mehr noch als Poppers *Offener Gesellschaft* – die Entstehungszeit an. Es richtete sich gegen jene sozialistische Linke Englands, die vor dem Zweiten Weltkrieg den Sowjetkommunismus angehimmelt hatte und dann im Krieg – mit der Sowjetunion als Verbündetem – sozialistische Träume für das England der Nachkriegszeit hegte. Die von Hayek herausgearbeitete Parallelität totalitärer Systeme empfanden (und empfinden) alle Kommunisten und viele Sozialisten als skandalös. Sein ordoliberales Denken übte in den USA und in Deutschland während der 1950er- und 1960er-Jahre großen Einfluss aus. Hayek wandte sich strikt gegen das Wiedererstarken marxistischer Lehren und beklagte Anfang der 1970er-Jahre, ein Teil der Jugend wisse »nicht mehr aus eigener Erfahrung, was eine Regierungsform bedeutet, in der die Herrschenden unbeschränkte Macht über alle Mittel ausüben, die der Einzelne zur Verfolgung seiner Ziele braucht«.[77] In jenen Jahren wurde *Der Weg zur Knechtschaft* die Bibel Margaret Thatchers und der ordnungspolitische Leitstern ihrer Reformagenda.[78]

Hayek hat die Regeln der Marktwirtschaft weder erfunden noch als Erster schlüssig beschrieben.[79] Aber so konzise, so folgerichtig und so anschaulich war noch nie im Zusammenhang dargelegt worden, weshalb das dezentrale Entscheidungssystem einer marktwirtschaftlichen Ordnung eine notwendige (wenn auch nicht hinreichende) Bedingung einer jeden offenen Gesellschaft ist und wie jeder Versuch einer zentralen Planung und Führung der Wirtschaft nicht nur zur politischen Unfreiheit führt, sondern auch Wohlstand verhindert und Innovation erstickt. Zwar ist die Einsichtsfähigkeit des Menschen begrenzt, und seine Irrtumsanfälligkeit groß. Zudem sind seine Ziele und Wünsche häufig schwankend, widersprüchlich und unklar. Das ändert aber nichts daran, dass er grundsätzlich selbst der beste Richter und Verfechter seiner Interessen ist. Bei deren Verfolgung sollten Staat und Gesellschaft ihn gewähren lassen. Er wird das Beste leisten, wenn er für seine ureigenen Interessen arbeiten kann, und er wird dort am besten sein, wo er seinen Begabungen und Neigungen folgen kann. Aus seinen Interessen und Bedürfnissen heraus erbringt er Leistungen, die er anderen gegen Bezahlung anbieten kann, und er nimmt Leistungen in Anspruch, für die er andere bezahlt. Die Koordinierung übernimmt der Marktmechanismus.

Der Staat hat die Aufgabe, durch Gesetze Diebstahl, Raub, Betrug und Gewalt möglichst weitgehend zu unterbinden und die Rahmenbedingungen zu gestalten, die für die Produktion und den freien wirtschaftlichen Austausch gelten. Dazu gehören Umwelt- und Gesundheitsschutz, Produktsicherheit, Regeln für den Wirtschaftsverkehr, die Sanktionierung von Betrug, die Verhinderung schädlicher Monopole und so weiter. Außerdem erhebt der Staat Steuern und Abgaben, um sogenannte öffentliche Güter bereitstellen zu können, bei denen der Marktmechanismus nicht funktioniert: Infrastruktur, Heer und Polizei, ein staatliches Bildungsangebot, soziale Sicherung etc. Das führte bereits Hayek in *Der Weg zur Knechtschaft* aus.[80] Die Gestaltung solcher Rahmenbedingungen war immer schon das zentrale Thema der Nationalökonomie, auch wenn viele Kritiker der marktwirtschaftlichen Ordnung das nicht wahrhaben wollen.[81]

Der durch staatliche Gesetze und staatliche Leistungsangebote hergestellte Rahmen für das private Handeln kann grundsätzlich sehr unterschiedlich gestaltet sein und auch eine extrem unterschiedliche Qualität haben. Darauf bezieht sich ja gerade die Breite der Debatten und Auseinandersetzungen in der Politik. Entscheidend ist das Prinzip: Innerhalb des durch die Gesetzgebung und das staatliche Leistungsangebot gesetzten Rahmens wird die wirtschaftliche und gesellschaftliche Entwicklung gesteuert durch die Milliarden einzelner Entscheidungen von Individuen und von Unternehmen. Nicht Staat und Gesellschaft geben die Richtung der künftigen Entwicklung vor, sondern diese erwächst spontan aus der Fülle unterschiedlichster Einzelentscheidungen. Der heftige Streit über die Rahmenbedingungen, die der Staat setzen soll, gehört zu den Prinzipien einer offenen Gesellschaft. Deshalb kann man für oder gegen die Zulassung genveränderten Saatguts, für oder gegen das Verbot der Kernkraft, für oder gegen die exzessive Förderung alternativer Energien sein, ohne ein Feind der offenen Gesellschaft zu sein. Aber streiten kann man sich sehr wohl, ob ein Verbot von Alkohol und Zigaretten, ein Gebot von Frauenquoten in Unternehmen oder ein Verbot von Prostitution Erwachsener noch zu den legitimen Regulierungen einer offenen Gesellschaft gehören.

Der Übergang zu einer geschlossenen, unfreien Gesellschaft ist gleitend. Er setzt ein, wenn man dem freien Erwerbstrieb und dem ungebändigten Erfindungsgeist Grenzen setzen will, weil er als solcher stört, oder wenn man Ideen über vernünftige und unvernünftige Produkte, über vernünftige und unvernünftige Lebensentwürfe, über zu viel und zu wenig Erwerbsbeteiligung in staatliche Regulierungen einfließen lassen will. In der Summe gilt: *Eine marktwirtschaftliche Ordnung benötigt nicht zwangsläufig eine offene Gesellschaft.* Auch Deutschland unter den Nationalsozialisten hatte in weiten Bereichen eine marktwirtschaftliche Wirtschaftsordnung. Die Einführung der Marktwirtschaft hat in China vieles verbessert,[82] dennoch hapert es dort noch mit der Demokratie und den bürgerlichen Freiheiten, seit einiger Zeit ist sogar ein Rückfall ins Autoritäre festzustellen. *Umgekehrt aber gibt es keine offene Gesellschaft und keine demokratische Herrschaft ohne eine marktwirtschaftliche Ordnung.* Wo man den Bürgern die Freiheit nimmt, sich Beruf und Gewerbe selbst zu wählen, Firmen zu gründen und an freien Märkten Produkte und Leistungen auszutauschen, dort hat es noch nie Meinungsfreiheit und Demokratie gegeben. Dies klar zu erkennen, ist nicht mit einer Überhöhung des marktwirtschaftlichen Prinzips gleichzusetzen, sondern dem elementaren und konkreten Charakter menschlicher Freiheit geschuldet, nämlich so oder anders zu handeln und seine Geschicke in die eigene Hand zu nehmen. Der – unterschiedlich ausgebaute – Schutz von Staat und Gesellschaft für das Leben, die Sicherheit und das materielle Existenzminimum des Einzelnen sind zweifellos ebenfalls sehr wichtig, aber Freiheit von Hunger, Kälte, Läusen und Mordanschlägen (sofern man den Mund hält) kann auch in einer totalen Diktatur gesichert werden.

Zum Wesen der dezentralen marktwirtschaftlichen Ordnung gehört ihre Ergebnisoffenheit. Wer diese nicht will, ist – möglicherweise unbewusst – Anhänger einer geschlossenen Gesellschaft. Soweit sich die Blockupy-Proteste von 2015 aus marxistischen Theorien speisten, basierten auch sie auf zumeist nicht ausformulierten Vorstellungen einer geschlossenen Gesellschaft. Auch die Fridays-for-Future-Bewegung, die seit 2018 unter idealistisch klimabewegten jungen Menschen in den westlichen Industriestaaten grassiert, hat im Verlauf ihrer Entwicklung zunehmend radikale, geradezu fundamentalistische Erscheinungsformen gezeigt. Die einseitige Konzentration auf ein bestimmtes Ziel – in diesem Fall die Bekämpfung des Anstiegs der Erderwärmung um nahezu jeden Preis – scheint eine Radikalisierung des Denkens und eine Entfremdung von demokratischen Strukturen zu fördern.

Der Marktmechanismus ist weit davon entfernt, aus der gesellschaftlichen Wirklichkeit ein Idyll zu machen. Deshalb verbietet sich auch seine Idealisierung. Er ist eine Methode, die unterschiedlichsten menschlichen Planungen und Bestrebungen gewaltfrei – und in der Regel zum Besten aller – aufeinander abzustimmen. Dies geschieht durch den Wettbewerb. Durch ihn bilden sich Löhne, Preise und Profite. Er schafft Gewinner und Verlierer, macht manche reich und andere arm. Der Marktmechanismus lenkt die Produktion und verteilt ihre Ergebnisse.[83] Für Hayek ist »ein sorgfältig durchdachter rechtlicher Rahmen die Vorbedingung für ein ersprießliches Funktionieren der Konkurrenz«. Dazu gehören auch Regelungen zur Arbeitszeit, zum Arbeitsschutz und zum Umweltschutz.[84] Im Rahmen der aktuellen Debatten um den Umgang mit dem Klimawandel geht es um die besten Methoden, den CO_2-Ausstoß auf der Welt schnell und möglichst effizient zu senken. Dabei geht es auch um eine international abgestimmte Bepreisung des CO_2-Ausstoßes, unterstützt durch einen funktionierenden Handel mit CO_2-Zertifikaten. Das ist eine politisch gestaltete Rahmenbedingung im Sinne des Marktmodells von Hayek.

Eine funktionierende Wettbewerbsordnung bedarf mannigfacher Regulierungen. Das reicht von der Kartellkontrolle über das Lebensmittelrecht bis hin zu komplexen Regulierungen für besondere Märkte. So dürfen Arzneimittel nur verkauft werden, wenn sie besondere Zulassungsverfahren durchlaufen haben. Die Geschäftsleiter von Banken wiederum bedürfen einer Zulassung durch die Bankaufsicht, ehe sie ihr Amt antreten können, und die Bank selber muss den staatlichen Eigenkapitalvorschriften genügen. Unterschiedliche Märkte bedürfen unterschiedlicher Regulierungen. Immer öfter müssen solche Regulierungen international abgestimmt sein, damit sie ihren Zweck erfüllen. Nicht die sparsamste Regulierung ist die beste, sondern die intelligenteste. Naives Vertrauen in funktionierende Märkte kann dort großen Schaden anrichten, wo es nicht angebracht ist. Das zeigte die Weltfinanzkrise 2008/09. Aber die Versuche, den Marktmechanismus auszuhebeln und gegen ihn zu regieren, können ganze Volkswirtschaften ruinieren, wie sich immer wieder in Südamerika zeigt. Gerade die krassen nationalen und internationalen Fehlschläge bei der Regulierung der Finanzmärkte haben gezeigt, dass die Marktregulierung überfordert wird, wenn sie in eine Komplexitätsfalle gerät. In solchen Fällen ist natürlich nicht der Verzicht auf Regulierung geboten, sondern ihre intelligente Vereinfachung.[85]

Da der Wettbewerb Gewinner und Verlierer kennt, da die Menschen sich hinsichtlich Tatkraft, Intelligenz und Tüchtigkeit unterscheiden und da auch Glück und Pech zur Wirklichkeit von Menschen und ihren Unternehmungen gehören, produziert der marktwirtschaftliche Prozess nicht nur Wohlstand, sondern auch Ungleichheit und häufig genug sogar soziale Not für Einzelne und ganze Gruppen. Der soziale Ausgleich durch Staatseingriffe gehört deshalb in seinen unterschiedlichen Formen zu einem stabilen marktwirtschaftlichen System.[86] Das reicht von der Sozialhilfe über die Rentenversicherung bis hin zum progressiven Steuersystem. Auch staatliche Bildungseinrichtungen gehören dazu, die es in jeder Generation jedem Einzelnen ermöglichen sollen, entsprechend seinen Fähigkeiten das Rüstzeug fürs Leben zu erwerben.

Doch staatliche Eingriffe bergen auch Gefahren. Keine zentrale Planung kann die dezentrale Koordinierung durch den Markt auch nur annähernd simulieren. Der Staat wird sich vielmehr, wenn die zentrale Planung langfristig konsistent bleiben soll, zu den wechselnden und divergierenden Zielen der Menschen auf vielfältige Weise in Widerspruch setzen und das Individuum umso mehr unterdrücken, je ernster er die Ziele der zentralen Planung nimmt.

Gegen die dezentrale marktwirtschaftliche Steuerung wird immer wieder eingewandt, der von der ökonomischen Theorie unterstellte *Homo oeconomicus* existiere so nicht. Das ist nur teilweise richtig. Die Ergebnisse der modernen Verhaltensökonomie zeigen, dass das menschliche Verhalten oft gefühlsgesteuert, inkonsistent und nur teilweise rational ist. Menschen verfolgen zudem neben den rein wirtschaftlichen viele andere Ziele. Will man diesen mittlerweile umfangreich erforschten Sachverhalt als Argument gegen eine dezentrale Steuerung wirtschaftlicher Entscheidungen über Märkte anführen, darf man Folgendes nicht übersehen: Selbst wenn Menschen sich häufig irren und ihre Pläne immer wieder korrigieren, können sie diese viel besser verwirklichen, wenn sie ihren eigenen Entscheidungen folgen und ihre Entscheidungskompetenz nicht (unfreiwillig) an einen zentralen allwissenden Staat abgeben, der dann das tut, was im Interesse der jeweiligen Führer liegt (die ihre Interessen als das allgemeine Wohl ausgeben). Bezogen auf das *durchschnittliche* menschliche Verhalten führt die Hypothese ökonomischer Rationalität tatsächlich sehr weit. So können wir beobachten, dass die Nachfrage fällt, wenn Preise steigen, oder dass Menschen umso eher eine Beschäftigung aufnehmen, je besser sie dafür entlohnt werden.

Da Märkte das Verhalten ganz vieler unterschiedlicher Menschen widerspiegeln, haben sie auf lange Sicht häufig auch ein überlegenes Wissen, das dem Einzelnen so gar nicht zugänglich ist. Ein überzeugendes Beispiel dafür liefern die angeblich so irrationalen Finanzmärkte: Wer langfristig optimal investieren will, fährt am besten, wenn er genau den Durchschnitt der am Markt gehandelten Aktien kauft. Unter 1000 Fondsmanagern gelingt es vielleicht fünf, den Aktienmarkt auf längere Sicht mit ihren aktiv und rational getroffenen

Investitionsentscheidungen zu übertreffen. Offenbar bildet die Fülle der Einzelentscheidungen, die den Kurs jeder einzelnen Aktie Tag für Tag bestimmen, auf lange Sicht eben doch die Wahrheit ihres wirtschaftlichen Wertes ab. Der Markt ist letztlich kein Kasino, auch wenn die Aktienkurse auf kurze und mittlere Sicht stark schwanken können.

Bei vielen Entscheidungen folgen die Menschen lieber ihren spontanen Gefühlen oder ihrer momentanen Bequemlichkeit als ihren rationalen Interessen. Um unerwünschte Folgen dieser menschlichen Tendenz möglichst zu vermeiden, gibt es die Anschnallpflicht im Auto, die roten Ampeln am Fußgängerüberweg, die Steuer auf Alkohol, die Pflicht zur Kranken- und Rentenversicherung, bedrohliche Aufschriften auf Zigarettenpackungen und vieles mehr. Durch die Experimente der Verhaltensökonomie ist deutlich geworden, dass logisch inkonsistentes, wenig rationales Verhalten zu jeder Zeit zwar nicht bei allen, aber doch bei einem großen Teil der Menschen anzutreffen ist.[87] Es hat sich ebenfalls erwiesen, dass mehr Menschen im Sinne ihrer eigenen Interessen und des allgemeinen Wohls »richtig« entscheiden, wenn man ihnen die »richtige« Entscheidung möglichst bequem macht. So erklären sich mehr Menschen bereit zu einer Organspende im Falle ihres Todes, wenn sie die Ablehnung der Organspende aktiv erklären müssen, weniger dagegen, wenn sie ausdrücklich zustimmen müssen. Menschen brauchen also oft einen Anstoß, einen »Nudge« in die richtige Richtung. Ausgehend vom gleichnamigen Buch von Richard Thaler und Cass Sunstein[88] wurde eine Strategie der richtigen Nudges in den USA und Großbritannien schon teilweise zur offiziellen Politik. Im Bundeskanzleramt suchte man ebenfalls von diesen Erkenntnissen zu profitieren und stellte dazu im September 2014 unter dem Stichwort »wirksames Regieren« drei Fachleute ein.[89]

Nudges stellen quasi staatliche Rahmenbedingungen des privaten Handelns im vorgesetzlichen Raum dar. Ihre Eingriffsintensität ist sicherlich niedriger als die eines entsprechenden Gesetzes. Ich sehe hier zwar kein grundsätzliches ordnungspolitisches Problem, aber doch eine praktische Gefahr, nämlich dass staatliche »weiche« Regulierung immer mehr Menschen davon entwöhnt, nachzudenken und eigenverantwortlich zu handeln. Was ist uns lieber? Der Mensch, der im Sinne des jeweils geltenden Werte- und Sicherheitskanons keine Fehler macht, aber auch den Bereich des eigenen Nachdenkens und eigener Entscheidungen stark eingeschränkt hat, oder der Mensch, der selbst entscheidet und bisweilen dabei Fehler macht – vielleicht sogar tödliche, indem er beispielsweise trotz der Warnungen auf der Zigarettenschachtel raucht? Andererseits, wie soll man mit der zunehmenden Neigung zur Fettleibigkeit aufgrund ungezügelten Essverhaltens umgehen? Soll man Fett besteuern und in Fast-Food-Restaurants besonders große Becher für Coca-Cola verbieten? Solch ein lenkendes Staatsverhalten nennt man »liberalen Paternalismus«.[90]

Der Verhaltensforscher Martin Weber äußert beispielsweise Sympathie dafür, dass in Schweden der »Staat die Bürger zum Aktiensparen« zwingt, weil das die bessere Altersvorsorge ist.[91] Solche Eingriffe sind zweifellos gut für die Altersvorsorge des Menschen oder für seine Gesundheit oder auch – wenn es mehr Organspenden gibt – für das Wohl unbekannter Dritter. Sind sie auch gut für den Blick des Menschen auf sich selbst? Das lasse ich offen.

Übrigens müssen wir uns bei der Gegenüberstellung von Staat und Individuum, die wir implizit oder explizit vornehmen, stets vor Denkfallen hüten. Zumindest in einer demokratischen Staatsordnung – häufig aber auch in anderen – ist das staatliche Verhalten und sind die vom Staat geschaffenen Rahmenbedingungen ein Spiegelbild dessen, was das Individuum will. Die Gesamtheit der Institutionen und Regulierungen der offenen Gesellschaft, wie sie im Rahmen des abendländischen Demokratisierungsprozesses entstanden, ist nicht zu lösen vom Willen der Bürger. Zumindest ein Teil von ihnen hat über Generationen hinweg die Institutionen nach seinen Vorstellungen geformt. Darum geht die Klage des linken Literaturwissenschaftlers Joseph Vogl ins Leere, der Staat sei an die privaten Akteure ausgeliefert worden.[92] An wen denn bitte schön sonst? Der Staat ist immer der Agent derer, die die Macht haben, anders geht es gar nicht. Die Demokratie bewährt sich eben genau dann, wenn ihr der Ausgleich unterschiedlicher Mächte gelingt.

Letztlich hängt die Qualität einer marktwirtschaftlichen Ordnung von drei Faktoren ab:

1. von der Stabilität, Qualität und Flexibilität der staatlichen Rechtsordnung, in der die Rahmenbedingungen individuellen Handelns festgelegt sind;
2. von dem Verfahren, in dem diese Ordnung zustande kommt, angepasst und weiterentwickelt werden kann;
3. von der Verlässlichkeit und Rechtstreue, mit der die staatlichen Organe die Geltung der Ordnung durchsetzen.

Zu einer verlässlichen Herrschaft des Gesetzes (*rule of law*) gehört, dass die Staatsmacht selbst dieser Ordnung unterworfen ist und sich nicht über das Recht stellen kann. Das führt zur Beschränkung politischer Macht und hat in der Tradition des westlichen Abendlandes zur Herausbildung der parlamentarischen Demokratie mit staatlicher Gewaltenteilung geführt. Ein entsprechender rechtlicher Rahmen genügt aber nicht, er muss auch durch die staatliche und gesellschaftliche Praxis mit Inhalten gefüllt und entsprechend ihrem Sinn von Politik, Wirtschaft und Gesellschaft »gelebt« und weiterentwickelt werden. Schon innerhalb der EU gibt es hier ganz unterschiedliche Traditionen, die von den skandinavischen Musterstaaten bis zur korrupten Klientelwirtschaft in Süditalien,[93] Griechenland, Bulgarien und Rumänien reichen.

Innerhalb der Herrschaft des Gesetzes hat die Sicherheit der Eigentumsrechte, insbesondere der Schutz des privaten Eigentums, eine zentrale Bedeutung für eine funktionierende Wirtschaft. Davon hängt die Bereitschaft ab zu investieren, Vorleistungen der unterschiedlichsten Art zu erbringen und wirtschaftlich mit längerem Zeithorizont zu handeln. Nach allem, was wir auf der Welt sehen, funktioniert das am besten im Rahmen einer demokratischen politischen Ordnung. Diese muss allerdings so ausgestaltet und so gefestigt sein, dass sie nicht durch die Willkür der jeweils Mächtigen relativiert und ganz oder teilweise außer Kraft gesetzt werden kann. Auch der russische Präsident Wladimir Putin oder der Präsident von Simbabwe, Emmerson Mnangagwa, üben ihre wenig demokratische Herrschaft in einer politischen Ordnung aus, die sich Demokratie nennt. Der Herrschaft des Gesetzes sind sie aber nicht unterworfen.

Die Elemente Herrschaft des Gesetzes, Sicherheit des Eigentums und demokratische Ordnung mit wirksamer Kontrolle politischer Macht sind auch notwendige (nicht unbedingt hinreichende) Bedingungen einer offenen Gesellschaft.[94]

Gefahren für die offene Gesellschaft

Popper hatte darauf hingewiesen, dass das Prinzip der offenen Gesellschaft keine Antwort auf Sinnfragen gibt. Sie sei vielmehr eine Organisationsform, die den Menschen die Freiheit gibt, innerhalb derselben Gesellschaft ganz unterschiedliche Lebensentwürfe zu verfolgen. Die gesellschaftlichen Regeln bestehen darin, ihnen diese Freiheit so zu sichern, dass andere durch ihr Verhalten keinen Schaden erleiden, und da, wo Interessen aufeinanderstoßen, einen vernünftigen Interessenausgleich zu sichern.

Die Gefährdung der offenen Gesellschaft ergibt sich daraus, dass sich alternative Lebens- und Sinnkonzepte unter den Mitgliedern der Gesellschaft, insbesondere ihren geistig und politisch führenden Schichten, verbreiten und dass der Inhalt beziehungsweise die Stoßrichtung dieser Alternativen die Lebensgrundlagen der offenen Gesellschaft absichtlich oder im Ergebnis angreift. Solche Gefährdungen können aber auch aus einem weiten Spektrum religiöser, ideologischer und politischer Vorstellungen stammen, die im Lauf der Zeit ihre Gestalt wie auch ihre Schwerpunkte ändern. Es wechseln ja nicht nur ständig die gesellschaftlichen Moden, sondern auch die Problemlagen und die Wahrnehmung von Problemen – und mit ihnen die wissenschaftlich-technischen Rahmenbedingungen. Nicht zuletzt ändert sich ständig die Bevölkerung: Alte sterben und nehmen ihre Einstellungen mit ins Grab. Die Jungen wachsen unter anderen Verhältnissen mit anderen Prägungen auf, und durch Migrationsprozesse kommen ständig andere Kulturen und Mentalitäten ins Land. So ändert sich auch ständig die Unterstützung für die Grundbegriffe einer offenen Gesellschaft beziehungsweise die Auffassung davon, wie diese Grundbegriffe aussehen sollen.

Die Verteidigung der offenen Gesellschaft gegen Bedrohungen aller Art ist somit ein permanenter Prozess und kommt nie an ein natürliches Ende. Die hauptsächliche Quelle aller Bedrohungen der offenen Gesellschaft sind jene Religionen, Ideologien und Philosophien, die den Menschen und seine Geschichte in ein größeres Bedingungsgefüge einbauen oder als Werkzeug höherer Zwecke sehen. Popper und Hayek selbst hatten die Bedrohungen durch Faschismus und Kommunismus im Auge, als sie zu Beginn der Vierzigerjahre des 20. Jahrhunderts an ihren grundlegenden Werken schrieben. In der Gegenwart bedroht uns der kriegslüsterne Nationalismus des von Wladimir Putin beherrschten Russlands, dem wenige Tag nach dem Beginn des Kriegs gegen die Ukraine die letzten Reste einer freien Berichterstattung zum Opfer gefallen sind.[95]

Zahlreiche aktuelle Gefährdungen der offenen Gesellschaft haben mit den nachwirkenden Einflüssen der marxistischen Lehre zu tun. Deshalb beginne ich diesen Abschnitt mit einem Rückblick auf den Positivismusstreit in der deutschen Soziologie, der ja im Kern ein Streit zwischen Karl Popper und den Hauptvertretern der marxistisch geprägten Frankfurter Schule war.

Der Positivismusstreit

Empirische sozialwissenschaftliche Forschung, die nicht nach marxistisch geprägten ideologischen Mustern vorgeht oder solche in ihrer Forschung sucht, steht generell sehr schnell unter »Positivismusverdacht«. Diese Generalverdächtigung gehört in Deutschland zum historischen Kern des sogenannten Positivismusstreits. Sie hatte ihren unseligen Ursprung in einem Aufsatz, in dem Max Horkheimer – der Direktor des Instituts für Sozialforschung und führende Vertreter der Frankfurter Schule in der Soziologie – 1937 im amerikanischen Exil die Wiener Schule des Positivismus (deren hauptsächliche Vertreter ebenfalls im Exil waren) polemisch angriff und sie als geistige Wegbereiter faschistischen Denkens einordnete.[96]

Horkheimer warf dem Positivismus vor, »dass dieser nicht in der Lage sei, auf rationale Weise zwischen Glück und Unglück, Gerechtigkeit und Ungerechtigkeit zu unterscheiden«.[97] Die Folge ist, in den Worten von Hans-Joachim Dahms, »ein dezisionistischer Relativismus, dem die Wahl etwa zwischen Kapitalismus, Faschismus und Stalinismus quasi eine Frage des individuellen Geschmacks wird«.[98] Dies bezieht sich jedoch allein auf die wissenschaftstheoretisch begründete Haltung der Positivisten, nicht auf die praktischen Fragen ihrer individuellen persönlichen Moral. Horkheimer teilt nämlich die Auffassung der Positivisten, dass die moralische Gesinnung »keiner Begründung fähig« ist, »weder durch Intuition noch durch Argumente«.[99] Der Vorwurf Horkheimers, dass die praktischen Auffassungen der Positivisten zu moralischen Fragen nicht in ihre Philosophie integriert worden sind, betrifft zudem genauso die Frankfurter Schule: Dahms weist darauf hin, dass die Frankfurter Schule auch in den nachfolgenden Jahrzehnten im Rahmen der Kritischen Theorie nie eine eigene Konzeption zur Herstellung sozialer Gerechtigkeit in unterschiedlichen Wirtschaftsformen vorgelegt hat. »Solche systematischen Anstrengungen sind seitens der Kritischen Theorie leider ausgeblieben, und die wenigen zeitgenössischen Andeutungen, die man bei Horkheimer finden kann, gehen sämtlich in dieselbe Richtung wie die der kritisierten Positivisten.«[100] Tatsächlich haben weder die Frankfurter Schule noch die Positivisten Fragen der Moral in ihre Erkenntnistheorie integriert. Wer wesentliche Unterschiede sucht, wird an dieser Stelle nicht fündig.

Horkheimer scheiterte 1937 an dem Versuch, den Positivismus innerhalb von dessen eigener Logik zu widerlegen. Er wirft ihm jedoch vor, mit seinen erkenntnistheoretischen Positionen den Liberalismus zu unterstützen, aus dem mit Zwangsläufigkeit der Faschismus hervorgehe, »weil die Krise des Kapitalismus keine anderen politischen Lösungsmöglichkeiten zulasse«.[101] In seinem 1939 erschienenen Aufsatz »Die Juden und Europa« maß er dem westlichen Kapitalismus keine Reformchancen zu, er werde überall im Faschismus enden.[102]

Hier sehen wir, wie Horkheimer in den Dreißigerjahren ebenso wie große Teile der Frankfurter Schule einem marxistisch geprägten historizistischen Denken verhaftet war, das sich in Untergangsprophezeiungen erging. Sein Vorwurf gegen den Positivismus bestand offenbar darin, dass sich dessen Wissenschaftslehre gegenüber dem Liberalismus und damit auch gegenüber der aus marxistischer Sicht unvermeidlichen Folge, dem Faschismus, zu neutral verhielt. Er steigerte ihn zu der Anklage, dass der Positivismus zur Zeit der Hexenverbrennungen keine Mittel gehabt hätte, gegen diese zu argumentieren, und sich in der Gegenwart als unfähig erweise, sich zu positionieren, wenn die Faschisten »unschuldige Gruppen der Gesellschaft als Teufel und Dämonen ausrufen und Räuberhauptleute zu Göttern erklären«.[103]

Die ungewöhnliche Schärfe des Angriffs auf den Positivismus, dessen führende Vertreter allesamt genau wie die Vertreter der Frankfurter Schule durch den Faschismus ins Exil gezwungen wurden, erklärt Dahms damit, dass die Positivisten dem von Horkheimer vertretenen marxistischen Weltbild letztlich die Wissenschaftlichkeit absprachen: Horkheimer »musste sich besonders betroffen fühlen, wenn die Positivisten auch Teile seiner auf eine bessere Gesellschaft zielenden Lehre als nicht nur falsch, sondern – qua Metaphysikverdacht – auch als sinnlos verworfen zu haben scheinen«.[104]

Die nächste Runde des Positivismusstreits begann 1961 mit der Tübinger Tagung der Deutschen Gesellschaft für Soziologie unter dem Thema »Logik der Sozialwissenschaften«. Dort hielt Karl Popper das Eingangsreferat, in dem er sich in 27 Thesen zur Erkenntnistheorie unter anderem kritisch mit dem Positivismus auseinandersetzte.[105] Theodor Adorno, der auch ein Referat hielt, ging darin auf die Thesen Poppers nicht näher ein, widersprach ihnen aber auch nicht.

Vier Jahre nach der Tagung erschien der Sammelband *Der Positivismusstreit in der deutschen Soziologie*. Das Eingangsreferat Poppers war dort in die Mitte gerückt. Das Buch begann mit einer 90 Seiten langen Einleitung, deren Text Adorno nach der Tagung neu verfasst hatte. Darin wurden Karl Popper und Hans Albert, der auf der Tagung ebenfalls gesprochen hatte, den Positivisten zugerechnet und mit dem Namen »Neopositivisten« versehen.[106] So kam der Kritische Rationalismus in links geprägten Zirkeln generell in Positivismusverdacht. Das war ein bequemes Kürzel dafür, dass einem marxistisch oder hegelianisch geprägten Kopf die ganze Denkrichtung des Kritischen Rationalismus nicht passte.

Hans-Joachim Dahms stellte dazu in seiner ausführlichen Untersuchung des gesamten Posivismusstreits kritisch fest: »Popper ist nicht nur kein Positivist, sondern hat sowohl in seiner generellen Wissenschaftstheorie als auch in den auf die Sozialwissenschaften anwendbaren Teilen seines Werks in fast allen wichtigen Punkten den entsprechenden Lehren der Positivisten widersprochen.«[107] Popper selbst äußerte zur Kritik von Adorno und Habermas: »Ich halte nichts von Worten und Namen. Aber der Name (›Neo-Positivismus‹) ist einfach ein Synonym für die verbreitete Gewohnheit, zu kritisieren, ehe man liest. (...) Mit Leuten, die mit Schlagworten von dieser Art diskutieren, diskutiere ich nicht.«[108] Und weiter schreibt er: »Adorno und Habermas wissen nicht, was sie kritisieren; und sie wissen nicht, dass ihre eigene These von der analytisch unauflöslichen Verbundenheit der Werte und der Fakten ein von Hegel stammender moralisch-juridischer Positivismus ist. (...) In diesem langen Buch sind meine Thesen kaum je erwähnt, und mein Beitrag wird, in der Mitte des Buches, in einem Meer von Worten ertränkt. (...) *Aber das alles (der ganze ›Positivismusstreit‹) ist ja nur ein Eiertanz von einer gerade grotesken Unwichtigkeit.*«[109]

Hans Albert stellte in seinem »kleinen verwunderten Nachwort« fest, dass »Adorno sich die Sache etwas zu leicht gemacht hat, denn der kritische Rationalismus, der hier mitgetroffen werden soll, ist keineswegs eine apolitische Philosophie, wie er seinen Lesern suggeriert. (...) Wozu soll überhaupt die durch seine Strategie der unspezifischen Einwände hervorgerufene Verwischung der gegnerischen Argumentation dienen? Ich kann nicht umhin, darin eine Bestätigung dessen zu sehen, was der Frankfurter Schule von vielen ihrer Kritiker vorgeworfen wird. Eine Dialektik, die der Logik entraten zu können glaubt, scheint mir einen der gefährlichsten Züge des deutschen Denkens zu unterstützen, vermutlich ganz im Gegensatz zu den hinter ihr stehenden Intentionen: die Tendenz zum Irrationalismus.«[110]

Popper machte sich das Vergnügen, Textpassagen von Adorno und Habermas zum Positivismusstreit in klares Deutsch zu übersetzen und dem ursprünglichen Text gegenüberzustellen. Er bemerkte dazu zusammenfassend: »Das grausame Spiel, Einfaches kompliziert und Triviales schwierig auszudrücken, wird leider traditionell von vielen Soziologen, Philosophen usw. als ihre legitime Aufgabe angesehen. So haben sie es gelernt. Und so lehren sie es. Da kann man gar nichts machen.«[111] Seine Kritik an Adorno und Habermas beschließt er mit einem Zitat von Karl Marx: »In ihrer mystificierten Form ward die Dialektik deutsche Mode.«[112]

Ich bin auf den längst vergangenen Positivismusstreit etwas näher eingegangen, weil er vonseiten der Vertreter der Frankfurter Schule typische Elemente eines linken, marxistisch geprägten Argumentationsstils enthält: Verwischung von Argumenten, unscharfe Logik, unbegründete Unterstellungen, Verachtung für empirische Überprüfung.

Anlässlich seiner knappen Anmerkungen zum Positivismusstreit fasste Popper 1974 seine erkenntnistheoretische Position wie folgt zusammen:

> (…) meine Erkenntnistheorie besagt, dass die Naturwissenschaften nicht von ›Messungen‹ ausgehen, sondern von großen Ideen; und dass der wissenschaftliche Fortschritt *nicht* in der Anhäufung oder Erklärung von Tatsachen besteht, sondern in kühnen, revolutionären Ideen, die dann scharf kritisiert und überprüft werden. Im Gebiet des Sozialen betone ich das Praktische: die Bekämpfung von Übeln, von vermeidbaren Leiden und vermeidbarer Unfreiheit (im Gegensatz zu Versprechungen des Himmels auf Erden), und in den Sozialwissenschaften bekämpfe ich die Falschmünzerei.[113]

Karl Popper war trotz aller Enttäuschungen zutiefst durchdrungen von seinem Vertrauen in die Möglichkeit eines vernünftigen Diskurses. »Ich bin der Ansicht, dass unter Gesprächspartnern, die an der Wahrheit interessiert und bereit sind, aufeinander einzugehen, eine vernünftige Diskussion immer möglich ist.«[114]

Aus der Sicht von einigen Freunden und mir schien es 1974 völlig einleuchtend zu sein, dass Karl Popper der ideale »Hausphilosoph« für eine reformorientierte Sozialdemokratie war. So erschien 1975 der von uns herausgegebene, bereits erwähnte Sammelband *Kritischer Rationalismus und Sozialdemokratie*, für den der damalige Bundeskanzler Helmut Schmidt das Vorwort schrieb. Wir sahen darin auch ein gutes Gegenmittel gegen die damals zunehmenden marxistischen Tendenzen in der SPD. Für die weitaus meisten »Intellektuellen«, die sich in der SPD engagierten oder ihr nahestanden, waren allerdings damals die Vertreter der Frankfurter Schule wie Max Horkheimer oder Jürgen Habermas weitaus besser geeignet, »Hausphilosophen« der SPD zu sein, als dem Marxismus kritisch gegenüberstehende Anhänger des Kritischen Rationalismus. Auch die Unterstützung durch Bundeskanzler Helmut Schmidt, der in großen Teilen der SPD als »rechts« angesehen wurde, konnte den Kritischen Rationalismus in den Theoriediskussionen der SPD nicht wirklich populär machen.

Ideologische und religiöse Verzerrungen des Denkens

Wie bereits dargelegt, beschäftigte ich mich 1971 bis 1973 im Rahmen der Arbeit an meiner Dissertation intensiv mit Fragen der Erkenntnistheorie und stieß dabei alsbald auf die Philosophie des von Karl Popper geprägten Kritischen Rationalismus. Diese stand als erkenntnistheoretische und philosophische Denkrichtung nicht isoliert in meiner geistigen Welt. Ich stellte die Verbindung zu meinen vorhandenen Kenntnissen in der griechischen Philosophie, dem Christentum, der Aufklärung und dem Marxismus her. Das machte mich zwar nicht zum Philosophen, aber die dadurch bewirkte stabile Verankerung in einem erkenntnistheoretischen Gerüst hat mir in den vergangenen Jahrzehnten sowohl beruflich als auch generell bei meiner geistigen Orientierung in der Welt sehr geholfen:

- Wo immer ich auf ein geistiges Problem oder eine tatsächliche Problemlage im Beruf stieß, machte ich mich eifrig an die Bildung von Hypothesen, die ich aus theoretischen Überlegungen ableitete oder durch diese zu untermauern suchte.
- In Zusammenhang damit überprüfte ich die Informationslage, und meine Hypothesen halfen mir und meinen Mitarbeitern, Informationen gezielt zu suchen und auszuwerten.
- Auf dieser Grundlage verwarf ich Hypothesen oder entwickelte sie weiter und baute dabei die Informationssuche stets gezielt ein.

Auf diese Weise kam ich in vielen Fällen überraschend schnell voran, und mein beruflicher Erfolg wurde durch die (vom Kritischen Rationalismus geprägte) Methodik meines Vorgehens maßgeblich bestimmt. So schrieb ich im Berufsleben auch Strategiepapiere. Die Entwürfe von Konzeptionen und die Recherchen zu meinen Büchern entstanden ebenfalls aus dem Wechselspiel von Hypothesenbildung und empirischer Kontrolle.

Ähnliche Verfahren liegen der gesamten empirischen Forschung zugrunde, soweit sie erfolgreich ist, und ihre systematische Anwendung hat den ständigen Erkenntnisgewinn der naturwissenschaftlichen Forschung ermöglicht.

Wie bereits dargelegt, sind die grundsätzlichen Verfahren der Erkenntnisgewinnung zwischen Naturwissenschaften und Sozialwissenschaften nicht prinzipiell unterschiedlich. Wo Menschen und andere Lebewesen betroffen sind, spielen natürlich immer auch moralische Fragen eine Rolle. Unser Erkenntnisinteresse ist subjektiv geprägt, und die moralischen Einstellungen, die wir bei unserem Blick auf die Welt anwenden, sind es auch. Das steht aber weder der Möglichkeit noch der Notwendigkeit möglichst objektiver Erkenntnis im Weg. Aus den dargestellten Gründen sind Erkenntnisse oft unsicher und bei komplexeren Fragestellungen selten endgültig. Die fehlende Sicherheit ist aber kein Hindernis für die Suche nach der bestmöglichen Wahrheit.

Unsere Fragen an die Welt können von unendlicher Vielfalt sein. Wir bringen uns um Erkenntnismöglichkeiten, wenn wir unsere

Fragen an die Welt durch religiös, ideologisch oder anderweitig bestimmte Tabus einschränken. Solche Tabus gab es über den größten Teil der Menschheitsgeschichte:

- Noch vor 500 Jahren galt in Europa: Wer von den Glaubenslehren der katholischen Kirche auch nur in unbedeutenden Details abwich, war in großer Gefahr, als Ketzer auf dem Scheiterhaufen qualvoll verbrannt zu werden.
- Und noch vor 50 Jahren galt in China: Wer nicht besinnungslos die Mao-Bibel schwang, konnte die Verbannung aufs Land, den Tod oder Schlimmeres erleiden.
- Gegenwärtig gilt in Russland: Wer die Meinung äußert, dass es eine ukrainische Nation gibt und das Existenzrecht dieses Landes bekräftigt, muss mit 15 Jahren Gefängnis und Arbeitslager rechnen.
- In vielen Teilen der Welt herrschen heute noch ähnliche Zustände. Man denke nur an die Herrschaft der Taliban in Afghanistan.

Verglichen damit sind wir im westlichen Abendland unvergleichlich frei. Aber auch hier gibt es immer wieder Tendenzen – und sie haben in den letzten Jahrzehnten eher zugenommen –, geistige Freiheiten beim Blick auf die Welt und bei Fragen an diese einzuengen.

Wie ich bereits beschrieb, wurde mir das bei den Debatten um einige meiner Bücher klar. Es ist völlig akzeptabel und unvermeidlich, dass politische, religiöse und auch ideologische Einstellungen den Blick auf Sachverhalte prägen, sodass derselbe Sachverhalt unterschiedlich bewertet wird. Unterschiedliche Menschen können einen unterschiedlichen Blick auf die Welt haben. Sobald aber Unterschiede des Blickwinkels im Übermaß in religiöse Glaubensfragen oder (was nahezu dasselbe ist) in eine Lenkung durch ideologische Scheuklappen abgleiten, können sich Verzerrungen ergeben, die es den Betroffenen erschweren oder unmöglich machen, die fraglichen Sachverhalte in ihrer Tatsächlichkeit zu sehen, angemessen einzuordnen und entsprechend zu bewerten. Solche Verzerrungen können sich aus einer in besonderem Maß religiös geprägten Weltsicht oder aus linken und rechten ideologischen Mustern ergeben. Im weiteren

Verlauf des Buches nehme ich mir ganz unterschiedliche, durchweg kontroverse Sachverhalte vor und untersuche, wie die Sichtweisen auf dieselben durch religiöse, linksideologische oder rechtsideologische Verzerrungen geprägt werden.

In Vorbereitung darauf diente Kapitel 1 dazu, dem Leser meinen eigenen, durchaus subjektiven Blick auf die Welt näherzubringen, ohne dass er ihn teilen muss. Kapitel 2 diente dazu, den erkenntnistheoretischen Ausgangspunkt meiner Analysen genauer abzustecken.

Richtiges und falsches Denken

Es gibt grundsätzlich drei Wege, zu Erkenntnissen über die Wirklichkeit zu gelangen:

- Ich versuche, mein Weltbild zu bestätigen, indem ich für das Gebäude von Werten und Prioritäten, aus dem heraus ich denke und agiere, gezielt nach jenen Fakten suche, die dieses scheinbar untermauern.
- Ich kann versuchen, über einen Sachverhalt möglichst viele Fakten zu sammeln und darauf hoffen, dass mir bei der Sammlung eine innere Erleuchtung kommt, wie diese innerlich zusammenhängen, sodass ich sie kausal erklären kann.
- Ich kann Hypothesen über die Wirklichkeit bilden und versuchen, diese empirisch zu überprüfen, indem ich mich um ihre Widerlegung bemühe.

Letzteres ist der methodisch richtige Weg des Erkenntnisfortschritts. Mental gesehen, laufen aber alle drei Elemente immer wieder ineinander und sind im Prozess der Erkenntnisgewinnung und Meinungsbildung nur schwer voneinander zu trennen. Entscheidend ist, dass ich möglichst frei von Vorurteilen nach *Wahrheit* suche und mir stets klar darüber bin, dass Erkenntnis niemals gänzlich sicher ist, sondern grundsätzlich durch die Wirklichkeit widerlegt werden kann beziehungsweise in einer allgemeineren Erkenntnis aufgeht.

Potenziell falsch und zudem gefährlich wird das eigene Denken dann, wenn es davon ausgeht, bereits im Besitz der Wahrheit zu sein. Dann wächst die Neigung, Sachverhalte und Gedanken zu übergehen oder gar zu unterdrücken, die dieser »sicheren« Wahrheit zu widersprechen scheinen. Diese Neigung ist besonders groß und gefährlich, wenn die angeblich sichere Wahrheit, auf die man sich beruft, moralischen, religiösen oder ideologischen Charakter hat.

Im politischen Bereich wird so aus »linker« Perspektive eine wirklichkeitsorientierte Sicht auf einen Sachverhalt gern als rechts, rechtsradikal oder rechtspopulistisch, eine linksideologisch verzerrte Sicht wird hingegen als das »Normale« definiert. Analoge Mechanismen gibt es auf der Seite »rechten« ideologischen Denkens oder bei strikt religiös bedingten Sichtweisen. Dann wird es schnell zu einer moralischen Frage stilisiert, in welche Ecken einer verstaubten geistigen Rumpelkammer der forschende Blick überhaupt seinen Scheinwerfer richten darf und in welche nicht.

Solche Einstellungen wirken hemmend auf den Erkenntnisfortschritt. Sie können sogar erkenntnis- und wissenschaftsfeindlich sein. Alle Fragen müssen möglich sein. Die Antworten müssen empirisch überprüfbar sein. Die Kritik an den Antworten darf die Frage nicht ausklammern ob und in welchem Grad sie sachlich zutreffen. Das heißt, sie darf sich nicht darauf beschränken, die Antwort wahlweise als unerwünscht, unmoralisch oder politisch inkorrekt darzustellen.

Die geistigen Ausgangspunkte für die Versuche, das freie Denken in einer offenen Gesellschaft einzuschränken, zu lenken oder überhaupt die offene Gesellschaft abzuschaffen, sind vielfältig und historisch wandelbar. Sie waren und sind oft religiös oder ideologisch motiviert; dazu einige Beispiel aus Geschichte und Gegenwart:

– Als das Christentum in der römischen Spätantike zur Staatsreligion wurde, dauerte es nur noch einige Jahrzehnte, bis nicht christliche »heidnische« Kulte verboten wurden und die Philosophenschule in Athen geschlossen wurde. Es dauerte 1000 Jahre, bis die so verordnete geistige Dunkelheit sich mit dem Zeitalter der Renaissance und darauf aufbauend der abendländischen Aufklärung allmählich wieder lichtete.

- Im 20. Jahrhundert versuchten kommunistische Diktaturen, in Bezug auf Politik und Sozialwissenschaften jedwedes Denken über gesellschaftliche Zusammenhänge zu verhindern, das nicht den Marxismus-Leninismus als Grundlage hatte.
- Die nationalsozialistische Herrschaft machte den ethnischen Rassismus zum Dreh- und Angelpunkt ihrer Ideologie. Dies war die geistige Grundlage von Euthanasie, Holocaust und willkürlichen Eroberungskriegen.
- In der Gegenwart wirft der religiöse und politische Islamismus große Teile des islamischen Kulturkreises und zahlreiche ihm zugehörige Staaten in ein geistiges und kulturelles Gefängnis, das von Frauenrechten bis zum Bildungssystem den Fortschritt behindert und Freiheiten stutzt.
- In China findet gegenwärtig ein historisch beispielloser Großversuch statt, in dem die Ordnungselemente einer kapitalistischen Marktwirtschaft mit den Denkbeschränkungen einer marxistischen und nationalistischen Staatsideologie verbunden werden sollen.
- In Russland macht sich unter Putins Diktatur ein kruder Nationalismus mit faschistischen Zügen breit, der Andersdenkende mit Gefängnis bedroht und zum Großreich der Zaren zurückmöchte.
- In Westeuropa und Nordamerika gibt es eine wachsende Tendenz, Dichter, Denker, Verlage oder politische Parteien bereits deshalb aus dem gesellschaftlichen und politischen Diskurs auszuschließen, weil sie als »rechts« gelten.[115]

Nahezu immer geht es bei der Einschränkung freien Denkens oder bei der Ächtung bestimmter Fragestellungen und Denkstile darum, Fragen von Wahrheit und Geltung nach hinten zu stellen und Fragen der erwünschten beziehungsweise abzulehnenden Gesinnung nach vorne zu rücken. Diese Tendenz hat auch in Deutschland eindeutig zugenommen. Eine besonders abstoßende Einfärbung erfährt sie durch einen wachsenden Druck auf die Veranstalter der Buchmessen in Frankfurt und Leipzig, »rechte« Verlage nicht mehr auf den Buchmessen zuzulassen. Bloß wer soll das Zensurbüro für die Teilnahme an einer öffentlichen Messe sein, wenn der betreffende Verlag in der freiheitlich-demokratischen Grundordnung publizieren darf? Wo gibt es ein natürliches Ende, wenn man einmal mit administrativen Zensurmaßnahmen begonnen hat?[116]

Der modisch gewordene »Kampf gegen rechts«, dem in Medien und Politik kein vergleichsweise emotional geführter »Kampf gegen links« gegenübersteht, verkürzt das politische Meinungsspektrum und verdunkelt die Tatsache, dass Extremisten aller Couleur gleichermaßen gefährlich sind. In den Worten von Harald Martenstein:

> Rechts und links gibt es in einer gemäßigten, kompromissbereiten Variante, zum Beispiel als Konservative und Sozialdemokraten, oder als blutrünstige Unterdrückungssysteme unter Führern wie Hitler, Stalin oder Pol Pot. Gemäßigt Linke und gemäßigte Rechte, zum Beispiel der Deutsche Olaf Scholz und der Brite Boris Johnson, haben bei allen Unterschieden viel mehr miteinander gemeinsam als mit den Extremisten von links oder rechts. Für die Bewohner eines Staates ist die Frage, ob sie von Moderaten oder von Radikalen regiert werden, wichtiger als die Frage nach links oder rechts.[117]

Leider haben sich in den entwickelten Ländern des Westens seit den Sechzigerjahren des vergangenen Jahrhunderts einige geistige Strömungen entwickelt, die die geistige Offenheit der Gesellschaft tatsächlich bedrohen, auch wenn das möglicherweise nicht in der Absicht der geistigen Väter solcher Strömungen lag oder liegt. Immer geht es hier auch um Fragen des Maßes und der Übertreibung. Wenn heute Themen wie Islam und Migration kaum noch öffentlich diskutiert werden können, hat das auch damit zu tun, dass Besorgnisse aus der liberal-konservativen Mitte der Gesellschaft als »rechts« abqualifiziert und auf diese Weise ihrer Legitimität beraubt werden.[118]

Political Correctness

Der Ausdruck Political Correctness kam in den USA in den Achtzigerjahren in Gebrauch. Er zielte auf das Recht von Ethnien, sozialen Gruppen und Minderheiten aller Art, mit Benennungen ihrer Wahl angesprochen zu werden. Als Problem erwies sich mit der Zeit, dass Benennungen allein am Sachverhalt nichts ändern.

So war es sicherlich richtig, dass die pejorativ verwendete Bezeichnung »Nigger« für die Schwarzen in den USA geächtet wurde und aus dem seriösen Sprachgebrauch verschwand. Dass das neutrale Wort »Negro« in der Folge auch geächtet wurde und mittlerweile nicht mehr benutzt wird, entbehrte bereits der Logik. Stattdessen wurde »Black« modern. Dieses wird aber mittlerweile auch von vielen abgelehnt, so kam man mit »African American« auf eine Lösung, die zudem schwarze Amerikaner von afrikanischen Schwarzen unterscheidet. Seit einigen Jahren ist gern die Rede von »People of Color«. Dies ist nun allerdings wiederum so unscharf, dass unklar ist, ob darunter zum Beispiel auch Inder oder etwas dunkler aussehende Menschen aus Süd- und Mittelamerika fallen. So ist es jetzt zu einer neuen Mode geworden, »BPoC« zu schreiben, wenn man amerikanische Schwarze meint.[119]

Der Kampf um Bezeichnungen hat leider keinen erkennbaren Beitrag dazu geleistet, dass die Probleme vieler schwarzer Menschen in den USA – Bildung, Kriminalität, Einkommen, Arbeitslosigkeit, Lebenserwartung – einer Lösung näher gerückt wären.

In Deutschland wurde die Berliner Mohrenstraße ein Opfer der politischen Korrektheit. Sie wurde ebenso umbenannt wie viele Mohren-Apotheken in Deutschland. Es gibt beim Bäcker keine Mohrenköpfe mehr, und auch der Sarotti-Mohr hat seine Schuldigkeit getan. Fast hat man den Eindruck, dass sich die weißen Deutschen für den Umstand schämen, dass Menschen afrikanischer Herkunft eine schwarze Hautfarbe haben. Deshalb soll dieser Umstand nicht mehr benannt werden. Dabei ist die Hautfarbe der Afrikaner nicht mehr und nicht weniger problematisch als der Umstand, dass ethnische Schweden überwiegend blond und blauäugig sind.

Das Streben nach politischer Korrektheit im sprachlichen Ausdruck ist am Ende grenzenlos und droht jene Freiheit der Sprache zu ersticken, die – solange sie unter der Schwelle der Beleidigung bleibt –, zu einer offenen Gesellschaft unabdingbar dazugehört. So möchte der Musikethnologe und Rassismus-Forscher Nepomuk Riva den Bestand der deutschen Kinderlieder um alle Lieder bereinigen, in denen es um Nichtweiße geht. Er findet, das passe nicht zu einer Einwanderungsgesellschaft. Bei diesen Liedern könne durch gemeinsames Singen Gewalt entstehen. Statt auf Deutsch über Fremde zu singen, sollten die Kinder doch lieber Kinderlieder in anderen Sprachen singen.[120] Verfolgt man diesen Gedankengang weiter, so ist es eigentlich folgerichtig, dass Nichtfriesen das Erzählen von Ostfriesenwitzen und Nichtsachsen das Bespötteln des sächsischen Dialekts untersagt wird.

Die von politischer Korrektheit ausgehende Umbenennungswut (vom Zigeunerschnitzel habe ich jetzt geschwiegen) ist oft lästig, bisweilen lächerlich und zumeist harmlos. Es bleibt ein richtiges Ziel, dass niemand – kein Mann, keine Frau, kein Angehöriger einer ethnischen Gruppe, kein geistig oder körperlich Behinderter und niemand mit einer bestimmten sexuellen Präferenz – durch die Art seiner Benennung gekränkt oder herabgesetzt werden soll. Man muss sich nur darüber im Klaren sein, dass Benennungen an den Problemen von Ungleichheit und ihren Ursachen nur sehr begrenzt etwas ändern können.

Auch gibt es zwei Risiken: Wenn wir es mit der politischen Korrektheit übertreiben, beschädigen wir die Sprache als Kommunikationsinstrument und nähren außerdem die Illusion, dass Benennungen die Wirklichkeit verändern können – was leider nicht der Fall ist.

Cancel Culture

Der Ausdruck Cancel Culture entstand vor einigen Jahren in den USA. Er bezeichnet eine Tendenz, Personen mit missliebigen Meinungen möglichst keine Bühne zu geben. Mittlerweile wird Cancel

Culture überall in der westlichen Welt zu einer Bedrohung der Meinungsfreiheit, weil sie einschüchternd wirkt und zudem Opportunisten und Mitläufer auf den Plan ruft.

Ein frühes Beispiel von Cancel Culture waren die Aktionen des Nationalsozialistischen Studentenbundes im Umfeld der Machtergreifung durch die Nationalsozialisten, mit denen missliebige Dozenten, vor allem jüdische Professoren, in ihren Vorlesungen bedroht und behindert wurden. Auch die große vom Nationalsozialistischen Studentenbund im Mai 1933 organisierte Verbrennung unerwünschter Bücher auf dem Platz vor der Berliner Universität kann als ein frühes Beispiel von Cancel Culture angesehen werden. In den späten Sechziger- und frühen Siebzigerjahren störten und verhinderten in der Bundesrepublik immer wieder linksradikale Studenten die Vorlesungen von Professoren, die nicht ihrer Ideologie entsprachen. Die Hochschulleitungen knickten dabei häufig opportunistisch ein.

In den USA waren der Intelligenzforscher Arthur Jensen und der Soziobiologe Edward O. Wilson in den Siebzigerjahren heftigsten Anfeindungen und teils gewalttätigen Störungen ihrer Vorlesungen ausgesetzt, weil ihre Forschungsergebnisse den ideologischen Rastern ihrer Gegner widersprachen. Nachdem der Schriftsteller Martin Walser 1998 in seiner Dankesrede beim Friedenspreis des Deutschen Buchhandels von der moralischen »Auschwitz-Keule« gesprochen hatte, konnte er viele Jahre an deutschen Universitäten wegen gewalttätiger Aktionen nicht mehr auftreten.

Ich selbst kam mit der Cancel Culture erstmals im Sommer 2010, noch als Mitglied des Vorstands der Deutschen Bundesbank, in praktische Verbindung: An der TU Berlin sagte der damalige Präsident Jörg Steinbach einen Vortrag von mir zu finanzpolitischen Fragen ab, weil der ASTA mit Störungen gedroht hatte. Anlass der Drohungen war ein umstrittenes Interview von mir in der Zeitschrift *Lettre International* vom Herbst 2009, das mit finanzpolitischen Fragen gar nichts zu tun hatte. Seitdem kam es sehr häufig vor, dass Veranstaltungsorte, an denen ich auftrat, angegriffen, oft auch beschmiert oder die Fenster eingeschlagen wurden. Regelmäßig konnten meine Veranstaltungen nur unter Polizeischutz erfolgen. Meist handelte es sich um linksautonome Gruppen, aber auch Jusos waren dabei. Einen Höhepunkt entsprechender Aktivitäten gab es, als der Siegener Philosophieprofessor Dieter Schönecker »linke« und »rechte« Denker, darunter auch mich, im Januar 2019 in sein philosophisches Seminar einlud. Im Vorfeld konnte ich das Agieren einer opportunistischen Hochschulleitung beobachten, und der Veranstalter konnte am Ende ernsthafte Zweifel an der Meinungsfreiheit in Deutschland kaum noch verhehlen. Die Erfahrungen, die ich schon seit einem Jahrzehnt gemacht hatte, waren ihm neu.

Von dem mit der Cancel Culture verbundenen Einschüchterungspotenzial bekommt man nach meiner festen Überzeugung nur die Spitze des Eisbergs mit. Das gilt gleichermaßen für Deutschland, Frankreich, die USA und Großbritannien: Standpunkte, die das eigene Weltbild gefährden könnten, will man nicht zur Kenntnis nehmen. Wissenschaftler mit ungeliebten Standpunkten werden an Vorträgen gehindert, ihre Vorlesungen werden gestört, ihre akademischen Karrieren gefährdet oder zerstört. Möglich ist die Cancel Culture selbstverständlich vor allem in den Geisteswissenschaften. Mehr als 150 prominente Schriftsteller und Wissenschaftler aus den USA und Großbritannien geißelten diese Entwicklung im Juli 2020 in einem offenen Brief:

> Editors are fired for running controversial pieces; books are withdrawn for alleged inauthenticity; journalists are barred from writing on certain topics; professors are investigated for quoting works of literature in class; a researcher is fired for circulating a peer-reviewed academic study; and the heads of organizations are ousted for what are sometimes just clumsy mistakes. Whatever the arguments around each particular incident, the result has been to steadily narrow the boundaries of what can be said without the threat of reprisal. We are already paying the price in greater risk aversion among writers, artists, and journalists who fear for their livelihoods if they depart from the consensus, or even lack sufficient zeal in agreement.[121]

Der amerikanische Kognitionsforscher und Psychologe Steven Pinker weist darauf hin, dass für die gesellschaftliche Rationalität in einer offenen Gesellschaft das Vertrauen eine kostbare Ressource ist:

> Since no one can know everything, and most people know almost nothing, rationality consists of outsourcing knowledge to institutions that specialize in creating and sharing it, primarily academia, public and private research units, and the press.

Mit Sorge sieht er, dass in den USA das gesellschaftliche Vertrauen in die Universitäten sinkt:

> A major reason for the mistrust is the universities suffocating left wing monostructure, with its punishment of students and professors who question dogmas on gender, race, culture, genetics, colonialism, and sexual identity and orientation. Universities have turned themselves into laughingstocks for their assaults on common sense. (…) On several occasions correspondents have asked me, why they should trust the scientific consensus on climate change, since it comes out of institutions that brook no dissent.[122]

Die Tendenzen an amerikanischen Universitäten sind auch nach Europa übergeschwappt. In Deutschland hat sich im September 2020 als Reaktion auf die Entwicklungen an den deutschen Hochschulen ein »Netzwerk Wissenschaftsfreiheit« gebildet, dem mittlerweile (Stand September 2021) 600 Professoren aller Fachrichtungen angehören. Im Manifest des Netzwerks heißt es:

> Wir beobachten, dass die verfassungsrechtlich verbürgte Freiheit von Forschung und Lehre zunehmend unter moralischen und politischen Vorbehalt gestellt werden soll. Wir müssen vermehrt Versuche zur Kenntnis nehmen, der Freiheit von Forschung und Lehre wissenschaftsfremde Grenzen schon im Vorfeld der Schranken des geltenden Rechts zu setzen. Einzelne beanspru-

chen vor dem Hintergrund ihrer Weltanschauung und ihrer politischen Ziele, festlegen zu können, welche Fragestellungen, Themen und Argumente verwerflich sind. Damit wird der Versuch unternommen, Forschung und Lehre weltanschaulich zu normieren und politisch zu instrumentalisieren. Wer nicht mitspielt, muss damit rechnen, diskreditiert zu werden. Auf diese Weise wird ein Konformitätsdruck erzeugt, der immer häufiger dazu führt, wissenschaftliche Debatten im Keim zu ersticken.

Hochschulangehörige werden erheblichem Druck ausgesetzt, sich bei der Wahrnehmung ihrer Forschungs- und Lehrfreiheit moralischen, politischen und ideologischen Beschränkungen und Vorgaben zu unterwerfen: Sowohl Hochschulangehörige als auch externe Aktivisten skandalisieren die Einladung missliebiger Gastredner, um Druck auf die einladenden Kolleginnen und Kollegen sowie die Leitungsebenen auszuüben. Zudem wird versucht, Forschungsprojekte, die mit den weltanschaulichen Vorstellungen nicht konform gehen, zu verhindern und die Publikation entsprechend missliebiger Ergebnisse zu unterbinden. Von besonderer Bedeutung sind dabei die mittelbaren Wirkungen dieser Druckmaßnahmen: Sie senden das Signal, dass man auf den ›umstrittenen‹ Gebrauch seiner Forschungs- und Lehrfreiheit künftig besser verzichte. Die Etikettierung als »umstritten« stellt dabei den ersten Schritt der Ausgrenzung dar.

Wir beobachten damit die Entstehung eines Umfelds, das dazu führt, dass Hochschulangehörige ihre Forschungs- und Lehrfreiheit selbst beschränken, weil sie antizipieren, mit Äußerungen, Themenstellungen oder Veranstaltungen als Person diskreditiert zu werden. Solche präventiven Einschränkungen erfolgen vor allem dann, wenn die Betroffenen die Erfahrung gemacht haben, dass denjenigen, die ins Visier des ideologischen Aktivismus geraten, wegen des Risikos, selbst zur Zielscheibe zu werden, niemand beispringt.[123]

Der Rechtswissenschaftler Martin Nettesheim spricht von einer »Refeudalisierung der Diskussion: Wer hat die Macht, etwas zu sagen, und wer nicht? Zudem erfolgt eine Moralisierung. (...) Wissenschaft und Politik werden so unzulässig vermengt.«[124] Auch der Deutsche Hochschulverband verzeichnet eine signifikante Häufung von Fällen, in denen sich Wissenschaftler in ihrer Freiheit eingeengt fühlen, und zwar durch Zensurmechanismen im Wissenschaftssystem selbst. Der Staat dagegen gibt sich seltsam unbeteiligt, lenkt allerdings das ihm Genehme am goldenen Zügel. Wissenschaftler brauchen staatlich finanzierte Planstellen, sie möchten gerne vorankommen im Wissenschaftsbetrieb, und so werden bei vielen von ihnen die Zensurscheren im Kopf immer länger.[125]

Der Politologe Peter Graf Kielmansegg diagnostiziert einen wachsenden Konformitätsdruck. Er zieht eine Parallele zu den Beobachtungen des französischen Politikwissenschaftlers Alexis de Tocqueville in den USA des 19. Jahrhunderts über den Druck der Mehrheit auf die Minderheit. Neu an der heutigen Situation ist aber, dass bei ganz unterschiedlichen Themen immer wieder meinungsstarke intolerante Minderheiten einen Druck auf die Mehrheit ausüben – mit dem Ziel, abweichende Meinungen moralisch zu disqualifizieren und die Diskursherrschaft zu erlangen.[126] Dazu passt die Forderung der »Forschungsstelle für interkulturelle Studien der Universität zu Köln«, bei »diskriminierenden und menschenverachtenden Äußerungen« Grenzen der Forschungsfreiheit zu setzen und zum Beispiel Aussagen zu untersagen wie »Der Islam gehört nicht zu Deutschland« oder »Das Kopftuch ist ein Zeichen der Unterdrückung«.[127] Der Siegener Philosoph Dieter Schönecker meinte dazu: »Wer den Studenten vermitteln will, dass man solche Aussagen nicht einmal diskutieren darf, darf sich nicht wundern, eine Generation von linken Studenten heranzuziehen, die, wie es scheint, nicht mehr weit davon entfernt sind, Bücher, die nicht in das eigene Weltbild passen, auf den Scheiterhaufen zu werfen.«[128]

In der Villa Medici in Rom wurden die berühmten Wandteppiche »Tentures des Indes« aus dem 18. Jahrhundert, die Ludwig XV. in die Ewige Stadt geschickt hatte, auf Veranlassung der französischen Akademie abgehängt, weil linksgewirkte Stipendiaten des französischen Staates sich an den kolonialen Motiven störten. Derweilen kursiert in vielen geisteswissenschaftlichen Fakultäten Frankreichs ein linkes Denken, das zum islamischen Terrorismus ein komplizenhaftes Verhältnis aufgebaut hat. Professoren, die sich dazu kritisch verhalten, werden gemobbt und der Islamophobie bezichtigt, während sich die französische Politik zu diesen Fehlentwicklungen mitsamt ihren Auswüchsen hilflos verhält.[129]

Zur Cancel Culture gehören auch Auswüchse einer ins Maßlose gesteigerten Rassismusdebatte und die Extreme einer Genderideologie, die Grundtatsachen der menschlichen Biologie leugnet und ihre Aggressionen gegen jene richtet, die das so nicht mitmachen.

Auch J. K. Rowling, bekannt geworden durch ihre *Harry-Potter*-Romane und mit 500 Millionen verkauften Büchern die erfolgreichste britische Schriftstellerin der Gegenwart, unterzeichnete den Brief der 150. Sie wurde im September 2020 Opfer eines Internet-Mobbings mit inszenierter Bücherverbrennung und fingierter Schändung ihres Grabes, weil sie eine Trans-Feindin sei. In ihrem jüngsten Kriminalroman tritt nämlich ein Transvestit als Serienmörder auf, und sie hatte in einem Aufsatz darauf bestanden, dass es zwei klar unterscheidbare biologische Geschlechter gibt.

Die Geschichte wird über die Cancel Culture hinweggehen. Sie hat zwar viel Schaden angerichtet und wird das noch für einige Zeit tun. Aber letztlich rennen radikale Geisteswissenschaftler vergeblich gegen ihre eigene Ohnmacht an: Der Erkenntniszuwachs in den Informationstechnologien, der Automatisierung, der Medizin, der Genetik, den Naturwissenschaften geht, während die Cancel Culture wütet, ungebremst weiter und treibt die Gesellschaft fortwährend in neue, unbekannte Gefilde. Der technische Fortschritt kann wegen des internationalen Forschungszusammenhangs, der bis nach China reicht, und wegen der Wettbewerbsfähigkeit der eigenen Volkswirtschaft auch durch die Cancel Culture nicht dauerhaft behindert werden. Für die durch das technische Wissen getriebene Entwicklung der menschlichen Gesellschaft und ihr Verhältnis zur Cancel Culture gilt das beliebte arabische Sprichwort: »Die Hunde bellen, und die Karawane zieht weiter.«

Anfang Oktober 2021 fuhr ich an einem Samstagmorgen mit dem ICE von Berlin nach Essen. Im mäßig besetzten Zug waren neben einigen Kindern dem Anschein nach zu 99 Prozent Männer und Frauen unterschiedlichen Alters. Der Schaffner, der meine Kaffeebestellung aufnahm, freute sich, mich nach längerer Pause wieder in einem Zug zu sehen. Obwohl das Wetter trocken und sturmfrei war, kündigte der Zugchef eine Verspätung wegen Signalausfalls an (die sich dann mit einigen anderen Verspätungsereignissen bis Essen auf eine Stunde addierte). Er sprach die »geehrten Fahrgäste« an, und der Schaffner informierte mich darüber, dass die Ansprache mit »Sehr geehrte Damen und Herren« kürzlich generell für den Kundenkontakt der Bahn untersagt worden sei. Wir schüttelten beide den Kopf: Die Pünktlichkeit und die Qualität des Bahntransports hatten sich in den letzten Jahren kontinuierlich verschlechtert – darüber waren wir uns einig, und das Bahnmanagement konzentrierte sich auf gendergerechte Kundenansprache anstatt auf kundengerechte Pünktlichkeit.

Rund 99 Prozent der Menschen werden mit einer biologisch eindeutigen Zuordnung zum männlichen oder weiblichen Geschlecht geboren. Die gesamte Existenz des Menschengeschlechts hängt wie bei allen Lebewesen mit sexueller Fortpflanzung an der Unterscheidung von männlich und weiblich. Dass sexuelle Präferenzen sich bei kleinen Minderheiten nicht nach diesem Muster ordnen, ist eine biologische Grundtatsache, und dass homosexuelle Neigungen nicht mehr moralisch geächtet werden, ist ein kultureller Fortschritt. Ebenso ist es ein kultureller Fortschritt, dass zumindest in den westlichen Demokratien Männer und Frauen sowie jene extrem kleine Minderheit, deren biologisches Geschlecht nicht eindeutig ist, in jeder Beziehung gleiche Rechte haben und ihr Leben in jeder Beziehung nach ihren eigenen Wünschen gestalten können.

Das darf aber kein Anlass sein, gegenüber den Gefühlen, Bedürfnissen und sprachlichen Gewohnheiten der Mehrheit übergriffig zu werden, etwa durch entsprechende sprachliche Vorgaben. Sprache ist ein kulturelles Produkt und als solches auch lebendig. Der Versuch, mit einer öffentlich-rechtlichen Sprachpolizei auf das Bewusstsein und die Ausdrucksweise der Bürger einzuwirken, ist anmaßend und freiheitsfeindlich. Er wird teilweise erfolgreich sein, weil die meisten Menschen auf lange Sicht die sprachlichen Muster annehmen, die ihnen in behördlichen Texten und im Sprachgebrauch der Medien angeboten werden. Das macht solche Versuche der sprachlichen Gängelung aber nicht legitim, und es wird das Bewusstsein der Menschen genauso wenig ändern, wie früher das Verbot der Homosexualität etwas daran ändern konnte, dass Männer manchmal Männer lieben.

Postkolonialismus

Die breite Beschäftigung mit den Ursachen und Folgen der Kolonialherrschaft westlicher Länder in allen Bereichen der Geisteswissenschaften ist verständlich und auch notwendig, angesichts der starken Einflüsse, die die Kolonialherrschaft sowohl auf die Herrschenden als auch auf die Beherrschten ausübte. Aber es ist unangebracht und auch historisch falsch, dies im Raster einer moralisierenden Täter-Opfer-Beziehung abzuhandeln. Und es ist zudem sachlich falsch, die prägenden kulturellen Einflüsse, die das westliche Abendland in den kolonisierten Ländern ausübte und die bis heute nachwirken, ausschließlich oder überwiegend negativ zu sehen. So wurde der heutige Bevölkerungsreichtum der sogenannten Dritten Welt überhaupt erst durch die technische Zivilisation des westlichen Abendlandes und den mit ihr verbundenen medizinischen Fortschritt ermöglicht.

»Postkolonialismus« ist heute vielfach zu einem symbolischen Ausdruck für einen grassierenden Schuldkult in den Ländern des westlichen Abendlandes geworden, der teilweise den Blick auf die Wirklichkeit verstellt und als Vorwand dazu dient, die eigene Kultur schlechtzureden.

Jeder anständig und gerecht Denkende lehnt die Auffassung ab, dass die Hautfarbe oder die ethnische Herkunft eines Menschen über seinen Wert entscheidet. Insofern ist jede Form von biologisch begründetem Rassismus nicht nur tatsächlich unhaltbar, sondern auch moralisch verwerflich.

Daneben aber befassen sich Religionswissenschaft, Kulturwissenschaft, Soziologie und Wirtschaftswissenschaft seit jeher mit der Frage, warum sich menschliche Gesellschaften so unterschiedlich entwickeln und wie dabei das Zusammenspiel unterschiedlicher Ursachen ist. Es geht auch darum, wie religiöse und kulturelle Prägungen die Mentalitäten in einer Gesellschaft und das Zusammenleben gestalten und was dies zum Beispiel für die Rolle der Geschlechter, für das Bildungsniveau einer Gesellschaft oder für deren wirtschaftlichen Erfolg bedeutet. Schließlich beobachten wir innerhalb von Gesellschaften, zwischen Gesellschaften und zwischen ethnischen und religiösen Gruppen erhebliche gruppenbezogene Unterschiede, die offenbar auch teilweise Unterschiede im Wohlstand und im Lebenserfolg erklären.

Der Vorwurf des »kulturellen Rassismus« soll generell die Untersuchung gruppenbezogener Unterschiede, die nicht in ein vorgefertigtes ideologisches Raster passen, moralisch delegitimieren. Wer gruppenbezogene Unterschiede feststellt und andere Ursachen als die Spätfolgen von Unterdrückung und Ausbeutung ermittelt, wird des »kulturellen Rassismus« beschuldigt. Damit erübrigt sich die argumentative Auseinandersetzung mit den von ihm durchgeführten oder zitierten Untersuchungen. Weite Teile des gegenwärtigen Mainstreams in Medien und Politik folgen solch einer Ausrichtung.

»Postkolonialismus«, »Genderismus«, Vorwürfe des »kulturellen Rassismus« und so weiter dienen allesamt dem Zweck, beobachtbare Unterschiede zwischen Menschengruppen tatsächlich und moralisch wegzudefinieren – beziehungsweise dort, wo diese Unterschiede schlechterdings nicht geleugnet werden können (Kriminalität, Intelligenz, geschlechtsbezogene Unterschiede), denen die Schuld zu geben, die sie untersuchen, beziehungsweise generell den »Weißen«, den »Männern« oder (modische Überhöhung) den »alten weißen Männern«.

Ideologisches Denken prägt die Sicht auf die sozialen und gesellschaftlichen Verhältnisse. Es prägt aber, je nachdem wer die politische und gesellschaftliche Macht ausübt, auch die tatsächliche Politik, die Gesetzgebung und die gesellschaftliche Organisation. In der gesellschaftlichen Wirklichkeit der westlichen Länder ist die tatsächliche Politik weit überwiegend von linken Denkmustern geprägt. Entsprechend erfolgt auch die überwiegende Gestaltung der gesellschaftlichen Rahmenbedingungen. »Rechte« Prägungen der tatsächlichen Verhältnisse in Gesellschaft und Politik treten demgegenüber an Bedeutung zurück und haben in der gesamten Nachkriegszeit kontinuierlich an Bedeutung verloren.

Die »Gefahr von rechts« besteht auch darin, dass sich »rechte« ideologische Prägungen mit Frustration vermischen, weil das eigene Denken in der Gesellschaft immer weniger zum Zuge kommt. Dieses Frustrationselement treibt auch den sogenannten Rechtspopulismus. Die »Gefahr von rechts« wird dagegen umso lieber beschworen und umso stärker übertrieben, je stärker in der Gesellschaft tatsächlich linke ideologische Denkmuster die Oberhand haben.

Kapitel 3
Die Ordnung der Natur – Mensch und Evolution

Je mehr man von der moralischen Überlegenheit, Alternativlosigkeit, nicht hinterfragbaren Evidenz und Dringlichkeit der eigenen Position überzeugt ist, umso weniger ist man bereit, Toleranz zu üben. Umso mehr wird die Ablehnung oder Teilung der Position von der gut/böse Dichotomie geprägt, und umso mehr treten Fragen der empirischen Evidenz und wissenschaftlichen Belastbarkeit in Bezug auf die eigene Überzeugung in den Hintergrund. Religiöses, ideologisches, linkes und rechtes Denken neigt ab einem bestimmten Intensitätsgrad zu Übertreibungen und entwickelt eine Tendenz, die Wirklichkeit zugunsten einer bestimmten Weltsicht zu verzerren. Solch ein verzerrtes Denken ist dann nicht mehr willens oder in der Lage, Aussagen über das Sein und das Sollen sauber zu trennen.

Bei der Ablehnung von Überspitzungen religiösen und ideologischen Denkens geht es nicht um die Verneinung von Weltveränderung und gesellschaftspolitischer Gestaltung, sondern darum, die Kausalitäten und inneren Zusammenhänge in der Natur, der physischen und der sozialen Welt möglichst objektiv und neutral zu betrachten, zur Kenntnis zu nehmen und auf dieser Grundlage Gestaltungsziele anzugehen. Linkes, rechtes, religiöses und ideologisches Gedankengut neigt nicht nur dazu, eine beliebige Faktenlage durch eine bestimmte Brille zu interpretieren, sondern auch dazu, die wahrgenommenen Fakten je nach den eigenen Einstellungen auszuwählen, hervorzuheben und zu unterdrücken – teils bewusst in manipulativer Absicht, teils unbewusst aufgrund der Wirkung eines emotionalen Filters.[1]

Das richtige Denken versucht, die Wirklichkeit zu ergründen, es ist im Kern wissenschaftliches Denken. Das ideologische Denken, zu dem ich auch das religiöse Denken zähle, ist tendenziell dichotomisch und gruppiert sich typischerweise um einen Gegensatz. Im Fall der Religion ist dies »gut und böse«, im Fall linken Denkens der Klassengegensatz beziehungsweise »arm und reich« und alle Quellen von

Ungleichheit; im Fall rechten Denkens ist dies völkisches Denken, aber auch alle Denkstile von »wir« und »die«, die nicht auf religiöse Gegensätze oder ideologisch begründete Gleichheitsfragen zurückgeführt werden können.

Der Raum des verlässlichen menschlichen Wissens wird vor allem durch die Erkenntnisse in Mathematik, Logik und den empirischen Naturwissenschaften bestimmt. Aber mit Anspruch auf die Gewinnung objektiver Erkenntnis über die Verhältnisse und ihre kausalen Zusammenhänge in Wirtschaft und Gesellschaft können selbstverständlich auch die Wirkungsweise von Religionen, psychologische Fragen, historische Entwicklungen und anderes mehr untersucht werden. Dazu müssen die Fragestellungen und die gewonnenen Erkenntnisse ihrer Logik nach empirisch überprüfbar sein, das heißt, rein logisch gesehen durch die Wirklichkeit widerlegbar sein.

Daneben muss man aber im Auge behalten, dass Religion, Geisteswissenschaften, Literatur und Kunst auch die Ebene menschlicher Gefühle ansprechen und Antworten auf Sinnfragen geben. Die dabei vermittelten oder geweckten Gefühle sind ein wichtiger Grundsachverhalt menschlichen Lebens. Sie sagen etwas aus über den Zustand der individuellen Gefühlswelt und die Einflüsse auf diese. Meine unmittelbaren Empfindungen und die aller anderen Lebewesen, die zu Empfindungen fähig sind, sind also eine unmittelbare, nicht weiter hinterfragbare Realität. Aber ihre Aussagekraft betrifft nur die Empfindungen an sich, nicht die Wirklichkeit jenseits der individuellen Empfindung. So können Angstzustände durch tatsächliche Bedrohungen, aber auch durch wahnhafte Seelenzustände ausgelöst werden. *Das Gefühl als solches, und sei es noch so real, kann also für sich genommen keine Aussage über die wirkliche Welt jenseits der individuellen Empfindung sein.* Sinnsysteme sind subjektiv, sie spiegeln das Bewusstsein, sind aber kein Reflex objektiver Wahrheiten. Dass ich eine unsterbliche Seele habe, dass ein persönlicher Gott über meinen Tageslauf wacht oder die Erde der Mittelpunkt der Welt ist – dies alles mag ich mit großer Intensität als wahr empfinden. Eine Aussage über die Wirklichkeit ist aber damit nicht verbunden.

Dazu steht nicht im Widerspruch, dass die Rolle von Sinnerfahrungen durchaus Gegenstand wissenschaftlichen Erkenntnisstrebens sein kann. Dabei geht es zum Beispiel um die Frage, ob Gesellschaften ohne den Glauben an einen gemeinsamen, objektiv geltenden Sinnzusammenhang überhaupt stabil existieren und langfristig gedeihen können.

Die Wissenschaftsjournalistin Mai Thi Nguyen-Kim hat ein lesenswertes Buch geschrieben, in dem sie große Streitfragen – über die Sicherheit von Impfungen, die Vertretbarkeit von Tierversuchen, den Zusammenhang zwischen Gewalt und Videospielen – wissenschaftlich mit dem Ziel untersucht, den sicheren Erkenntnisstand klar herauszuarbeiten und auf dieser Grundlage Fakten von Meinungen zu trennen. Zur Motivation für ihr Buch schreibt sie: »Die zunehmend verschwimmenden Grenzen zwischen Fakten und Meinungen, die Informations- und Desinformationsüberflutung in vielen Medien und die scheinbar unerklärliche Realitätsfeindlichkeit mancher Menschen (…) waren für mich tatenlos kaum auszuhalten.«[2] Für die von ihr ausgewählten Themen versucht sie, die zuverlässige Basis der gegenwärtigen wissenschaftlichen Erkenntnis so aufzubereiten und darzustellen, dass der kritische Leser zwischen Fakten und Meinungen möglichst gut unterscheiden kann und auch in die Lage versetzt wird einzuschätzen, wo unterschiedliche Meinungen auf tatsächlichen Unsicherheiten beruhen und wo es einfach um Vorurteile, Borniertheit und Realitätsverweigerung geht.

In ähnlicher Weise stelle ich bei den nachfolgend behandelten Themen zunächst in knapper Form den objektivierbaren und empirisch überprüfbaren Stand des Wissens dar. Ich spiegele den Gegenstand an religiös oder ideologisch eingefärbten Sichtweisen und zeige, wie derselbe Sachverhalt je nach ideologischer Färbung ganz unterschiedlich eingeschätzt und bewertet wird.

Geozentrismus und Universum

Nimmt man die Bibel wörtlich, so hat Gott die Welt in sechs Tagen erschaffen. Noch heute glauben die Kreationisten unter den evangelikalen Christen daran, dass die Welt vor 5000 Jahren erschaffen wurde und dass es auch keine natürliche Evolution des Lebens gibt, sondern dass Gott mittels eines intelligenten Designs alle Lebewesen so erschaffen hat, wie sie da sind und ihren Lebenszweck erfüllen.

Dagegen sind der modernen Physik zufolge die Hauptbestandteile zur Erschaffung eines Universums Masse und Energie gewesen, und Albert Einstein hat gezeigt, dass beide zwei Seiten von ein und derselben Medaille sind. Aus der heutigen physikalischen Sicht besteht das Universum aus Energie und Raum: Diese beiden wurden spontan erfunden in einem Ereignis, das wir jetzt den Urknall nennen.[3] Gemäß der geltenden physikalischen Theorie addieren sich negative und positive Energie im Universum zu null auf. Daraus folgert der Physiker Stephen Hawking:

> Was bedeutet das also für unser Bemühen herauszufinden, ob es einen Gott gibt? Ganz einfach: Wenn sich das Universum zu nichts addiert, braucht man keinen Gott, um es zu erschaffen. Das Universum ist in der absoluten Bedeutung des Wortes *umsonst*.[4]

Für Hawking und die moderne Physik treten an die Stelle Gottes die physikalischen Naturgesetze. Sie sind unveränderlich und universal. Anders als menschliche Gesetze können sie niemals gebrochen werden. In Hawkings Sicht könnte man Gott allenfalls als eine Verkörperung der Naturgesetze definieren. Aber wenn Gott nicht mehr und nichts anderes ist, braucht man ihn nicht zur Erklärung der Welt, denn dadurch wird das Unerklärliche, das in der universalen Geltung der Naturgesetze liegt, auf die Existenz Gottes verlagert, die genauso erklärt werden müsste wie eine Stufe tiefer die Existenz der Naturgesetze.[5] *Damit ist für alle praktischen Erklärungszwecke in der real existierenden Welt die Annahme der Existenz eines Gottes überflüssig, das gilt für Vergangenheit, Gegenwart und Zukunft.*

Für den Evolutionsbiologen Richard Dawkins dreht sich die ganze Argumentation »um eine berühmte Frage, auf die fast jeder denkende Mensch von selbst kommt: Wer hat Gott geschaffen? Strukturierte Komplexität ist mit einem gestaltenden Gott nicht zu erklären, denn jeder Gott, der etwas gestaltet, müsste selbst so komplex sein, dass er für sich selbst wiederum die gleiche Erklärung verlangt. Gott stellt eine unendliche Regression dar und kann uns nicht helfen, daraus zu entkommen«.[6] Auch die von gläubigen Menschen immer wieder angeführte Existenz von Gut und Böse erfordert keinen Gott. Der Gott des Alten Testaments war oft sehr boshaft, und für das Böse hat die Theologie eigens den Satan erfunden. Dawkins bemerkt kritisch: »Leute mit theologischen Neigungen sind oft unfähig, das Wahre vom Wünschenswerten zu unterscheiden.«[7]

Bereits in der griechischen Antike setzte ein allmählicher Fortschritt des wissenschaftlichen Denkens ein, der das Feld der Theologie Stück für Stück zurückdrängte. Bei der Frage des geozentrischen Weltbildes veranstaltete die katholische Kirche in den Debatten um Kepler und Galilei noch einige Rückzugsgefechte. Auch der Versuch von Teilen der christlichen Theologie, seit dem 19. Jahrhundert die Aussagen der Bibel durch Relativierung und Abschied vom Wörtlichen in die Gegenwart zu retten, führte zu immer neuen willkürlichen Abgrenzungen zwischen dem Bereich der kritischen Vernunft wissenschaftlichen Denkens und dem Bereich, in dem dann letztlich doch – mehr oder weniger begründungslos – das Dogma der christlichen Lehre herrschen soll. Hans Albert bemerkte dazu in seinem »Traktat über kritische Vernunft«:

> Es wäre also sehr merkwürdig, wenn man etwa gerade die Annahme der Existenz Gottes zum Dogma erheben wollte, wie es de facto fast immer geschieht, obwohl die Verfechter solcher Dogmen heute – das heißt: im Rahmen des modernen Weltbildes, das sie allgemein selbst in seinen wesentlichen Zügen akzeptieren wollen – nicht einmal imstande zu sein pflegen, den Sinn dieser Annahme klarzumachen.[8]

Gibt es einen Gott?

Die Frage, wie Religion und die Existenz Gottes in das moderne physikalische Weltbild passen, bleibt ungelöst. Die Existenz Gottes ist eine dogmatische Annahme, die zum Verständnis der realen Welt und aller Vorgänge in ihr keinen Erklärungsbeitrag leistet. Zudem ist die Behauptung, dass Gott existiert, ihrer logischen Struktur nach nicht überprüfbar. Aufgrund der vollständigen Entmachtung des biblischen Weltbilds durch die modernen Naturwissenschaften haben die etablierten christlichen Kirchen zumeist den Rückzug in leere Dogmen und unverbindliches Moralisieren angetreten.

Es gibt aber auch christliche Bewegungen, die daran festhalten, dass die Aussagen der Bibel trotz der krassen Widersprüche zu den modernen naturwissenschaftlichen Erkenntnissen mehr oder weniger wörtlich zu nehmen sind. Diese fundamentalistischen Richtungen des christlichen Glaubens genießen seit Jahrzehnten besonderen Zulauf und zeichnen sich zudem im westlichen Abendland durch überdurchschnittlichen Kinderreichtum aus, sodass ihr demografisches Gewicht kontinuierlich zunimmt.

In der islamischen Welt und auch unter den Muslimen im westlichen Abendland überwiegen in der Gegenwart jene Interpretationen der islamischen Religion, die die Aussagen des Korans wörtlich nehmen. Die flexible Anpassung der Glaubenssätze, die das Christentum in seinen überwiegenden Strömungen – angestoßen durch die Aufklärung – letztlich doch vornahm, ist im islamischen Kulturkreis weitgehend ausgefallen. Das führt zu einem großen Spannungspotenzial des Islam mit der Moderne und ist eine Erklärung dafür, dass gegenwärtig nahezu alle großen regionalen Konfliktzonen der Gegenwart im islamischen Kulturkreis angesiedelt sind.

Auch für die in der Tradition der Aufklärung stehenden westlichen Gesellschaften stellt das wachsende Gewicht eines konservativen Islam unter den muslimischen Bürgern Europas eine Bedrohung dar. Es ist paradox und etwas verstörend, dass gerade die europäische Linke die Problematik eines konservativen Islam weitgehend verdrängt und jene ins moralische Abseits drängen möchte, die sich damit kritisch befassen.[9] Dazu passt, dass mein islamkritisches Buch *Feindliche Übernahme* den endgültigen Anlass bot, mich aus der SPD auszuschließen. Aber generell werden alle Intellektuellen, auch jene muslimischen Glaubens, aus der linken Ecke mit Ablehnung und Herabsetzung bedacht, wenn sie sich mit dem Islam kritisch auseinandersetzen.

Die so stattfindende Versöhnung einer reaktionären Religion mit linker Ideologie gehört zu den großen Paradoxien der Gegenwart. Ein bisschen spielt dabei auch die psychologische Faustregel »Der Feind meines Feindes ist mein Freund« eine Rolle: Die Ausbreitung des Islam im westlichen Abendland trägt zur Zerstörung der bürgerlichen Gesellschaft bei, und insofern sind die zahlreichen Kinderwagen und Kopftücher muslimischer Migranten, wo immer sie sich in westlichen Städten ausbreiten, vielen Linken als ein Zeichen willkommen, dass das bürgerliche westliche Abendland dem Untergang geweiht ist.

Evolution

Kosmologische Fragen stehen den meisten Menschen, auch den Intellektuellen, geistig so fern, dass sie sich durch große Umstürze und Änderungen im physikalischen Weltbild allenfalls indirekt betroffen fühlen. Dagegen traf jene geistige Revolution, die Mitte des 19. Jahrhunderts durch Darwins Evolutionslehre ausgelöst wurde, das menschliche Selbstverständnis unmittelbar. Wenn man deren Erkenntnisse verinnerlichte und auf die eigene Weltsicht und insbesondere für den Blick auf die Gesellschaft anwandte, so konnten die Folgerungen daraus durchaus explosiv sein. Es ist deshalb kein Wunder, dass Darwins Lehre auf erhebliche emotionale Widerstände stieß und heute noch stößt.

In der islamischen Welt ist an den Schulen die Evolutionstheorie weitgehend untersagt, damit wird die Biologie ihrer modernen wissenschaftlichen Grundlagen beraubt. Auch in der eigentlich säkularen Türkei wird sie vom Lehrplan gestrichen. In der Türkei, in Ägypten, Saudi-Arabien, den Emiraten Katar und Oman gibt es Fatwas gegen diese Theorie.[10] So werden Wissenschaft und Technologie zur Geisel von Religionsgelehrten. In diesen Fällen hat die korrekte Gesinnung über die wissenschaftliche Wahrheit gesiegt. Bei der Rechthaberei der islamischen Religionsgelehrten und der damit verbundenen Unterdrückung der wissenschaftlichen Wahrheit werden in einer besonders absurden Form genau jene Muster erkennbar, die überall dort herrschen, wo das ideologische Denken beziehungsweise die »richtige« Gesinnung den Vorrang vor den Tatsachen und den empirisch beobachteten Kausalitäten beanspruchen. An dieser Parallele zeigt sich anschaulich der religiöse Charakter politischer Ideologien.

Das aufgeklärte Christentum hat mit der Evolutionstheorie ebenso wie mit der Kosmologie durch die »Zwei-Welten-Theorie« seinen Frieden gemacht. Der Preis dafür ist, dass damit die christliche Religion ihren Wahrheits- und Deutungsanspruch für die reale Welt de facto aufgegeben hat, diese logische Konsequenz aber nicht akzeptieren möchte. Konsequenter sind hier die fundamentalistischen Evangelikalen Kirchen und Sekten in den USA (und zunehmend auch in anderen Teilen der Welt). Sie halten mehr oder weniger daran fest, dass die Bibel wörtlich zu nehmen ist, und hängen dem Kreationismus an, der Vorstellung, dass die gesamte belebte und unbelebte Natur, so wie sie sich darstellt, ein bewusster Schöpfungsakt Gottes ist und dass es so etwas wie die Entwicklung des Lebens durch natürliche Selektion nicht gibt. Angesichts des naturwissenschaftlichen Wissensstandes sind alle Ideen rund um den Kreationismus natürlich ein reiner, wissenschaftlich vollständig widerlegter Aberglaube.

Die natürliche Selektion vollzieht sich in winzig kleinen, inkrementalen Schritten und wird gesteuert durch unterschiedliche Überlebens- und Reproduktionsraten bei minimal unterschiedlichem Erbgut und durch die sexuelle Selektion. Sie findet als Individual- und als Gruppenselektion statt. Auch soziale Eigenschaften und Verhaltensweisen werden durch den biologischen Ausleseprozess herausgebildet und geprägt. Selbstverständlich gilt dies auch für die Entwicklung des Menschen und seiner sozialen Natur, die die menschlichen Gesellschaften prägt.

Allerdings haben die Menschen immer eine soziale Wahl. Sie haben ja auch bei gleichen oder sehr ähnlichen biologischen Eigenschaften ganz unterschiedliche Gesellschaften hervorgebracht, die ihren Mitgliedern in unterschiedlichem Umfang Hilfestellung geben und die Schwächeren unterstützen.

Es ist wissenschaftlich legitim, das anhaltende Wirken der natürlichen Selektion auch in den menschlichen Gesellschaften der Gegenwart und in historischen Zeiträumen zu untersuchen. Sachlich unberechtigt und moralisch gefährlich ist es aber, aus der natürlichen Selektion in Bezug auf menschliche Gesellschaften ein ideologisches Konzept zu machen, das Sein und Sollen miteinander vermischt. Unter dem Stichwort »Sozialdarwinismus« gab es im späten 19. und frühen 20. Jahrhundert immer wieder Bestrebungen in diese Richtung.

Jenseits der moralischen Fragwürdigkeit solcher Bestrebungen wird damit die Pointe übersehen, die Darwin der Evolutionstheorie in Bezug auf die menschliche Gesellschaft gab. In seinem zweiten Hauptwerk *Die Abstammung des Menschen* setzte er sich auch mit den sozialen Tendenzen seiner Zeit auseinander und beschrieb 1865 die Neigung gebildeter Schichten, die Zahl ihrer Kinder zu beschränken, sodass die niedrigeren, weniger gebildeten Schichten eine höhere Geburtenrate haben. Ausgehend von dieser Beobachtung äußerte er Besorgnisse über das geistige Leistungsvermögen künftiger menschlicher Generationen:

> Wir müssen bedenken, dass der Fortschritt kein unabänderliches Gesetz ist. Es ist sehr schwer zu sagen, warum der eine zivilisierte Staat emporsteigt, sich mächtiger entfaltet und weiter ausdehnt als ein anderer, oder warum dieselbe Nation zu einer Zeit schneller fortschreitet als in einer anderen. Wir können nur nachweisen, dass es mit einer Vermehrung der Bevölkerungszahl zusammenhängt, und zwar mit der Vermehrung intellektuell und moralisch hochbegabter Menschen, und mit der Erhöhung des allgemeinen Niveaus. Die Körperbeschaffenheit scheint nur wenig Einfluss zu haben, ausgenommen soweit, als ein kräftiger Körper einen kräftigen Geist zur Folge hat.[11]

Diese Besorgnis ist absolut logisch aus seiner Theorie abgeleitet, aber natürlich hatte Darwin selber damit für künftige Debatten die Büchse der Pandora geöffnet. Darwin war das Gegenteil eines Sozialdarwinisten. Er freute sich über die sozialen Fortschritte der modernen Gesellschaft und machte sich gleichwohl Sorgen über die langfristigen Folgen der schichtspezifisch unterschiedlichen Geburtenraten. Seine Evolutionstheorie war ein Durchbruch für die biologischen Wissenschaften, auf ihr beruht das gesamte moderne Lehrgebäude der Biologie.

Dogmatisches religiöses Denken bevorzugt gegenüber der Evolutionstheorie den Aberglauben. Sozialdarwinisten dagegen übertragen das Modell der natürlichen Selektion auf die Gesellschaft, wo es allenfalls im übertragenen Sinn angewendet werden kann und zu Missverständnissen Anlass gibt.

Die Evolutionstheorie hat uns umfassend die Augen für die Entwicklung des Lebens geöffnet, und sie ist alles andere als deterministisch: Eine Kuh in Indien gibt im Durchschnitt 500–1000 Liter Milch im Jahr, in den USA dagegen 10000 Liter.[12] Durch gezielte Züchtung hat sich hier der Mensch die Gesetze der Evolution zunutze gemacht. Es gilt Darwins Erkenntnis, dass der Fortschritt kein unabänderliches Gesetz ist, es gilt aber auch, dass es in der Biologie große Gestaltungsräume gibt, die der Mensch für sich und sein Wohlergehen nutzen kann.

Intelligenz

Kognitive Fähigkeiten gibt es in der gesamten belebten Natur. Schon »bei einfachsten Lebewesen gibt es Wahrnehmung, Gedächtnis, sensorische Koordination, Bewertung, Fehlererkennung, Habituation und Lernen, Entscheidung und Kommunikation«.[13] Intelligenz ist demzufolge ein universales biologisches Phänomen, das sich im Prozess der natürlichen Evolution herausgebildet hat. So hat sich auch die Leistungsfähigkeit des menschlichen Gehirns evolutionär entwickelt, genau wie die übrigen charakterlichen und körperlichen Eigenschaften des Menschen.

Darwins Lehre stand auch am Beginn der modernen Intelligenzforschung. Francis Galton (1822–1911), ein Cousin von Charles Darwin, veröffentlichte 1869 mit dem Buch *Hereditary Genius* die erste systematische und historische Untersuchung über die Erblichkeit geistiger Eigenschaften.[14] Er entwickelte die noch heute gültigen Grundlagen der mathematischen Statistik zur Messung von Korrelationen und Bestimmtheitsmaßen und übte auch starken Einfluss auf die Arbeit des britischen Mathematikers und Psychologen Karl Pearson (1857–1936) aus. Dieser gilt zusammen mit Francis Galton als der Begründer der modernen Intelligenzforschung. Ein dritter Wegbereiter dieser Forschung, Charles Spearman (1863–1945), der ebenfalls stark von Galton beeinflusst war, untersuchte auch die Einzelkomponenten der Intelligenz. Er wies nach, dass diese miteinander korrelieren und teilweise durch eine gemeinsame Intelligenzkomponente (die er »g-factor« nannte) erklärt werden können. Bei dieser gemeinsamen Komponente ist, so seine bis heute gültige Erkenntnis, die Erblichkeit besonders ausgeprägt.[15]

Am Thema der Erblichkeit entzündete sich allerdings auch ein bis heute anhaltender, tief ins Ideologische reichender Streit um die Legitimität der Intelligenzforschung, wobei vielfach sogar die moralische Berechtigung ihrer Forschungsergebnisse selbst dort angezweifelt wurde, wo diese ganz unbestreitbar und nach einwandfreien wissenschaftlichen Standards zustande gekommen waren. Grund dafür war die politische und soziologische Interpretation ihrer Ergebnisse. Schon Charles Darwin hatte in *Die Abstammung des Menschen* anklingen lassen, dass eine je nach Intelligenzgrad unterschiedliche Fruchtbarkeit der Menschen auch negative gesellschaftliche Folgen haben könnte.

Francis Galton griff diesen Gedanken mit Verve auf und wurde zusammen mit Karl Pearson zum geistigen Vater der Eugenik. Als politisches Konzept geriet die eugenische Idee von Anfang an in eine administrative und moralische Sackgasse. Zudem wurde der Versuch, die Menschen je nach ihren ererbten Eigenschaften in wertbehaftete Kategorien einzuteilen, spätestens seit 1945 durch die mörderischen Folgen der nationalsozialistischen Rassenideologie vollends diskreditiert. Die grundsätzlich völlig berechtigte Ablehnung eugenischer Gedankengänge ändert aber nichts an der Erblichkeit menschlicher Eigenschaften, darunter auch der Intelligenz. Es wird zudem häufig übersehen, dass der anhaltende wissenschaftlich-technische Fortschritt schon gegenwärtig zu einer immer weiteren Ausbreitung eugenischer Praktiken führt.[16] Der britische Biologe und Genetiker J.B.S. Haldane verglich Karl Pearson und die frühen Intelligenzforscher, die allesamt Eugeniker waren, mit Christoph Kolumbus: Sie hatten zwar in fundamentalen Fragen unrecht – ebenso wie Kolumbus irrte, als er meinte, den Seeweg nach Indien entdeckt zu haben –, aber sie entdeckten etwas Wesentliches, nämlich dass Intelligenz überwiegend erblich ist.[17] Für die klinische Psychologin Kathryn Paige Harden muss verdeutlicht werden, wie die Wissenschaft der Erblichkeit in einem egalitären Konzept verstanden werden kann.[18]

Da es unbestreitbar ist, dass die intellektuellen Fähigkeiten des Menschen einen sehr großen Einfluss auf seine Leistungsfähigkeit und seinen Lebenserfolg haben, ging und geht die ideologisch geprägte Debatte vor allem um die Frage, welches Gewicht bei der Ausbildung der Intelligenz Sozialisation, Bildung und Erziehung im Verhältnis zu Erbfaktoren haben. So entstand ein Narrativ, das den ausgebildeten Intelligenzgrad eines Menschen mit dem Grad seiner Privilegierung durch Geburt und Herkunft in Verbindung brachte, und das befeuerte die Bemühungen, beobachtete Intelligenzunterschiede durch das Schaffen von mehr Chancengleichheit im Bildungswesen auszugleichen.

Bereits Francis Galton hatte festgestellt, dass die gemessenen Intelligenzwerte einer untersuchten Grundgesamtheit grundsätzlich einer Gauß'schen Normalverteilung in der Form einer Glockenkurve folgen. Bei einem Intelligenztest werden die ermittelten Werte so normiert, dass der ermittelte IQ die relative Position des Getesteten innerhalb der Gauß'schen Normalverteilung wiedergibt. Die eingesetzten Tests sind immer so ausgestaltet, dass sie bei einer Zufallsstichprobe aus der Grundgesamtheit stabil einen durchschnittlichen IQ von 100 ergeben.

In den letzten Jahrzehnten war allerdings zu beobachten, dass die mit normierten IQ-Tests gemessene Intelligenz von Jahrzehnt zu Jahrzehnt weltweit anzusteigen schien.[19] Dieser nach seinem Entdecker, dem Psychologen James R. Flynn benannte »Flynn-Effekt« läuft mittlerweile aus und hat sich in einigen Ländern bereits ins Negative gewendet.[20] Der Grund für den Flynn-Effekt ist, dass sich manche Intelligenzkomponenten durch Übung eher verbessern lassen als andere. Allerdings sind diese Verbesserungen endlich, und sie finden insbesondere bei jenen Komponenten der Intelligenz statt, die weniger stark durch die allgemeine Intelligenz beeinflusst werden. Der Flynn-Effekt weckte Hoffnungen, dass durch den Ausbau des Bildungswesens auch die durchschnittlich gemessene Intelligenz gesteigert werden könnte. Diese Hoffnung hat sich zumindest für die entwickelten Industrieländer nicht erfüllt. Hier ist seit einigen Jahren eher ein schleichender Rückgang der gemessenen durchschnittlichen Intelligenz zu verzeichnen.

Erblichkeit

In den letzten Jahren hat es in der DNA-Forschung erhebliche Fortschritte gegeben, und die stürmische Zunahme des genetischen Wissens hält weiter an. Einer der führenden Forscher in der Verhaltensgenetik, Robert Plomin, schreibt dazu in seinem Buch *Blueprint*, dass »die DNA-Unterschiede, die wir von unseren Eltern im Moment unser Empfängnis ererben, die konsistente, lebenslange Quelle unserer psychologischen Individualität sind – der Blueprint, der uns zu dem macht, wer wir sind«.[21] Nicht nur körperliche Eigenschaften wie Augenfarbe, Größe oder die Neigung zu bestimmten Krankheiten sind erblich, sondern auch Eigenschaften des Charakters und geistige Fähigkeiten. Dabei sind die ererbten Eigenschaften durchweg nicht auf einzelne Gene zurückzuführen, sondern auf das Zusammenwirken zahlreicher genetischer Unterschiede.

Was die tatsächliche Ausprägung von Eigenschaften angeht, spielen in jeweils unterschiedlichem Maß auch Umwelteinflüsse eine Rolle:

- Die Neigung zu bestimmten körperlichen und geistigen Erkrankungen ist erblich. Inwieweit es zu Krankheitsausbrüchen kommt und wie schwerwiegend diese sind, hängt auch von Umwelteinflüssen ab. So sollte man bei bestimmten psychischen Dispositionen negativen Stress vermeiden, um das Erkrankungsrisiko zu senken. Wer zu Übergewicht oder Arterienverkalkung neigt, sollte besonderen Wert auf gesunde Ernährung und ausreichende Bewegung legen.
- Einige Faktoren – wie die Augenfarbe oder bei Männern die Neigung zum Haarausfall – können überhaupt nicht gesteuert werden. Bei der Körpergröße spielt die Art der Ernährung in Kindheit und Jugend eine Rolle, bei gleicher Ernährung ist die Körpergröße vollständig erblich.
- Das menschliche Temperament ist weitgehend erblich, seine Erscheinungsformen werden auch durch das kulturelle und familiäre Umfeld beeinflusst.
- Die geistige Leistungsfähigkeit eines Menschen wird nicht nur durch seine Intelligenz, sondern auch durch das in Bildung und Erziehung angesammelte Wissen beziehungsweise die erlernten Fertigkeiten bestimmt. So wird die Leistungsfähigkeit eines ausübenden Musikers, etwa eines Pianisten, in ihren Möglichkeiten durch seine angeborene Musikalität begrenzt. Die tatsächlichen Fertigkeiten entwickeln sich aber im Rahmen der angeborenen Begabung durch die Qualität seiner Unterweisung und seinen Fleiß beim Üben.

Bildung und Erziehung sind für jeden Menschen wichtig, weil sie darauf Einfluss nehmen, inwieweit er seine intellektuelle Begabung in tatsächliche Leistung umsetzen kann. Die zwischen Menschen beobachteten Unterschiede der geistigen Leistungsfähigkeit sind umso stärker genetisch bedingt, je ähnlicher ihr Weg in Bildung und Erziehung war.

Nach dem im Jahr 2018 erreichten Stand der DNA-Forschung, die in Plomins Buch wiedergegeben ist, sind persönliche Merkmale zu folgenden Prozentsätzen genetisch bestimmt:[22]

Augenfarbe	95 Prozent
Größe	80 Prozent
Gewicht	70 Prozent
Magengeschwüre	70 Prozent
Autismus	70 Prozent
Schizophrenie	50 Prozent
Schulleistung	60 Prozent
Allgemeine Intelligenz	50 Prozent
Persönlichkeit	40 Prozent

Die Prozentsätze beschreiben den statistischen Zusammenhang, den man gegenwärtig nach dem Erkenntnisstand der Forschung zwischen bestimmten Persönlichkeitsmerkmalen und der Konfiguration der DNA gefunden hat. Eine Prognose für den Einzelfall lassen sie nicht zu. Da der Erkenntnisgewinn in der Forschung weitergeht, können sich solche Aussagen künftig auch ändern. Es lassen sich bedeutende Wissensfortschritte sowohl für Persönlichkeitsmerkmale, zu denen es bereits heute Erkenntnisse gibt, als auch für weitere Felder von Persönlichkeitsmerkmalen absehen.[23]

Die DNA-Forschung ist jung. Was die Erblichkeit von Intelligenz angeht, hat man sich seit Beginn der diesbezüglichen Forschung auf statistische Verfahren gestützt. Dabei spielte die Forschung an nahen Verwandten, insbesondere die Zwillingsforschung, eine besondere Rolle. Bis vor einigen Jahren war es ein beliebter Einwand gegen die Intelligenzforschung, wenn die Ergebnisse nicht gefielen, dass ja bislang kein »Intelligenzgen« entdeckt worden sei. Diese Art von Einwand hat sich durch die Fortschritte in der DNA-Forschung erledigt.

Wir wissen heute, dass körperliche und geistige Eigenschaften nicht durch ein einzelnes Gen, sondern polygenisch durch die Kombination zahlreicher Gene bestimmt werden.[24] Bei einer bestimmten polygenischen Struktur folgen die dadurch bewirkten Merkmalsausprägungen einer zufallsbestimmten Normalverteilung. Die DNA-Struktur informiert über Wahrscheinlichkeiten, sie prognostiziert keine Einzelereignisse.[25]

Kinder teilen mit ihren leiblichen Eltern und ihren Geschwistern durchschnittlich 50 Prozent ihrer DNA, bei eineiigen Zwillingen ist die DNA zu 100 Prozent identisch. In Adoptionsstudien zeigt sich, dass die psychologischen Eigenschaften von Adoptivkindern auch dann ihren leiblichen Eltern ähneln, wenn sie diese nie gekannt haben. Dagegen gibt es bei erwachsenen Adoptivkindern keine Korrelation ihrer psychologischen Eigenschaften mit denen ihrer Adoptiveltern. Umgekehrt zeigen umfangreiche Langzeitstudien eineiiger Zwillinge eine sehr weitgehende Übereinstimmung psychologischer Eigenschaften einschließlich der kognitiven Fähigkeiten. Dies gilt auch dann, wenn eineiige Zwillinge getrennt aufgewachsen sind. Adoptions- und Zwillingsstudien bestätigen zusammen mit der DNA-Forschung die verhaltensgenetische Grunderkenntnis, dass psychische Eigenschaften einen signifikanten und substanziellen genetischen Einfluss zeigen.[26]

Die klinische Psychologin Kathryn Paige Harden resümiert 2021 in ihrem Buch *The Genetic Lottery* den Stand der DNA-Forschung und der Zwillingsforschung und stellt fest, dass wesentliche Faktoren von Ungleichheit – nämlich Persönlichkeitsmerkmale, kognitive Fähigkeiten und die Neigung zu psychischen Erkrankungen – in großem Umfang erblich sind. Sie beeinflussen den Bildungserfolg und damit auch den Erfolg auf dem Arbeitsmarkt.[27] Harden ringt in ihrem sehr lesenswerten Buch, das den aktuellen Forschungsstand exzellent wiedergibt, mit der Frage, wie die genetischen Erkenntnisse mit der Idee sozialer Gleichheit der Menschen versöhnt werden können. Darauf gehe ich an anderer Stelle näher ein.

Es ist jedenfalls kein Ausweg, den erreichten biologischen Wissensstand zu verdrängen und an seine Stelle das ideologische Konzept einer tatsächlichen Gleichheit aller jenseits von biologischen Unterschieden und ererbten Eigenschaften zu setzen. Dieses Zerrbild ist in Medien und Politik weit verbreitet, und die davon ausgehenden Empörungswellen haben mich in den vergangenen Jahren wiederholt umspült.

Männer und Frauen

Ein elementarer biologischer Unterschied, der die gesamte belebte Welt durchzieht, ist der Unterschied von männlich und weiblich. Die dadurch ermöglichte sexuelle Fortpflanzung ist zentral für die Evolution sowie für die Entwicklung des Menschen.

Die genetische Information des Menschen ist in den Chromosomen enthalten, von denen in jeder menschlichen Körperzelle jeweils 23 Paare vorhanden sind. *Ein* Chromosomenpaar unter den 23 besteht bei Frauen aus zwei X-Chromosomen, bei Männern aus einem X- und einem Y-Chromosom. Bei der Vereinigung von Samenzelle und Ei werden die Chromosomenpaare neu gemischt, jeweils die Hälfte vom Mann und von der Frau. Treffen beim 23. Chromosom zwei X-Chromosome zusammen, so wird das Embryo weiblich, sind es ein X- und ein Y-Chromosom, so wird das Embryo männlich. Die gesamte Erbinformation wird bei der Zeugung durch die Mischung neu zusammengesetzt, und so ist jeder Mensch ein Unikat, mit jeweils 50 Prozent Erbinformation vom Vater und von der Mutter. Nur wenn durch Teilung der befruchteten Eizelle eineiige Zwillinge entstehen, werden zwei Menschen mit identischer Erbinformation geboren.[28]

Männer und Frauen sind darin vereint, dass sie beide Menschen sind, und darin getrennt, dass sie Männer und Frauen sind. Mehr als 99 Prozent der Menschen werden mit einem biologisch eindeutigen Geschlecht geboren,[29] und bis auf eine Minderheit von vier bis sechs Prozent sind sie heterosexuell orientiert.

Männer und Frauen unterscheiden sich

- in den primären und sexuellen Geschlechtsmerkmalen,
- in Größe und Gewicht,
- in der Muskelkraft,
- in verschiedenen Aspekten ihrer geistigen Fähigkeiten, ihres Temperaments und ihrer Interessen.[30]

Bereits in den Monaten zwei bis sechs vor der Geburt, dann als Kind im Alter von fünf Monaten und später in der Pubertät prägt ein Schub männlicher Hormone das männliche Hirn in spezifischer Weise: Im Alter von drei Jahren sind Jungen durchschnittlich besser in räumlicher Orientierung und Mädchen in Wortschatz und Sprachfähigkeit.[31] Diese Unterschiede ziehen sich durch die gesamte Entwicklung bis ins Erwachsenenalter und prägen auch die Berufswahl. Mädchen und Frauen haben im Durchschnitt ein höheres Interesse an anderen Menschen und ein geringeres Interesse an Sachen und abstrakten Zusammenhängen. Wo es Chancengleichheit im Bildungssystem gibt, wählen sie bevorzugt Berufe, die sie mit anderen Menschen zusammenbringen. Das gilt auch, wenn sie in Naturwissenschaften und Mathematik sehr gute Leistungen erbringen.[32]

Frauen sind in der Regel besser darin, sich in andere Menschen einzufühlen. Sie haben höhere Empathiewerte und sind hier den Männern meistens überlegen.[33] Die zwischen Männern und Frauen beobachteten Unterschiede sind überwiegend kulturübergreifend. Auch das weist auf ihre biologische Bedingtheit hin. Die biologische Rolle beeinflusst auch Arbeitsteilung und Temperament:

- Nur Frauen können Kinder gebären, und nur sie haben die Milch für den Säugling. Geburten sind gefährlich, das abhängige Kleinkind ist für längere Zeit besonders schutzbedürftig, und so ist für jede Frau die biologische Zahl ihrer überlebensfähigen Kinder begrenzt. Sie tut gut daran, sich den Partner, mit dem sie ein Kind zeugt, sorgfältig auszusuchen.
- Männer dagegen können, sofern sie weibliche Partner finden, eine praktisch unbegrenzte Zahl von Kindern zeugen.
- Für den Reproduktionserfolg der Frau und die Sicherheit ihres Kindes ist es wichtig, dass der Erzeuger Stärke und Verantwortungsbewusstsein hat. Für den Reproduktionserfolg des Mannes ist es wichtig, dass die Partnerin jung und fruchtbar ist, und sein Reproduktionserfolg ist umso größer, je mehr Frauen ihm sexuellen Zugang gewähren.

Rund um diese biologischen Grundtatsachen haben sich in der menschlichen Geschichte ganz unterschiedliche Sozialmodelle für das Verhältnis von Männern und Frauen mit sehr unterschiedlichen Rollenbildern entwickelt. Das setzt sich bis heute fort:

- In vielen Ländern der Welt, insbesondere im islamischen Kulturkreis, dominieren nach wie vor patriarchalische Unterdrückungsverhältnisse. In Afghanistan werden jetzt erneut die Frauen unter die Burka gezwungen und dürfen nur in Begleitung eines männlichen Verwandten auf die Straße gehen.
- Im westlichen Abendland dagegen wird die europäische Kernfamilie zu einem Auslaufmodell. Viele Frauen bekommen keine Kinder mehr, und die allgemeine Sensibilität gegen übergriffige Männer ist stark angestiegen, wie die um sich greifende MeToo-Bewegung zeigt.
- Auch haben sexuelle Verhaltensweisen, die nicht heterosexuell normiert sind, ihr Stigma verloren. Das zeigt sich auch an der Auflösung des klassischen Familienbilds und der Einführung der Ehe für alle. Allgemein akzeptierte Tabus gibt es eigentlich nur noch für Gewalt und Pädophilie.

Nach meiner Überzeugung wird, was das Verhältnis von Männern und Frauen angeht, niemals das letzte Wort gesprochen sein:

- Solange die Menschheit existiert, werden mehr als 99 Prozent der Menschen eindeutig Männer oder eindeutig Frauen sein. Die überwältigende Mehrheit der Männer wird Frauen und die überwältigende Mehrheit der Frauen wird Männer sexuell begehren.
- Die sexuelle Sphäre wird immer mit Scham verbunden und auch mit Tabus belegt sein.
- Sexualität wird sich immer nur teilweise von Fragen der Fortpflanzung und des Fortbestands des Menschengeschlechts lösen lassen.

Bei der Frage, wie das Verhältnis der Geschlechter sozial zu organisieren ist, wird es immer neue Lösungsversuche, immer neue Irrtümer und immer neue Fehlentwicklungen geben. Die größten unter den gegenwärtigen Fehlentwicklungen haben sich allerdings von einer vernünftigen Interpretation der Geschlechterfrage weitgehend gelöst:

- Die Einstellung des fundamentalen Islam zu den Frauen macht diese zu Menschen zweiter Klasse und verwehrt ihnen ein selbstbestimmtes Leben.
- Die Genderideologie hat zu Auswüchsen geführt, die das Streben nach gleichen Rechten für Männer und Frauen hinter sich gelassen haben und stattdessen die Existenz eines biologischen Geschlechts prinzipiell verneinen.

Das islamistische Frauenbild und die Genderideologie sind beide gleichermaßen absurd. Sie werden beide im Abschnitt über Ideologien noch näher diskutiert.

Ethnien und Rassen

Die Wiege der Menschheit ist Afrika. Aus einer langen Entwicklungslinie von Primaten und frühen Menschen hat schließlich der moderne Mensch, der *Homo sapiens*, innerhalb und außerhalb Afrikas alle früheren Menschenarten verdrängt.[34] Erste Spuren von ihm sind für die Zeit vor 200 000 bis 100 000 Jahren in Ostafrika nachgewiesen.[35] In den letzten Jahrzehnten hat die moderne Genanalyse, aufbauend auf der Entschlüsselung des menschlichen Genoms, revolutionäre Fortschritte gemacht. Ein neuer Wissenschaftszweig, die Archäogenetik, hat sich entwickelt.[36] So können aus der Analyse der DNA in historischen Knochenfunden fortwährend neue Erkenntnisse gewonnen werden, die unser Wissen um die genetische Geschichte der Menschheit präzisiert und erheblich vertieft haben: Vor circa sieben Millionen Jahren gab es in Afrika die letzten gemeinsamen Vorfahren des Schimpansen (unseres nächsten Verwandten in der Tierwelt) und des Menschen. Vor circa 600 000 Jahren entwickelten sich in Europa, parallel zu *Homo sapiens* in Afrika, die letzten gemeinsamen Verwandten des anatomisch modernen Menschen, die Neandertaler, die große Teile von Süd-, Mittel- und Osteuropa besiedelten. Die Denisovaner, eng verwandt mit den Neandertalern, jedoch genetisch von ihnen unterschieden, waren eine ebenfalls anatomisch dem modernen Menschen nahe stehende Population aus dem Hochland von Tibet und dem Ural. Die ältesten Fossilien des modernen Menschen, des *Homo sapiens*, sind etwa 160 000 bis 200 000 Jahre alt und stammen aus Äthiopien.[37]

Die Ausbreitung des *Homo sapiens*

Vor circa 50 000 Jahren verließ eine kleine Gruppe von vielleicht 150 modernen Menschen Afrika und gelangte aus Ostafrika auf die Arabische Halbinsel. Ihre Nachfahren besiedelten im Verlauf von circa 10 000 Jahren Europa, Asien, Australien und später auch Amerika. Von dieser Gruppe stammen alle Menschen außerhalb Afrikas ab. Die Ausbreitung des *Homo sapiens* erfolgte graduell. In Australien ist er vor 45 000 Jahren nachweisbar, in Europa und Ostasien vor 40 000 Jahren. Vor circa 15 000 Jahren gelangte er über die Beringstraße nach Amerika. In Europa und Asien verdrängte der *Homo sapiens* den Neandertaler und den *Homo erectus*. Diese wurden quasi die ersten Opfer menschlicher Einwanderung und starben aus. Die moderne DNA-Forschung zeigt, dass es eine gewisse Vermischung des eingewanderten *Homo sapiens* mit dem Neandertaler gab, sodass wir heute zu einem geringen Teil Neandertaler-Gene in uns tragen. Heutige Europäer, Asiaten und Australier tragen in zwei bis zweieinhalb Prozent ihres Genoms Neandertaler-DNA.[38]

Die frühen Menschen waren bis vor circa 11 000 Jahren allesamt Jäger und Sammler. Sie lebten in Gruppen von 50 bis 100 Menschen in einem bestimmten Revier, aber an wechselnden Standorten ohne feste Unterkünfte. Sie prägten unterschiedliche Formen von sozialer Kooperation und Arbeitsteilung aus und lieferten sich mit anderen Gruppen kontinuierliche Revierkämpfe. Ihre Lebensweise ähnelte den Gesellschaften von Jägern und Sammlern, die in moderner Zeit untersucht werden konnten, zum Beispiel im südlichen Afrika, in

Australien, in Papua-Neuguinea oder in Südamerika. Kennzeichnend für solche Gesellschaften ist ein fortwährender oder wiederkehrender Kleinkrieg zwischen benachbarten Gruppen und Stämmen, der bis zur gezielten Auslöschung und zum Untergang der unterlegenen Gruppe führen kann. Motive sind Nahrungskonkurrenz, aber auch Frauenraub. In den von Anthropologen untersuchten Gesellschaften von Jägern und Sammlern liegt die Todesrate von Männern aufgrund kriegerischer Verwicklungen durchweg bei Größenordnungen von 30 bis 40 Prozent.[39] Die Ausbreitung der Jäger und Sammler erfolgte von Generation zu Generation in kleinen Schritten, quasi in fußläufiger Entfernung. Zwischen weiter entfernten Gruppen gab es keine Verbindung. Auch die Vermischung, zum Beispiel durch die Heirat der Frauen in eine andere Gruppe oder durch Frauenraub, fand immer im Nahbereich statt.

Die letzte große Eiszeit, die circa 6000 Jahre dauerte und vor etwa 18 000 Jahren endete, machte Europa nördlich der Alpen, sofern es nicht vom Eis bedeckt war, zu einer unwirtlichen, unbesiedelten Region. Die Menschen zogen sich auf die Iberische Halbinsel und ins südliche Europa zurück. Vom Balkan aus besiedelten sie auch das heutige Anatolien und zogen von dort aus weiter bis nach Nordafrika. So erklärt es sich, dass die heutigen Türken und Kurden sowie die Bewohner Nordafrikas mit den Zentraleuropäern eine genetische Komponente vom Balkan teilen.[40] Nach dem Rückgang des Eises fand vor rund 15 000 Jahren eine erneute Besiedlung durch Jäger und Sammler von der Iberischen Halbinsel und vom Balkan aus statt.

Die Menschen begannen sich in festen Behausungen niederzulassen, wo sie Vorräte anlegten und Besitz sammelten. Befestigt dienten diese auch zur Verteidigung gegen andere menschliche Gruppen, die diesen Besitz rauben wollten. Das Anlegen von Vorräten, das Wohnen in festen Quartieren und die Verteidigung gegen andere Gruppen führten zu Unterschieden in den Besitzverhältnissen und zu einer komplexeren, stärker hierarchisch verfassten sozialen Organisation.

Die frühesten Zeichen fester Ansiedlung zeigten sich vor 14 000 bis 11 000 Jahren auf dem Gebiet des heutigen Israel, Jordanien und

Syrien in der Kultur der Natufier. Aus dem Sammeln von essbaren Gräsersamen, den Wildformen von Weizen, Gerste und Roggen, entwickelte sich mit der Zeit deren Anbau und weitere Züchtung.[41]

Das Gebiet, das vom Jordantal über den Libanon, Syrien und das Einzugsgebiet von Euphrat und Tigris bis zum westlichen Iran und zum Persischen Golf reicht, wird der Fruchtbare Halbmond genannt. Dieses Gebiet war nach dem Ende der Eiszeit durch die Kombination von Wärme und ausreichendem Regen klimatisch besonders begünstigt. Vor circa 11 000 Jahren entwickelte sich im Nahen Osten im Fruchtbaren Halbmond allmählich eine Landwirtschaft mit Getreidezucht aus Wildgräsern und mit Viehzucht. Die bessere Ernährung und der Übergang zur Sesshaftigkeit lieferten die wirtschaftliche und soziale Basis für die allmähliche Entwicklung der frühen Hochkulturen. Dort entstand vor circa 11 000 Jahren aus der Züchtung von Gräsern der Ackerbau, und aus der Domestizierung von Nutztieren entwickelte sich dort vor circa 10 000 Jahren die Viehzucht. Die neuen Techniken breiteten sich von dort allmählich im Verlauf längerer Zeiträume nach Anatolien aus. Genetische Unterschiede zwischen Ackerbauern und Viehzüchtern einerseits und Jägern und Sammlern andererseits finden sich zu diesem Zeitpunkt in Anatolien nicht.

Die Ausbreitung der Ackerbauern in Europa

Vom Fruchtbaren Halbmond aus breiteten sich Ackerbauern und Viehzüchter vor circa 9000 Jahren über den Balkan nach Europa aus. Dort begannen sie vor etwa 8000 Jahren, die Jäger und Sammler aus den fruchtbaren Landstrichen zu verdrängen. Sie besiedelten schließlich ganz Europa von der Ukraine bis zu den Britischen Inseln.[42] Es bestand 2000 Jahre lang eine regelrechte, wohl auch feindselige Parallelgesellschaft, bei der die Zugewanderten schließlich die Oberhand behielten. Die landwirtschaftliche Ernährungsbasis ermöglichte ihnen offenbar einen größeren Kinderreichtum und höhere Überlebensraten. Friedlich und konfliktfrei war der Übergang von Jägern und Sammlern zu den Ackerbauern jedenfalls nicht, und er war mit einem größeren Bevölkerungsaustausch verbunden. Das zeigen überall in Europa Massengräber, die mit Beginn des Ackerbaus auftreten, und Befestigungsanlagen rund um den bäuerlichen Besitz.[43]

Bis vor einigen Jahren war man davon ausgegangen, dass sich die Neigung und die Fertigkeiten zum Ackerbau von Anatolien aus allmählich auf den Balkan und weiter nach Zentraleuropa ausbreiteten, indem sie quasi an die jeweiligen Nachbarn weitergegeben wurden.[44] Das hat sich als unzutreffend erwiesen. Mittlerweile ist anhand von DNA-Analysen belegt, »dass die Anatolier – beginnend vor rund 8000 Jahren – über den Balkan im Süden entlang der Ägäis und der Adria und im Norden über den Donaukorridor ganz Europa besiedelten, von den Britischen Inseln bis in die heutige Ukraine. Ob die Jäger und Sammler verdrängt wurden oder die Neuen sie einfach zahlenmäßig deutlich übertrafen, ist schwer zu sagen. Auf jeden Fall verloren die Gene der Jäger und Sammler nach der Einwanderung in der Gesamtpopulation Europas dramatisch an Bedeutung. Die Wildbeuter wurden verdrängt in die für Landwirtschaft ungeeigneten Gebiete.«[45]

Die Ackerbauern und die Jäger und Sammler lebten für einige Tausend Jahre in Parallelgesellschaften nebeneinanderher und bekämpften sich auch intensiv, wie die Befestigungen der Ansiedlungen der Ackerbauern zeigen. Gelegentliche Vermischungen verliefen recht einseitig. Die Männer der Ackerbauern hatten Nachwuchs mit Frauen von Jägern und Sammlern, kaum aber umgekehrt. Das zeigt, dass die Herrschaft eindeutig auf der Seite der Ackerbauern lag.[46] Mit der Dichte der Besiedlung gab es auch unter den Ackerbauern eine steigende Gewaltbereitschaft.[47] Wie die Genanalysen zeigen, konnten sich die Jäger und Sammler in Skandinavien offenbar besser behaupten als im übrigen Europa. Mit verbesserter Technik starteten sie als sogenannte Trichterbecher-Kultur vor rund 6200 Jahren eine Gegenbewegung, die sie bis ins heutige Sachsen-Anhalt und ins westliche Weißrussland brachte.[48]

Sowohl die Einwanderung der Ackerbauern vor circa 8000 Jahren als auch die Einwanderer der Trichterbecher-Kultur 2000 Jahre später waren, wie die Veränderung der Zusammensetzung der Bevölkerung offenbart, mit den allergrößten Umbrüchen verbunden. Diese erfolgten zumeist gewaltsam und brachten den Untergang ganzer Stämme und Völker mit sich. Die erfolgreiche Einwanderung der Ackerbauern und 2000 Jahre später der Skandinavier brachte der Bevölkerung Zentraleuropas massenhaft Tod und Verderben.

Nach dem Zuzug der Ackerbauern aus dem Fruchtbaren Halbmond gab es offenbar im Europa der Jungsteinzeit 3000 Jahre lang keine nennenswerte Einwanderung von außerhalb Europas. Das änderte sich vor circa 4800 Jahren, als berittene Steppenvölker – überwiegend alleinstehende Männer aus der pontisch-kaspischen Steppe nördlich des Kaukasus und des Kaspischen Meeres – in großer Zahl nach Europa aufbrachen und einen großen genetischen Umbruch mit sich brachten. Vermutlich schleppten sie mit ihren Pferden auch eine Form der Pest nach Europa ein, der die Europäer der Jungsteinzeit in großer Zahl zum Opfer fielen.

Die Ausbreitung der Arier aus der pontisch-kaspischen Steppe

Die Jamnaja-Kultur nördlich des Schwarzen und des Kaspischen Meeres war durch die Zuwanderung von Indoeuropäern, den Ariern, aus dem Iran entstanden. Die Steppenbewohner waren Reiter und hatten als Nomaden große Viehherden.[49] Sie ernährten sich von Milch und Fleisch und kannten auch bereits Waffen aus Bronze. Militärisch waren diese Einwanderer den Ackerbauern in Europa weit überlegen. Als Reiter waren sie von bis dahin unbekannter Schnelligkeit. »Denn neben dem Pferd brachten sie auch eine neuartige Pfeil-und-Bogen-Technik mit, statt der bekannten Langbögen verwendeten sie Kurzbögen. Diese hatten deutlich mehr Schusskraft und konnten wegen ihrer Handlichkeit beim Reiten abgefeuert werden.« Außerdem benutzten sie Streitäxte. »Zahllose archäologische Stätten erzählen von gewalttätigen Auseinandersetzungen zwischen den alteingesessenen Bauern und den Neuankömmlingen. Die Axt spielte in der Anfangsphase der Einwanderung wahrscheinlich eine herausragende Rolle, denn sie wurde vor allem in Zentraleuropa zur regelmäßigen Grabbeigabe.« Die Kultur der indogermanischen (oder indoeuropäischen) Einwanderer wurde deshalb seit dem 19. Jahrhundert »Streitaxt-Kultur« genannt. Heute bevorzugen viele Historiker den friedlicheren Begriff »Schnurkeramik-Kultur«.[50]

Die jungen Männer aus der pontisch-kaspischen Steppe erreichten nach einem Jahrhundert den Raum an Elbe und Saale und nach weiteren zwei Jahrhunderten die Britischen Inseln. In der Summe verlief der Bevölkerungsaustausch zu den indoeuropäischen Eroberern sehr gewalttätig, das zeigt sich an der Dominanz der Steppenbewohner in der DNA der männlichen Vorfahren der heutigen Europäer: Auf dem Gebiet des heutigen Deutschlands veränderten die Eroberer 70 Prozent der genetischen Struktur, in Großbritannien waren es sogar mindestens 90 Prozent. Deutlich geringer ist der genetische Einfluss der ehemaligen Steppenbewohner auf der Iberischen Halbinsel, und es dauerte weitere 500 Jahre, bis sie dort ankamen. Im Norden Europas überwiegt heute noch die Genkomponente der ehemaligen Steppenbewohner. Im Süden Europas von Spanien bis in den südlichen Balkan überwiegt dagegen die Ackerbauern-DNA.[51]

Mit den Eroberern kamen auch zwei kulturelle Neuerungen:

- Aus der Steppe brachten sie eine intensive Viehwirtschaft nach Europa, bei der nicht nur das Fleisch, sondern auch die Milch der Rinder eine wesentliche Ernährungsbasis bildete. Ermöglicht wurde dies durch genetische Veränderungen, die sogenannte Laktoseverträglichkeit. Diese sorgt dafür, dass auch Erwachsene Milch verdauen können. Menschen, die dies konnten, hatten in einer Gesellschaft mit Viehwirtschaft durch eine bessere Ernährungsbasis einen evolutionären Vorteil.
- Ferner brachten die indogermanischen Eroberer die Fähigkeit zur Bronzeverarbeitung. Das gab neue Möglichkeiten für Waffen und Werkzeuge und förderte zudem den europäischen Fernhandel. Für Bronze braucht man nämlich Kupfer und Zinn. Letzteres war aber nur an wenigen Lagerstätten in Europa vorhanden.

Der Zuzug der Indoeuropäer führte zu einem groß angelegten genetischen Umbruch in Europa. Relativ zur autochthonen Bevölkerung waren sie offenbar in großer Überzahl. Der Paläogenetiker Johannes Krause vermutet, dass sie mit ihren Pferden und Viehherden ein Bakterium mitbrachten, durch das die Pest hervorgerufen wurde, der die Einwohner Europas in großer Zahl zum Opfer fielen.[52] Aus der Sicht der autochthonen Bevölkerung ist die Einwanderung der Indoeuropäer nur als europäische Urkatastrophe zu betrachten. Sie führte – sei es durch die Pest, sei es durch die demografische Übermacht, sei es durch die Vernichtung der autochthonen Einwohner – zu einem großen, teilweise sogar fast vollständigen Bevölkerungsaustausch und zum Verlust der eigenen Kultur, jedenfalls soweit sie sich in der Sprache dokumentierte.

Die Einwanderer brachten aus der pontisch-kaspischen Steppe die indogermanische (oder indoeuropäische) Sprache mit, die praktisch alle ursprünglichen Sprachen Europas verdrängte. Zur indoeuropäischen Sprachfamilie gehören nahezu alle heutigen europäischen Sprachen (außer dem Baskischen und den finno-ugrischen Sprachen). Man geht davon aus, dass die indoeuropäische Sprache aus dem Gebiet des heutigen Iran kommt. Von dort breitete sie sich mit den damaligen Bewohnern Persiens, den Ariern, nach Norden in die pontisch-kaspische Steppe aus, aber auch nach Südosten ins heutige Afghanistan und von dort weiter ins nördliche Indien bis an den Golf von Bengalen. So kommt es, dass man überall dort, wo indoeuropäische Sprachen gesprochen werden, im Genom der Einwohner einen bedeutenden Teil an sogenannter Steppen-DNA findet.[53] In Europa bildeten sich unterschiedliche indogermanische Sprachfamilien aus, darunter

- Keltisch (Westeuropa und Oberitalien),
- Italisch (Mittel- und Unteritalien),
- Germanisch (Mitteleuropa und Nordeuropa),
- Slawisch (Osteuropa),
- Albanisch, Griechisch, Armenisch (Balkan und Kleinasien).

Dieses Beispiel aus der europäischen Frühgeschichte zeigt, wie wenig durch die beliebte Aussage »Wir sind alle Einwanderer« erklärt wird. Sie liegt auf der Ebene von »Wir sind alle Afrikaner«. Richtig ist: »Wir sind alle Menschen«. Aber für das menschliche Zusammenleben und die menschlichen Konflikte erklärt dies nichts und löst auch kein Problem.

Unterschiede nach Herkunftsgruppen

Bei der Ausbreitung über die verschiedenen Weltregionen waren die Menschen unterschiedlichen evolutionären Anpassungszwängen ausgesetzt, und so entwickelten sie sich auch verschieden, beispielsweise was die Anpassung an Kälte oder an unterschiedliche Sonneneinstrahlung, die Laktoseverträglichkeit oder die Resistenz gegenüber bestimmten Infektionsgefahren oder Krankheiten angeht. Auch körperliche Fähigkeiten wie das Leistungsvermögen beim Sprint und beim Dauerlauf entwickelten sich unterschiedlich.[54]

Typologisch lassen sich die Menschen anhand genetischer Marker in Großgruppen nach der ursprünglichen Herkunft von einem bestimmten Kontinent einteilen. Im Englischen sagt man dazu *race*. Der analoge deutsche Begriff ist heute verpönt, man sagt lieber Ethnie statt Rasse. Entscheidend ist aber nicht der Begriff, entscheidend ist, dass man stets weiß, was gemeint ist. Die menschlichen Großgruppen lassen sich nach dem Ursprungskontinent der Menschen einteilen:

- *Afrikaner:* deren ursprüngliche Vorfahren kamen aus Subsahara-Afrika. Dazu zählen auch die Schwarzen in den USA oder der Karibik.
- *Kaukasier:* dazu zählen die Menschen aus Europa, Nordafrika und dem westlichen Asien sowie dem indischen Subkontinent.
- *Asiaten:* das sind Menschen aus dem östlichen Asien (China, Japan, Indochina, den Philippinen und Sibirien).
- *Pazifische Inselbewohner:* das sind australische Ureinwohner, Menschen aus Neu Guinea, Melanesien und Mikronesien.

- *Indianer*: die ursprünglichen Einwohner von Nord- und Südamerika.

Diese Großgruppen lassen sich anhand genetischer Marker unterscheiden. Innerhalb der Großgruppen gibt es Abstufungen nach der Helligkeit der Haut oder anderen genetischen Eigenschaften. Wo solche Großgruppen regional aufeinandertrafen, zum Beispiel in Ostafrika mit der arabischen Welt, gibt es Beimischungen. Solche treten auch bei den Schwarzen in den USA auf. Bedingt durch die Sklaverei und durch spätere Verbindungen zwischen den Ethnien weisen die amerikanischen Schwarzen eine kaukasische Beimischung von durchschnittlich 17 Prozent auf.[55]

Die ursprünglich unbefangene Benutzung des Begriffs *race* oder Rasse ist heute historisch belastet

- durch wiederkehrende Versuche von Biologen, Philosophen und Historikern, zwischen den »Rassen« eine Hierarchie herzustellen
- durch die Geschichte von Sklaverei und Kolonialismus und die damit verbundenen abendländischen Schuldgefühle
- durch die nationalsozialistische Rassenideologie und ihre furchtbaren Folgen
- durch die anhaltende gesellschaftliche Explosivkraft der Rassenfrage in den USA.

In Deutschland haben heute in der Begrifflichkeit von »Rasse« nur die Worte »Rassismus« oder »rassistisch« als politisch zulässig überlebt.[56] In der englischen Sprache wird eine begriffliche Änderung nicht so einfach zu bewerkstelligen sein. Sie ändert ja auch nichts an der unbestrittenen und für die medizinische Forschung wichtigen Tatsache, dass es je nach ethnischer Herkunft deutliche biologische Unterschiede zwischen Menschen geben kann.

Besonders kontrovers wurde genetische Forschung im Allgemeinen und Intelligenzforschung im Besonderen immer dann, wenn sich dabei größere Unterschiede längs rassischer oder ethnischer Grenzen zu zeigen schienen. Robert Plomin schreibt dazu in seinem bereits zitierten Buch *Blueprint*:

> During the past century, genetic research on intelligence was in the eye of the storm of the nature-nurture debate in the social sciences. The debate was driven by misplaced fears about biological determinism, eugenics and racism. This controversy raised the threshold for acceptance of the importance of genetics.[57]

Zur Vermeidung solcher Befürchtungen diskutiert Plomin in seinem Buch den Einfluss der DNA ausschließlich auf individueller Ebene. Auch Kathryn Paige Harden betont in *The genetic lottery*, dass die genetischen Gründe für individuelle Unterschiede in einer Bevölkerung uns keine Informationen über die Gründe von gruppenbezogenen Unterschieden geben.[58]

Charles Darwin verwendete 1865 in seinem Buch *Die Abstammung des Menschen* den Begriff der Rasse ganz unbefangen. Er behandelt zwar die Unterschiede, wie sie sich aus seiner Sicht darstellen, betont aber auch die große Variationsbreite und stellt fest, »dass die Unterscheidungsmerkmale aller Rassen des Menschen in hohem Maße variabel sind. (…) Es kann bezweifelt werden, ob irgendein Charakter angeführt werden kann, welcher einer Rasse eigentümlich und konstant ist.« Mit einiger Ironie zählt er auf, wie uneinig »fähige Beobachter« sich darüber sind, wie viele Menschenrassen es gebe.[59] Für Darwin gehören alle Menschen zu einer Spezies, weil sie sich vermischen können und die Übergänge zwischen ihnen gleitend sind.

Völker und Nationen

Auch die heutigen Völker und Nationen entstanden historisch gesehen aus der Vermischung. Nehmen wir das Beispiel Deutschland: Nach dem Zustrom der indogermanischen Steppenbewohner, die Europa in wenigen Jahrhunderten kulturell, sprachlich und genetisch auf den Kopf stellten, fanden in Europa 3000 Jahre lang bis zur Völkerwanderung keine großen Massenwanderungen mehr statt. Auseinandersetzungen zwischen Stämmen, Völkern und Staaten und entsprechende Unruhe in den jeweiligen Grenzgebieten gab es natürlich fortwährend.

Aus den Wirren der Völkerwanderung, den Verschiebungen und der Konsolidierung vieler kleiner Stämme sowie aus der Zuwanderung von germanischen Gruppen in die Gebiete südlich der Donau und östlich des Rheins konsolidierten sich im Verlauf von vier Jahrhunderten bis zur fränkischen Reichsteilung (also von circa 450 bis 850 n. Chr.) die Völker der Sachsen, Friesen, Franken, Alemannen und Baiern. Die drei Letzteren siedelten ganz oder teilweise auf ehemals römischem Boden. Dort mischten sich die Germanen im Lauf der Jahrhunderte mit der ansässigen, zumeist keltischen Bevölkerung.

Als Folge der Völkerwanderung wurde offenbar der Raum zwischen Elbe und Weichsel bis hin nach Böhmen und Mähren, den die Germanen verlassen hatten, im 5. und 6. Jahrhundert weitgehend von Besiedlung frei. Dort rückten allmählich aus dem Osten slawische Stämme nach. Schon im 9. Jahrhundert begann die Ausdehnung des fränkischen – später ostfränkischen – Reichs in die Gebiete östlich der Elbe, die seit der Völkerwanderung von Slawen besiedelt worden waren.

So kann man von drei Germanien sprechen, die die Grundlage des späteren Deutschlands bildeten:

- *Germania Romana,* das, durch Rhein, Limes und Donau geschützt, einst zum Römischen Reich gehört hatte.
- *Germania Germanica,* jene Gebiete, die über die Völkerwanderung hinweg durchgehend germanisch besiedelt, aber nie römisch besetzt waren.
- *Germania Slavica,* jene slawischen Gebiete östlich der Elbe, die seit dem 9. Jahrhundert von Westen her besiedelt und schließlich deutsch wurden.[60]

So ist es nicht verwunderlich, dass sich in der DNA der heutigen Deutschen die Spuren von Germanen, Kelten und Slawen bunt mischen. Deutsche stammen zwar auch von den Germanen ab, aber nicht nur, und in vielen Fällen nicht einmal überwiegend.

Ich nehme mich selbst als Beispiel: Nach der familiären Stammbaumforschung ist Stammvater der deutschen Sarrazins ein Philibert Sarrazin aus Lyon. Er kam um 1520 nach Genf und war dort Stadtschreiber, also praktisch der Chef der Stadtverwaltung. Nachfahren von ihm gingen später nach Basel. Einer von ihnen zog als Soldat in den Dreißigjährigen Krieg. Er brachte es in schwedischen Diensten zum Festungsbaumeister. Von seinem überlebenden einzigen Sohn stammen alle Sarrazins ab, die heute in Deutschland leben. Bis weit ins 19. Jahrhundert hinein waren sie allesamt in Westfalen ansässig. Im preußischen Königreich kamen dann einige von ihnen nach Berlin und in die Provinz Posen.

Mein Großvater väterlicherseits heiratete 1913 eine englische Schulfreundin seiner Schwester. Mein Vater wiederum, der älteste Sohn aus dieser Verbindung, heiratete 1943 eine westpreußische Gutsbesitzerstochter. 1945 wurde ich aus dieser Verbindung als der älteste Sohn geboren. Die Vorfahren meiner englischen Großmutter kamen teilweise aus Schottland, auch eine Italienerin soll dabei gewesen sein. Meine Mutter war blond und blauäugig und hatte markante Wangenknochen, wie sie unter Slawen häufig sind. Mein Vater hatte dunkles Haar und braune Augen, beides habe ich von ihm geerbt. Aber in meinem Bart fanden sich stets mengenweise rote Haare, möglicherweise aus dem keltisch-schottischen Erbe. Offenbar bin ich eine europäische Promenadenmischung. Gleichwohl fühle ich mich deutsch. Meine Sprachfärbung ist westfälisch, mein Humor eher englisch. Mein ökonomischer Sinn deutet auf eine lange Kette bäuerlicher Vorfahren. Als deutsch an mir empfinde ich einen Hang zum Grundsätzlichen. Deutsch ist aber auch ein gewisser hartnäckiger Fleiß, dem nicht zuletzt dieses Buch zu verdanken ist.

Historisch und kulturell gesehen haben natürlich die Deutschen eine weitaus engere Verbindung zu den Germanen als zu den Kelten oder den Slawen. Das ergibt sich schon aus der Landesgeschichte: Jene germanischen Stämme, die bis zur Völkerwanderung auf dem Gebiet des späteren Deutschlands lebten, haben mit ihren Wanderungen und Heerzügen das Weströmische Reich dauerhaft zerstört. Das heutige Frankreich, das heutige Großbritannien und das heutige Deutschland sind in ihrem historischen Ursprung germanische Staatsgründungen.

Natürlich sind die heutigen Deutschen keine Germanen mehr. Aber zu sagen, sie hätten von den Germanen nur die deutsche Sprache übernommen und sonst mit ihnen nichts zu tun, geht eindeutig fehl. Wie Caroline Sommerfeld schreibt, war »Deutschland (...) nie im selben Maße ethnisch homogen wie beispielsweise Japan oder Island«. Bei der Einwanderung von Stämmen und Gruppen »in damalige und nachmalige deutsche Lande (...) handelte es sich stets und stetig um territoriale Nähebeziehungen – wer da wanderte, waren allesamt Europäer. Doch selbst wenn man an Hunneneinfälle denkt, bleibt ein logisches Argument aufrecht: Nur weil es de facto kein homogenes Deutschland gibt, lässt sich daraus nicht schließen, dass folglich jede Art Immigration gerechtfertigt oder gar begrüßenswert wäre. Weil einstmals Hugenotten oder Polen nach Deutschland kamen, heißt das nicht, dass heute halb Afrika einwandern dürfte.« Für Caroline Sommerfeld hat der Phänotyp des Deutschen »unscharfe Ränder, (...) kennt Ausnahmeerscheinungen und wandelt sich historisch. Er ist aber eindeutig nicht mit dem Phänotyp eines Schwarzafrikaners oder Koreaners zu verwechseln.«[61]

Demografie

In *Die Abstammung des Menschen* schildert Darwin anschaulich, welch großen Einfluss Unterschiede bei Fruchtbarkeit und Sterblichkeit – sowohl innerhalb von Gesellschaften als auch zwischen Gesellschaften – auf deren Entwicklung haben. Er verbindet dies in gewagter Weise mit Fragen der Moral und stellt die These auf, dass Gesellschaften, die Kooperation und gegenseitige Hilfsbereitschaft belohnen – er nennt dies Sittlichkeit –, bessere Bedingungen für das Gedeihen der eigenen Zivilisation schaffen und so auch relative Überlegenheit entwickeln.[62] Er beschreibt allerdings auch die besonderen Herausforderungen, denen sich »zivilisierte Völker« gegenübersehen. Seine Erörterung dieser Risiken zeigt sehr unbefangene, zeitgebundene Einsichten und Sorgen.[63]

Fragen von gruppenbezogener Geburtenhäufigkeit stehen immer in einem religiösen, kulturellen oder sozialen Kontext. Aber jeder einzelne Mensch unterliegt hinsichtlich seiner Ausstattung mit körperlichen und geistigen Eigenschaften den Gesetzen der Genetik. Deshalb bildet der Abschnitt über Demografie den letzten Teil des Kapitels über die Ordnung der Natur. Ich untersuche drei wichtige Trends, die insbesondere in der westlichen Welt die Demografie auf absehbare Zeit bestimmen und den Charakter der westlichen Gesellschaften fundamental verändern können.

Glaube und Kinderzahl

Als ich mich im Rahmen meiner Arbeit an *Deutschland schafft sich ab* mit gruppenbezogenen Unterschieden bei Geburtenraten und deren langfristigen Auswirkungen befasste, standen für mich zunächst der Entwicklungsstand von Gesellschaften und innerhalb von Gesellschaften schichtspezifische Unterschiede im Mittelpunkt. Es fiel mir auf, dass weltweit der überwiegende Teil der wirtschaftlich besonders rückständigen Länder zum islamischen Kulturkreis gehört und dass in Europa die Muslime unter den Einwanderern besonders kinderreich sind. Deren relativen Geburtenreichtum führte ich zunächst nicht auf die Religion, sondern auf Modernisierungsdefizite der betroffenen Länder und der Migranten, die aus ihnen nach Europa kamen, zurück. Das ist auch aus meiner heutigen Sicht nicht falsch, aber es ist unvollständig.

Noch während ich an *Deutschland schafft sich ab* schrieb, stieß ich auf ein gerade erschienenes Buch des Philosophen Rüdiger Vaas und des Religionswissenschaftlers Michael Blume, in dem diese argumentierten, dass Gruppen mit starker Religiosität durchweg früher heiraten, stabilere Familien und mehr Kinder haben. Diese Tendenzen gelten aus ihrer Sicht langfristig und verschaffen religiösen Gruppen und religiösen Gesellschaften einen Evolutionsvorteil. So ergibt sich auch eine ständig neue Wiederbelebung religiösen Denkens.[64] In den Worten von Michael Blume: »In einem gewissen Sinne wächst Religiosität (...) auch nach Perioden der Säkularisierung immer wieder in neuen Formen nach, sowohl durch demografisch erfolgreich adaptierte religiöse Minderheiten im Inneren als auch durch (meist aus religiös-kinderreichen Familien stammende) Zuwanderung. Diese Befunde sind natürlich für die Evolutionsforschung des Menschen außerordentlich interessant, legen sie doch nahe, dass auch Religiosität als erfolgreiches, genetisch veranlagtes Merkmal evolviert sein könnte – und weiter evolviert.«[65] In *Deutschland schafft sich ab* zitierte ich aus den von Blume und Vaas genannten Zahlen und beschrieb die Grundlinien ihrer Argumentation, ohne mich auf ihre Thesen im Einzelnen festzulegen.[66]

Zeitgleich mit *Deutschland schafft sich ab* erschien 2010 ein Buch des kanadischen Politikwissenschaftlers Eric Kaufmann, das sich mit der Demografie religiöser Gruppen befasst.[67] Kaufmann beschreibt den erheblichen Rückgang religiösen Einflusses in der Wissenschaft – nur noch sieben Prozent der führenden amerikanischen Wissenschaftler glauben an Gott.[68] Im Gegensatz dazu verlieren in den breiten Schichten der Bevölkerung säkular orientierte, mit dem Stand der Wissenschaft kompatible Formen der Religionsausübung dramatisch an Zuspruch. Fundamentalistische protestantische Kirchen, Mormonen, der konservative Islam und die orthodoxen Juden haben dagegen Zulauf.

Fundamentalistische Ausprägung von Religionsgemeinschaften geht mit überdurchschnittlichen Geburtenraten einher. Dies zeigt Kaufmann für

- die Mormonen, die Evangelikalen und traditional orientierte Sekten in Nordamerika und in Großbritannien
- die orthodoxen Juden in den USA und Israel
- konservative, fundamentalistisch geprägte Muslime.

Das endogene Wachstum konservativer Glaubensrichtungen führt schon für sich genommen zu einer anhaltenden Verschiebung in den Bevölkerungsstrukturen. Durch die fortgesetzte Einwanderung von Muslimen in die Länder des Westens wird diese Tendenz noch beschleunigt und verschärft.

Sowohl der Geburtenreichtum als auch die Attraktivität fundamentalistischer Religionsgemeinschaften ergeben sich in Kaufmanns Sicht aus ihrer emotionalen Attraktion durch einfache und anschauliche Welterklärungen. Der dadurch bewirkten sozialen Kohäsion kann der naturwissenschaftlich geprägte Rationalismus der europäischen Aufklärung nichts vergleichbar Herzerwärmendes entgegensetzen.

Kaufmann befürchtet, dass die demografisch bedingte ständige Verschiebung der Bevölkerungsstrukturen in Richtung konservative Religionsgemeinschaften nicht nur zulasten maßvoller Formen der Religionsausübung geht, sondern auf lange Sicht auch das Erbe der abendländischen Aufklärung und den Vorrang wissenschaftlicher Rationalität gefährden kann. Er sieht den religiösen Fundamentalismus demografisch und kulturell auf der Siegerstraße: »This much seams certain: without an ideology to inspire social cohesion, fundamentalism cannot be stopped. The religious shall inherit the earth.«[69]

Kaufmanns empirische Grundlagen sind fundiert, seine Logik ist bestechend. Eine Gegenkraft könnte sich allenfalls ergeben, wenn es gelänge, die neu ins Leben tretenden Generationen fortlaufend aus dem religiösen Einfluss ihrer Herkunft zu befreien und für den Denkstil des aufgeklärten Abendlandes zu gewinnen. Das hält Kaufmann offenbar für schwierig oder unwahrscheinlich. Dagegen spricht auch die sich aus der Evolutionstheorie ergebende Grundüberlegung, dass die durchschnittliche Verbreitung genetischer Dispositionen zum religiösen Denken umso wahrscheinlicher ist, je mehr die religiöse Einstellung die Unterschiede in den Geburtenraten prägt.

Whiteshift

In seinem 2018 erschienenen Buch *Whiteshift*[70] prognostiziert Kaufmann, dass im Lauf des nächsten Jahrhunderts Weiße mit unvermischter Herkunft in allen Staaten des westlichen Europas, in Nordamerika, Australien und Neuseeland in eine Position der Minderheit geraten werden, während die Mehrheit der Bevölkerung ethnisch gemischt sein wird. Die Trends, die dahin führen, sind bei ihm empirisch gut belegt, über Details seiner Prognosen mag man streiten.

Aufgrund der unterschiedlichen Fruchtbarkeit der verschiedenen Bevölkerungsgruppen hält Kaufmann diesen Trend selbst dann für unvermeidlich, wenn man von weiterer großer Einwanderung absieht. Für Kaufmann erklärt die Sorge vieler Weißer, langfristig in eine ethnische Minderheitenposition zu geraten, zu einem großen Teil den Aufschwung populistischer politischer Bewegungen.

Um Spannungen zu begrenzen, rät Kaufmann zur Vorsicht bei der Einwanderungspolitik der westlichen Staaten. Die Tendenz vieler Weißer, das Leben unter Weißen zu bevorzugen, hält er für genauso berechtigt wie die Wünsche anderer ethnischer Gruppen, die ein Leben unter ihresgleichen bevorzugen. Um Spannungen zu vermindern, sollte aus Kaufmanns Sicht die Einwanderung auch nach Maßstäben kultureller Ähnlichkeit gesteuert werden. Gruppen, die sich kulturell segregieren wollen, kann man nie daran hindern. Damit sie nicht übermäßige Spannungen erzeugen, muss man die Einwanderung in solche Gruppen klein halten. Sofern westliche Einwanderungspolitik unterstellt, dass kulturelle Unterschiede nicht existieren oder keine Rolle spielen, und entsprechend handelt, erhöht sie die Intoleranz in der Gesellschaft.[71]

Kosmopolitische, transethnische oder transnationale Einstellungen dominieren nur bei einer Minderheit von Menschen. Kaufmann schätzt den Anteil der »Weltbürger« auf 8 Prozent.[72] Es ist das Recht dieser Minderheit, so zu fühlen und entsprechend zu agieren. Aber für die Mehrheit der anderen, die nicht so fühlen, sollte es keinen Zwang zum Kosmopolitismus geben. Der linke Modernismus, so Kaufmann, stellt sich vor, die ganze Welt zu einem New York im Großen zu machen. Das funktioniert aber nicht, denn die metropolitane Version des Nationalstaats entfremdet die Konservativen, die Stabilität und sozialen Zusammenhalt suchen.

Für Kaufmann ist die Welt eine Summe provinzieller Orte, die von einem globalen Netzwerk überlagert werden. Um die provinziellen Orte, in denen die Mehrheit lebt und leben will, zu schützen, muss aus Kaufmanns Sicht das Recht der Menschen zur Migration beschränkt werden.[73]

Wandel der kognitiven Kompetenzen

Demografische Veränderungen, wie immer man zu ihnen steht, verändern auch die Zusammensetzung einer Bevölkerung. Wer in den letzten Jahrzehnten wiederholt durch die Fußgängerzonen deutscher Großstädte gegangen ist, konnte bemerken, wie drastisch sich die Herkunftsstrukturen bei Kindern und Jugendlichen verändert haben. Da auch persönliche Eigenschaften teilweise erblich sind, bleibt dies auf das Profil der Bevölkerung nicht ohne Einfluss.

Die Intelligenzforschung hat gezeigt, dass der persönliche Lebenserfolg in großem Umfang mit der gemessenen Intelligenz korreliert. Dieser Zusammenhang zeigt sich nicht nur auf der individuellen Ebene, sondern auch im Vergleich zwischen den Staaten der Erde. Wie Regressionsrechnungen zeigen, besteht weltweit ein enger Zusammenhang zwischen dem realen Pro-Kopf-BIP eines Landes und den in der Bevölkerung gemessenen durchschnittlichen IQ-Werten. Erst bei sehr hohen BIP-Werten löst sich dieser Zusammenhang auf.[74] International vergleichende Tests der Bildungsleistung weisen wiederum eine sehr hohe Korrelation mit den Ergebnissen von Intelligenztests auf, offenbar wird hier Ähnliches gemessen.[75] Deshalb ist es sehr aufschlussreich, wie eng der Zusammenhang zwischen den in Tests der Bildungsleistung gemessenen kognitiven Kompetenzen in einem Land und dem Wohlstandsniveau des betreffenden Landes ist. Die Bildungsforscher Eric Hanushek und Ludger Wößmann kommen in einer umfassenden internationalen Untersuchung zum Ergebnis, dass Wohlstandsniveau und Wirtschaftswachstum eines Landes im Wesentlichen von den kognitiven Kompetenzen der Bevölkerung abhängen. Der Zusammenhang ist eng und stabil.[76]

Auch die zwischen Bevölkerungsgruppen bestehenden Disparitäten bei Wohlstand und Beschäftigung hängen eng mit den bei kognitiven Kompetenzen gemessenen Unterschieden zusammen. Das gilt auch für die Einkommensunterschiede zwischen ethnischen Gruppen. Dagegen hat das demografische Gewicht einer Bevölkerungsgruppe in einem Land auf die Einkommensunterschiede zwischen ethnischen Gruppen offenbar keinen Einfluss.[77] So haben sich in den

USA Menschen mit einer ethnischen Herkunft aus Ostasien bei formaler Bildung, Einkommen und Lebenserwartung klar vor die ethnische Gruppe der Weißen geschoben, danach folgen die Menschen mit hispanischem Hintergrund und dann die Schwarzen. Entsprechend fallen in den USA auch die SAT-Tests aus, die in amerikanischen Highschools durchgeführt werden und Teil der Bewerbungsunterlagen für den Platz in einem College sind.[78] Das Personal bei Google besteht mittlerweile zu 35 Prozent aus Mitarbeitern ostasiatischer Herkunft, obwohl ihr Bevölkerungsanteil in den USA lediglich bei fünf Prozent liegt. Der Anteil der Weißen unter den Beschäftigten geht stetig zurück. Hispanics stellen vier Prozent und Schwarze zwei Prozent der Beschäftigten.[79]

In den entwickelten Ländern des Westens sind wohlstands- und schichtabhängige Unterschiede bei der Sterblichkeit weitgehend verschwunden. Das gilt vor allem für die Kindersterblichkeit und die Sterblichkeit im reproduktionsfähigen Alter. Erfreulicherweise dehnt sich diese Tendenz mehr und mehr auch auf die weniger entwickelten Teile der Welt aus. Damit wird die demografische Entwicklung (Einwanderung klammere ich an dieser Stelle aus) überwiegend von der Geburtenentwicklung bestimmt. Deshalb ist es unvermeidlich, dass es sich langfristig für das allgemeine Intelligenzniveau bemerkbar macht, wenn Menschen umso weniger Kinder bekommen, je höher ihr Bildungsniveau und ihre kognitive Kompetenz (und im Durchschnitt auch ihre Intelligenz) ist.[80]

Wie bereits dargelegt, folgt die Intelligenzverteilung (ebenso wie die Verteilung aller übrigen erblichen Eigenschaften) in einer Bevölkerung einer Normalverteilung. Deshalb gibt es in jeder Bevölkerung, jeder Bevölkerungsgruppe und jedem Staat unabhängig vom Durchschnittsniveau Menschen mit hoher und mit niedriger Intelligenz. Gruppenbezogene Unterschiede sagen immer nur etwas über den Durchschnitt einer Gruppe, nie etwas über den Einzelnen aus. Deshalb ist auch die statistische Aussage, dass Männer im Durchschnitt größer als Frauen sind, ohne Weiteres mit dem Umstand vereinbar, dass es sehr große Frauen und sehr kleine Männer gibt. Eine spannende und kontroverse Frage, die an dieser Stelle nicht weiter erörtert wird, ist es, wie der kausale Zusammenhang zwischen Änderungen im durchschnittlichen Intelligenzniveau einer Bevölkerung und dem wirtschaftlichen und kulturellen Auf- und Abstieg von Ländern und von Zivilisationen einzuschätzen ist.[81]

Der Soziologe Gunnar Heinsohn befasst sich seit Jahrzehnten mit den Einflüssen der Demografie auf die innere Dynamik von Gesellschaften und das Konkurrenzverhältnis der Nationen und fordert die westlichen Länder auf, bei der Einwanderungspolitik auf die kognitiven Kompetenzen der Einwanderer zu achten; sein Kernargument ist:

- Ostasien ist zwar geburtenarm, aber bevölkerungsreich. Es wird wegen des Niveaus der durchschnittlichen Intelligenz sowie der sehr großen Zahl intelligenter junger und jüngerer Menschen in eine kognitive Führungsrolle in der Welt hineinwachsen.
- Der Westen muss durch eine richtige Einwanderungspolitik im Wettbewerb um die Klugen bestehen, er wird aber seine Führungsrolle nicht halten können.
- Der Rest der Welt mit circa 6 Milliarden Menschen ist aus der Sicht Heinsohns im Rennen um die kognitive Spitze hoffnungslos abgeschlagen und wird aus diesem Grund auch wirtschaftlich nicht aufholen können. Bei falscher Einwanderung kann dies auch für den Westen bedrohlich werden.[82]

2018 hat der Entwicklungspsychologe und Intelligenzforscher Heiner Rindermann den Zusammenhang zwischen kognitiven Fähigkeiten und dem Wohlstand von Nationen in einer umfassenden Studie untersucht und dabei den gesamten aktuellen Wissensstand aufgearbeitet. Dieser Zusammenhang ist sehr eng. Besonders wichtig für die Wohlfahrt von Nationen ist neben dem kognitiven Durchschnittsniveau das kognitive Niveau der Elite.[83] Rindermann analysiert das komplexe Wechselspiel zwischen biologischen Faktoren, kulturellen Einflüssen und Einwanderung. Auch der Flynn-Effekt und die Unterschiede schichtspezifischer Geburtenraten werden berücksichtigt. Für die nächsten Jahrzehnte sagt er in der Summe der Faktoren für

Nordamerika und Westeuropa sinkende, für Südamerika, Afrika und Südasien steigende kognitive Fähigkeiten voraus. In Ostasien fehlen weitgehend Einflüsse durch Einwanderung. Dort bleiben nach den Berechnungen und Prognosen Rindermanns die durchschnittlichen kognitiven Fähigkeiten unverändert und liegen weiterhin weltweit an der Spitze.[84]

In diesem Kapitel habe ich unter dem vielleicht etwas globalen Titel »Die Ordnung der Natur« unser Wissen über den Kosmos, die Evolution, die Entwicklung des Menschen und die Erblichkeit seiner Eigenschaften in den Blick genommen. Die dabei verwendeten Ordnungskategorien sind selbstverständlich allesamt Kategorien unseres Geistes. Insofern mag man es als irreführend betrachten, wenn ich zwischen der »Ordnung der Natur« und der »geistigen Ordnung« unterscheide. Die Unterscheidung ist gleichwohl sinnvoll: Im vorhergehenden Abschnitt ging es weit überwiegend um Sachverhalte der physikalischen und biologischen Ordnung, die unabhängig vom Bewusstsein und von der Meinung des individuellen menschlichen Geistes objektiv so bestehen. Die geschilderten Tatsachen und Zusammenhänge sind ihrer logischen Struktur nach grundsätzlich empirisch überprüfbar und können damit durch die Wirklichkeit falsifiziert werden.

Die Auswahl meiner Darstellung war nicht willkürlich und folgte auch keinem Zufallsprinzip. Ich nahm vielmehr gezielt jene Sachverhalte in den Blick, die aus religiösen oder ideologischen Gründen besonders gern angegriffen oder schlichtweg bestritten werden. So ist – um einen für das ganze Buch zentralen Punkt zu nennen – nach dem oben Dargelegten völlig klar, dass die individuelle menschliche Lernfähigkeit durch die Kapazität der genetisch determinierten Intelligenz begrenzt wird und dass es hier große biologische Unterschiede zwischen den Menschen gibt. Es ist also nicht so, dass jeder grundsätzlich alles lernen kann. Damit wird bestimmten Ausprägungen einer ideologisch geprägten Gleichheitsidee rein sachlich der Riegel vorgeschoben. Alle Erklärungen oder Behauptungen, die den Beitrag des genetischen Erbes zu Gleichheit oder Ungleichheit zwischen den

Menschen verzerren, anders gewichten oder anders kausal erklären, als es dem Stand der wissenschaftlichen Erkenntnis entspricht, haben entweder eine religiöse oder eine ideologische Sichtweise.

Kapitel 4
Die geistige Ordnung – Religion und Ideologie

Der Mensch ist wie alle Lebewesen in seiner biologischen Ausstattung, seinen emotionalen Antrieben und seinen geistigen Fähigkeiten ein Produkt der Natur und der natürlichen Evolution. Diese Evolution hat ihn dazu befähigt, in größerem Umfang als andere Lebewesen logisch zu denken. Sie hat ihn mit einem Bewusstsein von der eigenen Existenz ausgestattet, ihn mit Emotionen zu religiösem Empfinden und zu künstlerischem Ausdruck versehen und ihm die geistige Neugier gegeben, Konzepte von der Welt zu entwerfen. Und da die menschlichen Verstandeskräfte so groß sind, dass der Mensch seine eigene Sterblichkeit verstehen und reflektieren kann, hat er auch den Antrieb bekommen, über den Sinn seines eigenen Lebens und die Ordnung der Welt nachzudenken. Mit den Mitteln ihres Verstandes und ihrer Emotionen erschaffen sich die Menschen ihre geistige Ordnung von der Welt, und im Rahmen der menschlichen Kultur geben sie ihre Lebenskonzepte, ihr Wissen und ihre Fertigkeiten an andere Menschen und insbesondere an die jeweils nachfolgenden Generationen weiter. So schaffen sich die Menschen ihren eigenen geistigen Kosmos, in dem sie sich zu Hause fühlen.

Entwicklungsgeschichtlich gesehen standen am Anfang religiöse oder magische Vorstellungen, die auf eine sinnhafte Ordnung zielten und ein besseres Verständnis von der Welt und der eigenen Rolle darin ermöglichten. In dem Maße, in dem sich der menschliche Geist um Rationalität bemühte, entstanden daraus Philosophie und Wissenschaft. Die Subjektivität des menschlichen Erkenntnisdrangs und seine Quelle in den ursprünglichen Lebensantrieben habe ich in Kapitel 1 näher beschrieben. Meine Position zu Philosophie und Wissenschaft habe ich in Kapitel 2 dargelegt. Es ging dort um die Möglichkeiten der objektiven Erkenntnis und einer darauf aufbauenden flexiblen Ordnung der menschlichen Gesellschaft, die ich in den Worten Poppers die offene Gesellschaft nenne.

In diesem Kapitel gehe ich auf einige Aspekte der vom Menschen geschaffenen geistigen Ordnung und auch auf die damit verbundenen Gefährdungen für eine offene Gesellschaft näher ein. Denn aus geistigen Ordnungskonzepten stammen auch jene religiös oder ideologisch motivierten Verzerrungen des Denkens, die den Blick für die Zusammenhänge der Wirklichkeit trüben und schreckliche Folgen haben können, wenn sie sich zu Maximen für das Handeln in Politik und Gesellschaft aufschwingen.

Religion

Soweit archäologische oder schriftliche Zeugnisse oder die sprachliche Überlieferung reichen, kennen wir historisch gesehen keine menschliche Gesellschaft oder Kultur, die ohne die Bindungskraft religiöser Überzeugungen auskam. Religiöses Wissen war offenbartes Wissen. Es gab »Experten« für Religion, denen dieses Wissen offenbart wurde oder die es weitertrugen. Vom Medizinmann bei steinzeitlichen jagenden Nomaden bis hin zum Papst in Rom reicht eine ununterbrochene Kette von Religionsstiftern, Propheten, Priestern und allen möglichen Vermittlern religiöser Wahrheiten und Weisheiten.

Religion besaß schon immer eine gemeinschaftsbildende Kraft, sie vermittelte Sinn, ordnete Machtverhältnisse und stiftete Legitimation. Die Religion einer Gesellschaft war von ihrer Kultur und ihrer sozialen Ordnung niemals klar zu trennen. Das zeigte sich bei den sakralen Bauten und den Objekten der Kunst, bei den Herrschaftsformen und dem Umgang mit dem Tod sowie bei der familiären Ordnung und der Rolle der Geschlechter. Das ist für weite Teile der Menschheit im Grundsatz bis heute so geblieben, und da religiöse Menschen gewöhnlich kinderreicher sind, ist auch nicht absehbar, dass sich dies jemals ändern wird.

An die Ursprünglichkeit und die ungebrochene Kraft religiösen Denkens und religiöser Weltsicht hat aber der kritische Geist der Aufklärung in der Menschheitsgeschichte immer wieder die Axt angelegt. »Aufklärung« begreife ich in diesem Zusammenhang nicht historisch als eine bestimmte Epoche der abendländischen Geistesgeschichte. »Aufgeklärt« ist für mich vielmehr jeder rationale, systematische menschliche Denkstil, der aus einer genauen Betrachtung der Wirklichkeit in Verbindung mit logischem Denken rationale Schlüsse zieht und so für Teilbereiche der Welt anstelle des Mythos und der Religion rationale Erklärungen bietet. Der Fortschritt des menschlichen Wissens und der Zivilisation brachte es stets auch mit sich, dass die Welt ein Stück weit »entzaubert« wurde. Allerdings blieb immer noch genügend Unerklärliches übrig, um der Religion im täglichen Leben der Menschen keine ernsthafte Konkurrenz zu machen.

Ich habe die Vermutung, dass die Führer zu allen Zeiten weniger religiös waren als die Geführten und dass das religiöse Feuer in den Menschen durchweg weniger heiß loderte, wenn sie in ihrer Gesellschaft zu den besonders Intelligenten und Gebildeten gehörten. Diesen Eliten war allerdings – mal mehr und mal weniger – bewusst, dass der Glaube ein ideales Herrschafts- und Führungsinstrument bereitstellte und die Willensbildung, wenn man das Instrument richtig benutzte, stark vereinfachen konnte. Zahlreiche Untersuchungen zeigen, dass in der modernen Welt sowohl zwischen Religiosität und Bildung als auch zwischen Religiosität und dem gemessenen Intelligenzniveau ein negativer Zusammenhang besteht.[1] Wissenschaftlich tätige Physiker und Biologen sind mehrheitlich Atheisten, Biologen sogar noch mehr als Physiker.[2]

Karl Albrecht Schachtschneider fasst die Problematik der religiösen Wahrheit wie folgt zusammen: »Die wichtigsten Religionen machen eine Lebensordnung verbindlich, von der sie glauben, dass ein Gott sie gegeben hat. (...) Nur, ob es den Gott, der der Gesetzgeber sein soll, gibt, weiß niemand. Die ›Wahrheit‹ des Gottes beruht auf Glauben, nicht auf Wissen. (...) Gebote eines Gottes können nicht als Wahrheit verbindlich sein.«[3] Ein solcher Wahrheitsbeweis aufgrund des Glaubens ist in der Wirklichkeit der Gesellschaft umso problematischer, wenn gegensätzliche Glaubenswahrheiten aufeinanderprallen.

Obwohl selbst nicht gläubig – da ich von der Aufklärung »durch des Gedankens Blässe angekränkelt« bin –, habe ich doch Respekt vor jedem Glaubens- und Wertesystem, das dem Menschen hilft, sich zu orientieren, Sinn zu erfahren, Werte zu entwickeln und eine geistige Ordnung für sein Leben zu entwickeln oder von anderen anzunehmen, die ihm gemäß ist und bei seiner Existenzbewältigung hilft. Schwierig wird es für mich als ein Kind der Aufklärung, wenn religiöse Glaubenssysteme einen Wahrheitsbegriff entwickeln, der Vorrang vor der wissenschaftlich fundierten Erkenntnis beansprucht, und wenn sie aus einer solchen Position heraus die politische Ordnung und das gesellschaftliche Leben gestalten wollen. Auch sollte man nicht dem Irrtum verfallen, dass religiöses Denken quasi per se zu höheren moralischen Standards führt. Hinsichtlich moralischer Einstellungen gibt es keinen statistisch signifikanten Unterschied zwischen Atheisten und Gläubigen. Richard Dawkins meint dazu: »Wir brauchen Gott nicht, um gut zu sein – oder böse.«[4] Er zitiert den amerikanischen Physik-Nobelpreisträger Steven Weinberg mit seiner Aussage: »Religion ist eine Beleidigung der Menschenwürde. Mit ihr oder ohne sie gibt es gute Menschen, die gute Dinge tun, und böse Menschen, die böse Dinge tun. Aber damit gute Menschen böse Dinge tun, braucht es die Religion.«[5]

Christentum

Der spätantike Übergang zum Christentum als Staatsreligion im Römischen Reich räumte mit der geistigen Freiheit, die die klassische Antike 1000 Jahre lang gekennzeichnet hatte, weitgehend auf. Sicherlich traten die politischen Wirren, die mit der Völkerwanderung rund zwei Jahrhunderte lang die europäischen Geschicke bestimmten und zur Zerstörung des Weströmischen Reichs führten, erschwerend hinzu. Aber auch im Oströmischen Reich, das zunächst politisch ungefährdet weiterexistierte, wurden die antiken Götterkulte untersagt und Tempel zerstört. Selbst christliche Sekten, die aus heutiger Sicht abweichende Meinungen zu esoterischen Fragen hatten – zum Beispiel ob Christus eher Gott oder eher Mensch sei –, wurden unnachsichtig verfolgt. Immer wieder – bis zur Reformation und auch danach – gab es fürchterliche Verfolgungen von Abweichlern. Die Juden wurden aus West- und Mitteleuropa vertrieben, sofern sie nicht umgebracht wurden.

Der Geist der italienischen Renaissance – der Keimzelle der späteren abendländischen Aufklärung – erhob sich rund 900 Jahre nach dem Untergang des Weströmischen Reichs. Im Verlauf des 14. Jahrhunderts begann für den christlichen Glauben im Abendland ein Rückzugsgefecht, in dem immer größere Teile der Welterklärung an die vordringenden Naturwissenschaften abgegeben wurden. Dieser Prozess ist bis heute nicht abgeschlossen. Die Entchristlichung des Abendlandes setzt sich fort. Im November 2021 ging die Nachricht durch die deutschen Medien, dass erstmals in der Geschichte der deutschen Statistik weniger als 50 Prozent der deutschen Staatsbürger der evangelischen oder der katholischen Kirche angehören. Nur noch 12 Prozent der Protestanten und 24 Prozent der Katholiken fühlen sich ihrer Kirche eng verbunden. 70 Prozent der Deutschen meinen aber nach wie vor, dass das Christentum zu Europa gehöre. Für den Islam meinen das nur 17 Prozent, und dieser Anteil hat sich in den letzten zehn Jahren trotz der gegenteiligen Einlassung des damaligen Bundespräsidenten Christian Wulff auch nicht erhöht.[6]

Der amerikanische Schriftsteller Jonathan Franzen stellt fest, dass in den USA wie in Europa das Christentum nahezu irrelevant geworden ist. »Aber selbst wenn sich die liberalen Kreise von der organisierten Religion abgewandt haben, haben sie ähnlich glaubensbasierte Narrative übernommen – zum Beispiel den Mythos, dass der Bau von mehr Windrädern den Planeten vor der Klimakatastrophe retten kann.« Die amerikanische Umweltbewegung ist für Franzen zur neuen Religion geworden, auch Psychotherapien und Selbsthilfegruppen wie die Anonymen Alkoholiker haben aus seiner Sicht den Charakter eines Religionsersatzes angenommen.[7]

Islam

Der Islam entstand um das Jahr 600 als dritte monotheistische Religion nach dem Judentum und dem Christentum auf der Arabischen Halbinsel. Die Entstehung und Ausübung der Religion war von Anfang an stark mit der Idee des Dschihad, des Heiligen Krieges für den eigenen Glauben, verbunden. Religiöse und weltliche Herrschaft waren der Idee nach vereint. Stärker als beim Christentum griff die islamische Glaubenspraxis durch Vorschriften für Nahrung, Kleidung, Geschlechterrollen, Gebet und Pilgerpflichten in das tägliche Leben der Gläubigen ein. Gleichzeitig führten das Fehlen zentraler Glaubensinstanzen und die dominierende wörtliche Interpretation der häufig dunklen Texte des Korans zu häufigem Glaubensstreit, von dem das Schisma zwischen den Sunniten und den Schiiten der bekannteste ist.

Gegenüber den christlichen Ländern Europas gerieten islamische Länder seit dem Mittelalter allmählich in einen technisch-zivilisatorischen Rückstand. Die Modernisierung von Staaten und Gesellschaften setzte später ein und vollzog sich langsamer, wenn sie überhaupt stattfand.

Zwei-Welten-Theorie

Der Islam ist seit der koranischen Offenbarung Allahs an den Propheten Mohammed immer eine Religion der Herrschenden gewesen. Die weltliche Herrschaft gehörte von Anfang an in die Gene des islamischen Glaubens. Ganz anders beim Christentum: Zur Zeit Jesu war die Heimstätte der Juden in Palästina, einem von den Römern beherrschten Land, und entsprechend vorsichtig äußerte sich Jesus zum Verhältnis zwischen der Herrschaft Gottes und der weltlichen Herrschaft, indem er sagte: »Gebt Gott, was Gottes ist, und dem Kaiser, was des Kaisers ist.« Sodann wuchs das Christentum 350 Jahre lang staatsfern unter römischer Herrschaft, bis es schließlich Staatsreligion wurde. Auf dem Höhepunkt ihrer Macht im Mittelalter beanspruchte die katholische Kirche zwar den Vorrang vor der weltlichen Herrschaft, aber wo sie versuchte, den Staat selbst zu übernehmen, schlug dies zumeist fehl. Mit der Reformation wurde die Macht der Kirche erstmals grundsätzlich infrage gestellt. Einen unumstrittenen Monopolanspruch konnte sie nicht mehr erwerben, und gleichzeitig bewirkte seit dem 15. Jahrhundert der unablässige

Fortschritt der wissenschaftlichen Erforschung der Welt, dass alle christlichen Kirchen immer weitere Bereiche der Welterklärung aufgeben mussten und tatsächlich auch aufgaben.

So entstand die Zwei-Welten-Theorie: Die Aussagen der Bibel wurden ihrer Wörtlichkeit entkleidet. Soweit sie sich zu Fragen so äußerten, dass dies den jeweils aktuellen naturwissenschaftlichen Erkenntnissen widersprach, galten für gläubige Christen im Hinblick auf alle praktischen Zwecke die Aussagen der modernen Naturwissenschaften. So steht heute im Licht der modernen Theologie am Ende alles infrage: die Einzigartigkeit des Menschen jenseits seiner biologischen Natur, die Frage der unsterblichen Seele und die eines Weiterlebens nach dem Tod. Wenn in der modernen Kosmologie schon der Begriff der Zeit relativiert wird, wenn es vor dem Urknall keine Zeit gab und irgendwann, wenn alles in einem schwarzen Loch versunken ist, auch keine mehr geben wird, was für einen Sinn macht dann noch der christliche Glaube?

Eine »Modernisierung« des Islam, ähnlich dem Christentum, müsste die Zwei-Welten-Theorie auch auf die Mohammed zuteilgewordene koranische Offenbarung anwenden. Entsprechende Bestrebungen gibt es in der islamischen Theologie, aber sie sind in einer hoffnungslosen Minderheit. Das weitgehende Festhalten an der wörtlichen Wahrheit der islamischen Glaubenssätze behindert die geistige Aufklärung in den islamischen Gesellschaften, die bereits erwähnte weitgehende Ächtung von Darwins Evolutionslehre ist ein Beispiel dafür.

Religion als Ideologie

Religion entstand ursprünglich als eine naive Form der Welterklärung: Offenbartes beziehungsweise als *a priori* gesetztes »Wissen« erklärte den Menschen die Sinnzusammenhänge ihrer Welt und den Bezug zum Großen und Ganzen. Es setzte zudem Maßstäbe für Gut und Böse, für sozial erwünschtes und unerwünschtes Verhalten.

Mit dem Vordringen rationalen Wissens entwickelte sich ein permanenter Wettbewerb zwischen religiöser und rationaler Welterklärung, der für den christlichen Kulturkreis mehr und mehr durch die Zwei-Welten-Theorie aufgelöst wurde. Wo dies aber nicht oder nur teilweise geschah, nahm Religion eine ideologische Färbung an: Sie erhob den Anspruch, auch dort Phänomene der realen Welt zu erklären oder Normen für die reale Welt aufzustellen, wo sie sich zum Stand wissenschaftlicher Erkenntnisse in eindeutigen Gegensatz stellte. Religion wird aber stets da zur Ideologie, wo sie den Anspruch erhebt, die reale Welt zu erklären, oder wo sie der realen Welt Vorschriften machen will, die über den religiösen Ritus hinausgehen und mehr als grundlegende Moralregeln betreffen.

Ein so entstehender religiöser Fundamentalismus kann sich auf vielfältige Art ausprägen. Ich benenne hier die Arten, die uns in der Gegenwart und insbesondere im westlichen Abendland am meisten betreffen. Das sind alle Strömungen im Judentum, im Christentum und im Islam, die – trotz des Erkenntnisstands der modernen Naturwissenschaften – mehr oder weniger darauf bestehen, dass die wesentlichen Aussagen ihrer heiligen Schriften wörtlich zu nehmen sind, und entsprechend auch auf die Ausbildung der Kinder, auf die Wissenschaften und auf die gesellschaftliche und politische Ordnung Zugriff nehmen wollen. Selbstverständlich gibt es hier viele Grauzonen und gleitende Übergänge sowie zahlreiche Widersprüchlichkeiten, die einfach so im gesellschaftlichen Raum stehen.

Christlicher Fundamentalismus

Christlicher Fundamentalismus ist vor allem ein amerikanisches Phänomen. Aus der Sicht von Jonathan Franzen entkoppelten sich in Amerika seit den frühen Siebzigerjahren des vergangenen Jahrhunderts fortschrittliche Politik und Christentum. »Freidenkende Menschen brauchten die Religion nicht mehr, und so wurde sie zum Terrain des vom Fortschritt ausgeschlossenen ländlichen weißen Amerika.«[8] Erleichtert wird der christliche Fundamentalismus in den USA durch die generelle Staatsferne des religiösen Lebens. So haben sich Gemeindeleben und Glaubensinhalte nach ihren eigenen inneren

Gesetzlichkeiten entwickelt und können sich von gesellschaftlichen Trends, aber auch von den Errungenschaften der Aufklärung mit Erfolg lösen, wenn die Gläubigen die Finanzierung des Gemeindelebens sichern.[9]

Christliche Fundamentalisten lehnen Darwins Evolutionstheorie ab. Sie glauben, dass die Welt fünftausend Jahre alt ist und in sieben Tagen von Gott geschaffen wurde. Vertreter des Kreationismus entwickeln erhebliche geistige Anstrengungen, um ihren religiös bestimmten Blick auf die reale Welt zu untermauern. Sie suchen nach noch bestehenden Lücken im naturwissenschaftlichen Weltbild und füllen diese mit Gott. Mit dem Fortschritt der Wissenschaft werden diese Lücken allerdings immer kleiner, was kluge Theologen wie Dietrich Bonhoeffer schon immer beunruhigte.[10] Dawkins beschreibt das grundsätzliche Problem mit religiösen Fundamentalisten wie folgt: »Fundamentalisten wissen, dass sie recht haben. Sie haben die Wahrheit in einem heiligen Buch gelesen und sind sich schon im Voraus sicher, dass nichts sie von ihren Überzeugungen abbringen wird. Die Wahrheit des heiligen Buches ist nicht das Ergebnis eines vernünftigen Denkprozesses, sondern ein Axiom. Das Buch ist wahr, und wenn die Belege ihm zu widersprechen scheinen, muss man nicht das Buch über Bord werfen, sondern die Belege.«[11]

Historisch hat es sich in den letzten Jahrzehnten in den USA so ergeben, dass sich weiße konservative Christen (Evangelikale), aber auch die Mormonen und konservative jüdische Glaubensrichtungen besonders eng mit den Republikanern verbunden haben und dort vor allem den rechten Flügel stützten. Sie zählten und zählen auch zu den wesentlichen Unterstützern von Donald Trump. Zwar schrumpft die Zahl der weißen Evangelikalen in den USA (gegenwärtig etwa 41 Millionen). Sie haben aber traditionell eine besonders hohe Wahlbeteiligung und prägen mit konservativen Familienwerten, Ablehnung der Abtreibung, Skepsis gegen den Ausbau des Sozialstaats und Distanz zur modernen Wissenschaft immer stärker das Profil der Republikaner. So ist in den USA die heutige Republikanische Partei zu einem Arm der religiösen Rechten geworden.[12]

Politischer Islam – Islamismus

Der christliche Fundamentalismus spielt in Europa im Vergleich zu den USA eine deutlich geringere Rolle. Dagegen hat – bedingt durch fortgesetzte Einwanderung aus dem islamischen Kulturkreis – eine starke Ausbreitung eines islamischen Fundamentalismus in Europa stattgefunden. Dazu gibt es seit Jahrzehnten eine umfangreiche Literatur.[13] Da aber das Thema Islam mit Fragen wie Einwanderung, Integration und Asyl verbunden ist und weil sich besonders viele islamkritische Stimmen auf der konservativen und rechten Seite des politischen Spektrums finden, ist das Islam-Thema in der öffentlichen Debatte in Europa, insbesondere in Deutschland, mit vielfältigen, sehr stark wirkenden Tabus verbunden worden.

Reformorientierte islamische Theologen und Intellektuelle finden in der öffentlichen Debatte in Deutschland und Europa nicht die Unterstützung, die sie brauchen, um aus einer Minderheitenposition herauszukommen:

- Die in der Türkei geborene und in Deutschland aufgewachsene Soziologin Necla Kelek hob 2005 mit ihrem Buch *Die fremde Braut* erstmals die Probleme der Integration türkischer Muslime in Deutschland ins öffentliche Bewusstsein. Sie gehört mittlerweile zum etablierten Feindbild konservativer Muslime in Deutschland und wird auch von deutschen Linken und Linksliberalen in Deutschland eher mit Skepsis betrachtet.[14]
- Der in Ägypten aufgewachsene und als Student nach Deutschland gekommene Politologe Hamed Abdel-Samad setzt sich publizistisch immer wieder kritisch mit dem konservativen Islam und dem Islamismus auseinander. Er steht unter Polizeischutz und lebt mittlerweile überwiegend im Ausland.
- Der arabische Israeli Ahmad Mansour warnt – erstmals in dem Buch *Generation Allah* – vor dem wachsenden Einfluss eines konservativen Islam und des politischen Islamismus auf das Denken junger Muslime in Deutschland. Er hat es geschafft, zu einem gefragten Berater gegen Radikalisierung zu werden, und steht

mittlerweile ebenfalls unter Polizeischutz. Die verharmlosende Haltung in der Mehrheitsgesellschaft hält er für fahrlässig und naiv und nimmt dazu die Debatte um den Ruf des Muezzins als Beispiel: Es handle sich um dieselben Personen, »welche an einem Tag morgens Muezzin-Rufe im Namen der Gleichstellung einfordern und am gleichen Abend vom Islam als der einzigen wahren Religion sprechen. Jegliche Kritik an ihrem Islamverständnis wird mit aggressiven und bedrohlichen Reaktionen beantwortet. Und statt Offenheit gegenüber den Missständen in den eigenen Reihen an den Tag zu legen, statt Dialog, Diskurs zu suchen, über die Unterdrückung von Frauen, Homophobie, Antisemitismus im Namen dieser Religion, treten sie sehr schnell beleidigend und diffamierend auf. Ich bin Muslim und will keine Muezzin-Rufe in Deutschland – ich weiß, wohin das führt.«[15]

- Seyran Ates, als Kind türkischer Eltern in Deutschland aufgewachsen, ist in Berlin Imamin der liberalen Ibn-Rushd-Moschee und eine Lieblingsfeindin konservativer muslimischer Verbände. Sie wird aus diesen Kreisen der Islamophobie bezichtigt. Den Linken in Deutschland wirft sie vor, blind für die islamistische Gefahr zu sein.[16]

Die deutsche Politik hängt, auch bedingt durch das deutsche Kirchenrecht, überwiegend einer korporatistischen Auffassung von Religion an und stützt sich – beispielsweise in der Islamkonferenz des Bundesinnenministeriums – sehr stark auf die Zusammenarbeit mit den etablierten Verbänden des konservativen Islam wie der DITIB oder dem Zentralrat der Muslime. Der Mainstream der deutschen Politik ist schon dankbar, wenn das eigene Land von der gewalttätigen Form des Islamismus, dem Dschihadismus, bis auf die eine oder andere Messerattacke weitgehend verschont bleibt. Die deutsche Politik verdrängt, dass der legalistische Islamismus, unterstützt durch die konservativen Islamverbände, auf die stille Machtergreifung durch demografische Entwicklung und die aus ihnen folgenden institutionellen Fakten setzt.[17]

Für die deutsche Politik ist es nach wie vor weitgehend tabu, die insgesamt wenig zufriedenstellende Integration der Muslime in Deutschland und Europa zu ihrer Religion in kausale Beziehung zu setzen. Die Islamwissenschaftlerin Susanne Schröter beschreibt die Risiken für Deutschland und Europa sehr offen:

> Die in diversen Weltregionen typischen synkretistischen moderaten und volkstümliche Formen des Islam stehen (...) zunehmend unter Druck. (...) Es kann sein, dass sich muslimische Hardliner zukünftig stärker durchsetzen und wir große Konflikte bekommen. Es kann aber auch sein, dass die Säkularisierung bei den jetzt noch sehr religiösen Muslimen voranschreitet und dass es zu einer Liberalisierung des Islam in Deutschland kommt. Viel hängt davon ab, ob wir als Gesellschaft deutlich machen, dass wir klare Regeln haben, nach denen wir leben – oder ob wir den Anschein erwecken, alles sei verhandelbar.[18]

Die deutsche Politik scheint aber gegenwärtig noch nicht bereit, die in dem islamistischen Fundamentalismus liegende Herausforderung anzunehmen, das habe ich unter anderem bei meinen Auseinandersetzungen mit der SPD gemerkt. Es wird vor allem aber bestürzend deutlich an der kollektiven Verdrängung der Probleme, die sich an mehr und mehr Schulen in Deutschland auftun. In vielen Bezirken und Stadtvierteln deutscher Großstädte ist mittlerweile die Mehrzahl der Schüler muslimisch, und aus demografischen Gründen nimmt deren Anteil immer weiter zu. Für die Lehrer und den immer kleineren Anteil der nicht muslimischen Schüler wird es an solchen Schulen immer schwerer, sich gegen die Dominanz eines konservativen islamischen Weltbilds durchzusetzen. Leidtragende sind insbesondere die muslimischen Mädchen. Die Politik möchte davon möglichst wenig wissen und verdrängt die ganze Problematik, und zwar umso mehr, je linker und grüner sie ist.[19]

In weiten Teilen Afrikas und im Nahen und Mittleren Osten bis nach Afghanistan und Pakistan stockt die Modernisierung von Gesellschaften, und es entwickeln sich immer neue disparate Konflikte, weil die Gesellschaften sich in den Hemmnissen eines fundamentalistischen politischen Islam verhaken. Aber bei uns im Westen möchte man die elementare Verbindung der Probleme dieser Länder mit einem fundamentalistisch geprägten Islam am liebsten leugnen. Ein schönes Beispiel ist der *FAZ*-Redakteur Rainer Hermann: Er beschreibt seit Jahren in zahlreichen Artikeln immer wieder die Dysfunktionalität der arabischen Länder, des Irans und der Türkei, und sein Leiden daran merkt man seinen Formulierungen an. Aber er weigert sich nahezu durchgehend konsequent, irgendeine Verbindung zwischen den von ihm beschriebenen Problemen dieser Länder und der Religion des Islam herzustellen.

Ideologie als Religionsersatz

Der religiöse Mensch setzt den Glaubenskern seiner Religion – ihre offenbarten Wahrheiten, so wie er sie verstanden hat – als wahr voraus und lässt, wenn er wirklich gläubig ist, an diesen religiösen Kernwahrheiten weder durch wissenschaftliche Erkenntnisse noch durch eigene Erfahrungen rütteln. Die Offenbarungen der Religion sind für ihn ein axiomatisches Vorwissen, das durch Vernunft und Erfahrungen nicht widerlegt werden kann.

In besonders starkem Ausmaß gilt dies für religiöse Fundamentalisten. Da sie sich der offenbarten religiösen Wahrheit so sicher sind, sehen sie alle Handlungen (und je nach Glaubensinhalt auch alle Gräueltaten), die aus ihren religiösen Überzeugungen scheinbar zwingend folgen, durch den göttlichen Willen gerechtfertigt. Aber immerhin wissen religiöse Fundamentalisten, dass am Anfang von allem der Glaube steht und dass die offenbarte religiöse Wahrheit mit den Mitteln des menschlichen Verstands und der weltlichen Erfahrung nicht »bewiesen« werden kann. Die Unbegreiflichkeit Gottes und der transzendentale Charakter der religiösen Erfahrung sind unaufhebbar und der menschlichen Vernunft nicht zugänglich. Dieser Umstand kann religiöse Überzeugungen je nach ihrem Inhalt auch gemeingefährlich machen. Aber immerhin wissen die Gläubigen, dass am Anfang ihres Glaubens ein Willensakt stand, der auch anders hätte ausfallen können. Religiöse Fundamentalisten beziehen sich auf ein Mysterium außerhalb von ihnen selbst, an das sie glauben. Ideologen dagegen meinen, die Wahrheit zu kennen aufgrund der eigenen Verstandeskräfte. Das ist viel gefährlicher.

Bei der axiomatischen Setzung bestimmter »Grundwahrheiten« treffen sich religiöser Glaube und alle Arten von Ideologie. »Moderne« Ideologien setzen aber an die Stelle des religiösen Glaubens eine angebliche wissenschaftliche Erkenntnis oder eine auf andere Art gewonnene Überzeugung. Diese wird dann verabsolutiert und zum Zentrum eines darauf ausgerichteten Weltbilds gemacht. Ideologien haben einen fließenden Charakter. Sie sind den Menschen, die ihnen anhängen, häufig gar nicht oder nur teilweise bewusst. Sie sind oft widersprüchlich und stehen in ein und demselben menschlichen Gemüt häufig unverbunden neben anderen Ideologien oder ganz anders geprägten Weltbildern und Werthaltungen. Die kolossalen Widersprüchlichkeiten zwischen konkurrierenden Ideologien machen diese innerhalb von Gesellschaften und im Gemüt von Individuen oft erst erträglich und können ihnen bisweilen auch eine gewisse Schärfe nehmen. Woher der Mensch seine Ideen bekommt, ist letztlich egal. Toleranz ist wichtig, ebenso die klare Grenzziehung gegen eine aus der Glaubensgewissheit geprägte Übergriffigkeit, zu der sowohl Religionen als auch Ideologien neigen. Hier liegt der große Wert einer Kultur, die die geistige Freiheit schützt, wie sie sich in der abendländischen Aufklärung entwickelt hat.

Es ist sehr anstrengend und häufig frustrierend, in Natur und Gesellschaft die komplexen kausalen Zusammenhänge der Wirklichkeit zu durchschauen und einigermaßen zu entwirren. Häufig ist das nur Experten und Spezialisten möglich. Dies widerspricht aber dem weitverbreiteten Bedürfnis nach anschaulicher Wegweisung und verständlicher Weltdeutung. Diese Lücke können Ideologien füllen. Wenn man ihre zentralen Behauptungen verstanden hat, geben sie ein Muster der Sinn- und Weltdeutung an die Hand und sind für denjenigen, die von ihrer Gültigkeit überzeugt sind, ein mächtiges

Instrument, um die Welt zu erklären und gegebenenfalls für allerlei vermutete und tatsächliche Missstände Schuldige zu finden.

Der klinische Psychologe Jordan Peterson weist darauf hin, dass Ideologien jeglicher Art besonders attraktiv für Menschen sind, die intelligent, aber geistig faul sind. Aufgrund ihrer Intelligenz und Erziehung verstehen sie den Kern einer Ideologie schnell und lernen es, alternative Theorien und Methoden zu kritisieren und sich die Fakten entsprechend zurechtzulegen. Das geht dann besonders gut, wenn eine Ideologie von einer undurchschaubaren Terminologie begleitet wird. Hat eine Ideologie in einer Gruppe eine gewisse Dominanz gewonnen, eignet sie sich auch gut als Mittel der Gemeinschaftsbildung und als Instrument der Ausgrenzung. Wer Kernannahmen der Ideologie kritisiert oder auch nur implizit infrage stellt, wird zum Außenseiter. Das baut Druck auf den Einzelnen auf: Kritisiere nicht die Ideologie, damit du nicht ausgegrenzt und zum Außenseiter gestempelt wirst.[20] Ideologien richten für ihre Anhänger Tabuzonen auf. Das hat auch Einfluss auf die Rolle und Unabhängigkeit der Wissenschaft: Bei Ideologien, die in bestimmten Ecken der akademischen Welt jeweils gerade dominieren, kann der Widerspruch zu ihnen Noten verschlechtern und akademische Karrieren gefährden.[21] Schlechte Wissenschaft gerinnt schnell zu Ideologie. Alle »ismen« haben einen ideologischen Charakter oder zumindest eine ideologische Komponente. Ideologen machen aber auch gern ihrerseits einem für ihre Ideologie unwillkommenen wissenschaftlichen Ergebnis den Vorwurf, ideologisch motiviert zu sein. Es passt das Wort von Friedrich Nietzsche: »Das Bedürfnis nach Glauben ist der größte Hemmschuh der Wahrhaftigkeit.« [22]

Auf dem Feld der Politik sind bestimmte Ideologien oft der Kitt, der politische Bewegungen oder politische Parteien zusammenhält. Wer diese implizit oder explizit kritisiert, wird als Fremdkörper wahrgenommen, und es setzen Abstoßungsbewegungen ein. So erging es mir mit der SPD, als meine publizistische Tätigkeit ab dem Jahr 2010 eine unwillkommene Richtung nahm.

Ideologische Systeme mit Einfluss auf die Gegenwart

Seit dem 18. Jahrhundert – unmerklich und schleichend schon seit dem 15. Jahrhundert – führten der Fortschritt der Naturwissenschaften und die Ausbreitung rationalen Denkens bei den Intellektuellen und den geistigen Führungsschichten zu einem Verblassen religiöser Bindungskräfte und zum Niedergang eines naiven Jenseitsglaubens. Alternative Versuche der Welterklärung und Sinndeutung beflügelten die Naturwissenschaften und die Philosophie. Aber sie brachten auch den Aufschwung ideologischer Erklärungsmuster, die scheinbar wissenschaftlich fundiert waren, tatsächlich aber als Religionsersatz dienten.

Dazu wurde eine wissenschaftliche Teilerkenntnis, die möglicherweise sogar richtig sein konnte, oder ein Vorurteil, das sich als Wissenschaft tarnte, in seiner Bedeutung aufgeblasen und in seinen Wirkungen verabsolutiert. So entstand eine axiomatische Behauptung über die Wirklichkeit, die als unwiderlegbar galt und im Rahmen des jeweiligen ideologischen Konzepts nicht hinterfragt werden durfte. Daraus wurden dann Folgerungen über die Wirklichkeit und Forderungen an die Politik abgeleitet, und gleichzeitig wurde kräftig moralisiert. Im ideologisch getriebenen Blick auf die Welt kommen regelmäßig »das Gute« und »das Böse« vor. Es gibt die Sünde und den Sünder, es gibt die Schuld und die Erlösung, und es gibt die Uneinsichtigen und die Bösewichter, die sich dem Gang der Geschichte beziehungsweise der »Vorsehung« entgegenstellen und damit so schwere Schuld auf sich laden, dass sie entweder ausgerottet oder anderweitig unschädlich gemacht werden müssen. Das habe ich jetzt stark überspitzt ausgedrückt, aber in jedem ideologischen Konzept gibt es eine Analogie zu dieser Überspitzung.

Ideologische Konzepte wandeln sich im Zeitablauf, sie ändern ihre Gewichtungen und wechseln ihre Gestalt. Sie können sich mit anderen ideologischen Konzepten verbinden und als Hybride neue Ideologien erschaffen. Diese im Grundsatz unabschließbare Vielfalt ideologischer Sichtweisen auf die Welt muss man im Auge behalten, wenn man über Ideologien spricht. Im Folgenden gehe ich auf einige ideologische Konzepte, die historisch besonders wichtig sind oder die Gegenwart stark beeinflussen, näher ein.

Marxismus – Kommunismus

Die geschichtsphilosophische Wirtschaftstheorie von Karl Marx und Friedrich Engels ist die einflussreichste und – wenn man die Opferzahlen kommunistischer Diktaturen betrachtet – leider auch verderblichste aller Ideologien des 19. und 20. Jahrhunderts. Auch im 21. Jahrhundert haben marxistische Erklärungsansätze nach wie vor in den Geisteswissenschaften eine ungebrochene Faszination.

Bei der Auseinandersetzung mit den kapitalistischen Erscheinungsformen der frühen Phase der Industrialisierung in Europa haben Marx und Engels großartige wissenschaftliche Leistungen vollbracht. Auch die umstandslose Direktheit und die plastische Sprachkraft von vielen ihrer Texte machen bei der Lektüre immer wieder Freude. Ihre Beiträge zur ökonomischen Wert- und Preistheorie waren allerdings zeitgebunden, deren Erklärungskraft ist begrenzt. Ihre Beschreibungen frühkapitalistischen Elends sind erschütternd. Den umwälzenden Charakter einer von Innovationen getriebenen kapitalistischen Wirtschaftsweise haben sie gut erkannt.

Das Scheitern, aber auch die fortwirkende Faszination der marxistischen Lehre ergibt sich aus dem Versuch, viele disparate Einzelerkenntnisse und allerlei unbewiesene Behauptungen in ein geschichtsphilosophisches Erklärungsmodell einzubauen, das quasi eine Weltformel für den wirtschaftlichen und sozialen Gang der Menschheitsgeschichte ergibt. Dass das marxistische historizistische Modell zum Gang der Weltgeschichte schon rein erkenntnistheoretisch nicht trägt, habe ich in Kapitel 2 erörtert. Sofern Marx und Engels konkrete Prognosen zur Entwicklung einzelner Volkswirtschaften oder der kapitalistischen Wirtschaftsweise insgesamt abgaben, wurden sie vollständig widerlegt.

Durch eine Verkettung historischer Zufälle gewannen die Anhänger von Marx' Lehre, die Kommunisten, schließlich in zwei großen

Ländern – Russland und China – die Oberhand, die zum Zeitpunkt ihrer Machtergreifung notorisch rückständig waren und in der marxistischen Stufenfolge, die irgendwann zur Herrschaft des Proletariats führen sollte, eigentlich noch gar nicht »dran« gewesen wären. In beiden Fällen führte dies zu Blutbädern und Opferzahlen, deren Ausmaß historische Singularität beanspruchen kann, und in beiden Fällen endete der Sturz oder die Reform des Systems in einer neuen kapitalistischen Wirtschaftsordnung. Diese ist allerdings im Unterschied zu den Marktwirtschaften des Westens nur teilweise oder gar nicht demokratisch. Sie wird vielmehr von Oligarchien beherrscht, die sich auf unterschiedliche Weise, aber jedenfalls nicht demokratisch rekrutieren und deren Mitglieder auf undurchschaubare Weise um die Macht ringen.

Marx und Engels würden sich im Grab umdrehen, wenn sie das heute sähen. Aber fairerweise muss man sagen, dass die beiden zeit ihres Lebens viel zu sehr mit dem aus ihrer Sicht unvermeidlichen Untergang des Kapitalismus beschäftigt waren. Wie die Herrschaft des Proletariats nach der aus ihrer Sicht unvermeidlichen Weltrevolution und der Enteignung der Kapitalisten tatsächlich funktionieren sollte, darüber finden wir in ihren Schriften nichts.

Was macht die trotz dieser katastrophalen Bilanz gleichwohl anhaltende Faszination des Marxismus aus? Es ist die Welterklärung, die er liefert. Er unterscheidet sorgfältig nach Gut und Böse, und der unvermeidliche Gang der Weltgeschichte führt zur Bestrafung beziehungsweise Enteignung der Bösen oder der Täter – das sind die Kapitalisten – und zur Erhöhung der Guten, der Opfer – das sind die Proletarier.

Der Zauber dieser Erzählung überwindet in den Köpfen vieler Denker immer wieder die Wirklichkeit. Ihr Grundmuster taucht in allen Ideologien, die die Gegenwart beherrschen, in abgewandelter und angepasster Form stets erneut auf.

Faschismus – Nationalsozialismus

Nach dem Ersten Weltkrieg etablierten sich im Verlauf der Zwanziger- und Dreißigerjahre in vielen europäischen Ländern autoritäre, demokratiefeindliche Systeme, die aber eine große Vielfalt zeigten: Gemeinsam waren ihnen die Gruppierung um einen autoritären Führer, ein ausgeprägter Nationalismus, die Bezugnahme auf vergangene (tatsächliche oder vermeintliche) nationale Größe und traditionelle Werte. Alle stützten sich auf das rechtskonservative Bürgertum, einige auf eine reaktionäre katholische Kirche. Einige standen der Modernisierung der Gesellschaft und dem Abbau von Klassenschranken kritisch gegenüber. Andere trieben sie voran und nahmen Anleihen bei sozialistischem Gedankengut. Allen gemeinsam war die Ablehnung der parlamentarischen westlichen Demokratie und des Sowjetkommunismus. Ein ausgeprägter Nationalismus ging oft mit Fremdenfeindlichkeit und rassistischen Denkmustern Hand in Hand. Im Detail aber waren diese totalitären Systeme so unterschiedlich, dass bereits die Sammelbezeichnung »Faschismus« oder »faschistisch« etwas Gewaltsames hat. Das zeigt der Vergleich von Italien, Spanien und Deutschland:

Seinen Namen hat der Faschismus aus Italien, wo Benito Mussolini mit seinen Anhängern 1922 an die Macht kam. Diese musste er aber lange mit anderen teilen. Mussolinis Faschismus war extrem nationalistisch. Er träumte von der Wiederherstellung römischer Größe. Dem grundsätzlich aggressiven Charakter des Regimes stand aber seine militärische Schwäche im Weg. Rassistisch war der italienische Faschismus nicht.

In Spanien war der Faschismus durch reaktionäre Kirchentreue und einen ausgeprägten Antisozialismus und Antikommunismus gekennzeichnet. Im Spanischen Bürgerkrieg und danach war der Umgang mit den inländischen Gegnern erbarmungslos. Außenpolitische Expansion lehnte der Diktator General Francisco Franco aber ab. Er ließ sich von Hitler und Mussolini nicht in den Zweiten Weltkrieg hineinziehen und starb im Unterschied zu diesen erst dreißig Jahre nach Kriegsende friedlich in seinem Bett. Bis dahin hatte seine faschistische Diktatur Bestand.

Der deutsche Nationalsozialismus hatte in seinen äußeren Formen und seiner Rhetorik viele Anleihen beim italienischen Faschismus genommen. Allerdings waren diese Ähnlichkeiten auch irreführend und ließen den Nationalsozialismus viel harmloser erscheinen, als er tatsächlich war. Insbesondere galt dies

- für die Totalität und Ruchlosigkeit der Machtergreifung im NS-Staat und die Methoden der Unterdrückung
- für die expansive Eroberungspolitik, die den eigenen Untergang geradezu erzwingen wollte
- für das ausgeprägt rassistische Weltbild, das in der Idealfigur des germanischen Ariers gipfelte
- für den mörderischen Antisemitismus, der in den Holocaust mündete.

So kommt dem Nationalsozialismus unter den faschistischen Bewegungen ein Alleinstellungsmerkmal hinsichtlich totalitärer Gesinnung, Niederträchtigkeit und Zerstörungswut zu. Es wird für immer rätselhaft und zutiefst verstörend bleiben, wie ein Kulturvolk mit tausendjähriger europäischer Tradition sich willenlos wie eine Herde Schafe in die Hand eines solchen Verbrecherregimes begeben konnte. Das hatte viel mit der Person Adolf Hitlers, aber auch mit der Schwäche der Weimarer Demokratie zu tun.

Aus heutiger Sicht bleibt es unfasslich, welche Verzerrungen des Denkens den Nationalsozialismus überhaupt erst möglich gemacht haben und welche Verzerrungen die nationalsozialistische Herrschaft durch ihre Propaganda in der deutschen Gesellschaft salonfähig gemacht hat.

Die Gebiets- und Bevölkerungsverluste, die Deutschland durch den Versailler Friedensvertrag neben dem Verlust der Kolonien erfahren hatte, waren zwar für den Nationalstolz schmerzlich, aber sie gingen nicht an die Substanz des Landes. Die Wiedergewinnung von Danzig und Westpreußen lohnte bei Weitem keinen neuen Weltkrieg. Wie konnte das ganze deutsche Volk sich gleichwohl in einen verbrecherischen Vernichtungskrieg ziehen lassen und darin sechs Jahre lang so tapfer kämpfen? Ich kenne alle jemals diskutierten Antworten auf diese Frage. Es verbleibt die erschütternde Erkenntnis, dass auf rationale Einsicht, auch auf den individuellen Mut, kein Verlass ist, wenn die Machtverhältnisse ausreichend eindeutig und die Machthaber entsprechend brutal sind.

Antisemitismus

Dem kommunistischen Narrativ über den Sieg des Guten über das Böse und die unvermeidliche Weltrevolution, die die Erlösung bringt, lässt sich ein entsprechendes nationalsozialistisches Narrativ gegenüberstellen:

- Für den Marxismus ist der Sieg des Proletariats in der Weltrevolution Sinn und Ziel der Weltgeschichte und am Ende historisch unvermeidlich. Für den Nationalsozialismus trat an die Stelle des historisch unvermeidlichen Klassenkampfs der historisch unvermeidliche Kampf der Rassen um die Weltherrschaft. Für ihn muss und wird die arische Rasse mit den Germanen an der Spitze am Ende obsiegen.
- An die Stelle der Kapitalisten tritt in der nationalsozialistischen Rassenideologie das Weltjudentum. An die Stelle des Proletariats tritt die arische Rasse mit den Germanen an der Spitze. Das Ziel der Geschichte ist erreicht, wenn die Arier mit den Germanen an der Spitze die minderwertigen Rassen, insbesondere aber das Weltjudentum, vernichtet haben.

Es ist uns heute, bald acht Jahrzehnte nach dem Ende des Zweiten Weltkriegs, ziemlich unbegreiflich, wie solch ein abstrus verzerrtes Denken die deutsche Politik zwölf Jahre lang beherrschen konnte. Und da ich die Existenz historischer Gesetzmäßigkeiten aus erkenntnistheoretischen Gründen verneine, kann ich nicht ausschließen, dass jede denkbare Unvernunft auch wieder zurückkehren kann. (Ein schreckliches Beispiel der Rückkehr von krasser, gewalttätiger Unvernunft – diesmal im Gewand eines neuen russischen Nationalismus – erleben wir im Angriff des vom Diktator Putin geführten Russlands auf die Ukraine, der am 24. Februar 2022 die Welt, in der wir leben, auf ganz unvorhergesehene Weise verändert hat.)

Mit dem Holocaust hatte der Antisemitismus die schrecklichste denkbare Form angenommen.[23] Aber er hat eine lange Tradition, seine Ursprünge reichen in das Römische Kaiserreich zurück, als die Juden sich nach der Zerstörung Jerusalems über das ganze Römische Reich zerstreuten. Unter christlicher und islamischer Herrschaft gab es von der Spätantike bis in die Neuzeit immer wieder Pogrome gegen jüdische Gemeinden und groß angelegte Judenverfolgungen. Im Mittelalter führte dies zur weitgehenden Vertreibung der Juden aus West- und Mitteleuropa und zu einer Konzentration der europäischen Juden in osteuropäischen Siedlungsgebieten. Mit dem Beginn der Industrialisierung und der allmählichen bürgerlichen Gleichstellung der Juden setzte eine Rückwanderung von Juden aus den östlichen Siedlungsgebieten nach West- und Mitteleuropa ein.

Die kleinen Minderheiten der Juden waren seit der Mitte des 19. Jahrhunderts überall in Europa im Geschäftsleben, in der Wissenschaft, in den akademischen Berufen, in den Medien und beim Theater überdurchschnittlich repräsentiert. Der dadurch ausgelöste Neid beflügelte neue antisemitische Bestrebungen, die teilweise an mittelalterliche christliche Muster anknüpften, aber mit diesen nicht verwechselt werden dürfen.

Hannah Arendt beginnt ihre große Studie über *Elemente und Ursprünge totaler Herrschaft* mit einer umfangreichen Analyse des Antisemitismus: »Niemals und nirgends besaßen die Juden nach der Zerstörung des Tempels ein eigenes Territorium und einen eigenen Staat; immer hing ihr Überleben von dem Schutz durch nichtjüdische Mächte ab.«[24] Um im Zustand der Zerstreuung kulturell und als Volk zu überleben, waren die Juden in der Diaspora, so Hannah Arendt, auf »freiwillige Isolierung« angewiesen. Der moderne Antisemitismus begann für die Juden eine Rolle zu spielen, als im 19. und 20. Jahrhundert die »Emanzipation vollzogen war« und die Juden »den Ehrgeiz entwickelten, zur nicht jüdischen Gemeinschaft zugelassen zu werden«. Hannah Arendt unterscheidet zwischen »antijüdischen Ressentiments«, »die das ganze 19. Jahrhundert hindurch in den gebildeten Klassen weit verbreitet waren«, und dem »Antisemitismus als Ideologie«. Der blieb aus ihrer Sicht, »von vereinzelten Ausnahmen abgesehen, auf verrückte Einzelgänger, und zwar insbesondere in den extremistischen Randgruppen, beschränkt«.[25]

Hannah Arendt hält es nicht für einen »Zufall, dass gerade der Antisemitismus den Kern und Kristallisationspunkt der nationalsozialistischen Ideologie bildete«. Die Nazis selbst nahmen die »Rolle des jüdischen Volkes in der internationalen Politik« als »ihre Hauptentdeckung in Anspruch« und leiteten daraus ihr Hauptziel ab, die »Verfolgung und schließlich Ausrottung der Juden in der ganzen Welt«.[26] Darum greift es für Hannah Arendt zu kurz, Antisemitismus mit Chauvinismus und Xenophobie gleichzusetzen. Dies werde von der Tatsache widerlegt, »dass der Antisemitismus in genau dem Maße zunahm, in dem das traditionelle Nationalgefühl und das rein nationalistische Denken an Intensität abnahmen, um seinen Höhepunkt in dem Augenblick zu erreichen, als das europäische Nationalstaatensystem zusammenbrach«. Die nationalsozialistische Ideologie griff aus der Sicht Hannah Arendts über den Nationalstaat weit hinaus. Die »Bewegung« war den Nazis weitaus wichtiger als der territorial stets begrenzte Nationalstaat. »Aber nicht nur die Politik der Nazis, die Geschichte einer mindestens 75 Jahre alten antisemitischen Bewegung spricht deutlich gegen jede Identifizierung von Nationalismus und Antisemitismus.«[27] Hannah Arendt entwickelt auf 250 Seiten eine komplexe Theorie zur Entstehung des modernen Antisemitismus und zu seiner zentralen Rolle im Nationalsozialismus. Manche ihrer argumentativen Brücken sind kühn. Ihre Argumentation lohnt die Anstrengung vertieften Lesens. Bleibend ist das Erschrecken darüber, wie ein kruder Antisemitismus, der im 19. Jahrhundert nur von Außenseitern propagiert wurde, zum Zentrum des nationalsozialistischen Ideologiegebäudes werden konnte.

Antisemitische Denkmuster wirken sicherlich auch in den westlichen Gesellschaften der Gegenwart weiter, aber sie sind nicht mehr so virulent. Sofern es konkrete antisemitische Gewalttaten oder aggressive Akte gegen Juden gibt, kommen diese in den Ländern Westeuropas überwiegend aus dem Kreis der seit den Sechzigerjahren eingewanderten Muslime und vonderen Nachfahren.[28] Damit hat die traditionell linksorientierte Antisemitismusforschung in Deutschland ein Problem – vielleicht weil sie befürchtet, dass an die Stelle des Antisemitismus Muslimfeindlichkeit treten könnte.[29]

Der Umstand, dass antisemitische Vorfälle in Deutschland und Europa mittlerweile weitgehend auf die judenfeindliche Einstellung vieler Muslime, die in den letzten Jahrzehnten eingewandert sind, und ihrer Nachkommen zurückzuführen sind, hat auch mit dem Konflikt zwischen dem Staat Israel und den Palästinensern zu tun, bei dem die weitaus meisten Muslime innerlich aufseiten der Palästinenser stehen. Die traditionelle Feindschaft im Islam gegen die Juden spielt ebenfalls eine Rolle.[30] Palästinensische Schulbücher sind antisemitisch, rufen zu Gewalt auf und verherrlichen den Terror.[31] Aber auch in vielen linken Kreisen wird es mittlerweile modern, Israel wegen seiner Politik gegenüber den Palästinensern zu kritisieren und dabei antisemitische Stereotype zu bedienen. Der Psychologe Ahmad Mansour, als Araber in Israel aufgewachsen, schreibt dazu:

> Weil Israels Selbstbehauptung provoziert, weil das alltägliche selbstbewusste jüdische Leben provoziert, so scheint mir, fühlen sich insbesondere Deutsche fast aller Jahrgänge zu Israels Feinden in der arabischen Welt hingezogen. Dieser antisemitische Magnetismus gipfelt in der gern wiederholten Phrase, Israelis seien ›die neuen Nazis‹. Fassungslos höre ich als Psychologe, als israelischer Araber und historisch aufgeklärter Muslim, wie Deutsche heute solche Sätze sagen. Woher diese deutsche Besessenheit von der ›Israelkritik‹? Warum ist man so fixiert auf die kleine Demokratie im Nahen Osten, die sich gegen sämtlich feindselige Nichtdemokratien in ihrer Nachbarschaft behaupten muss?[32]

Meine Antwort auf Mansours Frage lautet: Israel ist ein Freund der USA, kapitalistisch, marktwirtschaftlich und militärisch stark. Aus einem zur Dritten Welt gehörenden Umfeld von Armut, Korruption, Diktatur und Rückständigkeit ragt es positiv heraus. Damit wird es für die traditionelle linke Erzählung von Antikapitalismus, Opfern und Ausbeutung zu einer unerträglichen Herausforderung. Für ihre ideologisch motivierte Kritik am israelischen Erfolgsmodell nehmen es manche Linke gern in Kauf, in antisemitischen Geruch zu geraten. Das ist der eigentliche Grund, weshalb eine Organisation wie Amnesty International im Nahostkonflikt einseitig für die Palästinenser Stellung nimmt und Israel sogar eine Politik der Apartheid vorwirft, also des Rassismus anklagt.[33]

Die junge, auch in Deutschland gefeierte irische Autorin Sally Rooney verweigerte für ihren jüngsten Roman eine Übersetzung ins Hebräische, weil sie findet, dass Israel die Palästinenser schlecht behandelt. Ihr deutscher Verlag Ullstein drückte sich vor einer inhaltlichen Stellungnahme.[34]

Rassismus

Hannah Arendt analysiert scharfsinnig die instrumentelle Rolle von Ideologien im Rahmen totalitärer Politik:

> Totalitäre Politik ist keineswegs einfach antisemitisch oder rassistisch oder kommunistisch, sie gebraucht und missbraucht vielmehr ihre eigenen ideologischen und politischen Elemente so lange, bis die reale Tatsachenbasis, aus der die Ideologien anfänglich ihre Stärke und ihren Propagandawert bezogen – die Realität des Klassenkampfes z.B. oder die Interessengegensätze zwischen den Juden und ihren Nachbarn –, so gut wie verschwunden ist.[35]

Gegen die Ideologie des Antisemitismus entstand im späten 19. Jahrhundert der Zionismus, »der zumindest in seiner westlichen ideologischen Gestalt eine Art Gegenideologie war, eine ›Antwort‹ auf den Antisemitismus«.[36]

Wie paradox es um das Verhältnis zwischen Antisemitismus und Rassismus bestellt sein kann, zeigt Hannah Arendt am Beispiel des britischen Politikers Benjamin Disraeli, einer prägenden Gestalt des viktorianischen Zeitalters und von 1874 bis 1880 britischer Premierminister. Disraeli stammte aus einer assimilierten jüdischen Familie und tat sich auf seine biologische Herkunft als Jude viel zugute.

> In diesem getauften Juden, der vom Christentum wenig und von jüdischer Religion nichts mehr verstand, treffen wir in voller Reinheit jenen naturalistischen Begriff der Auserwähltheit, der dann als ›Salz der Erde‹ und ›Motor der Geschichte‹ die ganze Literatur des assimilierten Judentums beherrscht. Nicht weil er die Königin von England zur Kaiserin von Indien gemacht hat, sondern weil er die zur maßvollen Unterdrückung fremder Völker notwendige Theorie gleich mitgeliefert hat, kann man Disraeli mit Recht als den Vater eines inzwischen veralteten Imperialismus bezeichnen.[37]

Wie in Kapitel 3 näher ausgeführt, gibt es natürlich zwischen Menschengruppen je nach ihrer biologischen Herkunft ererbte und vererbliche Unterschiede. Diese streuen jedoch innerhalb der ethnischen Gruppen von Individuum zu Individuum erheblich und lassen weder Rangordnungen noch Bewertungen zu. Spätestens seit den rassistisch motivierten Gräueltaten des Nationalsozialismus, die ja nicht nur die Juden betrafen, ist rassistisches Denken zu Recht moralisch völlig diskriminiert. Rassistisch motivierte Ungleichbehandlung wird auch durch internationale Abkommen ausdrücklich verboten.[38] Rechtsradikales und rechtsextremes Denken ist auch in der Gegenwart häufig rassistisch konnotiert. Gerade rechtsextreme Gewalttaten haben häufig einen rassistischen Hintergrund. Deshalb ist es richtig und bleibt dauerhaft notwendig, Rassismus in jeder Form zu ächten und anhaltend zu bekämpfen.

Es gibt allerdings immer wieder Versuche, beim Begriff des Rassismus Verschiebungen in seiner Bedeutung vorzunehmen, die das Kernanliegen verwischen. Als Ergebnis solcher Bedeutungsverschiebung können dann viele unwillkommene Tatsachen, Ausdrucksweisen und kritische Fragestellungen als »rassistisch« gebrandmarkt werden, obwohl sie es gar nicht sind und mit dem eigentlichen Inhalt von Rassismus – der Erhöhung oder Herabsetzung von Gruppen oder von Einzelnen aufgrund ihrer ethnischen Herkunft – nichts zu tun haben.

Der tatsächliche, auf die ethnische Herkunft bezogene Rassismus ist als Ideologie und Feindbild in der Gegenwart vor allem am rechtsradikalen und rechtsextremen Rand der Gesellschaft zu verorten. Dagegen ist die inhaltliche Expansion des Rassismus-Begriffs, auf deren verschiedene Erscheinungsformen ich im Folgenden kurz eingehe, ein Produkt linksradikaler, linker und linksliberaler Gesellschaftsideologien. Die Funktion dieser Begriffsausweitung besteht darin, möglichst viele von den Personen und den Denkstilen, zu denen man eine inhaltliche Gegnerschaft empfindet, mit dem Rassismus-Vorwurf zu delegitimieren und mundtot zu machen. An die Stelle des inhaltlichen Arguments soll die moralische Behauptung treten, und Tatsachen oder Argumente, denen man inhaltlich nichts entgegenzusetzen hat, sollen ins Illegitime und Verabscheuungswürdige, das keine ernsthafte Diskussion lohnt, abgedrängt werden. Das führt bis zur Tendenz amerikanischer Medien, Berichterstattung über kriminelle Ereignisse so zu steuern, dass Täter und Opfer in das ideologische Raster passen.[39]

Der Rassismus-Vorwurf wird so zum Hauptinstrument einer Gut-Böse-Inszenierung linken Denkens, die tatsächlich einen Angriff auf die wissenschaftlichen Grundlagen der modernen Naturwissenschaften, der Evolutionstheorie und der Soziologie darstellt. Die inflationäre Aufblähung der linken Rassismus-Definition passt zum Gut-Böse-Schema einer auf das Egalitäre gerichteten linken Ideologie. Deren Kern besteht bei der Rassismus-Frage in der axiomatischen Setzung der nachfolgenden Behauptung: Unterschiede zwischen ethnischen Gruppen bei Bildung, Einkommen, Gesundheit, Kriminalität oder anderen soziologischen Kriterien sind immer das Ergebnis rassistischer Unterdrückung in Vergangenheit oder Gegenwart. Die Untersuchung solcher Unterschiede ist moralisch fragwürdig und im

Grunde überflüssig. Ihr eigentliches Ziel darf nur sein, den Umfang rassistischer Diskriminierung aufzudecken. Wer solche Unterschiede feststellt oder behauptet, ohne gleich hinzuzufügen, dass sie nur an rassistischer Diskriminierung liegen können, ist schon durch seine Fragestellung des Rassismus überführt. Sofern für gruppenbezogene Unterschiede kulturelle Ursachen als Erklärung angeführt werden, liegt kultureller Rassismus vor.

Diese von mir formulierte pointierte Zusammenfassung der linken egalitären Position (von der ich mich ausdrücklich distanziere) hat keinen überzogenen Charakter, sie schafft vielmehr Klarheit, und sie ist von großer praktischer Relevanz für das Thema der Chancengleichheit im Bildungssystem: Soll die Bewertung der Schüler oder Studenten und ihr Aufstieg im Bildungssystem nach der individuell von ihnen erbrachten Leistung erfolgen oder soll es unabhängig von der individuellen Leistung gruppenbezogene Quoten je nach ethnischem Hintergrund geben? In den USA der Gegenwart ist dies eine Frage von großer praktischer Bedeutung: Dort verdrängen mittlerweile die Schüler und Studenten mit ostasiatischer Herkunft landesweit die Weißen aus ihrer Spitzenposition im Bildungswesen, während die traditionelle Lücke zwischen den Weißen und den Schwarzen nicht kleiner wird. Kann hier ethnische Quotierung wirklich eine Lösung sein? In den USA mehren sich die Stimmen linker Ideologen, die eine Auswahl von Schülern nach ihrer Leistung für rassistisch halten, weil das Ergebnis nicht der demografischen ethnischen Verteilung entspricht.[40]

Dieser Haltung zufolge wäre jede Chancengleichheit, die bezogen auf die ethnische Gruppe nicht zu einer Ergebnisgleichheit führt, immanent rassistisch. Angenommen, man teilt diese Position – soll das nur für die formalen Aspekte der Bildungsleistung gelten, bei der Schwarze als ethnische Gruppe in den USA traditionell unterdurchschnittlich abschneiden, oder soll dies auch für musikalische und sportliche Leistungen gelten, bei denen Schwarze häufig besonders erfolgreich sind?

Das lenkt den Blick auf die unterschiedlichen Formen einer uferlosen Ausdehnung des Rassismus-Begriffs. Den kulturellen Rassismus hatte ich schon genannt. Der französische Philosoph Pascal Bruckner spricht vom »eingebildeten Rassismus«.

Identität

Aufschlussreich und verstörend ist es, wie ein letztlich doch objektivierbarer Rassismus-Begriff – jemand wird als Person wegen seiner Zugehörigkeit zu einer bestimmten Ethnie oder Rasse abgewertet – durch eine Verlagerung ins subjektive Dafürhalten immer unschärfer und beliebiger wird, sodass er am Ende gegen alle gruppenbezogenen Analysen gewendet wird, deren Richtung einem nicht passt. So kann letztlich gegen jede gruppenbezogene Analyse der Rassismus-Vorwurf erhoben werden, was ja auch immer wieder geschieht.

Demselben uferlosen und unscharfen Begriffsdenken entspringt dann der Versuch, jedwedes Urteilen über Gruppen oder Individuen, denen man nach ethnischen oder rassischen Merkmalen nicht angehört, als von vornherein illegitim oder übergriffig zu unterbinden. Das soll nicht nur für wissenschaftliche Untersuchungen gelten, sondern auch für die Einfühlung in die Kunst fremder Kulturen oder für die Assimilation fremder Literatur, Kunst oder Musik.

So will man die Identität von ethnischen Gruppen, die man als benachteiligt oder unterdrückt ansieht, vor Übergriffigkeit beschützen. So soll ein Weißer, etwa im Theater oder bei einem Karnevalsumzug, sich nicht als Schwarzer verkleiden, indem er sein Gesicht schwarz schminkt, das wird als »blackfacing« denunziert. Eine weiße Übersetzerin soll nicht die Lyrik einer schwarzen Dichterin übersetzen. An amerikanischen Universitäten sollen, wenn Schwarze dies so wünschen, »safe spaces« geschaffen werden, in denen weiße Studenten nicht zugelassen sind.

Neben der Schutzzone für die Identität der eigenen Gruppe, die gegen Einmischung von außen abgeschirmt werden soll, sollen alle auf Stereotpye zielenden Fremdzuweisungen unterbunden werden. Darum verursachte es unter den Berliner Grünen 2021 einen Skandal, als ihre Spitzenkandidatin Bettina Jarasch bekannte, als Kind habe sie das Berufsziel »Indianerhäuptling« gehabt; das ging erstens nicht wegen »Indianer« und zweitens nicht wegen »Häuptling«. In Zeichnungen sind bei Chinesen Zöpfe und Schlitzaugen, bei Schwarzen wulstige Lippen und bei Mexikanern Sombreros tabu. So darf man einerseits ins Auge fallende typische Unterschiede zwischen Menschen nicht ansprechen – sie sollen tabuisiert werden. Andererseits aber soll man keine kulturellen Grenzüberschreitungen vornehmen. Es soll einem verwehrt bleiben, über fremde Kulturen zu urteilen oder sich diese in irgendeiner Form anzueignen. Ein Kult der Heiligsprechung ethnischer Identität hat sich insbesondere rund um die Schwarzen in den USA entwickelt.

Einen Kult um identitäres Gedankengut gibt es aber auch auf der rechten Seite des politischen Spektrums. Er dreht sich hier insbesondere um einen ethnisch bestimmten Herkunftsbegriff. Wo die ethnische Herkunft ideologisch überhöht und als ein Wert an sich angesehen wird, besteht die Gefahr, dass sich ins eigene Denken unversehens rassistische Stereotype einschleichen. Besonders gefährlich wird Identitätsdenken dort, wo es sich mit Nationalismus paart. Europa sollte hier seine Lektion gelernt haben. Aber schon der blutige Zerfall Jugoslawiens zeigte, dass die Irrtümer der Vergangenheit oft näher sind, als man es wünscht. Gegenwärtig stellt das von Wladimir Putin geführte Russland durch seinen Angriffskrieg die Legitimität einer unabhängigen Ukraine grundsätzlich zugunsten eines Großrusslands infrage. China wiederum will der Welt weismachen, dass das heute Xingjiang genannte Ostturkestan und die Insel Taiwan historisch gesehen immer zu China gehört haben.

Trotz dieser Gefährdungen darf aber nicht außer Acht gelassen werden, dass es grundsätzlich positiv ist, wenn sich Gruppen und Individuen ihrer eigenen Identität vergewissern, sie überprüfen, reflektieren und weiterentwickeln. Identitätsdenken hat immer seine Berechtigung, soweit es um das Sichbewusstwerden der eigenen Gefühlslage und die Reflexion darüber geht – auch in Bezug auf die Gruppen, denen man sich zugehörig fühlt.

Identität ist stets vielgestaltig, teils ethnisch, teils biologisch, teils historisch durch die eigene Lebensgeschichte bestimmt. Sie umfasst auch Elemente kultureller und religiöser Prägung, sie umfasst die Berufslaufbahn, die soziale Schicht, der man entstammt, die landsmannschaftliche Herkunft und die politische Orientierung. Die Identität einer Gruppe oder einer Person bildet sich aus unterschiedlichen Elementen quasi auf einem geistigen Verschiebebahnhof, in dem aus verschiedenen Gattungen von Güter- und Personenwagen immer wieder neue Züge zusammengestellt werden.

Ich bin der festen Überzeugung, dass Radikalisierung jeglicher Art umso weniger Chancen hat, je mehr Gruppen und Individuen die Selbstverständlichkeit ihrer eigenen Identität selbstbewusst akzeptieren:

- So fühle ich mich, Jahrgang 1945, ganz eindeutig als »alter weißer Mann« und bin zufrieden damit. Nie wäre ich auf die Idee gekommen, mein Geschlecht oder meine Hautfarbe infrage zu stellen. Beides habe ich aber auch niemals überhöht. Ich bin deutsch, westfälisch, bürgerlich, langjähriger Staatsdiener, dem Christentum entfremdet, allem Ideologischen abhold, ein lauwarmer Europäer sowie ein großer Freund und guter Kenner von englischer Literatur.
- Ein Nachkomme marokkanischer Einwanderer, Jahrgang 1995, deutscher Staatsbürger wie ich, teilt meine Identität, insofern er männlich, weiß und deutsch ist. Er besucht regelmäßig seine Großeltern in Marokko und hat die Frage, wie er es mit dem Islam hält, vorläufig beiseitegeschoben. Beim Wirtschaftsstudium hat er mit derselben Mathematik zu tun wie ich vor 60 Jahren, und wie viele in seiner Altersklasse träumt er davon, mit einem Start-up-Unternehmen reich zu werden.

Beide können wir friedlich als Bürger im selben Staat zusammenleben, und dasselbe gilt für 80 Millionen Mitbürger in Deutschland. Voraussetzung ist, dass wir uns alle zwar selbstbewusst unserer eigenen Identität vergewissern, aber darauf verzichten, sie dazu zu benutzen, um uns von anderen abzugrenzen, auf andere herabzusehen oder sie auszugrenzen.

Identitätsdenken führt aber zu geistiger Wirrnis, sobald es zu einem ideologischen Prinzip erhoben und strategisch zur »Systemüberwindung« eingesetzt wird: Dann werden »Rassismus« und »Diskriminierung« zu einem grundsätzlichen Problem der westlichen Gesellschaftsordnung erklärt. Man wittert überall »Benachteiligung« und fordert einen gruppenbezogenen Benachteiligungsausgleich, mal als Frau, mal als Muslim, mal als Migrant oder mal als Mensch mit schwarzer Hautfarbe. Ist die Ideologisierung so weit fortgeschritten, reicht die Forderung nach »Chancengleichheit« nicht mehr. Wegen all der vermuteten oder tatsächlichen Benachteiligungen möchte man tatsächlich eine Gleichheit der Ergebnisse und legt so die Axt an die Grundsätze und Funktionsweisen der modernen westlichen Gesellschaft.[41]

In der Konsequenz führt dieser Denkstil zu so geisterhaften Empfehlungen wie jener, den Kanon klassischer Musik (der im Wesentlichen von deutschsprachigen Komponisten stammt) zu »dekolonisieren«, das Vom-Blatt-Singen in der Chorausbildung abzuschaffen (weil dies auch in den Missionsschulen praktiziert wurde) und bei Konzerten Quoten für weibliche und schwarze Komponisten einzuführen.[42]

Francis Fukuyama weist darauf hin, dass linke und rechte Identitätspolitik dort rückschrittlich wird, wo Unterschiede wie Rasse, Religion oder Geschlecht im Übermaß betont werden. Es hilft aber auch nicht weiter, vorhandene Unterschiede wegzudrücken, indem man Diversität als die neue Identität feiert. »Divers« ist allenfalls der statistische Durchschnitt von vielen unterschiedlichen Identitäten, die ansonsten ganz unverbunden sein können:

> Vielfalt kann nicht die Grundlage der Identität an und für sich sein; es ist, als würde man sagen, dass unsere Identität darin besteht, keine Identität zu haben; oder vielmehr, dass wir uns daran gewöhnen sollten, dass wir nichts gemeinsam haben und stattdessen unsere engen rassischen oder ethnischen Identitäten betonen sollten.[43]

Linke Identitätspolitik beansprucht die Deutungshoheit über den Rassismus-Diskurs und setzt Rassismus-Bekämpfung mit dem Kampf gegen den Rechtsextremismus gleich. So gerät der Kampf gegen den Islamismus und den Rassismus innerhalb von Minderheiten aus dem Blick. Außerdem geht unter, dass der Rassismus keine Erfindung des Westens ist. Er entspringt vielmehr dem menschlichen Geist, der sich durch Typisierung Ordnung schafft, und ist – so der Psychologe Ahmad Mansour – »ein Nebenprodukt unserer Informationsverarbeitungssysteme im Gehirn, unserer Art und Weise, das Umfeld wahrzunehmen. Rassismus ist so alt wie die Menschheit selbst«, aber er »ist heilbar. Durch das Vorleben der Eltern, durch Erziehung, aber vor allem durch Begegnung. Nicht jedoch durch Segregation.«[44]

Kultureller Rassismus

Während der klassische Rassismus an ethnische biologische Merkmale anknüpft, gibt es seit einigen Jahrzehnten Versuche, auch die kritische Betrachtung von fremden Kulturen, Zivilisationen und Religionen unter den Rassismus-Vorwurf zu stellen, wenn einem die Ergebnisse missfallen. So entsteht ein »Rassismus ohne Rassen«. Kritik an fremden Kulturen kann den Vorwurf des »kulturellen Rassismus« nach sich ziehen, und Kritik am Islam führt zum Vorwurf des »antimuslimischen Rassismus«. So ging es mir 2019/20 in dem Ausschlussverfahren der SPD gegen mich wegen des Buches *Feindliche Übernahme*.

Tatsächlich folgen Vorwürfe wie »kultureller« oder »antimuslimischer Rassismus« einem Argumentationsmuster, das Vertreter der Frankfurter Schule schon in den Dreißiger- und Sechzigerjahren im Positivismusstreit anwandten: Empirische Evidenz wird ignoriert, schon gar nicht diskutiert. Nach diesem Muster wird auch grundsätzliche Kritik am Islam und an den von ihm ausgehenden gesellschaftlichen Verwerfungen als »antimuslimischer Rassismus« *definiert*, und wo einem solche grundsätzliche Kritik begegnet, wird antimuslimischer Rassismus *diagnostiziert*.

Mit einem rationalen Wissenschaftsbegriff hat dies nichts zu tun. Es handelt sich bei solchen definitorischen Hütchenspielen vielmehr um den Versuch, ein altbekanntes ideologisches Konzept zu variieren: Die Opferrolle hat jetzt statt des Proletariats der Islam, und an die Stelle des Kapitals tritt das Kollektiv der Islamkritiker. Deren Personen stammen im Westen zu großen Teilen aus der bürgerlichen Bildungselite oder werden mit dieser identifiziert. Die kritische Auseinandersetzung um den Islam wird in eine ideologisch passende Welterzählung eingebaut: Der Islam gehört darin wie das Proletariat oder große Teile der Dritten Welt zu den »Opfern«. Die Islamkritiker dagegen gehören vor allem dann zu den Tätern, wenn sie weiß sind und aus dem westlichen Abendland stammen. Islamkritiker dagegen, die nicht in das Schema passen, etwa weil sie selber Muslime sind oder aus einem islamischen Land kommen, gelten als Verräter an der eigenen Sache, die bisweilen sogar dem Rechtsextremismus nahestehen. Von konservativen Muslimen werden sie bekämpft, und von linken Ideologen in Deutschland werden sie ignoriert.[45]

Die Islamwissenschaftlerin Susanne Schröter wies 2019 darauf hin, dass der Begriff des »antimuslimischen Rassismus« den Islamophobie-Begriff ersetzt hat:

> Beide Begriffe werden von Leuten aus diesem postkolonialen Spektrum verwendet. Aber auch Erdoğan führt sie im Munde, und Ajatollah Chamenei aus dem Iran. Da sieht man mal, was da für Allianzen eingegangen werden. Ich finde das erschreckend. (…) Die Begriffe werden in einer Weise genutzt, die vollkommen in die Irre geht. Natürlich gibt es Muslimfeindlichkeit. Sie ist ein ernstes Problem wie jede Feindlichkeit gegen eine Gruppe. Ob das jetzt Alte sind, ob das Frauen sind, ob das Schwule und Lesben sind, Muslime oder Juden. Aber der Begriff des ›antimuslimischen Rassismus‹ führt komplett ins Abseits. Der jüdische Philosoph Alain Finkielkraut ist vor Kurzem daran gehindert worden, an der Sciences Po in Paris einen Vortrag zu halten, mit der Begründung des ›antimuslimischen Rassismus‹. Da sieht man dann, wie vollkommen absurd das geworden ist.[46]

Ein Gespräch mit Trägern dieser Geisteshaltung über Inhalte ist nicht möglich und ist auch nicht gewollt. Mit den Ideologen eines »antimuslimischen Rassismus« und den Anklägern gegen Islamophobie endet leider die Möglichkeit eines rationalen Diskurses, ehe dieser überhaupt begonnen hat.

Für den französischen Romancier und Essayist Pascal Bruckner gibt der Streit über Islamophobie »auch Auskunft über ein anderes Phänomen: das fortdauernde Auftauchen neuer Formen des Rassismus, die mit ängstlicher Besorgnis registriert werden. Der Begriff Rassismus schwillt immer weiter an, indem er sich alle Arten von Verhalten, Einstellungen und Ritualen einverleibt, die bislang mit ihm nichts zu tun hatten. (...) Der konsequente Antirassist ist ein Spürhund, der jeden Morgen eine neue Form der Rassentrennung findet und überaus zufrieden damit ist, diese der Gesamtklassifikation progressiven Denkens hinzuzufügen.«[47]

In der Konsequenz dieses Denkens hat sich in den letzten Jahrzehnten, so der Historiker Egon Flaig, ein »Rassismus ohne Rassen« herausgebildet: »Zum einen gelten alle Ansichten als rassistisch, die davon ausgehen, dass bestimmte Kulturen miteinander unverträglich sind.«[48] Zum anderen wird »dafür optiert, jedwedes Benachteiligen oder Zurückweisen von bestimmter Intensität als Rassismus zu bezeichnen«.[49] Das Wesen einer Kultur besteht aber zumindest teilweise in der Unterscheidung zu anderen Kulturen und damit auch in Abgrenzung und Gegensatz. Durch seine Entgrenzung verliert der Begriff des Rassismus seinen wissenschaftlichen Charakter, geht in politische Polemik über und wird zum Diffamierungsinstrument:

> Dann findet sich plötzlich ein ›kultureller‹ Rassismus, zu dem sich sogleich ein ›religiöser‹ Rassismus gesellt, ferner ein sozialer Rassismus, schließlich ein Rassismus der ›Intelligenz‹, nun sogar ein ›Bildungsrassismus‹ und bald wohl ein ›Schönheitsrassismus‹. (...) Das Wort bezeichnet alles und nichts. Es genügt, aus den Differenzen das Resultat und den Ausdruck von Benachteiligung herauslesen zu wollen; und prompt entdeckt man Rassismus.[50]

In dieser entgrenzten Form stellt jede Präferenz für eine bestimmte Kultur einen neuen Rassismus dar. In dieser Denklogik muss man, um kulturellen Rassismus zu vermeiden, alle Kulturen für grundsätzlich gleichwertig erklären und landet so im Multikulturalismus.

Für radikale Ankläger gegen einen kulturellen Rassismus reicht selbst das aber nicht aus. Für sie ist bereits das Desinteresse, das viele Weiße in den USA der schwarzen Kultur entgegenbringen, ausreichend zur Begründung des Rassismus-Vorwurfs.[51] Es gibt aber kein Recht auf Beachtung. Alle Kulturen der Welt haben das gute Recht, sich für andere Kulturen nicht zu interessieren, auch die Intensität und Richtung ihres Interesses für fremde Kulturen sind Teil ihrer Kultur.

Radikalisierter Konservatismus

Bereits in Kapitel 2 hatte ich erläutert, dass vorrationale Grundeinstellungen, Motivationen und Betrachtungsweisen der Welt ihre Legitimität aus sich selbst beziehen und nicht notwendigerweise einen ideologischen Charakter haben. Ideologie beginnt dort, wo man Fakten und Zusammenhänge ignoriert oder sogar beugt beziehungsweise unterdrückt, damit sie zum eigenen Weltbild passen. Der Übergang von einer wertbezogenen Einstellung zur Ideologie ist dabei gleitend. Dazu ein Beispiel: Wer als »Linker« eine bestimmte Ungleichheit der Einkommensverteilung als ungerecht empfindet, ist deshalb noch kein Ideologe, und wer als »Rechter« zum selben Thema meint, dass »Leistung sich lohnen muss«, ist es auch noch nicht. Die Ideologie beginnt in diesem Beispiel auf der linken Seite, wenn Einkommensgleichheit einseitig in den Vordergrund geschoben wird, und auf der rechten Seite, wenn Ausbeutungsverhältnisse mit Effizienzüberlegungen gerechtfertigt werden.

Auch eine konservative Grundeinstellung, die vom Respekt für Tradition und überkommene Hierarchien, von der Liebe zur eigenen Nation, von einem traditionellen Familienbild und kritischer Distanz zu gesellschaftlichen Veränderungen geprägt wird, ist deshalb noch nicht ideologisch. Sie kann es aber werden, wenn bestimmte Einstellungen sich verfestigen und einen absoluten Charakter einnehmen, wenn zum Beispiel aus der Anhänglichkeit an das eigene Volk und seine Kultur ein unbedingter Nationalismus wird, oder wenn man die Ursache für tatsächliche oder eingebildete Übel der Welt auf bestimmte Ethnien und Rassen oder generell auf fremde Völker und Kulturen projiziert.

In jeder Gesellschaft gibt es eine gewisse »Normalverteilung« linker und rechter Einstellungen. Allerdings verändern sich die durchschnittlichen Einstellungen im Zeitablauf und differieren zu einem gegebenen Zeitpunkt auch zwischen Gesellschaften. In funktionierenden Demokratien reflektieren die Schwerpunkte demokratischer Parteien den weitaus größten Teil des gesellschaftlichen Meinungsspektrums. Parteien mit »systemüberwindendem« Charakter, die ein feindliches oder schwankendes Verhältnis zur demokratischen Regierungsform haben, sind mit ihrer Anhängerschaft auf kleine Gruppen am linken und rechten Rand der Gesellschaft begrenzt.

Wenn sogenannte Parteien der Mitte die Stimmungen und Meinungen auf dem linken und rechten Spektrum nicht mehr ausreichend abbilden, kommt es zu Abspaltungen und Neugründungen. So geschah es in Deutschland zunächst mit den Neugründungen von Grünen und Linkspartei, die beide überwiegend auf Kosten der SPD gingen, und 2013 mit der Gründung der AfD, die überwiegend auf Kosten der CDU/CSU ging.

Die neu gegründete AfD nahm mit ihrer Kritik an einer verfehlten Euro-Rettungspolitik, an einer falschen Einwanderungs- und Asylpolitik und mit ihrer Warnung vor den Gefahren des politischen Islam Themen auf, die auch mich bewegten und bewegen, zu denen ich mich auch publizistisch geäußert habe und die im traditionellen Parteienspektrum in Deutschland nicht ausreichend ernst genommen werden.

So war es nicht erstaunlich, dass sich die Parteigründer Bernd Lucke und Hans-Olaf Henkel 2013 um meine Mitarbeit beziehungsweise Mitgliedschaft in der neuen Partei bemühten. Obwohl ich mit den Absichten und Einstellungen der damaligen Parteigründer weitgehend übereinstimmte, lehnte ich beides ab, weil ich das Radikalisierungspotenzial fürchtete, das in der Gründung einer neuen Partei rechts von der CDU/CSU lag.

Es ist in allen politischen Parteien so, dass aktivistische Minderheiten einen überdurchschnittlichen Einfluss ausüben, weil die Mehrheit der Mitglieder mehr oder weniger passiv ist. Bei kleineren Parteien am linken und rechten Rand ist dies grundsätzlich mit einem Radikalisierungsrisiko verbunden, denn Mitglieder mit besonders radikalen Ansichten sind naturgemäß besonders aktiv und haben bei insgesamt geringer Mitgliederzahl eher die Chance, auch eine Mehrheit zu gewinnen. Bei Neugründungen ist dies besonders riskant. In der AfD gab es von Anfang an einen Wettlauf zwischen dem Eintritt von bürgerlichen Mitgliedern, die überwiegend (aber nicht nur) aus der CDU/CSU kamen und deren demokratische Gesinnung außer Zweifel stand, und dem Eintritt von ideologisch geprägten Konservativen, deren Meinungsspektrum bis ins Rechtsradikale und Rechtsextreme ging.[52] Durch die daraus resultierenden Richtungskämpfe verlor die AfD nacheinander von ihren Gründern und Vorsitzenden Hans-Olaf Henkel, Joachim Starbatty, Bernd Lucke, Frauke Petry, Jörg Meuthen und daneben viele andere, denen die Partei zu konservativ und radikal wurde. Es ist ein Zeichen für eine große Unzufriedenheit im Land, dass die AfD trotz ihrer chaotischen Streitkultur und ihrer schwankenden Distanz zu rechtsradikalen und rechtsextremen Positionen recht stabil 10 bis 12 Prozent der Wählerschaft an sich bindet. Dafür braucht sie an ihrer Spitze aber auch Vertreter, die immer wieder glaubwürdig ins bürgerliche Lager hineinwirken können. Es ist offen, ob dies nach dem im Februar 2022 vollzogenen Bruch des langjährigen Co-Vorsitzenden Jörg Meuthen mit der AfD noch gelingen kann.[53] Aus meiner Sicht ist jedoch historisch noch nicht das letzte Wort darüber gesprochen, ob die totale Ausgrenzung der AfD durch die übrigen Parteien langfristig eine wirklich geschickte Strategie ist.

Wenn die CDU/CSU irgendwann wieder eine bürgerlich-konservative Mehrheit in Deutschland anführen will, wird sie den kompakten Block von gegenwärtig 10 Prozent AfD-Wählern nicht außerhalb ihrer Betrachtungen lassen können. Dazu muss sie aber die Themen, mit denen die AfD offenbar in der Wählergunst stabil bleibt, selbst aufgreifen und entradikalisieren. Nur so kann man dem radikalisierten Konservatismus, mit dem die AfD groß wurde, inhaltlich begegnen.[54]

Pazifismus und Nationalismus

Die Politikwissenschaftlerin Natascha Strobl, von der ich den Begriff des »radikalisierten Konservatismus« entlehnt habe, bringt die politische Gefahr von Ideologisierung hellsichtig auf den Punkt: »Betrachtet man historische Momente oder Prozesse durch eine einzige Linse, so ergibt sich – ganz gleich, wie scharf man damit fokussiert – stets ein verzerrtes Bild. Realität ist komplex und unordentlich. Sie fügt sich nicht theoretischen Modellen, Beschreibungen und Definitionen.«[55] Das passt auf die aktuelle historische Katastrophe, die die Ukraine und möglicherweise ganz Europa im Februar 2022 durch den russischen Angriff ereilt hat:

- Der Westen hat jahrzehntelang überwiegend das Verhalten und die möglichen Aktionen Russlands durch die Linse pazifistischen Wunschdenkens betrachtet.
- Das von Putin geführte Russland hat dagegen die durch den Zusammenbruch der Sowjetunion geschaffene neue Ordnung mehr und mehr aus der Perspektive eines nostalgischen Revisionismus betrachtet und knüpfte dabei an den Panslawismus des 19. Jahrhunderts an.

Der Westen in seiner Gesamtheit hatte nach 1990 offenbar nicht ausreichend verstanden, dass es sich beim Verständigungskurs von Michail Gorbatschow – dem letzten Generalsekretär der KPdSU und dem letzten Staatspräsidenten der Sowjetunion – um einen einmaligen historischen Glücksfall und keineswegs um eine historische Zwangsläufigkeit handelte. Im unbedingten Willen des Westens, sich mit dem neuen Russland zu verständigen, das aus dem Zerfall der Sowjetunion entstanden war, ging ein Stück weit das Prinzip Vorsicht unter. Man setzte nicht nur darauf, dass das neue Russland dauerhaft demokratisch und verständigungsbereit sein würde. Man ließ im Lauf der Jahrzehnte auch die notwendige militärische Vorsicht fahren. Die Gefahr einer militärisch bedrohlichen Lage in Mittel- und Osteuropa galt als extrem niedrig. Speziell die Bundeswehr wurde so weit reduziert und umgebaut, dass sie gegenwärtig für größere Einsätze in Mittel- und Osteuropa kaum noch geeignet ist. Stattdessen beteiligte man sich an unfruchtbaren Auslandseinsätzen, die entweder scheiterten (Afghanistan) oder vor dem Scheitern stehen (Mali).

Der langsamen Entfernung Russlands von demokratischen Prinzipien im Inneren[56] und seinem immer aggressiveren Kurs im Äußeren – insbesondere im Verhältnis zur Ukraine – sah man tatenlos zu. Speziell in Deutschland war dies ein Kollektivversagen der politischen Klasse, aber auch der Medien, das einzelnen Personen nicht zugerechnet werden kann. Auch die erste politische Führungsgarde, wie die langjährige Bundeskanzlerin Angela Merkel oder der langjährige Außenminister und jetzige Bundespräsident Frank-Walter Steinmeier, war tief in diese Irrtümer und in ein daraus folgendes Fehlverhalten verstrickt.

Im Nachhinein betrachtet war es wohl der folgenschwerste Irrtum, im Jahr 2008 der Ukraine den Beitritt zur NATO zu verweigern. Die USA waren dafür, aber die Bundeskanzlerin Merkel war dagegen, weil sie Spannungen mit Russland vermeiden wollte. Diese Spannungen hätte es damals sicherlich gegeben. Aber mit noch größerer Sicherheit hätte es 2022, 14 Jahre später, den Angriff Russlands auf die Ukraine nicht gegeben.

Dem Westen und insbesondere Deutschland war in den Jahren nach 1990 das Vorstellungsvermögen dafür abgegangen, dass ein potenziell mächtiger Nachbar wie Russland, anstatt immer demokratischer und friedlicher zu werden, sich auch allmählich in die gegenteilige Richtung entwickeln könnte und so nach innen immer undemokratischer und nach außen immer aggressiver wurde.

Zu dieser gigantischen Fehleinschätzung kann man heute Schuldzuweisungen kreuz und quer verteilen. Zugrunde lag aber eine allgemein dominierende, grundlegende Fehlannahme, die ich als den *pazifistischen Grundirrtum* bezeichnen möchte. In Deutschland waren SPD und Grüne dafür besonders anfällig, aber vor allem unter der Kanzlerschaft von Angela Merkel hat er auch die Politik der CDU/CSU weitgehend bestimmt.

Pazifistisches Denken beruht im Kern darauf, dass man glaubt, einen potenziellen Gegner zur Friedlichkeit bringen beziehungsweise zum Frieden zwingen zu können, indem man selbst glaubwürdig friedlich bleibt, sich selbst weitgehend entwaffnet und dem Gegner Friedenstauben schickt, statt ihm das eigene Drohpotenzial zu zeigen. Bei einem Gegner, der selbst den Frieden will, kann man damit sicherlich Vertrauen stiften. Bei einem Gegner aber, der sich nicht scheut, politische Ziele auch mit militärischer Macht und dem Einsatz von Gewalt zu verfolgen, sendet man damit nur Zeichen von Schwäche aus, die ein Anreiz für den Einsatz von Gewalt sein können.

So konnte in dem von Putin aggressiv geführten Russland offenbar die Vorstellung an Boden gewinnen, dass es für den Angriff auf die Ukraine nur einen niedrigen Preis entrichten müsse und für das Leben einiger Soldaten sowie für die Kosten vergänglicher Wirtschaftssanktionen den Zugriff auf die ganze Ukraine erhalten könne.

Ich halte die pazifistische Grundannahme, man könne mit eigener Friedlichkeit potenzielle Gegner quasi zum Frieden zwingen, für einen *anthropologischen Grundirrtum*. Bereitschaft zur Gewalt und auch die Verlockung zum moralisch Bösen gehören zur psychologischen Grundausstattung des Menschen und aller von ihm geformten gesellschaftlichen und politischen Gebilde. Wer das vernachlässigt, verfängt sich schnell in Illusionen und kann an der Spitze von Völkern und Nationen diese in tödliche Gefahr bringen. So ist es uns in Deutschland und Europa geschehen, als wir uns Illusionen über Putins Russland machten. Im Umgang mit militärisch mächtigen, aber innerlich instabilen Staaten muss man auf das Beste hoffen, aber stets auch auf das Schlimmste vorbereitet sein.

Dabei wäre es unangebracht, die Argumente der sogenannten Putin-Versteher gänzlich vom Tisch zu wischen:

– Ja, glaubwürdige Abrüstung kann den Willen zum Frieden fördern.
– Ja, Handel, Wandel und wirtschaftliche Verflechtung zum gegenseitigen Vorteil können die Tendenz zum friedlichen Miteinander erhöhen.
– Ja, Russlands Sicherheitsinteressen müssen vom Westen ernstgenommen werden.

Es gilt aber auch: Eine Ukraine in der NATO konnte zur Zeit der Beitrittserwägungen im Jahre 2008 von Russland – solange seine Absichten friedlich waren – nie als eine Bedrohung russischen Territoriums aufgefasst werden. Die NATO-Mitgliedschaft der Ukraine wäre für Russland nur dann eine Bedrohung gewesen, wenn es die Ukraine ganz oder teilweise als »russische Erde« betrachtete, die man zu gegebener Zeit heim ins russische Großreich holen wollte. Dem hätte natürlich eine NATO-Mitgliedschaft der Ukraine entgegengestanden, und darum wurde sie schon 2008 von Putin so heftig bekämpft. Das deutsche Versagen besteht darin, Putins Absichten von Anfang an falsch gelesen zu haben. Die Kritik von Arnold Vaatz, lange Jahre stellvertretender Vorsitzender der CDU/CSU-Bundestagsfraktion, dass die Regierung Merkel einer der wichtigsten Wegbereiter der russischen Invasion in die Ukraine war, trifft leider ins Schwarze.[57]

Der von Putin geprägte aggressive russische Nationalismus, der zum Überfall auf die Ukraine führte, speist sich aus einem Denken, das politische Grenzen und ethnische Zugehörigkeiten, die es in der Vergangenheit einmal gegeben hat, mit einer höheren Legitimität versieht und quasi in die Gegenwart projiziert. Die Sehnsucht der Völker nach ihrer großen Vergangenheit erweckt häufig nostalgische Gedanken:

– Die Dänen erinnern sich der Zeit um 1400, als ihre Königin Margarethe I. über Dänemark, Norwegen und Schweden herrschte und diese zur Kalmarer Union vereinte.
– Die Deutschen können an das Heilige Römische Reich Deutscher Nation unter Karl V. denken, zu dem um 1530 Burgund, die Niederlande und Norditalien bis an die Grenze des Kirchenstaates gehörten.

- Die Polen erinnern sich an die Zeit um 1600, als Polen-Litauen von der Ostsee bis ans Schwarze Meer reichte und Danzig, Lemberg und Kiew gleichermaßen polnisch waren.
- Die Schweden denken gern an die Zeit um 1700, als unter Karl XII. Finnland, Estland, Lettland, Pommern, Wismar und Stade allesamt schwedisch waren und die Ostsee quasi ein schwedisches Binnenmeer war.
- Die Russen erinnern sich gern an die Expansion des Zarenreiches unter Iwan dem Schrecklichen, Peter dem Großen und Katharina der Großen. 1654, circa 700 Jahre nach der Gründung der Stadt, wurde Kiew durch das Abkommen von Perejaslaw zwischen den Saporoger Kosaken und dem Zaren erstmals russisch, die südliche Ukraine und die Krim folgten Ende des 18. Jahrhunderts, und die westliche Ukraine fand überhaupt erst 1945 den Weg in die damalige Sowjetunion.

Die Geschichte des großrussischen Zarenreichs, das in der Russischen Revolution unterging, ist vergleichsweise kurz. Auch der Vielvölkerstaat der Sowjetunion existierte nur 70 Jahre. Er wurde Ende 1991 aufgelöst. Russland, Weißrussland und die Ukraine wurden souveräne Staaten mit einvernehmlichen, international anerkannten Grenzen. Wenn das durch Putin beherrschte Russland nunmehr versucht, sich die Ukraine erneut einzuverleiben, so ist dies genauso unsinnig und anachronistisch, wie es Versuche von Schweden, Polen oder Deutschen wären, vergangene Zustände ihrer ehemaligen Großreiche wiederherzustellen.

Ein auf Territorialbesitz fixierter Nationalismus, der die Rechte souveräner Staaten missachtet und diese gewalttätig zu erobern sucht, ist im dritten Jahrzehnt des 21. Jahrhunderts vollständig aus der Zeit gefallen. Putin hat das russische Volk in eine Rolle gedrängt, bei der es auf die Dauer militärisch nicht gewinnen kann, wohl aber im Wohlstand immer weiter zurückfällt und auch sein internationales Ansehen als große Kulturnation riskiert.

Multikulturalismus und Ethnopluralismus

Als 1947 in der neu gegründeten UNO über die Erklärung der Menschenrechte verhandelt wurde, forderte der Berufsverband der amerikanischen Anthropologen, die American Anthropological Association, die Erklärung dürfe »keine Festschreibung von Rechten sein, die nur in Form derjenigen Werte erdacht sind, die in den Ländern Westeuropas und Amerikas vorherrschen«. Das Individuum verwirkliche seine Persönlichkeit durch seine Kultur, und darum müsse man bei der Festschreibung individueller Rechte auch kulturelle Unterschiede beachten.[58]

In diesem Sinne war es folgerichtig, dass die im Jahr 1990 verabschiedete »Kairoer Erklärung der Menschenrechte im Islam« der Organisation für islamische Zusammenarbeit einen allgemeinen Scharia-Vorbehalt enthielt. Damit allerdings, so der Rechts- und Islamwissenschaftler Mathias Rohe, ist die Erklärung aus menschenrechtlicher Sicht weitgehend wertlos, denn die »Bandbreite möglicher Scharia-Interpretationen ermöglicht dem weithin dominierenden Traditionalismus das Festhalten an menschenrechtswidrigen Regelungen etwa im Bereich der Frauen-, Minderheiten- und Freiheitsrechte (Meinungsfreiheit, Religionsfreiheit)«.[59]

Kulturen sind historisch gewachsene, sinnhafte Wertsysteme, in denen die Rolle des Individuums und seine Rechte durchaus unterschiedlich geregelt sind. Wenn man alle Kulturen für grundsätzlich gleichwertig hält und zwischen ihnen keine Rangordnung gelten lassen möchte, so liegt es nahe (und ist sogar logisch zwingend), dass die Menschen je nach der Kultur, der sie angehören, auch unterschiedliche Rechte haben können. Ein Multikulturalismus, der eine Rangordnung zwischen Kulturen grundsätzlich ablehnt, akzeptiert es folgerichtig auch als legitim, dass unterschiedliche Kulturen unterschiedliche Werte repräsentieren, den Menschen unterschiedliche Rollen zuweisen und unterschiedliche Rechte geben. So wird es dann auch einleuchtend, dass sich westliche Linke und Linksliberale sowie der Mainstream feministischen Denkens für die eingeschränkten Frauenrechte in islamischen Ländern und in den islamischen Glaubensgemeinschaften im Westen nicht interessieren. So wird deutlich, dass für sie die Ideologie des Multikulturalismus Vorrang vor den individuellen Menschenrechten hat.

Der hierin liegende logische Widerspruch und seine Konsequenzen für die Organisation von und das Zusammenleben in multikulturellen Gesellschaften werden in den westlichen Gesellschaften gerne verdrängt und tabuisiert. Die ehemalige Bundeskanzlerin Angela Merkel ist dafür ein Beispiel: Wohl unter dem Eindruck der öffentlichen Debatte, die durch mein Buch *Deutschland schafft sich ab* ausgelöst worden war, hatte sie im Oktober 2010 auf dem Deutschlandtag der Union gesagt: »Der Ansatz für Multikulti ist gescheitert, absolut gescheitert.«[60] Elf Jahre später leugnete sie im Rückblick auf ihre Kanzlerschaft die ungelösten Integrationsprobleme mit kulturfremder Einwanderung, die sich aus der Flüchtlingswelle von 2015/2016 bis heute ergeben, und erklärte emphatisch: »Ja, wir haben das geschafft.«[61] Allerdings zeigen die verfügbaren Daten des vergangenen Jahrzehnts für Deutschland und andere europäische Länder, dass der Umfang der Integrationsprobleme quantitativ und qualitativ erheblich zugenommen hat.[62]

Wer sich verstehend auf fremde Kulturen einlässt und ihren inneren Zusammenhang ergründen will, möchte sie in der Würde ihrer Eigenlogik begreifen und sträubt sich tendenziell dagegen, sie nach den Maßstäben seiner eigenen Kultur zu bewerten, sie also sozusagen mit Noten zu versehen und in eine Hierarchie einzuordnen. Von diesem natürlichen Bestreben, das sich aus dem Interesse am Gegenstand und dem eigenen Bemühen ergibt, diesen quasi von innen heraus zu erfassen, ist es nicht weit zu der Einstellung, es sei unzulässig, Kulturen einem einheitlichen Vergleichsmaßstab zu unterwerfen. Diese seien zwar jeweils andersartig, aber in ihrer Andersartigkeit unvergleichbar und in diesem Sinn auch gleich. Der französische Ethnologe Claude Lévi-Strauss leitete aus der Eigenlogik von Kulturen die Tendenz zur Abwertung anderer Kulturen und zur gegenseitigen Abstoßung ab. Kulturelle Vermengungen in den Agglomerationen der Neuzeit, so prognostizierte er 1971, könnten zu großen und letztlich unaufhebbaren Konfliktlagen führen.[63]

Der Multikulturalismus ist kein wirklicher Pluralismus. Der Pluralismus westlicher Provenienz stellt nämlich die Rechte des Individuums in den Mittelpunkt, die es notfalls gegen Übergriffe des Kollektivs – zum Beispiel der Religion oder des Familienverbands – zu verteidigen gilt. Der Multikulturalismus schützt dagegen, wenn er die Eigenständigkeit der Kulturen ernst nimmt, den Vorrang des kulturell geprägten Kollektivs gegenüber dem Individuum, das ihm zugehörig ist. Die »Gleichheit der Kulturen« bedeutet eine Relativität ihrer Werte. Die gleiche Geltung der Werte, beispielsweise der westlichen Menschenrechte gemäß der UN-Charta, bedeutet das Eingeständnis der Tatsache, dass die Kulturen im Hinblick auf diese Werte ungleich sind.

Auf die Warnung, es sei gefährlich, wenn unterschiedliche Kulturen in einen zu engen Kontakt kommen, dem sie nicht entgehen können, hat der Multikulturalismus jenseits des Aufrufs zu mehr Toleranz und Verständnis keine wirkliche Antwort. Als »pragmatische« Lösung haben sich immer wieder, auch in der Gegenwart in den Ländern des Westens, Parallelgesellschaften gebildet. So werden die Probleme, die sich aus dem Zusammentreffen sehr unterschiedlicher Kulturen ergeben, wenn es gut geht, einigermaßen friedlich verwaltet, aber nicht unbedingt gelöst. Das gilt vor allem dann, wenn in den Parallelgesellschaften unterschiedliche Wertvorstellungen bestehen – beispielsweise was die Rechte der Individuen in der Kultur oder die Geschlechterrollen betrifft.

Pascal Bruckner kritisiert die doppelte Moral, die im antirassistischen Diskurs regelmäßig als eine Art Sprechverbot dann zur Geltung kommt, »wenn es um Taten geht, die von Menschen aus dem Maghreb oder dem Nahen Osten begangen wurden. Dies stellt eine schier unglaubliche und komplette Umkehr der Grundsätze der multikulturellen Linken dar. Die frohe Botschaft des Antirassismus zu glauben, ist wichtiger, als die Ereignisse selbst, der Respekt vor Kulturen bedeutsamer als der Schutz von Personen. Vergewaltigung ist kein Verbrechen mehr, wenn man denn dafür einen bestimmten Kontext vorweisen kann.«[64]

25 Jahre nach der Warnung von Lévi-Strauss vor kommenden Großkonflikten zwischen Kulturen veröffentlichte der amerikanische

Politikwissenschaftler Samuel Huntington sein 1996 erschienenes Buch *The Clash of Civilizations* (deutsch: *Kampf der Kulturen*).[65] Er zeigte darin die Konfliktlinien auf, die sich aus der von Aufklärung und Menschenrechten geprägten Kultur des Westens im Verhältnis zum demografisch expansiven Islam, aber auch zum wirtschaftlich erfolgreichen Ostasien ergeben. Was den Zusammenstoß mit dem Islam angeht, war sein Buch seherisch. In Bezug auf Ostasien scheinen gegenwärtig die absehbaren kulturellen und wirtschaftlichen Konflikte mit China noch viel schwerwiegender zu werden, als seinerzeit für Huntington absehbar war. Wie er es prophezeit hatte, ist die westliche Demokratie als Regierungsform und kulturelles Prinzip gegenwärtig in weiten Teilen der Welt auf dem Rückzug, und die Probleme kulturfremder Einwanderung und demografischer Gewichtsverschiebung, vor deren Folgen er gewarnt hatte, haben sich bislang deutlich massiver entwickelt als von ihm vor einem Vierteljahrhundert vorausgesehen.

Das ideologische Konzept des Multikulturalismus hat darauf keine Antwort. Es ist – hier ist Angela Merkels Aussage von 2010 recht zu geben – vollständig gescheitert. Eine besondere Ironie liegt darin, dass das Konzept des Multikulturalismus, konsequent zu Ende gedacht, eine große Verwandtschaft zu dem von der sogenannten Neuen Rechten proklamierten Ethnopluralismus hat:[66] Unterschiedliche Kulturen und ihre Wertsysteme stehen gleichberechtigt nebeneinander. Ihre Widersprüchlichkeit lässt sich nicht auflösen, da sie sich aus ihrer inneren Eigenlogik ergibt. Im Falle des Multikulturalismus werden daraus Parallelgesellschaften, die in denselben Agglomerationen unverbunden nebeneinander leben. Im Falle des Ethnopluralismus wird daraus eine getrennte Entwicklung auf eigenem Territorium. So können die Konflikte der unmittelbaren Reibung in örtlicher Nähe vermieden werden. Die zu Recht untergegangene südafrikanische Apartheid lässt grüßen. In gewissem Sinne war auch sie – je nach Sichtweise – ein ethnopluralistisches oder ein multikulturalistisches Projekt.

Die Ideologie des Konstruktivismus

Die Grundidee des Konstruktivismus besteht darin, dass jeder Mensch die Welt anders wahrnimmt und dass seine Wahrnehmung so von seiner Individualität geprägt ist, dass es eine objektive überpersönliche Wahrheit nicht gibt und unterschiedliche Wahrnehmungen mit gleichem Recht nebeneinanderstehen können. Auch der Grundgedanke des Multikulturalismus – alle Kulturen seien, wenn nicht gleichartig, so doch gleichwertig, sie könnten einander nicht widerlegen und voreinander auch keinen Vorrang beanspruchen – hat einen konstruktivistischen Charakter. Wo das Individuum als soziales Konstrukt gilt, werden auch seine individuellen Rechte anders gelesen und entweder verabsolutiert – indem man zum Beispiel das eigene Geschlecht frei wählen darf – oder relativiert, weil auch Ideen wie Freiheit oder Gerechtigkeit letztlich nur soziale Konstrukte sind. Das gilt auch für alle gesamthaften Entwürfe wie die Aufklärung oder die Moderne. Begriffe des Wissens, der Rationalität, des Subjekts, des Geschlechts werden in dieser Sichtweise zu bloßen sozialen Narrativen, die letzten Endes machtbestimmt sind.[67] Für das Selbstverständnis der Linken hat der Konstruktivismus eine große Bedeutung. Denn die Theorie des Konstruktivismus ergänzt beziehungsweise ersetzt die verloren gegangene oder beschädigte Rolle des Marxismus im Ideengebäude der Linken.

Der Philosoph Christoph Türcke hebt den konstruktivistischen Fehlschluss vom naturalistischen Fehlschluss ab:

- Letzterer ist der typische Fehlschluss der Rechten, dass das »Normale« auch das natürlicherweise Gebotene und damit das moralisch und existentiell Richtige sei.
- Ersterer ist der typische Fehlschluss der Linken, dass es das »Normale« und »Natürliche« gar nicht gibt, sondern letztlich auch nur eine von Macht und Vorurteil getriebene ideologische Konstruktion ist.

In der konstruktivistischen Ideologie der Wahlfreiheit können sich linkes und rechtes Denken auch auf verblüffende Weise treffen. So lehnen die rechtsextremen »Reichsbürger« die ihnen mit der Geburt zugewiesene »Identität« als Staatsbürger der Bundesrepublik Deutschland ab und betrachten sich stattdessen als Bürger des untergegangenen Deutschen Reichs. Damit, so Türcke, argumentieren sie »strukturell verblüffend ähnlich wie diejenigen, die die ihnen bei Geburt ›zugewiesene‹ Geschlechtsidentität durch eine lediglich erfundene ersetzen.«[68]

Für den französischen Philosophen Michel Foucault, den einflussreichsten Vertreter eines radikalen Konstruktivismus, spielt die Frage, wer in der Gesellschaft die Macht ausübt, eine zentrale Rolle für den gesellschaftlichen Diskurs und die Wahrnehmung der Welt. An die Stelle der Wahrheit tritt bei ihm die Macht, und die Wahrheitssuche verschmilzt mit dem Kampf gegen die Macht. In seiner Antrittsvorlesung beim Collège de France sagte er 1970:

> Ich setze voraus, dass in jeder Gesellschaft die Produktion des Diskurses zugleich kontrolliert, selektiert, organisiert und kanalisiert wird – und zwar durch gewisse Prozeduren, deren Aufgabe es ist, die Kräfte und Gefahren des Diskurses zu bändigen, sein unberechenbar Ereignishaftes zu bannen, seine schwere und bedrohliche Materialität zu umgehen.[69]

Natürlich hat Foucault darin recht, dass es bei Inhalt und Richtung gesellschaftlicher Debatten immer auch um Machtfragen geht. Zur Ideologie wird sein konstruktivistischer Ansatz dadurch, dass er die Frage nach der Wahrheit in der Machtfrage verschwinden lässt. Mit dem Gedankengut Foucaults kann man jeden Aufstand gegen die staatliche Ordnung rechtfertigen. Folgerichtig war Foucault ein begeisterter Anhänger von Maos Kulturrevolution, und auch der Sturz des Schah-Regimes durch die Revolution der Ajatollahs fand zunächst seine begeisterte Zustimmung. Für Foucault sind Täter nur dann Täter, wenn sie zugleich Regierungen sind. Auch jeder Kriminelle ist »im Horizont der Foucault'schen Machttheorie nichts weiter als ein Aufständischer«.[70] Im Licht von Foucaults Konstruktivismus verschwimmt persönliche Verantwortung, und die Idee eines freien Willens wirkt geradezu lächerlich. So ist die Foucault'sche Sicht eine ideale Argumentationsgrundlage für alle, die Schuld und Verantwortung vom Individuum wegschieben und bei den Machtstrukturen von Politik und Gesellschaft ansiedeln wollen.[71]

Wenn Geschichte und Gesellschaft lediglich als Diskurse gelten, dann sind »auch Wahnsinn, Krankheit, Kriminalität, Perversion bloß das, was der jeweils geltende Diskurs dafür erklärt«.[72] Solche Kategorien sind »allesamt Konstruktionen zur Ausschließung derer, die in den herrschenden Diskurs nicht passen«. Objektive Wahrheit gibt es nicht: Wahr und Falsch sind eine Erfindung der griechischen Philosophie.[73]

Auch hier findet sich wieder das bekannte Muster marxistischen Denkens: An die Stelle des Kapitals tritt bei Foucault die politische Macht der Regierungen, und an die Stelle des Proletariats treten alle, die gegen die Regierung aufstehen, mag es sich dabei auch um Verbrecher handeln.

Die praktische Konsequenz konstruktivistischen Denken ist, so der Historiker Andreas Rödder, »ein höchst selektiver, willkürlicher Umgang mit Wissenschaft. Identitätspolitische Aktivisten weisen die Biologie der Zweigeschlechtlichkeit als Machtkonstrukt zurück. Dasselbe sagen rechtspopulistische Verschwörungstheoretiker über die Pandemie. In der Summe geht ein gemeinsames Verständnis allgemein akzeptierter Fakten verloren. Subjektives Empfinden, das andere Meinungen als verletzend oder als ›Fake News‹ diskreditiert, tritt an die Stelle eines universalen Rationalismus, auf dem die öffentliche Verständigung beruht.«[74]

Genderismus

Der wichtigste Konstruktivismus der Gegenwart ist die Gender-Ideologie. Der klassische Feminismus zielte auf Gleichstellung der Geschlechter, er leugnete nicht die biologischen Unterschiede zwischen Männern und Frauen, er wollte vielmehr volle Verwirklichung von Gleichberechtigung und Gleichstellung und den Abbau einer einseitigen Machtverteilung zwischen Männern und Frauen.

Simone de Beauvoir schrieb 1949 in der Einleitung zu ihrem Klassiker *Das andere Geschlecht*:

> Die Teilung der Geschlechter ist tatsächlich etwas biologisch Gegebenes, nicht ein Moment der Menschheitsgeschichte. Inmitten eines ursprünglichen *Mitseins* hat ihre Gegensätzlichkeit sich abgezeichnet und es nicht durchbrochen. Das Paar ist eine Grundeinheit, dessen beide Hälften aneinander geschmiedet sind; es ist nicht möglich, eine Spaltung der Gesellschaft nach Geschlechtern vorzunehmen. Das ist es, was von Grund auf die Frau charakterisiert: sie ist die andere innerhalb eines Ganzen, in dem die beiden Extreme sich nötig haben.«[75] Am Ende des Buches kehrt sie zu diesem Gedanken zurück: »Wer die Frau befreit, lehnt es ab, sie auf die Beziehungen, die sie zum Mann unterhält, zu beschränken, leugnet sie aber nicht. (…) Wenn die Versklavung der einen Hälfte der Menschheit und das ganze verlogene System, das damit zusammenhängt, abgeschafft ist, dann wird die *Unterteilung* der Menschheit ihren eigentlichen Sinn verdeutlichen, und das Menschenpaar wird seine wahre Gestalt finden.[76]

Für Simone de Beauvoir war es klar, dass es weder sinnvoll noch wünschenswert sein kann, Widerstand gegen die eigene Biologie zu leisten. Von Michel Foucault wiederum ist bekannt, dass er seine konstruktivistische Philosophie auch aus der Auseinandersetzung mit seiner Homosexualität entwickelte. Er wandte sich zu Recht gegen gesellschaftliche Rollenvorgaben, die zu seiner festgefügten sexuellen Orientierung in Widerspruch standen. Weder war für Beauvoir ihr weibliches Geschlecht noch für Foucault seine sexuelle Präferenz für Männer ein soziales Konstrukt, das die Biologie transzendierte und für Wahlentscheidungen offen war. Für das feministische Programm, das Simone de Beauvoir vor 70 Jahren zu Papier brachte, sind in den

Ländern des Westens und in Teilen Ostasiens die Tore weit aufgerissen. In weiten Teilen der islamischen Welt sieht dies allerdings ganz anders aus.

Soweit die Genderideologie darauf besteht, dass das männliche oder das weibliche Geschlecht ein soziales Konstrukt ohne zuverlässige biologische Grundlage sei, tritt man dieser Auffassung nicht zu nahe, wenn man sie im Lichte des biologischen Wissens als *skurril* bezeichnet. Wenn man die Texte der amerikanischen Philosophin Judith Butler, der geistigen Vorreiterin des »sozialen Geschlechts«, genau liest, so sieht man, dass hier letztlich in einem nur schwer verständlichen Jargon eine Wortklauberei betrieben wird, die sich als Wissenschaft tarnt. Was sollen die folgenden Sätze aussagen:

> Stellt nicht die Konstruktion der Kategorie ›Frau(en)‹ als kohärentes festes Subjekt eine unvermeidliche Regulierung und Verdinglichung der Geschlechterbeziehungen (*gender relations*) dar? Und widerspricht solch eine Verdinglichung nicht gerade der feministischen Zielsetzung? In welchem Maße gewinnt die Kategorie ›Frau(en)‹ ihre Stabilität und Kohärenz nur im Rahmen der heterosexuellen Matrix?[77]

Auch eine lesbische Frau ist eine Frau, und ein schwuler Mann ist ein Mann. Die Tatsache des biologischen Geschlechts (englisch *sex*) lässt sich schlechterdings nicht leugnen, und die Unterscheidung zum sozialen Geschlecht (englisch *gender*) ist künstlich. Männer und Frauen können in der westlichen Moderne der Gegenwart im Privatleben und in der Berufswelt ganz unterschiedliche Rollen einnehmen. Nur die individuellen Interessen, die körperlichen und geistigen Fähigkeiten sowie der individuelle Fleiß setzen hier Grenzen. Es bleibt aber schlichtweg eine unbestreitbare Tatsache, dass das biologische Geschlecht nicht nur die primären und sekundären Geschlechtsmerkmale, sondern auch die Hirne und die Temperamente von Männern und Frauen prägt.[78] Der extreme Zweig der Transgender-Bewegung leugnet die biologische Tatsache der menschlichen Zweigeschlechtlichkeit und scheut nicht davor zurück, selbst lesbische Feministinnen übel anzugreifen, wenn sie an der Tatsache festhalten, dass es biologisch gesehen Männer und Frauen gibt.[79]

Liberalität in der modernen westlichen Gesellschaft umschließt selbstverständlich das Recht, die eigenen sexuellen Beziehungen, soweit sie auf Freiwilligkeit beruhen und sich auf Erwachsene beziehen, nach eigenen Wünschen zu gestalten. Dazu gehört grundsätzlich auch die Möglichkeit, sich selbst einem Geschlecht zuzuordnen, das den eigenen Wünschen entspricht, auch wenn es der Biologie widerspricht. Dieses Recht sollte allerdings auf Erwachsene beschränkt sein, und es sollte nicht zu ungerechtfertigten Wettbewerbsvorteilen, beispielsweise im Sport führen.[80] Sofern Angehörige der LGBTQ-Gruppen den Wunsch haben, sich zu organisieren, Umzüge zu veranstalten und Lobbyarbeit zu betreiben, steht ihnen das wie allen übrigen Interessengruppen im Rahmen des Vereinsrechts zu.

Die Behauptung, dass das biologische Geschlecht eine soziale Konstruktion sei, hat keine wissenschaftliche Grundlage. Wenn das Geschlecht nicht relevant ist, besteht keine Notwendigkeit, es anzugeben. Wenn es aber relevant ist, darf man es nicht willkürlich zuordnen. Seine Relevanz wird dadurch bestätigt, dass sich »das ganze ›Spektrum‹ von cis- über trans-, fluid-, pangender und so weiter« immer im Verhältnis zu den beiden Stereotypen männlich und weiblich definiert.[81] Thomas Thiel spricht den quasi religiösen Charakter der Transgender-Bewegung an: »Wieder einmal geht es um die Überwindung des sterblichen Körpers, diesmal nicht durch einen Gott, sondern durch Technik und Sprachverwirrung.« Statt sich um flexible soziale Rollen zu bemühen, soll das Unbehagen an sozialen Rollen durch operative Eingriffe in die Biologie des eigenen Körpers angegangen werden, das ist ein Irrweg.[82]

Die Gleichberechtigung von Mann und Frau bedeutet, dass niemand a priori auf bestimmte Rollen festgelegt ist, sondern diese im Rahmen seines biologischen Soseins und seiner Neigungen frei wählen kann. Das ist in den Ländern des westlichen Abendlandes weitgehend erreicht. In den letzten Jahren hat sich gezeigt, dass die Bildungserfolge und die Bildungsleistung von Frauen häufig jene der Männer im Durchschnitt übersteigen. Es hat sich aber auch gezeigt, dass die Präferenzen von Frauen und Männern bei der Berufswahl und bei der Work-Life-Balance häufig recht unterschiedlich sind. Und schließlich hat sich herausgestellt, dass auch die durchschnittlichen geistigen und charakterlichen Eigenschaften von Männern und Frauen deutliche Unterschiede aufweisen, die in ihrer Biologie begründet sind. Allerdings lassen die statistischen Unterschiede zwischen Männern und Frauen nie Aussagen für das Individuum zu, und sie dürfen, so Susan Pinker, nie deren Wahlmöglichkeiten begrenzen oder unfaire Praktiken rechtfertigen.[83]

Framing durch Sprache

Besondere Emotionen ruft immer wieder der Kampfplatz der gendergerechten Sprache hervor. Das galt lange Zeit auch für mich. Ich habe aber die Überzeugung gewonnen, dass dies ein Feld der Auseinandersetzung ist, auf dem man zwar viel Kraft investieren, aber letztlich nicht gewinnen kann. Den meisten Menschen sind nämlich alle mit einer gendergerechten Sprache verbundenen Fragen ziemlich gleichgültig. Sie reden, wie ihnen der Schnabel gewachsen ist, und halten sich an soziale Konventionen, so wie sie ihre Geltung vermuten. Natürlich müssen Männer und Frauen das Gefühl haben, dass sie gleichermaßen angesprochen und gemeint sind, und der gesellschaftliche Diskurs muss zulassen, dass sich die Sprache entsprechend entwickelt. Das ist aber im Wesentlichen eine Frage der kollektiven Gefühle und Einstellungen. Leider greift auch bei der gendergerechten Sprache eine universale soziale Gesetzlichkeit: Wenn einer gesellschaftlichen Mehrheit eine Sache mehr oder weniger gleichgültig ist und eine Minderheit dieselbe Sache unablässig und mit Energie betreibt, dann wird sich die Minderheit mit der Zeit durchsetzen. Darum ist es leider gänzlich ohne Belang, dass gegenwärtig (Januar 2022) nur 17 Prozent der Deutschen in den Medien eine »geschlechtergerechte Sprache« wünschen und 79 Prozent dagegen sind.[84] So war es schon bei vielen Themen, zum Beispiel bei der Ehe für alle.

Gendergerechte Sprache macht einige Sätze länger und viele Ausdrücke umständlicher. Sie wird gegenwärtig gegen das Sprachgefühl der Bevölkerungsmehrheit durchgesetzt durch ein einer Gleichschaltung ähnelndes administratives Vorgehen im öffentlich-rechtlichen Rundfunk und in den amtlichen Verlautbarungen der Verwaltung bis hin zum Statistischen Bundesamt und zur Bundesbank.[85] Aber die Sprache lebt, sie entwickelt sich immer zur einfachsten Ausdrucksweise hin, und sie wird auch Gendervorgaben abschleifen, ökonomisieren und letztlich überleben. Sprache, wie immer sie sich entwickelt, wird auch in Zukunft nichts daran ändern, dass die weitaus meisten Menschen als Männer oder als Frauen geboren werden und mit dem biologischen Geschlecht, das sie von Geburt an haben, durchaus zufrieden sind. Auch das Schwenken zahlreicher Regenbogen-Fahnen hat auf die tatsächliche sexuelle Identität der Menschen und ihre entsprechenden Gefühle keinen Einfluss.

Deshalb muss es erlaubt sein, bei den unablässigen Versuchen einer kleinen Gruppe von Fanatikern, den Wirkungsbereich einer gendergerechten Sprache durch hoheitlich-administrative Vorgaben auszudehnen, nicht nur das Bedrohliche, sondern auch das Absurde zu sehen: Zu diesen Fanatikern gehört Ulrike Lemke, Angehörige der Linkspartei, Juristin und Professorin für Geschlechterstudien in Berlin sowie Mitglied des Berliner Verfassungsgerichts. Nicht vertraut mit linguistischen, grammatischen und phonetischen Kenntnissen[86] sieht sie in dem jahrtausendealten Gebrauch des generischen Maskulinums eine Verletzung der grundgesetzlich garantierten Gleichberechtigung von Männern und Frauen und möchte zur Durchsetzung ihrer sprachlichen Vorstellungen staatlichen Zwang anwenden. Grundsätzlich wendet sie sich dagegen, dass sich Sprache unreguliert entfalten darf.[87] Jürgen Kaube fragt, wo das enden soll, und wundert sich darüber, dass Frau Lemke das generische Maskulinum beim Begriff »der Mensch« noch akzeptabel findet, denn in der Logik ihrer Forderungen liegt es, »die Menschin« zu sagen.[88] Sprachideologen wie Ulrike Lemke verkennen grundsätzlich den Charakter von Sprache: »Die Sprache ist ein Symbolsystem, das notwendigerweise die Welt nur unscharf repräsentiert. Unschärfe und Vieldeutigkeit werden von den Sprachaktivisten nicht als das erkannt, was sie für die Gesellschaft bereitstellen: Kompromissmöglichkeiten.[89]

Leider ist zu befürchten, dass Fanatikerinnen wie Ulrike Lemke sich in dem Umfang durchsetzen, in dem die Mehrheit den gendergerechten Sprachwandel teilnahmslos hinnimmt. Die Schriftstellerin Anna Pritzkau war als Kind mit ihren Eltern nach Deutschland eingewandert. Sie hat aus der Sowjetgeschichte und der Sowjetsprachgeschichte gelernt, »dass Sprache geformt wird von der Ideologie der Herrschenden und der herrschenden Macht, die sie immer und immer wieder als oberste Moral tarnt. … Worte können töten. Und Menschen, die anderen Menschen solche Worte anerziehen wollen, sind gefährlich. Und Worte anzuerziehen, ist sinnlos und folgenlos. Denn Worte, die man nicht fühlt, sind leer. Mit Leere aber wird man nichts verändern, nichts verbessern.«[90] Der Literaturkritiker Rainer Moritz gibt einer Kopfgeburt wie dem Genderstern zwar keine Zukunft, weil er nicht aus dem Sprechen im Alltag erwachsen ist und weil die lebendige Sprache unnötig Kompliziertes ohnehin abschleift. Er sieht ihn aber »stellvertretend für den Willen, Auffassungen zu oktroyieren, die man für richtig und aufgeklärt hält« nach dem Motto »Wer gendert, ist lieb und links«. Der Genderstern verkörpert ein »ahistorisches Denken (…) in einer illiberalen Gesellschaft, in der die Ausgrenzerinnen und Ausgrenzer den Ton angeben wollen«.[91]

Zum ahistorischen Denken in einer illiberalen Gesellschaft gehört auch der Versuch, Kunstwerke, deren Inhalt man nicht ändern kann, zumindest durch Umbenennung mit politisch korrekten Titeln zu versehen. Um Begriffe wie Zwerg, Zigeunermadonna, Eingeborener, Mohr, dunkelhäutig, afrikanisch, indisch, mohammedanisch und so weiter zu vermeiden, haben die Staatlichen Kunstsammlungen in Dresden seit Anfang 2020 143 Kunstwerke umbenannt.[92] Die Bildwerke wegen anstößiger dunkler Haut zu retuschieren, hat man sich offenbar nicht getraut. So bleibt man bei der ahistorischen Verfälschung der Vergangenheit quasi auf halbem Weg stehen. Konsequent wäre es eigentlich, politisch als nicht korrekt empfundene Gemälde gleich abzuhängen, ins Depot zu verbannen oder zu verkaufen, so wie die Nazis das mit »entarteter Kunst« taten. Intoleranz von links und von rechts ist sich eben überraschend ähnlich. Der Philosoph Christoph Türcke spricht von einer »zunehmenden Ontologisierung von Reizwörtern, als wären sie selbst gute oder böse Dinge«. In der Verkleidung der konstruktivistischen Erkenntnistheorie kehrt eine uralte Sprachmagie zurück, die Wörter mit der »Aura des Dämonischen« auflädt, »als würden Krankheit, Behinderung, Zurückgebliebenheit, geistige Unterlegenheit durch die Worte, die sie benennen, alle erst hervorgebracht. (…) Das Gemeinsame der Worte, die da unter Verbot geraten, ist, dass sie an Natur erinnern. Natur an sich soll es jedoch nicht mehr geben. Sie ist ja bloß eine Konstruktion.«[93]

Das sprachliche Framing macht aber nicht beim Gendern und bei der Umbenennung von Gemälden halt. Bei den sprachlichen Usancen der vorwiegend eher links stehenden Medien zeigt sich vielmehr, wie bei bestimmten wertenden Adjektiven – zum Beispiel »umstritten« – besonders häufig Auffassungen oder Personen auftauchen, die eher rechts eingeordnet werden. So kommt es zu sprachlichen Mustern der Diskreditierung, des Moralisierens, der Verschleierung und der Projektion eigenen Fehlverhaltens auf den Gegner. Dies zeigt sich an der relativen Häufigkeit herabsetzender Adjektive bei bestimmten Personen oder Sachverhalten. So wird der inhaltliche Blick verstellt beziehungsweise wertend vernebelt.[94]

Postkolonialismus

Seit dem 15. Jahrhundert hatten die europäische Entdeckung der Welt und die zeitweilige Überlegenheit der technischen Zivilisation Europas zu einer Ausbreitung der Herrschaft europäischer Länder über weite Teile der Welt geführt. Die letzte Phase der Ausbreitung europäischer Kolonialherrschaft, etwa seit Mitte des 19. Jahrhunderts, wird als Zeitalter des Imperialismus bezeichnet. Sie traf sich mit der stürmischen Industrialisierung, die die technische Überlegenheit Europas und Nordamerikas gegenüber dem Rest der Welt noch einmal deutlich vergrößerte, und dem damit verbundenen starken Bevölkerungswachstum. Erst in dieser späten Phase der Kolonialzeit, als die europäischen Kolonien in Amerika bereits mit wenigen Ausnahmen ihre Unabhängigkeit erreicht hatten, wurde das Innere Afrikas in die Kolonialisierung miteinbezogen.

Das Zeitalter des Imperialismus war zugleich ein Höhepunkt europäischen Selbst- und Sendungsbewusstseins. Man sah sich in der Welt im Verhältnis zu anderen Zivilisationen und Kulturen als eine Speerspitze des Fortschritts, und dieses Sendungsbewusstsein trug in vielerlei Hinsicht durchaus rassistische Züge. Die imperialistische Phase kolonialer Herrschaft währte aber nur kurz. Als Großbritannien 1947 die britische Kronkolonie Indien in die Unabhängigkeit entließ, hatte das Ende des Kolonialzeitalters begonnen. Frankreich tat sich schwerer und entließ Algerien erst nach einem blutigen Bürgerkrieg 1962 in die Unabhängigkeit. Bis Ende der Sechzigerjahre waren nahezu alle Kolonien auf dem afrikanischen Kontinent unabhängig geworden.[95]

In der Zeit der Kolonialherrschaft geschah viel Unrecht, und es gab blutige Gewalt bis hin zum Völkermord. Dieses Unrecht ist genauso wenig wiedergutzumachen wie der Mord der Nazis an den Juden. Es wird in beiden Fällen auch nicht dadurch besser, dass heute Lebende sich für Taten entschuldigen, die sie nicht begangen haben. Zudem können sich Kollektive gar nicht entschuldigen. Deshalb, so der Historiker Wolfgang Reinhard, »ist der Entschuldigungszwang ein fauler Zauber. Man muss die brutalen Tatsachen des Unrechts zur Kenntnis nehmen, und die wird man nicht los.«[96]

Auf der Habenseite steht, dass der Kolonialismus auch kulturelle Fortschritte brachte: In Afrika schafften die französischen und britischen Kolonialherren die Sklaverei und in Indien die Witwenverbrennung ab. Die Gebiete der Kolonialherrschaft gewannen zudem den Zugang zur technischen Zivilisation der Moderne, zu moderner Medizin und besseren landwirtschaftlichen Erträgen. Das führte zu einem starken Anstieg der Lebenserwartung und zu einem erheblichen Bevölkerungswachstum, das bis heute anhält. Die schwierigen Fragen der Nationenbildung, der Modernisierung traditioneller Gesellschaften und der wirtschaftlichen Entwicklung wurden von den unabhängig gewordenen Kolonien ganz unterschiedlich erfolgreich gelöst. Ausgeprägte Rückständigkeit und anhaltend starkes Bevölkerungswachstum sind unter den ehemaligen Kolonien auf dem afrikanischen Kontinent besonders stark verbreitet.

Seit dem Ende der Kolonialherrschaft ist mehr als ein halbes Jahrhundert vergangen. Deshalb lässt sich heute sicher sagen, dass die unterschiedlichen Probleme, denen jene Staaten in Afrika und Asien gegenüberstehen, die ehemals Kolonien waren, nur noch zu einem geringen Teil mit der ehemaligen Kolonialherrschaft zu tun haben. Zwei große Länder, die gegenwärtig bei anhaltender Rückständigkeit besonders von Gewalt erschüttert sind – Äthiopien und Afghanistan –, waren zudem zu keiner Zeit in ihrer Geschichte europäische Kolonien.

Die Kolonialherrschaft hat in jenen Staaten, die ehemals Kolonien waren, mehr oder weniger tiefe Prägungen hinterlassen, und der dadurch ausgelöste Modernisierungsprozess hat Neues geschaffen und viel Hergebrachtes zerstört. Die westliche Sicht, die mit der Kolonialherrschaft einherging, hat die ursprünglichen indigenen Kulturen überlagert und teilweise auch verändert. Bei einem frühen und bis heute bekanntesten Vertreter des Postkolonialismus, dem aus Martinique stammenden schwarzen Arzt und Philosophen Frantz Fanon, hatte die Dominanz Europas über die Kolonialvölker einen unbändigen Hass ausgelöst. Seine 1961 veröffentlichte Streitschrift *Die Verdammten dieser Erde* ruft zu Hass und Gewalt auf und ist heute noch eine Bibel des Postkolonialismus.

Darin heißt es in der »Schlussfolgerung«: »Ganze Jahrhunderte hat Europa nun schon den Fortschritt bei anderen Menschen aufgehalten und sie für seine Zwecke und zu seinem Ruhm unterjocht.«[97] (…) »Wir können heute alles tun, vorausgesetzt, dass wir nicht Europa nachäffen, vorausgesetzt, dass wir nicht von der Begierde besessen sind, Europa einzuholen.«[98] (…) »Die Dritte Welt steht heute als eine kolossale Masse Europa gegenüber; ihr Ziel muss es sein, die Probleme zu lösen, die dieses Europa nicht hat lösen können.«[99]

Fanon möchte die Erfolge Europas auch für die Dritte Welt, lehnt aber die Nachahmung seiner Kultur ab. Jean-Paul Sartre schrieb zu Fanons Buch ein blutrünstiges Vorwort, in dem er die Befreiung der

Kolonien von der Kolonialherrschaft mit der Befreiung Europas vom Kapitalismus vermischte: »in der ersten Zeit des Aufstands muss getötet werden: einen Europäer erschlagen heißt zwei Fliegen auf einmal treffen, nämlich gleichzeitig einen Unterdrücker und einen Unterdrückten aus der Welt zu schaffen. Was übrig bleibt, ist ein toter Mensch und ein freier Mensch.«[100] Sartre weist den Europäern eine Kollektivschuld zu. »Ob aus Irrtum oder schlechtem Gewissen, nichts ist bei uns konsequenter als ein rassistischer Humanismus, weil der Europäer nur dadurch sich zum Menschen hat machen können, dass er Sklaven und Monster hervorbrachte.«[101]

Fanon und Sartre gönnen sich beide – der eine im Hass, der andere im Selbsthass – eine gehörige Portion Subjektivität. Analytisch wird dadurch nichts klarer. Nennenswerte wirtschaftliche und soziale Fortschritte haben in den Sechzigerjahren seit der Veröffentlichung von Fanons Kampfschrift nur jene ehemaligen Kolonien gemacht, die sich bei der Bildung, beim Recht und bei der Modernisierung ihrer Volkswirtschaften die erfolgreichen Länder Europas und Ostasiens zum Vorbild genommen haben. Wer das kulturelle Erbe der ehemaligen Kolonialherren ausschlug, verharrt weiter in Armut, Gewalt und Bürgerkriegen. Das ist die bittere Wahrheit, die uns der Blick auf die vielen gescheiterten Länder des afrikanischen Kontinents seit Jahrzehnten unablässig lehrt.

Auch die konstruktivistische Gedankenwelt Michel Foucaults fügt sich gut ein in die postkoloniale Erzählung. Auf dessen Machttheorie nahm der aus Palästina stammende amerikanische Literaturwissenschaftler Edward Said Bezug. In seinem 1978 erschienenen Buch *Orientalismus*[102] kritisierte er, dass die Vertreter der europäischen Wissenschaft – so seine Behauptung – von der Überlegenheit der europäischen Kultur ausgehen und auf diese Weise Narrative unterstützen, die auch koloniale Unterdrückung gerechtfertigt haben. Saids Buch erweist sich bei der Lektüre als faszinierendes literarisches Meisterwerk, das gleichwohl in der Gewichtung und Abwägung völlig schiefliegt und ein unwissenschaftliches Zerrbild vermittelt. In den letzten 30 Jahren wurde es zum Ausgangspunkt der sogenannten postkolonialen Studien. Es gibt sicherlich viele postkoloniale Studien, die wissenschaftlich seriös sind und für ihre Fragestellungen nützliche Antworten liefern. Der Übergang zu einem ideologischen Erklärungsmuster ist gleitend. Absolut unsinnig wird es aber, wenn man versucht, den Griechen und Römern der Antike eine koloniale Schuld zuzuschieben und die europäischen Altertumswissenschaften für Kolonialismus moralisch haftbar zu machen.[103] Hier zeigt sich, dass es bei der Rezeption des Postkolonialismus auch um weißen und westlichen Selbsthass geht.

In seiner vergröberten und politisierten Form folgt der Postkolonialismus der von Fanon und Sartre vorgezeichneten Linie und variiert erneut das klassische marxistische Narrativ: An die Stelle des Kapitalismus tritt der (ehemals physische und heutzutage wirtschaftliche und kulturelle) Imperialismus des westlichen Abendlandes. An die Stelle des Proletariats treten die ehemals kolonisierten und heute in ihrer kulturellen Ausdrucksfreiheit dominierten und wirtschaftlich ausgebeuteten ehemaligen Kolonialvölker sowie die aus diesen Völkern stammenden Einwanderer in der Neuen Welt und den Ländern Europas. So stellt die Ideologie des Postkolonialismus die Sündenböcke bereit, die man braucht, um zu erklären, weshalb auch 60 Jahre nach dem Ende der Kolonialzeit der größte Teil des afrikanischen Kontinents in Gewalt und Rückständigkeit gefangen ist und weshalb die Schwarzen in Amerika unter den verschiedenen Bevölkerungsgruppen der USA bei der Bildung am Ende und bei der Kriminalität an der Spitze stehen.

Tatsächlich ist der Postkolonialismus eine Form von Ideologie. Das zeigt sich an der Tendenz, Leistungen, die für indigene Kulturen unter einer Kolonialherrschaft erbracht wurden, kleinzureden oder zu verleugnen. Es zeigt sich aber auch an der Tendenz, den Status einer Kolonialmacht nur Staaten aus Europa und Nordamerika zuzuerkennen, denn nur dort passt postkolonialistische Kritik ihren Wortführern ideologisch ins Konzept. Deshalb ist das Osmanische Reich, das große Teile Nordafrikas und den gesamten Nahen Osten viele Jahrhunderte lang kolonialistisch beherrschte, aus postkolonialer ideologischer Sicht gleichwohl keine Kolonialmacht. Es erfüllt eben nicht den Dreiklang von weiß, christlich und europäisch, den es offenbar braucht, um das Feindbild kolonialer Herrschaft herzustellen.[104] Der in Oxford lehrende britische Moraltheologe Nigel Biggar sieht viel Opportunismus in der postkolonialen Debatte: »Viele, die sich schuldig fühlen wollen, haben keine Ahnung von unserer historischen Vergangenheit. Sie wissen aber, dass eine differenzierte Auseinandersetzung schnell zum Vorwurf des Rassismus führt, und dem wollen sie sich unter keinen Umständen aussetzen. Denn das ist rufschädigend. Kommt hinzu, dass solche Diskussionen zumeist sehr aggressiv geführt werden, da lenkt man lieber ein.«[105]

In das postkoloniale ideologische Muster passen auch die öffentlichen Äußerungen des designierten Intendanten des bundeseigenen Hauses der Kulturen der Welt in Berlin: Der aus Kamerun stammende Bonaventure Ndikung behauptete im Juli 2021 in der *FAZ*, dass Afrika die eigentliche Mutter der europäischen Kultur sei: »Wieso müssen sich denn alle Picassos und großen Künstler des zwanzigsten Jahrhunderts beim afrikanischen Kontinent bedienen? Die Musik überall auf der Welt ist vom afrikanischen Kontinent beeinflusst. Selbst die griechischen Philosophen mussten bis nach Ägypten, sogar bis nach Äthiopien gehen. Die westliche Wirtschaft, der Reichtum kommt von außerhalb.«[106] Das ist zum kleineren Teil extrem schief, zum größten Teil aber frei erfundener Unfug: Platon und Aristoteles, Bach und Mozart, Newton und Gauß, Schiller und Tolstoi waren kulturell gesehen keine Kinder des afrikanischen Kontinents. Seinen Reichtum verdankt Europa seiner wissenschaftlich-technischen Expertise sowie der Bildung und der Arbeitsdisziplin seiner Bevölkerung. Der designierte Intendant Bonaventure Ndikung schwimmt offenbar auf der Modewelle der postkolonialen Ideologie. Es steht zu hoffen, dass – einmal im Amt des Intendanten angekommen – sein künstlerischer Impuls größer ist als die Präzision seines sprachlichen Ausdrucks.

Woke Culture, Cancel Culture und Opfer-Erzählung

Im bisherigen Verlauf dieses Kapitels habe ich ganz unterschiedliche Sichtweisen auf den Menschen und die Gesellschaft beschrieben. Gemeinsam ist ihnen ihr ideologischer Charakter:

- Sie gehen von einem tatsächlichen oder behaupteten Missstand aus und verabsolutieren diesen.
- Sie unterscheiden die Gruppen der Akteure beziehungsweise die obwaltenden historischen Kräfte nach Gut und Böse.
- Sie neigen zu einseitigen geschichtsphilosophischen Erklärungen und zu utopischen Heilserwartungen.
- Sie trennen Opfer und Täter.
- Sie haben ein Narrativ, das die Opfer entschuldigt und den Tätern die Verantwortung zuweist.

Alle Ideologien ähneln sich in der Grundstruktur ihres Narrativs, nämlich einer dichotomischen Aufspaltung in Gut und Böse und der Interpretation der gesellschaftlichen Entwicklung als einen Kampf zwischen den beiden Gegensätzen. Alle Ideologien haben einen utopischen Überschuss und sind nach Möglichkeit so konstruiert, dass ihre Kernaussagen an der Wirklichkeit nicht überprüft, also nicht falsifiziert werden können.

Ideologien entfalten ihre Wirkungsmacht in den Köpfen von sozialen Gruppen und von Individuen in einer Gesellschaft. Es sind geistige Ordnungskonzepte, die im Wettbewerb um die Aufmerksamkeit der Menschen sowie im Wettbewerb um den Einfluss auf Medien und Politik stehen. Die sechzehn von mir beschriebenen ideologischen Sichtweisen habe ich unter dem Gesichtspunkt ihrer Relevanz für die Gegenwart ausgewählt und zusammengestellt. Die Auswahl ist Resultat einer pragmatischen Abgrenzung und strikten Bündelung. Ihre Rezeption, Verbreitung und ihr Einfluss auf die Gesellschaft sind keine festgefügten Größen. Sowohl ihre inhaltlichen Schwerpunkte als auch deren Gewichtung in der Gesellschaft sind immer wieder im Fluss.

In der Gegenwart beobachte ich in den Medien, in der Politik, teilweise auch in den Geisteswissenschaften, wie ideologisches Denken auf breiter Front Einfluss in der Gesellschaft gewinnt. Dagegen hat es das kritische, auf objektive Erkenntnis gerichtete Denken, dessen Grundlagen ich in Kapitel 2 beschrieben habe, in der Gegenwart oft schwer.

Wer eine ideologisierte Weltsicht einnimmt, hat häufig Schwierigkeiten damit, andere Standpunkte und Sichtweisen zu akzeptieren, mögen sie noch so begründet sein. Er möchte sich gerne mit Gleichgesinnten in der eigenen Meinungskapsel einschließen und nichts anderes hören müssen. So wächst Intoleranz heran. In der angelsächsischen Welt gibt es an den Hochschulen eine wachsende Bereitschaft, Studenten vor wissenschaftlichen Meinungen, historischen Tatsachen und künstlerischen Produkten zu »schützen«, die sie verstören und irritieren können. Das hat zu teilweise absurden Eingriffen in die akademische Meinungsfreiheit geführt und die Tendenz zu Hexenjagden auf ungeliebte Meinungen erhöht. Einem besonderen Tabu unterliegt alles, was sich mit der Erblichkeit menschlicher Eigenschaften befasst. Hier dominiert in den angelsächsischen Geistes- und Sozialwissenschaften zunehmend ein fast schon naiver Kinderglaube, dass unerwünschte Erkenntnis sich von selbst auflöst, wenn man sie nur lange und intensiv genug ignoriert und tabuisiert.[107] Es sieht so aus, also ob breite akademische Kreise der geistigen Freiheit überdrüssig sind und sich nach einem neuen strafenden Gott sehnen.

Selbst Klassiker der Literatur werden bei Warnungen vor gefährlichen Inhalten nicht verschont.[108] Die Studenten werden auf diese Weise infantilisiert und bevormundet. Diese Tendenz verweichlicht die betroffenen Studenten nicht nur mental, sondern macht sie auch weniger leistungsfähig, indem ihnen die anstrengende geistige Auseinandersetzung mit anderen Standpunkten erspart bleibt. Tatsächlich wird so auch ihre charakterliche Reifung behindert oder verhindert. Der Psychologe Jonathan Haidt und der Erziehungswissenschaftler Greg Lukianoff haben diese in den USA mittlerweile sehr verbreitete Tendenz im Detail nachgezeichnet und die Folgen für Geist und Psyche der Studenten und Absolventen beschrieben.[109] Leider bleiben auch deutsche Universitäten von solchen Tendenzen nicht verschont.[110]

Ihren Ursprung hatte diese Tendenz in der sogenannten Woke Culture. Der Begriff »Woke« entstammt sprachlich der schwarzen Subkultur in den USA und kennzeichnete ursprünglich eine Einstellung, die Rassismus gegen Schwarze und ihre Diskriminierung ablehnt. Mittlerweile hat er sich zu einem generalisierten Begriff für einen politisch korrekten Denkstil auf der linken Seite des politischen Spektrums entwickelt: »Wokes« Denken und die Sichtweise auf soziale Gruppen als »Opfer« der Gesellschaft sind vielfach eine Symbiose eingegangen.

Der amerikanische Biologie-Professor Bret Weinstein wurde 2017 durch linke Studenten von der Universität Evergreen im Staat Washington vertrieben, weil er sich geweigert hatte, an einem von der Universitätsverwaltung beschlossenen Tag »ohne Weiße« der Universität fernzubleiben. Seine Kollegen an der Universität mussten absurde Selbstkritik üben, um auf ihren Positionen zu überleben. Weinstein resümiert über die Woke-Bewegung:

> Revolutionäre Bewegungen handeln sozusagen mit utopischer Fiktion, um darin die Motive eines Umsturzes der bestehenden Ordnung zu finden. Die Unsinnigkeit der ›Woke‹-Vision ist offensichtlich, aber der ansteckende Charakter ihrer Strategie spektakulär. Und genau darin liegt das Problem. Die Leute nehmen diese Bewegungen nicht ernst, weil sie einfach lächerlich sind. Wenn sie aber direkt mit ihnen konfrontiert werden, bleibt ihnen keine andere Wahl: entweder unterwerfen sie sich ihr, oder sie werden buchstäblich zerstört.[111]

Der weitreichende Einfluss der Woke-Bewegung ist bei vielen politisch diffizilen oder kontroversen Sachfragen der Klarheit und Wahrheit und damit der Problemlösung nicht immer zuträglich. So ist es in den USA kaum möglich, die Ursachen für die weit überdurchschnittliche Kriminalität der Schwarzen rational zu diskutieren,[112] weil schon die Erwähnung dieses Umstands vielfach als »rassistisch«

gilt. Ebenso können Fragen wie die Obdachlosigkeit in wohlhabenden Gesellschaften nicht rational diskutiert werden, solange man Obdachlose durch eine linksideologische Brille überwiegend als »Opfer der Gesellschaft« betrachtet.[113]

In Bezug auf Kriminalität setzt allerdings in den USA mittlerweile ein Umdenken ein. Nachdem im Juli 2020 in Minneapolis der Schwarze George Floyd durch die Gewalt eines weißen Polizisten ums Leben kam, hatte die Black-Lives-Matter-Bewegung viele amerikanische Großstädte gewaltsam erschüttert. Es gab Bestrebungen zum Abbau von Polizei, und Polizisten hielten sich bei ihren Einsätzen in problematischen Stadtvierteln mehr und mehr zurück. Diese Zurückhaltung führte seit dem Sommer 2020 zu einem spektakulären Anstieg von Morden und Gewalttaten, unter denen vor allem die Schwarzen litten. Seit der Jahreswende 2021/22 haben auch unter den moderaten Schwarzen die Befürworter von »Law and Order« erneut die Vorhand. [114]

Überall in der westlichen Welt ist mittlerweile die Eigendynamik der Cancel Culture zu beobachten. »Ihre lawinenartige Energie macht es mühsam und für die meisten Menschen unmöglich, Tatsachen zu überprüfen, statt Meinungen zu folgen. Viele Leser, darunter auch Entscheidungsträger, überfliegen mittlerweile Texte oft nur noch diagonal und erliegen am Ende passiv dem, was laut, oft und lang wiederholt worden ist.«[115] Es ist eben durchaus anstrengend, sich seine eigene Meinung zu bilden. Die meisten Menschen sind völlig zu Recht vor allem mit der Bewältigung ihres eigenen Lebens beschäftigt. Ansonsten müssen sie den Wissenschaftlern, Politikern und Journalisten vertrauen. Wenn sie das immer weniger tun, hat die Gesellschaft auch ein Problem.

Ideologie durch Übertreibung

Fast jeder vernünftige (oder auch nur vertretbare) Gesichtspunkt in Bezug auf den Menschen und das soziale Leben kann durch Übertreibung und die Verabsolutierung einer bestimmten Sichtweise ideologischen Charakter gewinnen. Das findet häufig bei der Naturheilkunde oder auf dem gesamten Gebiet der alternativen Medizin statt. Es geschieht in Ernährungsfragen oder auch bei psychologischen Theorien wie der Psychoanalyse. Im Folgenden greife ich vier besonders aktuelle und auch gewichtige Beispiele für Ideologie durch Übertreibung heraus. Aber man muss sich darüber im Klaren sein, dass dieses Feld unendlich ist und immer neue Ad-hoc-Ideologien wachsen lässt.

Freiheit

Es ist eine Binsenweisheit, aber darum nicht weniger wahr, dass die Freiheit des menschlichen Individuums aus dem sozialen Zusammenhang seiner Existenz nicht zu lösen ist. Nur in Gemeinschaft – über Familie und Fortpflanzung hinaus – konnte der Mensch seine Intelligenz entwickeln, Kulturen und Zivilisationen schaffen und sich letztlich über die ganze Welt ausbreiten. Das Leben in der Gesellschaft bedeutet aber immer auch Abhängigkeit, Zwänge, Unterordnung, Herrschaft und Unterdrückung. Die Pflichten und Rollenzuweisungen in der Gesellschaft und die individuellen Freiheiten waren immer in konfliktreicher Reibung. Dazu kamen die Konflikte zwischen menschlichen Gemeinschaften – ob dies nun benachbarte steinzeitliche Horden waren, die um das Jagdrevier stritten, oder fremde Eroberer, die die eigene Stadt, den eigenen Staat bedrohten.

In diesem Sinne war die Freiheit ein Thema, so lange es den Menschen gibt: Das galt vom Krieg der Griechen gegen die Perser bis zum Aufstand der Schweizer Urkantone gegen die habsburgische Herrschaft, von den deutschen Bauernkriegen bis zur Boston Tea Party. Die amerikanischen Waffengesetze, deren Liberalität den Europäern rätselhaft erscheint, sind Ausdruck eines historisch gewachsenen Freiheitsverständnisses. Auch der Widerstand gegen kulturfremde Einwanderung lässt sich zumindest teilweise mit dem Wunsch erklären, die eigene Kultur vor fremdem Zugriff zu schützen und so

Freiheit zu bewahren. Der Brexit, das Ausscheiden Großbritanniens aus der EU, hatte keine wirtschaftlichen Gründe – in dieser Beziehung war er wohl eher nachteilig (aber das wird die Zukunft näher erweisen) –, sondern er folgte aus dem mehrheitlichen Wunsch der britischen Bevölkerung, keine Autorität anzuerkennen, die über dem britischen Parlament steht. Ebenso sind die gegenwärtigen Auseinandersetzungen der EU mit Polen und Ungarn nicht nur eine Debatte um Rechtsstaatlichkeit, sondern auch eine Auseinandersetzung um die Grenzen überstaatlicher Hoheitsrechte.

Als Folge der Aufklärung sank der Einfluss religiöser Vorschriften. Zahlreiche freiheitsbeschränkende normative Vorgaben, etwa im Bereich der Sexualität, verloren ihre Legitimation. In abendländisch geprägten Gesellschaften gilt heute das Prinzip, dass die Freiheitsrechte von Individuen erst dort enden, wo die Freiheiten und der sozial notwendige Schutz von anderen Individuen gefährdet sind. Dieses abstrakte Prinzip lässt im Konkreten noch immer genügend Raum für gesellschaftlichen Streit. Dieser wird täglich ausgefochten, und es ist unvermeidlich, ihn immer wieder neu durchzustehen.

Die Idee der geistigen Freiheit unterscheidet die Aufklärung radikal vom Christentum: »Aus dem Schuldzusammenhang der Erbsünde führt für den heiligen Augustinus und seine christlichen Nachfolger nur die göttliche Gnade, aber nicht die menschliche Freiheit.«[116] Erst die europäische Aufklärung sprengte diese Fessel und räumte dem frei forschenden menschlichen Geist einen Vorrang ein, dem wir den Fortschritt in den Naturwissenschaften, die industrielle Revolution und unseren Wohlstand zu verdanken haben.

Ideologischen Charakter nimmt das Streben nach individueller Freiheit an, wenn es an Radikalität gewinnt und damit auch einseitig wird. Der Anarchismus als politische Ideologie zielt darauf ab, »jede Herrschaft von Menschen über Menschen, jede gesetzliche Zwangsanordnung, besonders den Staat, zu beseitigen und ein autoritäts- und herrschaftsfreies Zusammenleben herbeizuführen«.[117] Solche freiheitsbezogene Radikalität gibt es auf der linken und der rechten Seite des politischen Spektrums:

- Im linken und linksextremen Spektrum verbindet sich der Anarchismus mit dem Antikapitalismus. Linke Anarchisten lehnen das private Eigentum, aber auch die staatliche Autorität grundsätzlich als repressiv ab und bekämpfen die Staatsmacht sowie die von ihr gesetzte Ordnung in jeder Form – gerne auch oder sogar bevorzugt mit Gewalt. Gerne verbünden sich Anarchisten – heute werden sie meist Linksautonome genannt – zur Durchsetzung ihrer Idee von Freiheit mit Hausbesetzern, mit Demonstranten gegen Israel oder die USA, mit radikalen Umweltschützern und im Zuge der Covid-19-Pandemie mit Impfgegnern.
- Im rechten und rechtsradikalen Spektrum gibt es Libertäre, die die staatliche Ordnung auf wenige Grundfunktionen – im Wesentlichen die Gewährleistung der inneren und äußeren Sicherheit – beschränken und den Einfluss des Staates so weit wie möglich zurückdrängen wollen. Der Übergang zwischen dem klassischen Liberalismus und den Libertären ist gleitend und nicht immer frei von Widersprüchen. Auch das merkte man in der Coronapandemie.[118]

In beiden Fällen wird die individuelle Freiheit mehr oder weniger absolut gesetzt – auch um den Preis, dass der Verzicht auf staatliches Handeln die Menschen gefährdet. Der einzige Unterschied ist, dass Anarchisten die Staatsgewalt grundsätzlich ablehnen, während Libertäre sie auf das Äußerste beschränken wollen. Beide Richtungen verkennen, dass das Verhältnis zwischen individueller Freiheit und staatlichen Vorgaben in jeder Gesellschaft, Zivilisation oder Kultur das Ergebnis komplexer Aushandlungsprozesse ist und nicht einfach mit falsch/richtig, ja/nein, gut/böse bestimmt werden kann. Die menschliche Geschichte und der interkulturelle Vergleich zeigen zudem beständig, dass für das Verhältnis zwischen individueller Freiheit und gesellschaftlichen Vorgaben unterschiedliche Lösungen denkbar sind, die immer wieder auch zu stabilen und belastbaren Strukturen führen können. Die Auseinandersetzung um die individuelle Freiheit wird die Menschheit nie verlassen. Ihre Bezugspunkte ändern sich ständig mit der aktuellen Situation und dem kulturellen Selbstverständnis.[119]

Ein im Winter 2021/22 besonders aktuelles Beispiel war die Debatte um die staatlich verordneten Schutzmaßnahmen gegen die Ausbreitung des Coronavirus und die Impfkampagne bis hin zu einer Impfpflicht. Starke Minderheiten in den Bevölkerungen Nordamerikas und Europas bestritten nach dem Ausbruch der Pandemie im Februar/März 2020 zunächst die Gefährlichkeit des Virus und verneinten eine nennenswerte Übersterblichkeit aufgrund der Pandemie. Dann wandten sie sich gegen allgemeinverbindliche Schutzmaßnahmen wie Kontaktbeschränkungen und Maskenpflicht. Als im Frühling 2021 die Impfkampagnen mit den neu entwickelten Impfstoffen begannen, verweigerten sich – unterschiedlich von Land zu Land und von Region zu Region, aber fast überall in nennenswerter Größenordnung – große Gruppen von 20 bis 40 Prozent der Bevölkerung der Impfung. In einer »Pandemie der Ungeimpften« kam es so in Mitteleuropa zu den späteren Coronawellen. In vielen Ländern, darunter in Deutschland, war der Umgang mit den Impfgegnern zunächst sehr zögerlich. Erst im Dezember 2021 wurde in Deutschland eine allgemeine Impfpflicht für Personal im medizinischen Bereich eingeführt. Dagegen scheiterten Versuche, im Deutschen Bundestag eine Mehrheit für eine allgemein Impfpflicht zu finden, im April 2022 bereits an der Uneinigkeit unter den Koalitionspartnern der Ampel-Regierung.

Die Impfgegner hatten den medizinischen Sachverstand überwiegend nicht auf ihrer Seite, und sie konnten auch keine nennenswerten Nachteile ins Feld führen, die ihnen konkret durch die Impfung entstanden. Es war ein rein ideologischer Kampf um die Frage, welche Freiheitsbeschränkungen der Staat verhängen darf, wenn es um das allgemeine Wohl geht, und wie der Schutz der Gefährdeten gegen die den Impfgegnern auferlegten Freiheitsbeschränkungen abzuwägen ist. Am Ende siegte überall eine Mehrheit der abwägenden Vernunft. Aber die Verzögerungen bedeuteten Millionen Erkrankte und Hunderttausende von Toten, die vermeidbar gewesen wären.

Es war faszinierend und verstörend zu beobachten, wie bei diesem Thema die Rationalität sonst vernünftiger Menschen plötzlich aussetzte. Im Dezember 2021 zeigte eine Forsa-Umfrage: Wer gegen eine Impfpflicht war, hatte auch sonst ein überdurchschnittliches Misstrauen gegen Staat und Medien.[120] Die Staatsgewalt müsste letztlich autoritär auftreten und Zwang anwenden, um das zweifelsfrei als vernünftig Erkennbare auch durchzusetzen. Auch in solchen Fällen darf man mit der Anstrengung rationalen Argumentierens niemals aufhören. Aber ein Staatswesen ist eben mehr als eine Diskursveranstaltung oder ein wissenschaftliches Kolloquium. Wo dies im Sinne des mehrheitlichen Wohls der Staatsbürger notwendig ist, muss die staatliche Gewalt im Rahmen der rechtlichen Möglichkeiten notfalls auch die Machtkarte ziehen. In keiner funktionsfähigen Gesellschaft ist die Freiheit des Individuums ein absoluter Wert.

In vielen Gegenden Ostdeutschlands ging eine intensive Impfgegnerschaft in eine Leugnung der Pandemie über und verband sich mit der rechtsradikalen und rechtsextremen Szene. Amtsträger wurden durch Fackelzüge vor ihren Privathäusern eingeschüchtert, es gab Morddrohungen gegen den sächsischen Ministerpräsidenten Michael Kretschmer,[121] und die dezentrale Impfung von Schülern in Schulen musste gestoppt werden, weil Impfgegner vor den Schulen bedrohliche Haltungen einnahmen.[122] Hohe Inzidenzraten und entsprechende Sterbezahlen machten auf die Impfgegner offenbar keinen Eindruck. Es war schockierend, wie die ideologische Impfgegnerschaft bei einem Drittel der regionalen Bevölkerung die Expertise der Virologen und Ärzte beiseite wischte und keine rationale Einsicht mehr zuließ.[123] Das ging bis zur bewussten Inkaufnahme des eigenen Todes: In einem Pflegeheim in Thüringen starben im Spätherbst 2021 28 der 147 Bewohner am Coronavirus, weil sie oder ihre Betreuer den Impfschutz verweigert hatten.[124]

Der Politikwissenschaftler Claus Leggewie erkannte auf den Plakaten, die bei Querdenker-Demos mitgeführt wurden, »ein Sammelsurium egomaner Freiheitsrhetorik, die sich aus dem Gesellschaftsvertrag verabschiedet«, und diagnostizierte »politischen Nihilismus«.[125] Bundesgesundheitsminister Karl Lauterbach konstatierte Anfang Januar 2022 mit einer Mischung aus Fassungslosigkeit und Resignation: »Die Debatte der Impfgegner und Coronaleugner hat jedes Maß und Ziel verloren. Eine kleine Gruppe ist bereit, alle wissenschaftlichen Erkenntnisse vom Tisch zu wischen und sich freiwillig in eine

Blase von Scheinwahrheiten zu begeben. Das ist in der Tat eine neue und beängstigende Entwicklung in der Nachkriegsgeschichte unseres Landes.«[126] Hier stimme ich Karl Lauterbach ausnahmsweise zu: Wo ganz unzweifelhafte naturwissenschaftliche und medizinische Erkenntnisse zugunsten eines verabsolutierten Freiheitsverständnisses verdrängt werden, mutiert »der vermeintliche Heroismus der Freiheit des Einzelnen zur zunehmend bewusst eingesetzten Gefährdung der gesellschaftlichen, politischen und sozialen Strukturen« in Deutschland.[127]

Ein Teil der Menschen in Deutschland ist offenbar selbst bei einer wissenschaftlich eindeutigen Sachfrage für eine rationale Diskussion nicht erreichbar. Das ist naturgemäß noch schwerwiegender bei wertbehaftetetn komplexen Fragestellungen, wo die Antworten nicht unmittelbar eindeutig und einleuchtend sind. Hier zeigen sich auch prinzipielle Grenzen demokratischer Willensbildung.

Gleichheit

Im gesellschaftlichen Zusammenhang gehört die Gleichheit der Menschen zu den komplexesten Fragen. Sie ist vom zugrunde gelegten Menschenbild nicht zu trennen und zudem stark verwoben mit Fragen von Fairness und Gerechtigkeit. Da die Menschen allesamt mehr oder weniger verschieden sind, kann es bei der Gleichheit nie um eine Tatsachenbehauptung, sondern immer nur um eine Norm gehen. Diese Norm kann man mit ganz unterschiedlichen Inhalten füllen, und an dieser Stelle steht dann das geistige Tor zu einer Ideologie der Gleichheit sperrangelweit offen:

Die grundsätzliche Diskrepanz besteht dabei zwischen

- einem Gleichheitsansatz, der gleiche Rechte für alle fordert, etwa beim Zugang zu Bildung, zum Arbeitsmarkt, zu den politischen Rechten als Staatsbürger
- und einem Gleichheitskonzept, das gleiche Ergebnisse für alle fordert.

Das letztere Konzept verneint im Grundsatz die Existenz größerer angeborener Ungleichheiten. Treten gleichwohl nennenswerte Ungleichheiten auf, so können sie dann, quasi definitorisch, nur das Ergebnis von gesellschaftlicher Benachteiligung oder von Diskriminierung sein. Wo sich Menschen durch ihre geistigen Interessen oder schlicht durch ihre Bildung unterscheiden, entsteht die Versuchung, solche Unterschiede zu nivellieren, indem man Maßstäbe und Anforderungen senkt. Dies ist ein probates Mittel bei linksorientierter Bildungspolitik, es macht aber auch vor geistig anspruchsvollen Hörfunkprogrammen nicht halt.[128] Aus statistisch unbestreitbaren Unterschieden bei Bildungsergebnissen, Einkommen oder Kriminalität entstehen dann schnell ideologische Konzepte, die solche Unterschiede wegerklären sollen, und das Ergebnis eines möglicherweise ganz fairen Wettbewerbs wird so zum »Beweis« für die Ungerechtigkeit des Systems. Je nach dem Grad der ideologischen Verbohrtheit kann dies dazu führen, dass man die Existenz und Bedeutung von Begabungsunterschieden weitgehend leugnet oder in Abrede stellt, dass es objektive Maßstäbe für menschliche Schönheit gibt, denen die Menschen in sehr unterschiedlichem Umfang entsprechen.[129]

Bei Ideologisierung kann die Forderung nach »Gleichheit« schnell zu einem Instrument der Leugnung und Unterdrückung der Wirklichkeit und der ihr innewohnenden Zusammenhänge werden, und das ist in der jüngeren Geschichte immer wieder geschehen.

Umwelt

Die große und immer noch wachsende Zahl der Menschen auf der Welt sowie die Art, wie sie sich die Erde untertan gemacht haben, macht den Schutz von Atmosphäre, Wasser und Boden vor schädlichen Einflüssen, Erosion und Giftstoffen, die vom Menschen produziert oder freigesetzt wurden, zu einer Daueraufgabe der Politik auf nationaler wie auf weltweiter Ebene. Das kann vernünftigerweise nicht bestritten werden, und hier stehen auch marktwirtschaftliche Steuerungsansätze zur Verfügung, um Produktion und Nachfrage entsprechend zu lenken. Aktive, zukunftsorientierte Umweltpolitik kann grundsätzlich völlig ideologiefrei nach den Grundsätzen von Ursache und Wirkung betrieben werden. Das gilt auch für so schwierige Fragen wie die Einschätzung und Bewältigung des Klimawandels.

Wo Umweltbewusstsein in Ideologie abgleitet, ist stets zu beobachten, dass man einzelne Aspekte verabsolutiert und es an einer Gesamtabwägung der Auswirkungen auf das menschliche Wohl fehlen lässt. Der deutsche Umgang mit der Kernenergie ist dafür ein Beispiel.[130] Die Abschaltung dieser grundlastfähigen, CO_2-freien Energiequelle wird den deutschen Beitrag zur weltweiten Klimawende erheblich verkleinern,[131] während gleichzeitig in Frankreich, Großbritannien, Finnland und anderen europäischen Ländern neue Kernkraftwerke errichtet werden.[132] Der grüne Energieminister Robert Habeck hatte im Dezember 2021, bereits wenige Tage nach seiner Amtsübernahme, offenbar erkannt, in welche Falle er hier rennt. Er ruderte zum Jahreswechsel 2021/22 zurück und gestand ein, dass der Zielpfad der Energiewende mindestens bis 2023 nicht eingehalten wird. Die Abschaltung der sechs verbliebenen Kernkraftwerke wirft Deutschland bei seinen Klimawandelzielen noch weiter zurück. Die dadurch bis Anfang 2023 entstehende Kapazitätslücke ist größer als die gesamte deutsche Solarstromerzeugung. Zum Jahreswechsel 2021/22 kündigte die EU-Kommission an, dass die Kernenergie den Status einer nachhaltigen Energiequelle erhalten soll. Das ist mit Vorteilen bei der Finanzierung verbunden und lenkt den öffentlichen Blick auf den ideologischen Charakter des deutschen Atomausstiegs. Die deutsche Politik möchte bei der Bekämpfung des Klimawandels in einer moralischen Führungsrolle glänzen. Das wird durch ihre Haltung zur Kernenergie zunichtegemacht. »Das Kind in Brüssel aber ruft: Der Kaiser ist nackt!« [133]

In den deutschen Medien werden die logischen Brüche und offensichtlichen Inkonsistenzen der deutschen Energie- und Klimawende nach wie vor mit großer Milde behandelt, falls sie überhaupt zum Thema werden. Es ist ja auch nicht zu befürchten, dass in Deutschland unmittelbar die Lichter ausgehen. Die soliden deutschen Exportüberschüsse reichen noch auf lange Zeit aus, um polnischen Kohlestrom, französischen Kernenergiestrom und Erdgas – bislang aus Russland, demnächst wohl aus anderen Quellen – in beliebigen Mengen dazuzukaufen. In wenigen Jahren wird sich aber zeigen, dass Deutschland die Energiewende weitaus schlechter bewältigt als jene Länder, die weiter auf Kernkraft setzen und diese, wie Großbritannien und Finnland, sogar ausbauen.

Die öffentliche Meinung ist wie ein launisches Kind. Man darf ihr nicht zur Unzeit widersprechen, sonst gibt es Wutanfälle. Grüne Politiker müssen jetzt die Initiative ergreifen, um im Planungsrecht Einspruchsrechte von Bürgern und Verbänden weitgehend auszuhebeln, und sie müssen die planungsberechtigen Gebietskörperschaften zu maximaler Beschleunigung anhalten. Da können öffentliche Stimmungen schnell kippen. Was passiert, wenn es demnächst bei geplanten Windkraftanlagen ähnliche Demonstrationen gibt wie bei Impfgegnern? Wird man dann den Verfassungsschutz losschicken, um querdenkende Windkraftgegner zu beobachten? Das Regieren in Deutschland wird nicht einfacher werden.

Bei der Ideologisierung der Umweltpolitik steht seit dem Regierungswechsel von Angela Merkel zu Olaf Scholz ein beispielloser Wirklichkeitstest an. Jede Regierung, auch die im Dezember 2021 an die Macht gekommene Ampel-Koalition, wird nur kurze Zeit im Amt Bestand haben, wenn sie nicht drei Dinge sicherstellt: Verfügbarkeit von Energie, Bezahlbarkeit von Energie und Sicherheit der Arbeitsplätze in der deutschen Industrie. Der Ausgang des Experiments darf mit Spannung erwartet werden.

Mit fortgesetzter Panikmache wird man diese Widersprüche nicht auflösen, denn Panikmache nutzt sich an der Wirklichkeit ab. Der Ozeanologe Jochen Maretzke sieht hinsichtlich des Klimas nur die Existenz von zwei Kipppunkten im Erdsystem wirklich belegt: Der erste ist die komplette Vereisung der Erde, wie es sie vor 700 Millionen Jahren schon einmal gegeben hatte, und der zweite ist die Überhitzung wie beim Planet Venus, sodass die Ozeane verdampfen. Beides wäre in extrem weiter Ferne. Auch die üblicherweise genannten Kipppunkte – Umkehr des Golfstroms, Abschmelzen des

Grönland-Eisschilds und so weiter – sind, sofern sie eintreten, noch ein paar Tausend Jahre entfernt.[134]

Zur Ideologisierung der Umweltpolitik gehört auch eine verkrampfte Feindseligkeit gegenüber der Gentechnik, für die insbesondere die Grünen stehen. Dabei können gentechnisch veränderte Pflanzen den Wasserbedarf senken, Pestizide sparen, Nutzpflanzen krankheitsresistenter machen und die Erträge steigern. Durch die Feindseligkeit gegenüber der Gentechnik hat Deutschland seine Vorreiterrolle in der Agrarforschung verloren. Auch auf das europäische Umweltrecht hat die deutsche Haltung abgefärbt. Die Entwicklungsbiologin und Nobelpreisträgerin Christiane Nüsslein-Volhard fordert, dass »genomeditierte Organismen vom Anwendungsbereich des Gentechnikrechts ausgenommen werden, wenn keine artfremde genetische Information eingefügt wurde oder wenn eine Kombination von genetischem Material vorliegt, die sich ebenso auf natürliche Weise oder durch konventionelle Züchtungsverfahren ergeben könnte«.[135] Man darf gespannt sein, wie sich der im Dezember 2021 neu ins Amt gekommene grüne Landwirtschaftsminister Cem Özdemir zu einer solchen Umkehr in der Gentechnik stellen wird.

Datenschutz

Über Nutzen und Notwendigkeit des Datenschutzes muss man nicht streiten:

- Niemand mag es gern, wenn jugendliche Fehltritte, die in vormodernen Zeiten alsbald gnädig vergessen wurden, heute durch das »ewige Gedächtnis« des Internets noch Jahrzehnte später abrufbar sind.
- Niemand möchte einer nicht berufenen Öffentlichkeit durch Lecks aus seinen Patientendaten Einblick in längst vergangene psychische Erkrankungen geben.
- Ein Dieb, der seine Gefängnisstrafe verbüßt hat und nicht wieder rückfällig geworden ist, sollte selbstverständlich erwarten können,

dass nach einiger Zeit die Vorstrafe aus dem polizeilichen Führungszeugnis verschwindet.

Andererseits ist es unerträglich, wenn

- die Polizei die Mobilfunkdaten von Kriminellen nicht entschlüsseln darf,
- Vorratsdatenspeicherung bei Verdächtigen nur sehr eingeschränkt möglich ist,
- die elektronische Patientenakte aus Datenschutzgründen seit vielen Jahren nicht vorankommt, sodass es im überlasteten Gesundheitswesen zu überflüssigen Doppeluntersuchungen und vermeidbaren Diagnosemängeln kommt.

Aktuell hat die Coronapandemie gezeigt, wie ein falsch strukturierter Datenschutz wirksames gesellschaftliches Handeln behindern kann.[136]

Seit einiger Zeit sehe ich mit Schaudern und Faszination zugleich, wie die von der EU angestoßene Datenschutzgrundverordnung die Nutzung des Internets bürokratisiert und erschwert. Die ständige Abfrage, welche Datenzugriffe man zulassen möchte, hat mittlerweile bei mir wie wohl bei der überwiegenden Zahl der Internetnutzer dazu geführt, dass man, um nicht weiter durch ständige Abfragen behindert zu werden, mit Genehmigungen für Datenzugriffe extrem großzügig verfährt. Die moderne Informationstechnik wird nicht nur immer vernetzter und raffinierter werden. Sie wird auch die Menschheit nicht mehr verlassen, solange diese noch besteht. Man wird sie auch nicht dadurch aufhalten, dass man Verbrechensbekämpfung unnötig erschwert oder die elektronische Patientenakte auf den St. Nimmerleinstag hinauszögert.

Beim Datenschutz fehlt es an einem intelligenten Pragmatismus. Das gibt einerseits Ideologen freie Bahn, wirklichen Fortschritt zu behindern, andererseits ist es vergeblich, den technischen Fortschritt aufzuhalten, und man sollte es auch nicht versuchen. Ein Beispiel ist für mich die automatische Gesichtserkennung: Die Videoüberwachung an öffentlichen Orten, zum Beispiel auf Bahnhöfen, Flughäfen und öffentlichen Plätzen, hat den öffentlichen Raum sicherer gemacht und zur Ergreifung vieler Gewalttäter geführt. Da sich zudem immer mehr Videos im Internet befinden, wird es künftig immer schwieriger werden, sich zum Beispiel eine neue Identität zuzulegen. Auch Zeugenschutzprogramme der Polizei werden so an Wirksamkeit verlieren, denn es wird für kriminelle Organisationen künftig leichter werden, »Verräter« und Polizeispitzel aufzuspüren. Sicher ist es, dass der technische Fortschritt in der Informationstechnik nicht aufhaltbar ist. Sicher ist, dass kaum jemand den gläsernen Menschen will. Aber sicher ist auch, dass wir genau darauf zusteuern. Ein ideologisch verengter Datenschutz wird langfristig diese Gefahr nicht abwehren können. Aber er kann kurzfristig durch Absurditäten seine eigenen Ziele infrage stellen. Dazu ein Beispiel aus meiner eigenen Praxis:

Um Personalkosten sicher abzuschätzen und die Personalpolitik einer wirtschaftlichen Einheit im unternehmerischen und staatlichen Bereich zuverlässig steuern zu können, sind Kenntnisse über Entlohnungen, Qualifikationen, Arbeitszeiten, Altersaufbau des Personals nötig, und zwar möglichst feinkörnig und tief gestaffelt. Für entsprechende Analysen und Statistiken hatte ich seit 1991 als Finanzstaatssekretär in Rheinland-Pfalz die zentrale Lohn- und Gehaltsabrechnung des Landes als Grundlage benutzt. Sie hatte den Vorteil einer hohen Aktualität und Qualität der Daten, weil die meisten Mitarbeiter die eigene Lohn- und Gehaltsabrechnung regelmäßig kritisch überprüfen. Als ich 2002 in Berlin Finanzsenator wurde, stellte ich fest, dass die Personaldaten für die Lohn- und Gehaltsabrechnung der Landesbediensteten bei den einzelnen Behörden vorgehalten wurden. Gegen meinen Plan, diese Daten zum Zweck einer transparenten Personalstatistik zusammenzuführen, wandte sich der Landesdatenschutzbeauftragte. Er hatte zunächst Erfolg und fand für seine Bedenken Verbündete unter den Abgeordneten. Ich brauchte volle vier Jahre, um ein Personalstrukturstatistikgesetz, mit dem ich diese Bedenken schließlich überwinden konnte, durch das Berliner Abgeordnetenhaus zu bringen. Dabei hatte zu jeder Zeit völlig außer Frage gestanden, dass das Statistikgesetz niemals Rückschlüsse auf die Daten des einzelnen Mitarbeiters zuließ. Aber für einen ideologisierten Datenschutz war das irrelevant.

Faktenleugnung durch Verdrängung

Die vier Beispiele für Ideologie durch Übertreibung – Freiheit, Gleichheit, Umwelt, Datenschutz – habe ich wegen ihrer Aktualität und ihres exemplarischen Charakters ausgewählt. Hier geht es jedes Mal um einen richtigen Kern, der durch Ideologisierung verzerrt und ins Absurde gesteigert wird. Dabei spielen auch Übertreibung, Faktenleugnung und Verdrängung eine elementare Rolle. Gleitend ist hier der Übergang zu einer geistigen Haltung, die Fakten und kausale Zusammenhänge generell ins individuelle Belieben stellt oder gesellschaftlichen Nützlichkeitserwägungen unterordnet. Eine solche Haltung wird manchmal theoretisch untermauert und wird dann – etwa bei Konstruktivismus, Postmodernismus oder kritischer Theorie – zu einem Generalangriff auf das evidenzbasierte wissenschaftliche Denken sowie auf die Aufklärung und die westliche Kultur. Damit werden sowohl der Nutzen als auch die Möglichkeit von Rationalität grundsätzlich verneint.[137]

Daneben gibt es aber auch eine theorie- und prinzipienlose Ignoranz gegenüber jenen Fakten, die einem Individuum, einer gesellschaftlichen Modewelle oder einem politischen Dogma nicht ins Weltbild passen. Das ist mir in meiner beruflichen Laufbahn sehr oft begegnet. Der Kampf um die Anerkennung oder die Leugnung von Fakten wurde dann zum Stellvertreterkrieg um Definitionsmacht und um die vorherrschende politische Erzählung. Dazu ein Beispiel:

Als ich Anfang 2002 in Berlin Finanzsenator wurde und ein Haushaltsloch von einem Viertel der Ausgaben unter meine politischen Fittiche nahm, sagte ich nach einer Analyse des Istzustands zu den Medien wahrheitsgemäß: »Berlin hat kein Einnahmen-, sondern ein Ausgabenproblem.« Damit lagen Einsparungen von unbekannter Größenordnung auf dem Tisch, und ich löste einen Sturm der Entrüstung aus. Bis dahin war die vorherrschende Erzählung gewesen, dass Berlin durch Wachstum seine Einnahmen steigern müsse. Dass tatsächlich die Ausgaben viel zu hoch waren, war sowohl in der Landespolitik als auch in den Medien weitgehend verdrängt worden. Als ich dann die tatsächlichen Verhältnisse so klar beschrieb, dass dem keiner mehr entgehen konnte, setzte ein allmähliches Umdenken ein und ermöglichte einen Konsolidierungskurs.

Die politische und gesellschaftliche Wirklichkeit ist voll von Fakten, die so unwillkommen sind, dass sie immer wieder mit Macht verdrängt werden. Dass ich für die deutsche Wirklichkeit solche gern verdrängten Fakten immer wieder ans Licht gezogen habe, hat viele Akteure in Politik und Medien empört, es war aber auch ein Grund für den Erfolg meiner Bücher beim Leser.

Zur Meisterschaft in der Verdrängung und Leugnung von Fakten hat es der ehemalige amerikanische Präsident Donald Trump gebracht. Er ist so zum Symbol und Vertreter eines weitreichenden, ins Internationale wirkenden Kulturbruchs geworden. Das Erstaunliche waren weniger die Qualität und Fülle seiner absurd unwahren Behauptungen als der Umstand, dass er damit bei weiten Teilen der Öffentlichkeit selbst dort auf Zustimmung stieß und stößt, wo die Faktenlage sowohl extrem einfach zu begreifen als auch ganz eindeutig ist.[138] Die systematische Faktenleugnung wurde auch deshalb in Trumps Fall zu einem weitreichenden Politikum, weil sie die ideologische Basis für den »Sturm aufs Kapitol« am 6. Januar 2021 war. Eine grundsätzliche Gefährdung der amerikanischen Demokratie liegt seitdem nicht mehr gänzlich außerhalb des Möglichen.[139]

Wo ausgeprägte Faktenleugnung verbreitet ist, sind häufig Verschwörungstheorien nicht weit entfernt, denn viele überzeugte Faktenleugner können sich den Widerstand gegen ihre Weltsicht nur durch das konspirative Zusammenwirken böser und häufiger verborgener Mächte erklären. Wenn man allerdings genau hinschaut, dann erkennt man, dass nahezu alle Ideologien auch eine verschwörungstheoretische Lesart haben, bei der es um den Kampf des Guten gegen das Böse geht. Hier zeigt sich auch der quasi religiöse Charakter der meisten Ideologien.[140]

Fanatismus als Ferment des Wandels

Man sollte annehmen, dass die Menschheit oder auch einzelne Gesellschaften in ihr aus Erfahrungen lernen und in gesellschaftlicher Hinsicht gewissermaßen ein Optimierungsprogramm durchlaufen. Das ist die Idee des gesellschaftlichen Fortschritts. Dieser spontan einleuchtende Gedanke hat mehrere Mängel:

- Emotional vorgeprägte Werturteile entscheiden darüber mit, welche gesellschaftlichen Entwicklungen man als Fortschritt und Befreiung wahrnimmt und welche als Rückschritt und Bedrohung.
- Zwar gibt es eine von Generation zu Generation wirkende kulturelle Überlieferung, die Wissen und Einstellungen an die jeweils neue Generation transferiert. Aber mit dem Erfahrungshorizont jeder Generation ändern sich auch – mal langsamer und mal schneller – die jeweils herrschenden Wertsysteme und kulturellen Gewohnheiten.
- Das gilt umso stärker, je weniger eine Gesellschaft durch Religion und transzendentale Werte geprägt ist und je mehr sie im Diesseits lebt.
- Der kritische Grundcharakter des sogenannten aufgeklärten Denkens nagt fortwährend an kulturellen Traditionen und überlieferten Werten, die der geistigen Konstruktion einer Gesellschaft Stabilität über die Zeit und Sicherheit in der Gegenwart geben.

Veränderung an sich ist weder gut noch schlecht. Es kommt vielmehr auf die Richtung an, die eine Veränderung nimmt, und darauf, wie die eingeschlagene Richtung sich im Lichte der eigenen Werturteile ausnimmt.

Der überwiegende Teil der Menschen akzeptiert die Rahmenbedingungen und grundsätzlichen Werte der eigenen Gesellschaft, ohne sie zu hinterfragen. Die meisten Menschen sind vollauf damit beschäftigt, sich um ihren Lebensunterhalt, ihre Gesundheit, ihre Familie und die großen und kleinen Freuden und Entbehrungen zu kümmern, die das Leben mit sich bringt.

Es sind zumeist nur Minderheiten, die an Veränderungen in der Gesellschaft ein größeres Interesse haben, oft sind es sogar sehr kleine Minderheiten. Und nun gilt – gerade in demokratischen Gesellschaften ohne ein allgemeinverbindliches religiöses oder transzendentales Gerüst – folgende Gesetzlichkeit: *Wenn einer kleinen Minderheit, die sehr aktivistisch ist, eine Sache sehr wichtig ist, die der großen Mehrheit nicht so wichtig ist, dann setzt sich die kleine Minderheit irgendwann mit ihrem Anliegen ganz oder teilweise durch.* So bildet sich in der Gesellschaft die bedauerliche Tendenz heraus, dass am Ende immer die Radikalen gewinnen.[141]

Das gilt vor allem dann, wenn die Politik sich in solchen Fragen opportunistisch verhält. Die Medien wirken hier häufig unterstützend. Das hat zur Folge, dass in modernen demokratischen Gesellschaften die Sachverhalte, die grundsätzlich infrage gestellt werden, fortlaufend zunehmen. So kann es geschehen, dass eine Gesellschaft ihre innere Richtung, ihre Stabilität und ihre Textur verliert und letztlich auseinanderdriftet. Je nach dem Grad des Kulturpessimismus, den man anlegt, kann man hierin eine grundsätzliche Bedrohung demokratischer, diesseitig orientierter Gesellschaften sehen. Ist man aber grundsätzlich optimistisch, so hofft man darauf, dass ein möglichst rational gestalteter gesellschaftlicher Diskurs immer wieder für eine neue gesellschaftliche Balance sorgen wird. Diese prinzipielle Hoffnung habe ich auch. Sonst wäre ich kein Anhänger des Kritischen Rationalismus, und sonst hätte ich auch nicht dieses Buch geschrieben. Aber es ist nur eine Hoffnung. Ich selbst habe zunehmende Zweifel, ob man auf eine rationale Balance im gesellschaftlichen Wandel langfristig wirklich vertrauen kann.

Wenn man nicht dem Wunschdenken anheimfällt, muss man feststellen, dass die Statik der Gesellschaft an vielen Stellen nicht mehr hält, ohne dass es dazu wirkliche Debatten gibt. Beispielhaft nenne ich dazu die Themenfelder

- Ehe für alle,
- Kinderrechte im Grundgesetz,
- gendergerechte Sprache,

- Kernkraft,
- Einwanderung,
- Parallelgesellschaften,
- Impfgegner.

Möglich wird dies auch, weil Modewellen in den Geisteswissenschaften immer wieder dem Neuen hinterherjagen und weil ihnen die Medien häufig unkritisch folgen. Die aufklärerische Moderne entwickelt so die Tendenz, ihre eigenen Grundlagen zu verzehren. In der Gefühlswelt breiter Schichten kann dies einen Legitimationsverfall der Demokratie bewirken. Autoritäre Systeme, die diese Lücke scheinbar ausfüllen, haben hier ihre Chance.

Große gesellschaftliche Veränderungen gehen nie von Mehrheiten, sondern meistens von aktivistischen Minderheiten aus, die zum richtigen Zeitpunkt Schaltstellen des politischen und gesellschaftlichen Systems okkupiert haben:

- So ist es bei jedem Militärputsch.
- So war es bei der Französischen Revolution.
- So war es 1918 in Russland bei der bolschewistischen Novemberrevolution.
- So war es bei der Grenzöffnung und Masseneinwanderung 2015.
- So ist es bei der administrativen Durchsetzung der gendergerechten Sprache.

Zu den Kollateralschäden gehört immer ein Verlust gesellschaftlichen Vertrauens. So hat die Öffnung der Grenzen 2015 und die Art, wie sie vollzogen und kommunikativ begleitet wurde, bei vielen Bürgern grundsätzlich das Vertrauen beschädigt, dass sich die eigene Regierung vor allem um das Wohl des eigenen Volkes kümmern werde. Seither fühlen sich viele Menschen in Deutschland vom Staat nicht mehr repräsentiert und beschützt. Dieser Vertrauensverlust trug dazu bei, dass 2021/22 viele Bürger lieber auf Impfgegner und Querdenker vertrauten als auf die Empfehlungen aus der Politik und dem Kreis der Virologen, sich gegen das Coronavirus impfen zu lassen.

Erleichtert werden politische und gesellschaftliche Modewellen, die den Maßstäben der Vernunft widersprechen, durch das instinktive Urbedürfnis der meisten Menschen, sich zur vermuteten oder tatsächlichen Meinung der Mehrheit oder derjenigen, die in Medien und Politik die Herrschaft haben, nicht in Widerspruch zu setzen. Wie der Verhaltensökonom Cass Sunstein zeigt, achten »die Menschen (...) sehr genau auf die Informations- und Reputationssignale anderer. Solche Signale sorgen für Konformität – selbst in Fällen, in denen viele aufgrund ihrer privaten Informationen Grund zu der Annahme haben, dass die anderen im Unrecht sind – oder Schlimmeres.« [142] So folgt man viel zu lange kollektiven Irrtümern und stürzt sich häufig eher mit anderen zusammen ins Verderben, als einer inneren Stimme zu folgen, die vor dem gemeinsamen Weg warnt. Rainer Hank nennt diese menschliche Tendenz die Loyalitätsfalle:[143] Man rennt dahin, wo alle hinzurennen scheinen, gegebenenfalls auch in das eigene Verderben. Deshalb nennt Cass Sunstein den menschlichen Hang zur Konformität das Lemming-Prinzip.

Das Verhältnis von Ideologie zu Kunst und Kultur, Wissenschaft und Philosophie

Es gibt viele Methoden und Wege, um sich einen geistigen Zugang zur Welt zu erschließen und das Gehäuse des eigenen Bewusstseins anregend und herausfordernd zu gestalten. Von Kunst und Literatur ist in diesem Buch nicht die Rede, es würde seinen Rahmen sprengen. Der Zugang zur Welt über Kunst und Kultur erfolgt durch das Medium der menschlichen Empfindungen. Zwar sind auch unsere Empfindungen teilweise sozial, gesellschaftlich und historisch vermittelt (das ist ja gerade das Wesen von Kultur). Sie haben aber keine objektivierbare Rationalität wie Wissenschaft und Philosophie, und sie stellen auch keinen unduldsamen Wahrheits- und Geltungsanspruch wie Ideologie und Religion. Das gültige künstlerische Produkt ist fern von Ideologie. Es trägt seine Wahrheit in sich selbst. Verstanden wird es aber häufig nur von denen, die in der geistigen Welt, in der es entstanden ist, zu Hause sind. Und zur geistigen Welt gehören neben Philosophie und Religion selbstverständlich auch die jeweils grassierenden Ideologien.

Kapitel 5
Ideologie und die Ordnung der Gesellschaft

Die politische Ordnung

In Kapitel 2 hatte ich mein eigenes, kritisch-rational geprägtes Bild von einer offenen Gesellschaft beschrieben. Es ist klar, dass politischer Fanatismus, religiöse Überzeugungen und ganz unterschiedliche, sich immer wieder neu herausbildende Ideologien von links und rechts eine offene Gesellschaft stets erneut bedrohen. Dabei ist die Menschheit als Ganzes eingebunden in die Gesetzlichkeiten von Evolution und Biologie, und nur in dem dadurch gesetzten Rahmen kann sie sich geistig und kulturell entfalten. Diese Rahmensetzung durch Evolution und Biologie habe ich in Kapitel 3 erörtert. Auch alle menschlichen Versuche, sich durch Religion und Ideologie Orientierung und Wegweisung zu verschaffen, werden – ob der Mensch dies will oder nicht – durch seine biologische Natur und die Gesetzlichkeiten der Evolution begrenzt. Den Einfluss von Religion und den unterschiedlichsten Ideologien auf die geistige Ordnung habe ich in Kapitel 4 diskutiert. Diese geistige Ordnung beeinflusst ihrerseits die politische Ordnung menschlicher Gesellschaften. Diese wird nicht nur geprägt durch Macht und Gewalt, sondern auch ganz wesentlich durch die Ordnungsmuster aus Religionen und Ideologien. Aber auch die Rahmensetzung durch Evolution und Biologie wirkt auf die politische Ordnung ein.

Funktion der Religion

Die Ausbreitung des Menschen auf der Erde war durchweg mit Krieg und Gewalt verbunden. Das brachte die Konkurrenz um Jagdgründe, Siedlungsgebiete und Frauen, aber auch die schiere Lust an Wettbewerb und Überlegenheit mit sich. Sofern staatliche und gesellschaftliche Ordnungen Stabilität entwickelten, verließen sich die Herrscher aber nicht allein auf Gewalt. Vielmehr verbanden sie sich in der Menschheitsgeschichte regelmäßig mit den jeweils geltenden religiösen Vorstellungen. Das geschah in unterschiedlichen Formen:

- Eine Priesterkaste verlieh den jeweils Herrschenden Legitimität.
- Die Herrscher wurden selbst zu Göttern erklärt, oder es wurden ihnen gottähnliche Eigenschaften zugesprochen.
- Die Herrschenden opferten den Göttern, um sie gewogen zu stimmen. Sie deuteten Naturerscheinungen als Zeichen der Götter oder befragten ein Orakel.
- Die Herrschenden wurden mit Insignien versehen, die zeigen sollten, dass die Götter (oder Gott) an ihrer Seite waren.

In der vom Propheten Mohammed gestifteten Religion des Islam war die weltliche Herrschaft des Kalifen gleichzeitig die Herrschaft Gottes. Außerhalb der Religion des Islam gab es auch keine legitime weltliche Herrschaft. Im Christentum waren Staat und Kirche zwar in gewissem Umfang getrennt. Aber die weltliche Herrschaft bedurfte des kirchlichen Segens. Im Mittelalter konnte ein Zerwürfnis des weltlichen Herrschers mit dem Oberhaupt der katholischen Kirche, dem Papst, existenzbedrohend sein, und noch die absolutistischen Herrscher Europas im bereits recht weltlichen 18. Jahrhundert leiteten die Legitimität ihrer Herrschaft aus dem Gottesgnadentum ab. Auch die Reformation änderte an der engen Verbindung zwischen christlichem Glauben und weltlicher Herrschaft zunächst wenig. In England wurde nach dem Zerwürfnis von Heinrich VIII. mit dem Papst der englische König das Oberhaupt der anglikanischen Kirche. Das ist formal gesehen bis heute unverändert so geblieben. Und in Preußen wurde der König das Oberhaupt der unierten evangelischen Kirche.

Säkularisierung und Aufklärung

Eine grundsätzliche Trennung von Staat und Kirche gab es erstmals in den englischen Kolonien in Nordamerika. Dort gewannen evangelische Glaubensrichtungen wie die Quäker erstmals die Freiheit von staatlicher Einmischung und Bevormundung. Die amerikanische Unabhängigkeitserklärung von 1776 atmete den Geist der Aufklärung. Die dort benannten Menschenrechte wurden zwar von Gott hergeleitet, aber sie waren nicht an einen bestimmten religiösen Glauben gebunden und bestanden, normativ gesehen, als solche unabhängig vom jeweiligen Staatsverband. In der Amerikanischen Revolution (1763–1783) waren die Menschenrechte das Ergebnis pragmatischer, von der Aufklärung getriebener Überlegungen. Auch Heuchelei und Opportunismus hatten dabei durchaus ihren Platz. Insbesondere mit der Gleichheit übertrieb man es nicht. Die im Institut der Sklaverei dokumentierte Ungleichheit der Rassen blieb in den USA als Thema streitig, bis sich der Streit neunzig Jahre nach der Unabhängigkeitserklärung schließlich im Sezessionskrieg, dem Amerikanischen Bürgerkrieg (1861–1865), gewaltsam entlud.

Gleichheit

Die Französische Revolution dagegen trieb seit 1789 die Idee der Gleichheit auf die Spitze. Das führte in wenigen Jahren zu einem gewalttätigen Tugendterror, dem große Teile des Adels sowie viele liberale Bürger zum Opfer fielen. Der Terror endete erst, als im Juli 1794 die Anführer und Fanatiker Maximilien de Robespierre und Louis Antoine de Saint Just selbst aufs Schafott mussten.

Sklavenhandel

Die Norm von der Gleichheit aller Menschen erfasste im Zuge der Aufklärung auch die Rassenfrage: Von England ging im späten 18. Jahrhundert eine mächtige Bewegung zur Abschaffung der Sklaverei aus und griff Anfang des 19. Jahrhunderts auch auf Frankreich über. 1815 kam es auf dem Wiener Kongress zu einem grundsätzlichen Verbot des Sklavenhandels, und mit ihrem wachsenden kolonialen Einfluss setzten Großbritannien und Frankreich das Verbot des Sklavenhandels im Verlauf des 19. Jahrhunderts in Afrika durch. Das war nicht einfach, da der Islam im Unterschied zum Christentum keine Schranken gegen die Sklaverei errichtete und bis heute nicht errichtet. Erst 1968 wurde die Sklaverei in Saudi-Arabien verboten.[1]

Rassismus

Die technische und zivilisatorische Vorherrschaft Europas und später auch Nordamerikas begünstigte vielfach Vorstellungen von einer geistigen oder charakterlichen Überlegenheit der weißen Rasse. Auch zur Legitimation von Kolonialherrschaft war dies eine bequeme oder lockende Vorstellung. Mit der allmählichen Auflösung der Kolonialreiche gerieten aber solche Vorstellungen seit dem Ende des Zweiten Weltkriegs in Misskredit. Auch der mörderische Antisemitismus der nationalsozialistischen Herrschaft leistete zur allgemeinen Ächtung rassistischen Gedankenguts seinen Beitrag.

Rassismus findet in den Köpfen von Menschen statt. Deren Inhalte unterliegen keiner zentralen Befehlsgewalt, weder national noch international. In der politischen Ordnung ist es nicht unbedingt Ausdruck von Rassismus, wenn ethnische Gruppen, wie immer man sie abgrenzt, in der Gesellschaft unterschiedlich erfolgreich sind.[2] Der schwarze Harvard-Ökonom Glenn Cartman Loury warnte im Sommer 2020 angesichts des Aufruhrs über Polizeigewalt gegen Schwarze vor einer »leeren These vom Rassismus«. Die besonders häufige Konfrontation von Schwarzen mit der Polizei hänge mit ihrer überdurchschnittlichen Kriminalität zusammen, denn »es ist eine Tatsache, dass sie massiv mehr Tötungsdelikte verüben, fast 50 Prozent bei einem Bevölkerungsanteil von vielleicht 7 bis 8 Prozent. Es werden auch mehr Weiße von Schwarzen beraubt als umgekehrt, und zwar in absoluten Zahlen, nicht proportional«. Loury bringt das eigentliche Problem auf den Punkt:

> Viele Leute fordern, dass wir über Rassismus debattieren, uns den Ungerechtigkeiten der Geschichte stellen und so weiter, anstatt dass sie sich die Kinder anschauen und fragen: Können sie rechnen? Können sie sich kooperativ in soziale Gruppen einbringen? Und wenn ich sehe, dass das bei schwarzen Kindern nicht der Fall ist, dann muss ich mich doch diesen Fragen zuwenden, der offensichtlich ungenügenden Entwicklung ihres menschlichen Potenzials. Wir stellen fest, dass Immigranten, woher sie auch immer kommen, nicht annähernd so schlechte Erfolgsquoten haben wie gewisse Afroamerikaner. Das zeigt doch, dass ein wesentlicher Grund dafür ist, dass diese Gruppen mit einer anderen Kultur ankamen, andere wertorientierte Erwartungen an das Verhalten ihrer Mitmenschen hegen.[3]

Das ist eine Debatte, die man sicherlich nur in den USA führen kann, aber dort auch führen muss. Grundsätzlich ist jede ethnische Gruppe, so wie jedes Individuum, für die eigene Sozialisation und den selbst gewählten kulturellen Rahmen selbst verantwortlich. Die Aufgabe des Staates ist es, die Individuen tatsächlich gleich zu behandeln und Diskriminierung nicht zuzulassen, alles andere wäre Ideologie. Jedenfalls bekämpft man Rassismus und seine Folgen nicht dadurch, dass man den Begriff der »Rasse« auf einen Index der »Unworte« setzt und zum Beispiel aus dem Grundgesetz streicht. Es ist magisches Denken, bloßen Worten die Macht zuzusprechen, »die Kräfte des Guten oder Bösen in sich zu tragen oder weiterzugeben. Die Orwell'sche Idee, der Staat müsse die Sprache und auf diesem Wege das Denken der Menschen beeinflussen, trägt totalitäre Züge und ist einer freiheitlichen Demokratie unwürdig.«[4]

Bürgerrechte, Chancengleichheit und Leistungsgerechtigkeit

Man bekämpft Rassismus am besten, indem man allen Menschen in jenen Ländern, in denen sie zu Hause sind, gleiche Bürgerrechte gibt und für Chancengleichheit im Bildungswesen sorgt. Wenn die Menschen ihren eigenen Neigungen und Fähigkeiten folgen können, wird sich in Wirtschaft, Wissenschaft, Kunst und Kultur ein den Leistungen entsprechendes Profil der ethnischen Vielfalt ergeben. Im Dezember 2021 ging anlässlich des Führungswechsels bei Twitter die Nachricht durch die Medien, dass mittlerweile die überwiegende Zahl der großen Tech-Konzerne in den USA von indischstämmigen Chefs geleitet wird.[5] In Großbritannien gibt es eine ähnliche Entwicklung. Auch die Juden spielen in der Wissenschaft und in der Wirtschaft der USA traditionell eine sehr große Rolle. In Deutschland ist der große wirtschaftliche Erfolg der kleinen vietnamesischen Minderheit auffallend. Solche Wege stehen grundsätzlich auch den Mitgliedern anderer Ethnien dort offen, wo es einen fairen, leistungsgerechten Zugang zum Bildungswesen gibt. Jeder muss natürlich für seine eigene Leistung Verantwortung übernehmen und durch entsprechende Anstrengung aus seinen Begabungen das Beste machen. Überall dort, wo die Bedingungen eines leistungsgerechten Zugangs zum Bildungs-und Beschäftigungssystem gegeben sind, wird der Rassismusvorwurf schnell zum leeren Wortgeklingel. Aber auch anderen Vorwürfen wegen angeblicher Privilegien durch Geburt und Herkunft kann man durch eine an der Leistung ausgerichtete Chancengleichheit im Bildungs- und Beschäftigungssystem am besten begegnen.[6]

Funktionierende Demokratien sind selten

In funktionierenden Demokratien mit formaler und materieller Gleichberechtigung der Ethnien und der Geschlechter kann man Debatten um Rassismus, Gender und so weiter getrost zur kulturellen und politischen Folklore zählen. Am Ende setzt sich durch, was die

Individuen wollen und was sie können. Das Problem ist nur, dass lediglich ein relativ kleiner Teil der Welt in funktionierenden Demokratien lebt. Je nachdem wie man rechnet, sind dies 10 bis 20 Prozent der Weltbevölkerung. Länder wie Russland, die Türkei oder China, die auf dem Weg zu funktionierenden Demokratien schienen, sind anscheinend gegenwärtig dabei, sich davon zu verabschieden, und verstärken die Elemente autoritärer Herrschaft. In der gesamten islamischen Welt gibt es überhaupt keine funktionierende Demokratie, und auch im nicht islamischen Teil Afrikas sieht es nicht besser aus, ausgenommen Südafrika, Botswana und Namibia.

Die anhaltende Rassismusdebatte im westlichen Europa und in Nordamerika bleibt deshalb folgenlos, weil sie den Rest der Welt gar nicht erreicht und die Verhältnisse in Afghanistan, Äthiopien oder Nigeria auch nicht ändern kann. Hat man im eigenen Land die leistungsgerechte Chancengleichheit unabhängig von der ethnischen Herkunft gesichert, so verliert die Rassismusdebatte ihren Inhalt und artet in selbstverliebtes und nach Sündenböcken suchendes Moralisieren aus.

Es gibt sehr leistungsfähige Einwanderer

Auch die Migrationsdebatte in Deutschland und Europa wird vielfach mit Rassismusvorwürfen aufgeladen. Das ist in der Sache gänzlich verfehlt. Einwanderer aus China oder Vietnam haben noch nie in der deutschen Nachkriegszeit Ängste oder Aggressionen erweckt. Sie treten allerdings auch in den Statistiken über Arbeitslosigkeit oder Gewalttaten kaum in Erscheinung. Über schwarze junge Männer aus Afrika freut man sich, wenn sie in der Bundesliga Tore schießen, und man ärgert sich über sie oder hat Angst vor ihnen, wenn man sieht, wie sie im Görlitzer Park in Berlin den Drogenhandel dominieren. Leider ist es so, dass die Einwanderer, die aus Subsahara-Afrika nach Deutschland kommen, durchweg aus Ländern mit sehr schlechter Bildungsleistung stammen, sodass es schwierig ist, mit ihnen demografisch bedingte Qualifikationslücken aufzufüllen.[7] Islamische Araber werden nicht wegen ihrer Hautfarbe kritisch beäugt, sondern wegen der arabischen Clans, der hohen Arbeitslosigkeit und der großen Kinderschar. Ein Hindu aus Südindien hat eine deutlich dunklere Hautfarbe als ein Araber aus Tunesien. Aber wenn er als Informatiker zu uns kommt, wird er überall ohne jeden kulturellen Vorbehalt willkommen geheißen.

Kulturfremde Einwanderung

Probleme mit kulturfremder Einwanderung treten insbesondere dann auf, wenn Einwanderer sich nicht in die Kultur des Gastlandes einfügen wollen, nachhaltig andere soziale und religiöse Sitten oder eine andere Arbeitsmoral haben. Sie verschärfen sich, wenn solche wenig integrationswilligen Gruppen von Einwanderern an Zahl besonders zunehmen und/oder besonders geburtenreich sind.[8] Bei Einwanderern aus dem islamischen Kulturkreis häufen sich insbesondere an den Schulen und in anderen Bildungseinrichtungen Probleme mit religiöser Toleranz, wenn die Muslime zu starken Minderheiten werden oder die Mehrheit erlangen. Insbesondere in Frankreich gibt es hierzu sehr negative Erfahrungen. Religiöse Konflikte scheinen sich zu verschärfen, wenn der Integrationsgrad auch sonst gering ist, beispielsweise wenn die mehrheitlich türkisch- oder arabischstämmigen Schüler dem Unterricht nur schwer auf Deutsch folgen können. So kommt es mittlerweile an den Schulen in Berlin-Neukölln »an neunzig Prozent der zehn befragten Schulen regelmäßig zu sozialen Konflikten, die vor allem von strenggläubigen Muslimen ausgehen«. Streitpunkt sind zum Beispiel das Kopftuch für Mädchen, die Beachtung des Ramadans, gottgefälliges Essen oder herablassendes Betragen gegenüber weiblichen Lehrkräften.[9] Muslimisch geprägte Länder schneiden in allen Gender-Rankings besonders schlecht ab. Auch benachteiligen islamische Rechtssysteme Frauen und legitimieren sexuelle Gewalt. So werden die im Westen erreichte Emanzipation der Frauen und die Gleichberechtigung der Geschlechter durch die ganz anderen kulturellen Vorstellungen, die mit der muslimischen Einwanderung nach Europa kommen, massiv bedroht.[10]

Dass solche Entwicklungen Vorbehalte gegen kulturfremde Einwanderung unterstützen, liegt auf der Hand. Solche Vorbehalte werden aber auch dadurch gefördert, dass die in Politik und Medien vorherrschende Meinungselite kritische Debatten über kulturfremde Einwanderung um nahezu jeden Preis unterdrücken möchte. Um die Muslime »ruhigzustellen«, stützt sich die deutsche Politik beim »Dialog« mit dem Islam fast ausschließlich auf die konservativen Verbände, die allenfalls ein Viertel der Muslime in Deutschland vertreten,[11] und überlässt liberale muslimische Theologen wie den Freiburger Professor Hakim Ourghi, die in Deutschland lehren, ungerührt dem Mobbing der konservativen muslimischen Verbände.[12] So entsteht ein Klima verdrucksten Beschweigens, wodurch verdeckte Vorbehalte umso wilder wuchern können.[13] Es ist offenkundig, dass die politischen und medialen Eliten in ganz Europa gegenüber Verhaltensweisen kulturfremder Einwanderer, die sich nicht in ihr multikulturelles Denkschema fügen wollen, geistig hilflos sind und deshalb zur Verdrängung neigen.

Der aus Ägypten stammende Politikwissenschaftler Hamed Abdel-Samad sagt zu dem Verhalten der deutschen Politik gegenüber dem konservativen Islam: »Das ist Selbstaufgabe, keine Integrationspolitik.« Er gab deshalb Ende 2020 seinen Rücktritt als Mitglied in der vom Bundesinnenministerium eingerichteten Deutschen Islam Konferenz (DIK) bekannt.[14]

Auch jene Stimmen in der öffentlichen Debatte befördern eine Skepsis gegen Einwanderung, die es offenbar gar nicht erwarten können, Deutschland durch kulturfremde Einwanderung abzuschaffen und ein vielfarbiges Mitteleuropa, das ehemals Deutschland war, zum einfachen Bundesland in einer »europäischen Republik« zu machen. Da fühlt der deutsche Michel sich zu Recht bedroht oder veralbert. Der links-grüne Vorbehalt gegen Deutschland und seinen biodeutschen Bevölkerungsanteil kann zur Ideologie werden, wenn er das politische Handeln einseitig bestimmt. Vor diesem Hintergrund ist es umso bemerkenswerter, dass auch ein nennenswerter Teil der Deutschen, die bei der Bundestagswahl 2021 die Grünen gewählt haben, künftige Einwanderung sehr kritisch betrachtet.[15]

Das Haupteinfallstor für kulturfremde Einwanderung nach Europa ist das Asylrecht. In der Tat führen die unterschiedlichen administrativen Hindernisse, die teilweise an der Grenze zum Rechtsbruch sind oder auch darüber hinausgehen, tendenziell in Richtung einer Kontingentierung. Das Grunddilemma besteht darin, dass rein rechtlich ein individuelles Einreiserecht der Asylbewerber besteht, dass mehr und mehr Staaten der EU dieses aber nicht länger einzulösen bereit sind. Auch die immer wieder erhobene Forderung, Flüchtlinge in Europa solidarisch zu verteilen, wird von den meisten Staaten außer Deutschland abgelehnt. Die damit verbundenen Probleme sind seit Jahren ungelöst.[16]

Entwicklung durch Leistung

Alle Ideologien, die sich in Deutschland und Europa rund um die Dritte Welt oder den Kolonialismus ranken, haben allenfalls historische Relevanz. Für die Gegenwart und ihre Probleme erklären sie gar nichts, und die Lösungsmöglichkeiten der Zukunft verdunkeln sie sogar. Für die Länder der Dritten Welt gibt es nur einen Weg: sich durch gute Organisation, klare Rechtsstaatlichkeit und leistungsfähige Bildung ihrer Bevölkerung nach vorne zu entwickeln. Singapur, Taiwan, Südkorea oder Indien machen es vor. Nigeria, Algerien, Äthiopien oder Afghanistan sollten es nachmachen. Das ist der einzige Weg, der ihren Ländern die Zukunft erschließt, und dazu sollte der Westen sie ermuntern. Wenn sie dazu nicht willens oder in der Lage sind, so sollten sie die Schuld nicht bei den Ländern des westlichen Abendlandes suchen, sondern sich in den von ihnen selbst geschaffenen Verhältnissen so gut einrichten, wie es geht.

Ideologien behindern Demokratie und Leistung

Strikte Ideologien wie der orthodoxe Marxismus oder der fundamentalistische Islamismus fördern durch die ihnen innewohnende Starrheit, Besserwisserei und Rechthaberei eine demokratiefeindliche Haltung und begünstigen den Übergang zu Diktaturen. Der Marxismus wurde durch die siebzigjährige Praxis der Sowjetunion und ihrer Vasallenstaaten vollständig diskreditiert. China rettete sich, indem es seine Volkswirtschaft in einen staatlich dirigierten Kapitalismus verwandelte, aber strikt an der Einparteienherrschaft festhielt. Der Marxismus kann nichts erklären, und er hat ausreichend gezeigt, dass er nichts Gutes bewirken kann. An ihm festzuhalten ist so wissenschaftlich wie der Glaube an die unbefleckte Empfängnis. Die »Herrschaft des Proletariats« ist als Denkfigur genauso absurd wie die Jungfrauengeburt

Auch der politische Islamismus hat bisher noch kein Land mit Demokratie und florierender Wirtschaft geschaffen. Aber er hat leider – siehe Afghanistan oder auch den Iran – gezeigt, dass er als Unterdrückungssystem immanent stabil sein kann. Und da die Unterdrückung der Frauen und die allgemeine Rückständigkeit der betroffenen Länder recht zuverlässig zu hohen Geburtenraten führt, ist es gut möglich, dass der politische Islamismus trotz aller Misserfolge seinen Einfluss in der Welt weiter ausbaut.

Die gesellschaftliche Ordnung

Jede staatliche Ordnung ist von Zerfall bedroht beziehungsweise immanent instabil, wenn sie nicht die wirtschaftliche Basis der Gesellschaft sichert und der Mehrheit ihrer Mitglieder eine gewisse ökonomische Sicherheit sowie einen als sozial angemessen empfundenen Lebensstandard sichert. Darauf spielte der spätere amerikanische Präsident Bill Clinton an, als er 1992 im Wahlkampf sagte »It's the economy, stupid«. Der Amtsinhaber George Bush verlor damals trotz erfolgreicher Präsidentschaft die Wahl, weil im Wahlkampf die Indikatoren der Wirtschaft nach unten zeigten. So war es immer bei amerikanischen Präsidentschaftswahlen – und nicht nur dort.

Technisches Wissen + Marktwirtschaft + Rechtsordnung = Wohlstand und Fortschritt

Der beispiellose Aufschwung des westlichen Abendlandes hatte sich seit dem 18. Jahrhundert nicht nur aus der Aufklärung und dem Fortschritt der Naturwissenschaften ergeben. Entscheidend für die industrielle Revolution, die zur Explosion der Wirtschaftsleistung führte, war vielmehr die Kombination des technischen Wissens mit einer Wirtschaftsordnung, die das freie Unternehmertum in den Mittelpunkt stellte und eine Eigentumsordnung mit entsprechender Rechtssicherheit schuf. So entstand der Kapitalismus. Seine Auswirkungen und die Richtung seiner Entfaltung konnten je nach dem gesellschaftlichen Umfeld sehr unterschiedlich sein. In der Summe wurde der Kapitalismus durch staatliche Zähmung in seiner Überlebensfähigkeit gesichert. Das geschah unterschiedlich von Land zu Land, jedoch grundsätzlich in eine ähnliche Richtung: Kartellgesetzgebung, Steuern und Abgaben, Arbeitsrecht und Arbeitsschutz sowie sozialpolitisch motivierte Umverteilung sorgten und sorgen dafür, dass soziale Unterschiede ein in der jeweiligen Gesellschaft akzeptiertes Maß nicht übersteigen und dass die Macht einzelner Unternehmen nicht ins Unermessliche wächst, gleichzeitig aber die unternehmerische Betätigung ausreichend attraktiv bleibt. Nationen, die in dieser Hinsicht keine ausreichend balancierte Rechtsordnung schufen und diese auch umsetzten, gerieten ins wirtschaftliche Hintertreffen – entweder weil sie zum Spielball von Ausbeutern und kriminellen Clans wurden, oder weil sie unternehmerische Aktivität durch falsche Regulierung erstickten.

Die Schaffung »richtiger« Rahmenbedingungen für ein marktwirtschaftliches kapitalistisches System enthält viele politische Freiheitsgrade und ist niemals abgeschlossen. Sie ist umso erfolgreicher, je weniger Ideologie in die Gestaltung dieser Rahmenbedingungen hineinspielt. Der große Reformator der maoistischen Kommandowirtschaft und Vater des chinesischen Wirtschaftswunders, Deng Xiaoping, sagte einmal, ihm sei egal, welche Farbe die Katze habe, solange sie Mäuse fange. Mit dieser Einstellung wurde es möglich, in China unter der Oberherrschaft der kommunistischen Partei den Kapitalismus einzuführen. Der Kapitalismus machte auch den chinesischen Staat reich und leistungsfähig: Heute gibt es in China 36 000 Kilometer Eisenbahnstrecken mit einer Geschwindigkeit von mehr als 200 Stundenkilometern, in Deutschland sind es 1600 Kilometer.[17]

Entscheidend für den langfristigen Wohlstandsgewinn ist letztlich nur eine Komponente: die Produktivität der menschlichen Arbeit. Auf sie wirken so unterschiedliche Einflussfaktoren ein wie Kapitalbildung, Qualifikation und Ausbildung, Forschung und Entwicklung, unternehmerische Innovation, Fleiß und Einsatzfreude, Qualität der Infrastruktur, Qualität der öffentlichen Verwaltung, Freiheit von Korruption, Qualität des staatlichen Rechtsrahmens, Regeln für den internationalen Handel und so weiter. Unterschiede im Niveau dieser Einzelkomponenten bestimmen gesamthaft den Wohlstand. Sie bewirken in der Summe, dass das kaufkraftbereinigte BIP pro Kopf in Deutschland achtmal so hoch wie im afrikanischen Ghana ist, aber nur 70 Prozent des Niveaus des Stadtstaats Singapur erreicht.

Ghana und Singapur waren bis circa 1960 britische Kolonien gewesen. Zum Zeitpunkt der Unabhängigkeit war Ghana reicher als Singapur und verfügte zudem über wertvolle Rohstoffe. Der heute zwischen diesen beiden Ländern klaffende Unterschied zeigt, was Organisation, Fleiß und Bildung vermögen, wenn sie reichlich vorhanden sind, und welcher Schaden entsteht, wenn sie fehlen.

Für Deutschland zeigt die Entwicklung der Arbeitsproduktivität seit Anfang der Neunzigerjahre einen stabilen Anstieg von rund 1 Prozent pro Jahr und Erwerbstätigenstunde.[18] Für ein hochentwickeltes Land ist das ein ordentliches, nicht aber berauschendes Ergebnis. Künftige Einwanderung wird den künftigen Produktivitätszuwachs eher negativ beeinflussen. Einwanderung ist nämlich nur dann günstig für Wohlstand und Produktivität eines Landes, wenn die Einwanderer produktiver und qualifizierter sind als die einheimische Bevölkerung. Klassische Einwanderungsländer wie Singapur, Kanada, Australien oder Neuseeland beachten traditionell diese Regel. Dagegen hat in Europa die Einwanderung aus dem Nahen und

Mittleren Osten und aus Afrika seit Jahrzehnten negativ auf die Entwicklung der durchschnittlichen Arbeitsproduktivität gewirkt.

Das Wirtschaftssystem im Verhältnis zu Gleichheit und Gerechtigkeit

Seit den frühen utopischen Sozialisten um Saint-Simon wird die kapitalistische Wirtschaftsordnung von vielen Theologen, Philosophen, Geisteswissenschaftlern und Intellektuellen mit unablässiger Kritik verfolgt. Auch der aus Argentinien stammende gegenwärtige Papst Franziskus lässt nur wenige Gelegenheiten aus, um den Kapitalismus zu geißeln. Er will einfach nicht begreifen, dass die Schaffung von Wohlstand wichtiger ist als seine Umverteilung. Der französische Ökonom Thomas Piketty hatte 2014 mit seinem Buch *Das Kapital im 21. Jahrhundert* bei den Intellektuellen weltweit so viel Erfolg, weil er versuchte, den Nachweis zu führen, dass der Kapitalismus zu immer mehr Ungleichheit führt.[19] Tatsächlich ist das beim rechtlich regulierten Kapitalismus in den modernen Marktwirtschaften des Westens überhaupt nicht der Fall, wenn die großen Freiheitsgrade zu einer marktverträglichen und gleichwohl wirksamen Umverteilung genutzt werden. Regelmäßig gerät bei verteilungsorientierten Debatten auch aus dem Blick, dass Wohlstand erst einmal geschaffen werden muss, ehe er umverteilt werden kann. Und bei der Schaffung von Wohlstand sind westlich geprägte Marktwirtschaften systematisch überlegen. Auch China begann seinen Aufholprozess erst, als es die Marktwirtschaft entdeckte.

Bei der überwältigenden Evidenz für den Misserfolg sozialistischer Planwirtschaften und für die Überlegenheit kapitalistischer Wirtschaftssysteme bleibt es erstaunlich, welche Anziehungskraft die vollständig gescheiterte marxistische Theorie in all ihren Spielarten auf die Köpfe und Herzen von Geisteswissenschaftlern, Intellektuellen und Feuilleton-Journalisten stets ausübte und nach wie vor ausübt. Auch in einer Partei wie der SPD gehört es immer noch zum »guten Ton«, dass das Nachwuchspersonal zumindest eine marxistische Phase durchläuft. So konnte der jetzige Generalsekretär Kevin Kühnert 2019 ohne negative Folgen für seine weitere Parteikarriere die Forderung erheben, BMW zu enteignen.[20] Solchen marxistischen Fingerübungen wohnt oft ein gewisser Unernst inne, aber sie werden offenbar gesellschaftlich toleriert, ja sogar goutiert, obwohl sie an den Quellen unseres Wohlstands rühren.

Die Moralisierung ungleicher Einkommen und Vermögen

Die anhaltende emotionale Ablehnung, die der Kapitalismus bei vielen Intellektuellen erfährt, und die anhaltende Anziehungskraft des geistig und tatsächlich gescheiterten Marxismus bei derselben Klientel erkläre ich mir damit, dass in diesen Kreisen die menschliche Gleichheit eine hohe Wertschätzung genießt. Dies steht in der Tradition der von Rousseau geprägten französischen Aufklärung und der Französischen Revolution. Mehr Gleichheit in der Armut erscheint offenbar vielen als moralisch vorzugswürdig gegenüber mehr Ungleichheit im Wohlstand.

Der Reichtum, den die kapitalistische Erwerbswirtschaft für die Kapitalisten generiert, und die dadurch bewirkte Vergrößerung materieller Ungleichheit sehen linke Intellektuelle im Widerspruch zum Gleichheitspostulat. Der Marxismus kritisiert das nicht nur, sondern er prophezeit – emotional sehr befriedigend – dem Kapitalismus nach vielen Krisen den Untergang und den ausgebeuteten Lohnarbeitern den Aufstieg. Der herzerwärmende Charakter dieser Erzählung lässt das tatsächliche Versagen des Marxismus als wissenschaftliche Erklärung in den Hintergrund treten. Zwar gibt es kein Land der Welt, in dem praktizierter Marxismus nicht den Wohlstand behindert und die Armut fördert. Dies zu verdrängen ist aber ein intellektuelles Opfer, das viele Intellektuelle offenbar gerne erbringen, weil es scheinbar der Gleichheit dient.

Auch in Deutschland wird von linker Seite immer wieder die Klage intoniert, dass die materielle Ungleichheit im Land zugenommen habe. Darum wollten SPD, Grüne und Linke 2021 in ihren Programmen zur Bundestagswahl die steuerliche Umverteilung erhöhen. Daran wurden sie letztlich nur durch die Beteiligung der FDP an der Ampel-Regierung gehindert. Für die ideologisch getriebenen Umverteiler war es offenbar nicht von Interesse, dass auch der im Mai 2021 veröffentlichte Armuts- und Reichtumsbericht der Bundesregierung feststellte, dass die materielle Ungleichheit in Deutschland nicht gestiegen und der Umverteilungsumfang erheblich war.[21]

Im materiellen Bereich wird das Gleichheitsthema durch den von der OECD eingeführten und allgemein verwendeten Begriff der relativen Armut ideologisiert. Danach gilt als einkommensarm, wer weniger als 50 Prozent des mittleren Einkommens, und als wohlhabend, wer mehr als 200 Prozent des mittleren Einkommens verdient. Das führt zu dem absurden Ergebnis, dass Polen, Tschechien und die Slowakei, lauter Länder mit einem deutlich niedrigeren Lebensstandard als Deutschland, anteilig weniger einkommensarme Haushalte haben als Deutschland, während die reichen USA, Australien oder Japan scheinbar deutlich mehr Arme haben als Deutschland.[22] Mit solchen Sichtweisen wird der Aspekt der Gleichheit verabsolutiert und die Frage des absoluten Einkommensniveaus beiseitegestellt.

Die Ende 2021 von der Bertelsmann-Stiftung veröffentlichte jüngste Studie dieser Art zeigt – wenn man sich in ihre Zahlen vertieft – über 23 Jahre hinweg, von 1995 bis 2018, eine praktisch unveränderte relative Einkommensverteilung in Deutschland.[23] Wie wackelig solche Berechnungen sind, erweist sich am Vergleich mit entsprechenden früheren Veröffentlichungen, deren Zahlen teilweise erheblich revidiert wurden. Nach dem Text zu urteilen, wollte die neue Bertelmann-Studie gerne etwas alarmistisch daherkommen. Die Zahlen gaben das aber nicht her, und so wurde für die Studie der unentschlossene Titel »Bröckelt die Mittelschicht?« gewählt. Im Text wurde dann angegeben, dass die Anteile der Mittelschicht »weitgehend stabil« geblieben seien. Aber das Ziel des alarmistischen Titels war erreicht: Die deutschen Medien griffen den angeblichen Untergang der Mittelschicht begierig auf. Im ZDF hieß es »Deutsche Mittelschicht schrumpft«, und *Der Spiegel* sprach vom »gebrochenen Versprechen der Marktwirtschaft«. Wer sich als naiver Staatsbürger auf die Titelzeilen der Medien verließ, war vollständig desinformiert. Jürgen Kaube bescheinigte der Bertelsmann-Stiftung in der *FAZ* »eine gewisse Verlogenheit, die mediale Wirksamkeit mehr anzielt als die Sachaussagen«.[24]

Das richtige Maß an Umverteilung

Menschen haben in ihrem Leben bei aller individuellen Anstrengung in unterschiedlichem Umfang Glück oder Pech. Außerdem unterscheiden sie sich auch in ihrer Bildung, ihrer geistigen Leistungsfähigkeit, ihrem Fleiß und ihren Interessen. Eine wohlhabende Marktwirtschaft, die der kapitalistischen Wirtschaftsordnung die gebotene Entfaltungsfreiheit gibt, hat auch die materiellen Ressourcen und die Zukunftsperspektiven, um allen Menschen unabhängig von ihrer Leistung und dem Pech oder Glück, das sie hatten, durch entsprechende Umverteilung der Einkommen aus Steuern und Abgaben ein würdiges Auskommen zu gewährleisten. Umverteilung muss natürlich so bemessen sein, dass sie den Klugen, den Unternehmenden, den Tüchtigen und Fleißigen genügend Anreize lässt. Je mehr eine Gesellschaft auf die Chancengleichheit ihrer Bürger achtet, umso mehr spiegelt das Einkommensniveau auch die Unterschiede der Bürger bei Bildung und Leistung.

Die Rolle des Bildungssystems und die Gleichheitsfrage

Das Bildungssystem soll die Chance bieten, aber es hat auch die Aufgabe sicherzustellen, dass jeder sein eigenes Begabungs- und Leistungspotential bestmöglich verwirklichen kann. Da das den Menschen mit der Geburt zugefallene Begabungspotenzial sehr unterschiedlich ist, produziert auch ein leistungsfähiges und leistungsgerechtes Bildungssystem Unterschiede auf hohem Niveau. Dieser nicht abzuändernde Sachverhalt tritt umso stärker hervor, je mehr ein Bildungssystem tatsächlich fordert und möglichst viele bis an die Grenze ihrer Begabungen führt. Die dadurch bewirkte Ungleichheit setzt sich in der tertiären Bildung und im Berufsleben fort.

Damit haben viele Akteure in Politik, Wissenschaft und Medien, die ein egalitäres Menschenbild zugrunde legen, ihre ideologischen Schwierigkeiten. Sie lassen deshalb die Ursachen materieller Ungleichheit, auch von Armut, gern im Ungefähren. Die tatsächlichen oder vermuteten Ungerechtigkeiten des kapitalistischen Wirtschaftssystems kommen hier gerade zupass, und sie werden umso stärker betont, je mehr man den Umstand verdrängen möchte, dass die Unterschiede von Produktivität und Leistung der Menschen zu einem erheblichen – bei gleichen Bedingungen sogar zu einem überwiegenden – Teil in ihrer Person (und vielleicht auch in ihrer kulturellen und religiösen Prägung) liegen. Hier begegnet das Konzept der menschlichen Gleichheit seinem Realitätstest.

Wer intellektuell ehrlich ist, weiß im Innersten um die Vielfalt des menschlichen Soseins, und er scheut sich nicht, auch unangenehmen Wahrheiten ins Gesicht zu sehen. Zu diesen inneren Wahrheiten gehört zum Beispiel im Berliner Schulsystem, dass das Leistungsniveau der Schulen umso niedriger ist, je höher der Anteil von Migranten aus bestimmten Herkunftsgruppen ist. Berliner Eltern, die ihrem Kind eine gute Schulbildung sichern wollen, suchen deshalb, sofern sie dies können, die Schulen für ihre Kinder immer sorgfältiger aus. Das mag die Berliner Bildungspolitik überhaupt nicht, und sie hat sich ein besonders skurriles Hilfsmittel ausgedacht, um Eltern daran zu hindern, sich über die Qualität der Schulen ein Bild zu machen. Nach der im Dezember 2021 abgeschlossenen Koalitionsvereinbarung der rot-rot-grünen Landesregierung sollen Zahlen über den Anteil von Kindern nicht deutscher Herkunft in den Berliner Schulen nicht mehr veröffentlicht werden.[25] Jürgen Kaube bezeichnete in der *FAZ* die Vorstellung, es ließe sich der Anteil von Schülern nicht deutscher Herkunftssprache geheim halten, als »abenteuerlich und überdies peinlich«, denn »sie enthält ja im Grunde das Eingeständnis, man könne den Zusammenhang von schulischer Leistung und sozialem Hintergrund gar nicht auflösen«.[26] Eine auf ein ideologisches Gleichheitskonzept ausgerichtete Bildungspolitik leistet hier ihren Offenbarungseid. Die verordnete Geheimhaltung wird den Privatschulboom in der Bundeshauptstadt weiter befördern. Aber sie wird nichts daran ändern, dass Berlin weiterhin neben Bremen das Schlusslicht in allen bundesweiten Bildungstests ist und gegenüber den aufstrebenden Städten Ostasiens bei der Bildungsleistung auf einem Dritte-Welt-Status stehen bleibt.

Dahin führt eine falsch verstandene Gleichheitsideologie: Der ehemalige Finanzsenator Sarrazin wurde einst als rassistisch verunglimpft, weil er Migrationshintergrund und Bildungsleistung in Zusammenhang brachte. Nachdem sich dieser Zusammenhang offenbar gar nicht länger bestreiten lässt und sich auch in keiner Weise auflöst, soll jetzt einer (so die Hoffnung) naiven Öffentlichkeit Sand in die Augen gestreut werden, indem sie von Informationen über die schulische Wirklichkeit abgeschirmt wird. So schlägt ideologisches Denken in geistige Verwirrung um. Die Kompetenzlücke Berlins zu China und Japan oder auch nur zu Bayern und Sachsen wird durch Realitätsverweigerung bestimmt nicht geschlossen. Im Gegenteil, die verfügbaren internationalen Vergleiche deuten darauf hin, dass Deutschland vor allem gegenüber den Ländern des Fernen Ostens immer weiter zurückfällt.[27] Die im Dezember 2021 neu ins Amt gekommene Bundesbildungsministerin Bettina Stark-Watzinger (FDP) gibt diesen Sachverhalt immerhin unumwunden zu. Sie legt Wert auf bessere frühkindliche Bildung und möchte Bildungsdefizite frühzeitig bekämpfen.[28] Damit ist sie grundsätzlich auf einem richtigen Weg. Dazu gehört allerdings auch, dass man auf die Qualität der Lehrer achtet. Es darf durchaus als Symptom eines Verfalls im deutschen Bildungssystem angesehen werden, dass die schriftsprachlichen Fähigkeiten der Lehramtsstudenten seit Jahren kontinuierlich zurückgehen. Das hierin liegende Politikum wird allerdings bislang verdrängt.[29]

Wenn es im Bildungssystem gruppenbezogene Leistungsunterschiede gibt, so muss man diesen offen ins Auge schauen und allen Schülern die besten Entfaltungsmöglichkeiten geben. Wenn dann immer wieder dieselben Herkunftsgruppen im Durchschnitt an der Spitze oder am Ende stehen, muss man auch den Mut und die Ehrlichkeit haben, den Tatsachen ins Auge zu sehen, anstatt sie aus ideologischen Gründen kleinzureden. In der Wirklichkeit des Berufslebens und der darauf aufbauenden Einkommenspyramide ergibt sich stets eine Schichtung nach Bildung und Leistung. In einer ethnisch diversen Gesellschaft, auf die Deutschland zusteuert, wird es auch auf lange Sicht zwischen den Ingenieuren und Naturwissenschaftlern einerseits und den Hilfskräften im Facility-Management andererseits ganz unterschiedliche Verteilungen je nach Herkunftsgruppen geben. Nicht ein solches Ergebnis wäre rassistisch, sondern allein das Bestreben, Herkunftsgruppen unterschiedlich zu behandeln, um Unterschiede zwischen ihnen zu verhindern. Jeder muss individuell nach seinen Möglichkeiten, gleichzeitig aber farben- und herkunftsblind, gefördert werden.

Es ist kein Zufall, dass jene sozialen Gruppen und politischen Richtungen, die der marktwirtschaftlichen Wirtschaftsordnung mit Privateigentum an den Produktionsmitteln kritisch gegenüberstehen, zumeist auch jene sind, die eine innere Distanz zu einem leistungsorientierten Bildungssystem pflegen. Beides schafft Ungleichheiten beziehungsweise legt Ungleichheiten offen, und das widerspricht einem ideologisch geprägten Dogma von der Gleichheit aller Menschen.

Gleichheit und Gerechtigkeit

Der Gegensatz von Gleichheit und Gerechtigkeit lässt sich nicht grundsätzlich auflösen, aber er kann und muss pragmatisch durch gesellschaftliche Fairness abgemildert werden:

- Die angeborenen menschlichen Begabungen sind zwar ungleich, aber es ist fair, dass ein öffentliches Bildungssystem allen die gleichen Chancen bietet, ihre Begabungen zu entwickeln.
- Die am Markt erzielten Einkommen und die Teilnahme am Beschäftigungssystem sind zwar ungleich, aber es ist fair, dass in einem reichen Land die staatliche Umverteilung allen Menschen die Möglichkeit für ein auskömmliches, würdiges Leben bietet.
- In einem reichen Land ist es außerdem fair, allen Bürgern einen guten Zugang zu einem leistungsfähigen Gesundheitssystem zu gewähren.

- In einer auf Leistung aufbauenden Gesellschaft ist es außerdem fair, die materiell Erfolgreichen, soweit sie die Gesetze beachtet haben, nicht im Übermaß bei der Steuer- und Abgabenbelastung zu schröpfen. Das ist auch deshalb vernünftig, weil es unsinnig wäre, gerade die materiell Erfolgreichen durch übermäßige Abgabenbelastung aus dem Land vertreiben zu wollen.

Die mit dem gesellschaftlichen Austarieren von Gleichheit und Gerechtigkeit verbundenen Fragen können nie abschließend beantwortet werden. Sie stellen sich in jeder konkreten Gesellschaft fast täglich wieder neu und verändern in ethnischer, regionaler und schichtenspezifischer Färbung immer wieder ihre Gestalt. Der aus Indien stammende amerikanische Ökonom und Nobelpreisträger Amartya Sen hält es für unmöglich und auch für sinnlos, sich ein Bild von perfekter Gerechtigkeit zu machen und dieses gesellschaftlich anzustreben. Es geht vielmehr darum, konkrete Ungerechtigkeiten abzumildern oder ganz zu beseitigen, und das in einem schrittweisen gesellschaftlichen Prozess der reformierenden Veränderung.[30] Sen zitiert Karl Popper nicht, aber tatsächlich ist sein Konzept von sozialer Gerechtigkeit genau jene schrittweise Veränderung durch soziale Stückwerkstechnik, die Popper für eine offene Gesellschaft vorschlägt.

In einer offenen Gesellschaft muss man die Tatsachen, das Ausmaß und die Ursachen gruppenbezogener Unterschiede erforschen und diskutieren können. Das darf aber die strikte Gleichbehandlung aller Individuen nicht beeinträchtigen. Gruppenbezogene Eigenschaften sollte man in einer Gesellschaft, in der alle zusammenleben, im Sinne des Zusammenlebens niemals in den Vordergrund stellen. Aber dort, wo unterschiedliche gruppenbezogene Ergebnisse trotz eines ausreichenden Maßes an gesellschaftlicher Fairness auftreten, darf man sie auch nicht als Ausfluss von Ungerechtigkeit, Rassismus oder Vorurteilen brandmarken.

Ein Problem wird allerdings bei allen Diskussionen um Freiheit und Gerechtigkeit kaum lösbar sein: Je mehr Chancengleichheit in einer Gesellschaft herrscht, umso mehr nähert sich die Pyramide von Beschäftigungs-und Einkommensstatus an die durchschnittliche

Verteilung der Fähigkeiten und Leistungen an. Wenn Fähigkeiten zu einem großen Teil erblich sind – und das sind sie, siehe Kapitel 3 –, dann bedeutet mehr Chancengleichheit in der Gesellschaft langfristig auch eine Begrenzung von Aufwärtsmobilität. Das kann insbesondere in ethnisch diversen Gesellschaften zu Spannungen führen und als Ungerechtigkeit interpretiert werden, obwohl es doch ein langfristig zwingendes Ergebnis von mehr Chancengleichheit ist.[31] In jedem Fall entsteht so ein offener Widerspruch zu einer Interpretation von Gleichheit, die, ideologisch getrieben, nur eine Gleichheit der Ergebnisse als gerecht akzeptieren mag. So enthält die Neigung linker Ideologen, materielle Ungleichheit als Ungerechtigkeit zu interpretieren, auch dann ständig neue Nahrung, wenn die Gesellschaft tatsächlich immer leistungsgerechter wird.

Das Drogenthema

In den USA sterben jährlich rund 16 000 Menschen durch Mord und Totschlag, circa 30 000 sterben durch Verkehrsunfälle, und 93 000 sterben durch Drogen. Diese Zahl hat sich in den letzten 20 Jahren verfünffacht. Zeitlich fällt dieser rapide Anstieg mit der Liberalisierung der amerikanischen Drogenpolitik zusammen. Aber der amerikanische Wissenschaftsjournalist Michael Shellenberger sieht auch einen kausalen Zusammenhang: Für seine Heimatstadt San Francisco, die Drogenmetropole der USA, zeigt er in einem tiefgründig recherchierten Buch, wie die unterschiedlichen Stufen der Liberalisierung des Kaufs und Konsums von Drogen und der Unterstützung der Drogenabhängigen durch die staatliche Sozialpolitik den betroffenen Menschen das Absinken in die Abhängigkeit erleichtern und zudem verhindern, dass sie dieser Abhängigkeit wieder entrinnen.[32] Diese liberale Drogenpolitik findet vor allem in linken und liberalen Kreisen Unterstützung, und sie geht mit der Tendenz einher, die betroffenen Menschen von der Verantwortlichkeit für ihr Schicksal moralisch zu entbinden. In den Drogenabhängigen sieht man zuallererst Opfer der sozialen und gesellschaftlichen Verhältnisse. So werden sie quasi entmündigt, und eine wirkliche Debatte über Ursachen, Therapien und gesellschaftliche Folgen findet nicht statt. In den USA wird dies dadurch gefördert, dass unter den Drogenabhängigen nicht-weiße Minderheiten weit überrepräsentiert sind. Die liberale Drogenpolitik spinnt so das Garn einer Opfer-Erzählung, die es auch sonst in der Gesellschaft gibt. Darum redet man auch gern von »Obdachlosen«, wenn man »Drogenabhängige« meint.

Die Opfer-Erzählung, die Shellenberger Viktimologie nennt, behauptet, dass Opfer deshalb gut sind, weil sie zum Opfer geworden sind. Weil sie gut sind, darf man sie nicht kritisieren, und so wird selbst asoziales Verhalten unversehens tabuisiert. Opfererzählungen haben im Rahmen linker Ideologie teilweise den Charakter einer säkularen Religion angenommen.[33] Solche Opfer-Erzählungen kommen in linksgeprägten ideologischen Narrativen immer wieder vor (vgl. Kapitel 4, »Die geistige Ordnung – Religion und Ideologie«, darin insbesondere »Ideologie durch Übertreibung«). Oft haben sie nur esoterischen Charakter. Aber wenn sie, wie in der Drogenpolitik, die »Opfer« in ihren falschen Verhaltensweisen ermutigen und unterstützen, können sie verheerende Auswirkungen haben. Die durch die Ampel-Koalition geplante Liberalisierung des Konsums von Cannabis könnte hier ein erster Schritt in eine falsche Richtung sein.

Die internationale Ordnung

Ein kurzer historischer Abriss

Die internationale Ordnung war stets ein Teil der politischen und gesellschaftlichen Ordnung, denn Staaten oder auch Stämme hatten am Rand ihrer Siedlungs- oder Herrschaftsgebiete immer Kontakt zu anderen Stämmen, Staaten und Kulturen. Es gab Wanderungen und häufig gewalttätige Auseinandersetzungen. Es flossen Güter, es kamen fremde Ideen oder kulturelle Einflüsse ins Land oder wurden selbst weitergegeben. Das alles fand traditionell sehr langsam statt und war von langen Phasen des Stillstands unterbrochen. Aber auch Phasen abrupter Veränderung oder gewalttätiger Landnahmen durch fremde Völker gab es immer wieder. Die Römer wussten von der Existenz Chinas, die chinesischen Herrscher von der Existenz des Römischen Reichs. Alexander der Große verband durch seine Eroberungen Zentralasien und Indien mit der antiken Kultur am Mittelmeer. Die Römer eroberten Teile Germaniens. Die volkreichen und militärisch tüchtigen germanischen Stämme zerstörten aber letztlich in der Völkerwanderung das Weströmische Reich und überzogen sein Gebiet mit ihren Staatsgründungen, von denen nur das Frankenreich überlebte und zum Vorläufer von Deutschland und Frankreich wurde. Über die christliche Kultur des westlichen Abendlandes und alle seine Staaten legte die katholische Kirche ein Netzwerk gemeinsamer Überzeugungen, Lebensformen und Riten. In der Reformation und der Aufklärung brach die katholische christliche Welt auseinander. Der Fortschritt der Technik und die europäische Neugier auf die Welt führten zu unterschiedlichen Phasen europäischer Kolonialherrschaft, deren letzte der Imperialismus der zweiten Hälfte des 19. Jahrhunderts war. Das Ende der Weltherrschaft Europas wurde eingeläutet durch zwei zerstörerische Weltkriege. Sie führten 1920 zur Gründung des Völkerbunds und 1945 zur Gründung der UNO. Damit kulminierten die Versuche, eine globale internationale Ordnung über die Ordnung der Nationalstaaten zu legen.

Schon vorher gab es immer wieder Versuche regionaler übernationaler Ordnungen:

- In Europa entstanden erste Ansätze für ein internationales Völkerrecht mit dem Westfälischen Frieden von 1648, der den Dreißigjährigen Krieg abschloss.
- 1814 scheiterte Napoleon mit seinem Versuch, Europa unter französischer Führung neu zu ordnen.
- Stattdessen schuf der Wiener Kongress 1815 eine restaurative Ordnung, die auf dem Gleichgewicht der europäischen Großmächte beruhte.
- Diese Ordnung ging mit dem Ersten Weltkrieg unter. Das nationalsozialistische Deutschland scheiterte im Zweiten Weltkrieg

mit seinem Versuch, Europa unter deutsche Vorherrschaft zu bringen.

- Das Ergebnis des Zweiten Weltkriegs brachte dann die Konfrontation der Sowjetunion und ihrer Vasallen mit den USA und ihren europäischen Verbündeten. Dies endete, als der Ostblock 1989/90 zusammenbrach.
- In Europa dehnte sich die 1957 gegründete Europäische Wirtschaftsgemeinschaft (EWG) als Europäische Union bis an die Grenzen Russlands aus. Auf die EU wurden und werden die unterschiedlichsten Hoffnungen projiziert. Das spiegelt eine alte deutsche Sehnsucht wider: Bereits »nach 1945 übertrugen konservative Christdemokraten den übernationalen Reichsgedanken von Deutschland auf Europa«.[34] Der Koalitionsvertrag der Ampel-Koalition formulierte im Dezember 2021 das Ziel einer »Europäischen Republik«. Für solche Schritte ist in der EU aber keine einigungsfähige Tendenz absehbar.
- Außerhalb der EU wird die Rivalität zwischen den USA und China weltpolitisch immer dominierender.

Die internationale Ordnung der Gegenwart

Aktuell stellen Russlands Angriff auf die Ukraine und die dadurch ausgelöste Sanktionierung und Ächtung des Landes viele scheinbar festgefügte Elemente der internationalen Ordnung grundsätzlich infrage, und es lässt sich noch nicht absehen, was dies langfristig bedeuten kann.

Seit dem späten 19. Jahrhundert regelt ein immer dichter werdendes Netz von internationalen Organisationen viele weltweite Fragen von gemeinsamem Interesse. Das findet teilweise unter dem Dach der UNO statt und ist mal mehr und mal weniger effektiv. Es geht um gemeinsame Standards wie beim Weltpostverband oder der International Air Transport Association (IATA), um gemeinsame Wirtschaftsinteressen wie bei der Welthandelsorganisation (WTO) oder der International Labour Organization (ILO), um Währungsfragen wie beim Internationalen Währungsfond (IWF) oder um Entwicklungshilfe wie bei der Weltbank.

Mit der Genfer Konvention von 1864 und der Haager Landkriegsordnung (HLKO) von 1899 versuchte man erstmals, durch internationale Vereinbarungen die humanitären Folgen militärischer Konflikte einzuhegen. Später dienten der Völkerbund und die UNO als Bühne, um gemeinsame menschenrechtliche und moralische Standards in der Welt durchzusetzen. Das ist nur teilweise gelungen. Die größte Leistung ist wohl die bei der Gründung der UNO 1945 vereinbarte Allgemeine Erklärung der Menschenrechte. Sie hat aber nur in einem Teil der Länder der Welt eine praktische Bedeutung.[35]

Von den 193 Staaten, die 2021 in der UNO Mitglied waren, ist nur eine Minderheit nach westlichen Maßstäben demokratisch regiert. Diesbezügliche Maßstäbe haben durch ihre Gewichtungen immer auch subjektive Elemente. So stuft die an der Universität Würzburg entwickelte Demokratiematrix im Länder-Ranking für 2020 von 176 untersuchten Ländern nur 35 Länder als funktionierende Demokratien ein, mit Deutschland an fünfter Stelle. Die USA – an 36. Stelle im Ranking – gelten bereits als »defizitäre Demokratie«. Ab Rangplatz 82 (Kenia) kommen »hybride Regime«. Ab Rangplatz 115 (Serbien) folgen »moderate Autokratien«. Darunter werden auch Länder wie die Türkei, Russland, Iran oder Kuba eingestuft. Die Maßstäbe sind also großzügig. Ab Rangplatz 157 (Aserbeidschan) folgen »harte Autokratien«, dazu zählen auch China und Saudi-Arabien.[36]

Schaut man sich die Landkarte der Welt an, so ist die Situation eindeutig: »Funktionierende Demokratien« sind in der Welt die Ausnahme, nicht die Regel. Sie sind im Wesentlichen beschränkt auf West-und Mitteleuropa, Nordamerika, Australien und Ozeanien und auf drei erfolgreiche Länder Ostasiens (Japan, Südkorea, Taiwan). Die frisch ins Amt gekommene grüne Außenministerin Annalena Baerbock sprach im Dezember 2021 davon, dass sie deutsche Außenpolitik als »Weltinnenpolitik« verstehe. Das war konsequent universalistisch gedacht, ist aber von der Wirklichkeit der internationalen Ordnung weit entfernt.[37]

Wie willkürlich die Maßstäbe sein können, zeigte der amerikanische Präsident Biden im Dezember 2021 mit der Einladung zum »Demokratiegipfel«: 110 Staaten waren nach Washington eingeladen, Ungarn war als einziges EU-Land nicht dabei,[38] dafür aber der Irak, der im Länder-Ranking auf der Position 127 als »moderate Autokratie« eingestuft worden war. Es fehlte dagegen Afghanistan. Im Länder-Ranking hatte es 2020 noch um zwei Rangplätze vor dem Irak gestanden. Nachdem aber die USA im Juli 2021 das Land kampflos den Taliban überlassen hatten, herrscht dort nun wieder das steinzeitliche Taliban-Regime – und das wohl auf unabsehbare Zeit. Das islamistisch geprägte Pakistan – das man nur schwer als Demokratie bezeichnen kann – verdankte die Einladung wohl seiner strategischen Bedeutung als Nachbar Afghanistans. Ansonsten fehlten auf der Liste alle islamischen Länder von Nordafrika bis nach Zentralasien. Zum Zorn Chinas war Taiwan dabei, und zum Zorn Russlands die Ukraine.[39] In der Summe zeigte sich klar, dass die Einladungsliste auch politische Funktionen erfüllte und die Grenze zwischen demokratischen und anderen Ländern ziemlich willkürlich zog.

Nach dem Fall der Berliner Mauer und dem Zusammenbruch des Ostblocks war Anfang der Neunzigerjahre kurzfristig die Hoffnung aufgekommen, nun werde das westliche Modell aus Marktwirtschaft und parlamentarischer Demokratie seinen Siegeszug über die ganze Welt antreten. Der amerikanische Politikwissenschaftler Francis Fukuyama sprach vom »Ende der Geschichte«. Das hat sich nicht bewahrheitet. Ausgebreitet hat sich die marktwirtschaftliche Organisationsform. Insbesondere die wirtschaftlichen Reformen in China und der daraus erwachsene gewaltige wirtschaftliche Aufstieg des Landes haben die Welt verändert. Aber daneben gibt es weite Bereiche der Welt – insbesondere der größte Teil des afrikanischen Kontinents, der Nahe und Mittlere Osten sowie Teile Südamerikas –, die in der wirtschaftlichen Entwicklung kaum oder gar nicht vorankommen sowie teilweise von ihrer eigenen Bevölkerungsentwicklung überrollt werden. Auch hat sich der Kreis stabiler parlamentarischer Demokratien in den letzten dreißig Jahren kaum ausgedehnt. In vielen Ländern verbinden sich schwankende Formen autoritärer Herrschaft mit endemischer Korruption und dem gelegentlichen Aufflackern unterschiedlicher Formen demokratischer Beteiligung.

Perspektiven der internationalen Ordnung

Bis Februar 2022 war es eine offene und insbesondere für Europa beunruhigende Frage, ob das zunehmend autoritär regierte Russland den Frieden möchte oder auf die erneute Einverleibung der Ukraine und Weißrusslands abzielt. Diese Frage ist durch den Angriff Russlands auf die Ukraine beantwortet. Russland sieht sich unter Präsident Putin nicht als Teil einer europäischen Friedensordnung, die auf der Souveränität der Staaten beruht. Offen bleibt die Frage, ob die harten Sanktionen des Westens und die Abwehrerfolge der Ukraine einen Meinungsumschwung oder Umsturz in Russland herbeiführen können. Sicher ist nur, dass mit dem Konflikt um die Ukraine ein ganz neues Kapitel der europäischen Nachkriegsordnung aufgeschlagen wurde.

Unabhängig davon wird die Welt von drei Großkonflikten geprägt, die einander überlagern und deren Wirkung wohl noch für Jahrzehnte anhält:

- der von Afrika und dem Nahen und Mittleren Osten ausgehende Einwanderungs- und Bevölkerungsdruck, der sich insbesondere gegen das demografisch schrumpfende und alternde Europa richtet,
- die immer stärker vom politischen Islamismus geprägte Ausrichtung islamischer Länder, die über die Masseneinwanderung aus diesem Kulturkreis immer mehr auch Europa prägt,
- der sich verschärfende politische, militärische und wirtschaftliche Wettbewerb zwischen den USA und China.

In allen drei Punkten sind die künftigen Entwicklungen offen und können nicht ausreichend zuverlässig vorhergesagt werden.

Die Megatrends der menschlichen Zivilisation

Daneben aber gibt es drei Megatrends, die die künftige Entwicklung der menschlichen Zivilisation bestimmen und langfristig viel wichtiger sein können als alle politischen und religiösen Konfliktlinien:

- Die wirtschaftliche Globalisierung wird weitergehen, und der Trend wird sich fortsetzen, dass sie ihr Schwergewicht von physischen Gütern auf Software und andere Produkte des Geistes verlagert. So werden die menschlichen Moden und die genutzten Produkte einander immer ähnlicher werden. Offen bleibt, wie sich das Verhältnis der auf Vereinheitlichung gerichteten technischen Entwicklungen zu den unterschiedlichen Nationalkulturen und ihren Traditionen entwickelt.
- Die Zunahme des naturwissenschaftlichen und technischen Wissens eröffnet immer neue Horizonte, und die daraus erwachsenden Wirkungen sind schlechterdings nicht prognostizierbar. Immer deutlicher wird, dass sich so auch irgendwann die biologischen Grenzen der menschlichen Intelligenz sprengen lassen – mit ganz unbekannten und jedenfalls heute nicht vorstellbaren Folgen für die Zukunft der Menschheit.
- Seit dem Ende des Zweiten Weltkriegs hat sich die Zahl der Menschen auf der Welt vervierfacht, und zumindest in Afrika und den Ländern des Nahen und Mittleren Ostens ist ein Ende der Bevölkerungsexplosion nicht abzusehen. Dies hat zusammen mit der Industrialisierung zum Anstieg des CO_2-Ausstoßes auf der Welt und zur Problematik eines menschengemachten Klimawandels geführt.

Wenn man die darin liegende Gefahr für real hält – und ich habe weder die Möglichkeit noch die Absicht, hier anders zu urteilen als die überwältigende Mehrheit der Klimaexperten auf der Welt –, dann hat die Frage, ob und wie die Staaten auf der Welt miteinander kooperieren, eine neue Qualität erreicht.

Kooperation wird durch gemeinsame Interessen erzwungen

Bei der Auslegung und Bedeutung von Menschen- und Frauenrechten, bei der Unterdrückung von Minderheiten, bei Korruption und Gewalt mögen Religionen, Ideologien oder die schiere Willkür der Staatslenker jeweils andere Positionen einnehmen. Hier wurden in den 77 Jahren seit Gründung der UNO keine wirklichen Fortschritte erzielt, wie die betrüblichen Verhältnisse in vielen Ländern der Welt zeigen.

Beim Kampf gegen den Klimawandel – wenn er denn wirklich die große Bedrohung ist, für den ihn die Mehrheit der Klimaexperten hält – sehen aber die Interessen der Beteiligten ganz anders aus: Der Einsatz von Giftgas oder von Atombomben ist in den großen militärischen Konflikten der letzten Jahrzehnte nicht deshalb unterblieben, weil Diktatoren und andere Machthaber höhere moralische Einsichten gehabt hätten. Er unterblieb, weil das Risiko der eigenen Vernichtung zu groß schien. Am Ende siegten die eigenen Interessen, nicht die eigene Moral.

So könnte es auch beim Kampf gegen den Klimawandel funktionieren. China, Russland, Amerika, Indien, Australien und Europa finden sich hinsichtlich ihrer Interessen beim Klimawandel möglicherweise plötzlich in einem Boot. Das darin liegende Kooperationspotenzial könnte umso größer sein, je mehr günstige technische Alternativen für das Verbrennen von Kohle, Öl und Gas zur Verfügung stehen. Dazu braucht man keine neue Weltordnung. Diese wird in den wenigen Jahrzehnten, die nach den Klimamodellen bis zum Abbremsen des weltweiten CO_2-Ausstoßes allenfalls noch erlaubt sind, sowieso nicht entstehen.

Kein Land, das sich nach westlichem Muster entwickeln und den Lebensstandard Europas (oder künftig auch Chinas) erreichen will, kann auf ein großes Angebot an preisgünstiger und zuverlässiger Energie verzichten. Wenn es dem Westen und China gelingt, solche preisgünstigen Alternativen für massenhafte Energie zu entwickeln und weltweit anzubieten, dann werden die betreffenden Länder von sich aus auf das Verbrennen von Kohle, Öl und Gas verzichten. Wenn ein solches Angebot nicht gelingt, wird das Verbrennen von fossiler Energie weitergehen, und die betreffenden Staatslenker werden es vorziehen, mit dem Schicksal zu wetten, dass es mit dem Klimawandel doch nicht so schlimm wird. Beim Klimawandel ist auf internationaler Ebene sachliche Kooperation unabhängig von divergierenden Religionen, Ideologien, Weltanschauungen sowie von Machtrivalitäten geboten und grundsätzlich auch vorteilhaft. Ähnliches gilt für alle Umweltfragen, die die Erde insgesamt betreffen.

Ähnliches gilt auch für die Bekämpfung weltweit auftretender ansteckender Krankheiten, wie zuletzt bei der Coronapandemie. Auch hier geht es um eine interessenbezogene Kooperation, die sich von Attitüden der moralischen Besserwisserei löst. Die Nationalstaaten haben die ihnen durch die Pandemie gestellten Anforderungen in sehr unterschiedlicher Weise bewältigt. Das Virus war global, aber die Bekämpfung seiner Ausbreitung und der Schutz der Bevölkerung konnten sich nur lokal vollziehen. Wohl den Menschen, die in einem funktionierenden Staatswesen lebten. Jeder Funktionsmangel schlug gleich negativ durch.

Der moralische Kompass und die internationale Ordnung

Jeder moralisch empfindende Mensch kann den Angriff Russlands auf die Ukraine oder das brutale Vorgehen der chinesischen Staatsmacht gegen die Uiguren in der westlichen Provinz Xinjiang nur abstoßend finden. Dasselbe gilt auch für die Mordversuche und Morde des russischen Geheimdienstes an Oppositionellen, für die Hinrichtung von Homosexuellen im Iran, für die Ermordung Oppositioneller in Nicaragua und für die zahllosen anderen Menschenrechtsverletzungen, die unter dem Schutz von Regierungen in vielen Teilen der Welt fortlaufend begangen werden. Es ist wichtig, die Einforderung moralischer Mindeststandards immer auch zum Gegenstand der Diplomatie westlicher Demokratien zu machen.

Aber tatsächlich ist es so, dass dem Einwirken auf die inneren Standards souveräner Staaten objektive Grenzen gesetzt sind. Wo immer der Westen in den letzten Jahrzehnten aus moralischen Gründen militärisch intervenierte, ist daraus nichts Gutes erwachsen, wie die Beispiele Irak, Libyen und Afghanistan anschaulich zeigen. In der öffentlichen Debatte und im diplomatischen Umgang muss man den demonstrativ erhobenen moralischen Zeigefinger nicht scheuen. Aber es gilt immer auch, Handelsinteressen zu wahren. Und am Ende wird es unvermeidlich sein, die Regierungen souveräner Staaten unabhängig von ihrer moralischen Beurteilung in allen Fragen gemeinsamen Interesses als Dialogpartner zu behandeln. Abschied nehmen muss man von der Illusion, die inneren Verhältnisse fremder Länder und Kulturen von außen her gestalten zu können. Eine implizite Einflussnahme ergibt sich zu einem gewissen Grad immer durch den Handel, den technischen Fortschritt und den allgemeinen geistigen und kulturellen Austausch. Wo dies für einen erwünschten inneren Wandel in einem Land nicht ausreicht, bedarf es der Geduld und der Einsicht in die Grenzen des eigenen Vermögens. Ein Fortschritt ist es aber jedenfalls, dass besonders schwere Menschenrechtsverletzungen in zunehmendem Umfang auch international geahndet werden. Der Prozess des Oberlandesgerichts Koblenz gegen einen nach Deutschland eingewanderten Syrer, der in syrischen Gefängnissen an schrecklichen Folterungen beteiligt war, hat um die Jahreswende 2021/22 international Aufsehen erregt und Maßstäbe gesetzt.[40]

Einfacher ist es dort, wo sich Staaten durch internationale Verträge zu bestimmten moralischen Standards verpflichtet haben. Das gilt zum Beispiel für die Europäische Menschenrechtskonvention, die 1950 in Rom unterzeichnet und seitdem immer wieder modifiziert wurde. Über ihre Einhaltung wacht der Europäische Gerichtshof für Menschenrechte (EGMR) in Straßburg. Ihr gehören mittlerweile alle europäischen Staaten außer Weißrussland, aber einschließlich der Türkei an. Das hat aktuelle Menschenrechtsverletzungen insbesondere in der Türkei und in Russland allerdings nicht verhindert. Gegenwärtig (Frühling 2022) ist offen, was geschieht, wenn solche Länder Urteile des EGMR missachten. Muss das ihren Ausschluss zur Folge haben, oder übt man »Milde«, weil ein Ausschluss die Verhältnisse in den betroffenen Ländern nur verschlimmern würde? Ende März

2022 hat Russland die Zusammenarbeit mit dem EGMR eingestellt und ist damit implizit auch aus der Europäischen Menschenrechtskonvention ausgeschieden.

Kritischer noch – und quasi an der Grenze zwischen Innen- und Außenpolitik angesiedelt – sind die Differenzen der EU mit den Mitgliedstaaten Ungarn und Polen. Hier zeigt sich exemplarisch, dass der mit den Europäischen Verträgen einhergehende Souveränitätsverzicht unterschiedlich interpretiert und auch in unterschiedlichem Umfang akzeptiert wird. Die hier angelegten Divergenzen führten bereits zum Ausscheiden Großbritanniens aus der EU. Für mich stellt sich die Frage, ob nicht der Verfassungs- und Rechtsrahmen der EU in vielerlei Hinsicht durch seinen überhöhten Gesamtanspruch in Verbindung mit seiner Inkonsistenz und seinen inneren Widersprüchen gefährdet wird. Offenkundig ist die militärische Ohnmacht der EU. Besonders augenfällig und gefährlich ist aber das strukturelle Versagen der europäischen Integration bei den Themen Migration und Asyl.

Dabei sollte das Recht auf politisches Asyl grundsätzlich völlig unstreitig sein. In nur einem Prozent aller Fälle erhalten die Flüchtlinge und illegalen Einwanderer, die in Deutschland um Asyl nachsuchen, tatsächlich den Anspruch auf politisches Asyl. Aber die grundsätzliche Möglichkeit, einen solchen Antrag zu stellen, liefert den politischen Anlass, die Tore der EU für Flüchtlinge und illegale Einwanderer weitgehend offen zu halten. An anderer Stelle habe ich beschrieben, wie eine Reform des Asylrechts aussehen müsste, um falsche Anreize zu vermeiden und eine bessere Steuerung der Einwanderung zu ermöglichen.[41]

Es wird aber nie zu tragfähigen Reformen kommen, wenn man nicht die Frage klärt, in welchem Umfang Deutschland und Europa die Verantwortung für die Geschicke von Menschen in anderen Teilen der Welt übernehmen sollen und ob dies grundsätzlich auch das Recht umfasst, sich in Deutschland und Europa anzusiedeln. Und hier kommt an zentraler Stelle ideologisches Denken ins Spiel.

Dritte Welt und westlicher Schuldkomplex

Unter den in Kapitel 4 diskutierten ideologischen Denkfiguren sind die heute einflussreichsten – Marxismus, Rassismus, kultureller Rassismus, Multikulturalismus, Postkolonialismus, Konstruktivismus – geistesgeschichtlich miteinander verbunden und gehen teilweise ineinander über. Sie benennen Schuldige und Opfer, sie unterscheiden nach guten und nach bösen Kräften und sie haben die Tendenz, das Walten der Geschichte als einen Kampf der (guten) Unterdrückten gegen die (bösen) Unterdrücker zu beschreiben. Zu den »Bösen« gehören die Kapitalisten, die weißen Männer, die Sklavenhalter, die Kolonialherren, die Kultur des westlichen Abendlandes, die moderne Technik und Zivilisation. Zu den »Guten« gehören das Proletariat, die Versklavten, die Völker in den Kolonien, die Religionen, Kulturen und Gebräuche der Kolonialvölker.

Das alles bietet zusammen einen emotionalen Identifikationsraum, aus dem sich antiwestliches Ressentiment, Kapitalismuskritik, die Romantisierung des Fremdartigen, die Sehnsucht nach einer besseren Welt, das eigene Schuldbewusstsein, die Suche nach Schuldigen und die Sehnsucht nach Idealen je nach dem individuellen Bedarf frei bedienen können. Dieser emotionale Identifikationsraum ist zudem in all seinen Elementen hoch aufgeladen. Wer es gegen die aus diesen Elementen zusammengebrauten emotionalen Erzählungen mit rationaler Argumentation und dem Verweis auf die Fakten versucht, hat es schwer, mit kritischer Vernunft gegen die Wucht der emotionalen Erzählung durchzudringen. In dieser emotionalen Erzählung sind die Staaten der Dritten Welt mit all ihren heute noch ungelösten oder möglicherweise auch anwachsenden Problemen auch 60 Jahre nach dem Ende der Kolonialherrschaft vor allem Opfer. In dieser Sicht haben der Westen beziehungsweise die ehemaligen Kolonialherren die überwiegende Schuld daran, wenn die Verhältnisse in Ländern der Dritten Welt so schlecht sind, dass sich Ströme von Migranten nach Europa und insbesondere nach Deutschland aufmachen.

Im Gegensatz dazu hat die unterschiedliche Entwicklung von Ländern der Dritten Welt des Öfteren gezeigt, dass die ehemalige Kolonialherrschaft mit ihren heutigen Problemen wenig bis gar nichts zu tun hat:

- China, Afghanistan und Äthiopien waren bis auf wenige Randgebiete und kurze Episoden niemals kolonial beherrscht. Darunter hat sich China in vielerlei Hinsicht wissenschaftlich und wirtschaftlich an die Spitze der Welt gesetzt. Afghanistan bleibt dagegen in islamistischer Rückschrittlichkeit gefangen. Und Äthiopien ist weder in der Lage, sein Bevölkerungswachstum zu zügeln, noch die ethnischen Spannungen in dem Vielvölkerstaat abzubauen, es bleibt arm und rückschrittlich.
- Die drei Nachfolgestaaten der ehemaligen britischen Kronkolonie Indien gehen ganz unterschiedliche Wege: Indien, der größte unter ihnen, entwickelt sich langsamer als China, aber es erbringt Spitzenleistungen in der Ausbildung seiner Eliten und versorgt mittlerweile die USA mit einem ständigen Nachschub hochintelligenter Leistungsträger. Bangladesch hat sich erfolgreich als Niedriglohnstandort in der internationalen Arbeitsteilung etabliert. Eine positive wirtschaftliche Entwicklung findet statt. Pakistan verharrt dagegen in relativer Rückständigkeit, wird mit den Tendenzen zu einem fundamentalistischen Islamismus nicht fertig und hat von den drei Nachfolgestaaten der ehemaligen Kronkolonie das höchste Bevölkerungswachstum.
- Die Länder des südöstlichen Asiens – Singapur, Malaysia, Indonesien und die Philippinen – waren allesamt ehemalige Kolonien. In einigen von ihnen gibt es Probleme mit der Ausbreitung eines fundamentalistischen Islam. Aber alle haben – auf unterschiedlichen Niveaus – eine grundsätzlich positive wirtschaftliche Entwicklung.
- Alle arabischen Staaten von Marokko bis zum Irak kämpfen bei ganz unterschiedlicher Kolonialgeschichte mit wirtschaftlicher Rückständigkeit und zum großen Teil auch mit einem ungezügelten Bevölkerungswachstum. Nur ein Land unter ihnen, Tunesien, konnte zeitweilig als halbwegs funktionierende Demokratie bezeichnet werden. Wohlhabend sind unter ihnen nur jene Länder,

die in größerem Umfang Erdöl oder Erdgas exportieren. Allesamt sind sie mehr oder weniger gefesselt durch einen konservativen Islam mit teilweise islamistischen Tendenzen. Die wirtschaftlich und bildungsmäßig in diesen Ländern traditionell führenden Juden und Christen wurden in den letzten Jahrzehnten weitgehend aus diesen Ländern vertrieben oder erleiden anhaltende Unterdrückung. Das hat die wirtschaftliche Entwicklung zusätzlich gelähmt.

- Das gesamte Subsahara-Afrika scheint bei ungezügeltem Bevölkerungswachstum trotz seiner umfangreichen Bodenschätze und seiner ungenutzten Reserven an landwirtschaftlich nutzbaren Flächen in relativer Rückschrittlichkeit gefangen. Südafrika verliert seit dem Ende der Apartheid mehr und mehr seinen traditionellen Vorsprung[42] und nähert sich den Standards vom übrigen Subsahara-Afrika an.[43]
- Mittel- und Südamerika befreiten sich schon vor 200 Jahren von der spanischen Kolonialherrschaft. Ethnisch sind ihre Länder, was die Anteile von Weißen, Schwarzen und Indios angeht, unterschiedlich zusammengesetzt. Diese Länder tun sich bis heute schwer damit, stabile Herrschaftsformen zu entwickeln, und ihre wirtschaftliche Leistung entspricht durchweg nicht den Möglichkeiten, die Klima, Bodenschätze und landwirtschaftlich nutzbare Flächen eigentlich eröffnen.

Drei Tatsachen stehen im Hinblick auf die wirtschaftliche Entwicklung von Staaten, Gesellschaften oder Kulturen – wie immer man sie abgrenzt – unumstößlich fest und sind jenseits allen Zweifels empirisch belegt:

- Die innere Governance – also Rechtsrahmen, Rechtssicherheit, Korruptionsfreiheit, Leistungsfähigkeit der Amtsträger – ist von zentraler Bedeutung für die wirtschaftliche und soziale Entwicklung.[44]
- Die Bildungsleistung der Bevölkerung bestimmt unmittelbar und dauerhaft das Niveau der wirtschaftlichen Entwicklung und das

wirtschaftliche Wachstum. So hängt das Zurückbleiben Subsahara-Afrikas mit seiner im Durchschnitt erschreckend niedrigen Bildungsleistung unmittelbar zusammen. Die niedrige Bildungsleistung erklärt auch, dass Südamerika seine Potenziale nicht ausschöpft. Dagegen ist die hohe Leistungskraft der Länder Ostasiens verbunden mit internationalen Spitzenwerten in der Bildungsleistung. Das gilt gleichermaßen für China, Taiwan, Südkorea, Japan und Singapur.[45]
- Materielle Entwicklungshilfe von außen nützt nicht nur nichts, sie ist sogar überwiegend schädlich, weil sie Korruption fördert und Bequemlichkeit unterstützt.[46] Speziell für Afghanistan hat der Ökonom Peter Bauer das grundsätzliche Versagen der Entwicklungshilfe bereits vor 50 Jahren präzise beschrieben.[47]

Die richtige Strategie zur Entwicklung der wirtschaftlich zurückgebliebenen Teile der Dritten Welt besteht deshalb in dem weitgehenden Verzicht auf materielle Unterstützung (mit Ausnahme von Hilfen bei Naturkatastrophen oder Pandemien), verbunden mit Angeboten zur Beratung, Ausbildung und Fortbildung. Außerdem muss man dafür Sorge tragen, dass die dünne Schicht der Bildungselite und ihrer Leistungsträger im Land bleibt, um zu seiner Entwicklung beizutragen, und nicht aus Gründen des persönlichen Lebensstandards dauerhaft in die westlichen Länder auswandert oder dort nach der Ausbildung verbleibt. Speziell für die Länder Afrikas diagnostiziert der Wirtschaftswissenschaftler Rolf Langhammer keinen »Engpass Finanzmittel«, sondern einen »Engpass Reformbereitschaft«. Eine »Partnerschaft auf Augenhöhe« ist für ihn eine Fiktion.[48] Nach einem halben Jahrhundert Entwicklungshilfe für Afrika ist das ein verheerendes Urteil.

Für gegenwärtige und künftige Fehlentwicklungen in Teilen der Dritten Welt tragen die Länder des Westens weder eine tatsächliche Schuld, noch haben sie eine moralische Verantwortung, die über das allgemein Mitmenschliche hinausreicht. Sofern Kriege und andere Verwicklungen zu Fluchtbewegungen führen, ist es geboten, sichere Aufenthaltsorte für Flüchtlinge möglichst nahe an ihrer Heimat und möglichst in ihrem eigenen Kulturkreis zu schaffen. Darum müssen vor allem afrikanische Staaten bei Konflikten in Afrika helfen, so wie 2022 die Länder Europas bei den Flüchtlingen aus der Ukraine helfen. Das kann und muss auch mit Mitteln der internationalen Hilfe, vorzugsweise über die UNO, unterstützt werden, und daran sollten sich die Länder des Westens auch großzügig beteiligen.

Ansonsten haben die Länder des Westens aus meiner Sicht das moralische Recht, jedwede illegale Einwanderung zu unterbinden und alle illegalen Einwanderer, denen kein politisches Asyl gewährt wird, auch gegen ihren Willen wieder in ihre Heimatländer zu verbringen. Das widerspricht der konsequent gesinnungsethischen Haltung, die insbesondere SPD und Grüne einnehmen.[49] Im gegenwärtig laufenden Ausschlussverfahren der Grünen gegen den Tübinger Oberbürgermeister Boris Palmer stellt dessen kritische Haltung zum Umgang mit dem Flüchtlingsthema den zentralen Ausschlussgrund dar.[50] SPD und Grüne bewirken so, dass sich das Nachdenken und die Diskussion über andere Sichtweisen aus ihren Parteien nach außen verlagern. Die mit der konsequenten Moralisierung verbundene Faktenblindheit teilen sie mit Papst Franziskus. Dieser bezeichnete im Dezember 2021 bei einem Besuch auf Lesbos den Umgang der Europäer mit Migration als einen »Schiffbruch der Zivilisation«. Den Bau von Grenzsicherungsanlagen lehnte er strikt ab.[51]

Auch 35 Jahre nach der Einrichtung des Schengen-Raums verfügt die EU über kein gemeinsames System einer funktionierenden Grenzsicherung. Nach geltendem Recht müssen die Grenzstaaten allen Personen Einlass gewähren, die an den Grenzen einen Asylantrag stellen. Praktisch gesehen wollen die meisten unter ihnen weiter nach Deutschland, Österreich oder in die Schweiz reisen oder über Frankreich nach Großbritannien gelangen. Die gemeinsame Grenzschutzorganisation Frontex bringt keine Entlastung, weil sie aufgrund ihres Mandats allenfalls dabei helfen kann, den Zustrom zu ordnen. So bürgern sich überall an den Grenzen der EU Praktiken ein, um den Zustrom unerwünschter Einwanderer zu verhindern oder zumindest zu behindern, die formal gesehen rechtswidrig und mal mehr, mal weniger erfolgreich sind. Man braucht die Kooperation der Anrainerstaaten wie Marokko, Türkei oder Weißrussland, um den Zustrom zu begrenzen, und macht sich so von ihnen abhängig. Versuche, verbindliche Verteilsysteme für die in die EU gelangten Migranten zu vereinbaren, sind seit Jahren wiederholt gescheitert. Sie wären auch sinnlos, weil man die einmal in der EU mit Aufenthaltsrecht ausgestatteten Migranten nicht daran hindern kann, innerhalb der EU in die Mitgliedstaaten ihrer Wahl weiterzuwandern. So führt kein Weg daran vorbei, die Außengrenzen des Schengen-Raums stärker zu sichern und die Kriterien für den Einlass von Migranten restriktiver zu gestalten. Dabei hat sich die im Dezember 2021 ins Amt gekommene Ampel-Koalition von Anfang an die Möglichkeit genommen, über erfolgversprechende Methoden der Zuzugssteuerung und -begrenzung breit angelegt und tabufrei nachzudenken. Einem kommenden Anstieg des Migrantenzustroms über das schon »gewohnte« Ausmaß von jährlich 100 000 bis 150 000 Menschen steht sie konzeptionslos und wehrlos gegenüber. Das ist das Ergebnis ideologischen Denkens in der Asyl-, Einwanderungs- und Migrationspolitik und der damit verbundenen Weigerung, sich über die eigenen Interessen klar zu werden und sich an ihnen zu orientieren.

Eine grundsätzlich restriktive Einwanderungs- und Asylpraxis steht zu einer großzügigen Flüchtlingspolitik keineswegs in Widerspruch. Das hat die beispiellose Hilfsbereitschaft der europäischen Nachbarn gezeigt, die durch den Angriff Russlands auf die Ukraine ausgelöst wurde und auch auf der Ebene der EU nachhaltig unterstützt wird.

Der Umgang mit Islamismus und Terrorismus

Der Umgang in Deutschland und Europa mit dem politischen Islam ist paradox und teilweise schizophren: Einerseits gilt es als Asylgrund, wenn beispielsweise ein Afghane angibt, vor der Anwendung der Scharia in seinem Land geflohen zu sein. Andererseits ist es ein Merkmal des linken und linksliberalen Multikulturalismus, die Lebensäußerungen eines konservativen Islam in Deutschland, die sich zum Beispiel im familiären Kopftuchzwang für Mädchen und junge Frauen zeigen, als Zeichen von Vielfalt und Toleranz zu feiern.

Ähnlich undurchdacht war die Idee, den internationalen Terrorismus am Hindukusch bekämpfen zu wollen. Der Terror ist nicht ortsgebunden. Es gelang offenbar nie, die Herzen der afghanischen Mehrheit für die westliche Zivilisation, ihr Frauenbild und ihre demokratischen Verfahrensregeln zu gewinnen. Nachdem der Westen über zwei Jahrzehnte vierstellige Milliardenbeträge in diesem Land versenkt hatte, streckte eine hochgerüstete afghanische Armee im Sommer 2021 in nur wenigen Tagen umstandslos vor den Taliban die Waffen, die nun für viele Jahre über modernes militärisches Gerät verfügen. Die Passivität, mit der die Mehrheit der Afghanen dies alles im Sommer 2021 über sich ergehen ließ, deutet darauf hin, dass einem beträchtlichen Teil der Afghanen eine Taliban-Gesellschaft näher lag als eine aufoktroyierte Demokratie. »Der Westen kann sich nicht länger der Vorstellung hingeben, andere Länder und Kulturen warteten nur darauf, nach seinen Werten zu leben.«[52]

Im Umgang mit Staaten und Zivilisationen, die fremden Kulturen angehören, sind für den Westen Selbstbescheidung und Bescheidenheit angesagt. In den eigenen Ländern sollte er dagegen seine eigenen demokratischen, kulturellen und zivilisatorischen Maßstäbe gegenüber kulturfremden Einwanderern und ihren Nachkommen umso eindeutiger und dezidierter durchsetzen.

Kapitel 6
Zur ideologischen Prägung der Ampel-Regierung

Die im Dezember 2021 neu ins Amt gekommene Koalition von SPD, Grünen und FDP untermauerte ihren Willen zur Regierung mit einer 172 Seiten langen Koalitionsvereinbarung.[1] Dieses umfangreiche Papier zeichnet sich durch die Bemühung um sorgfältige Formulierungen und über weite Strecken auch durch eine große Detailfreude aus. Es verdeutlicht, dass es dieser Regierung ernst ist mit einer radikalen Energie-und Klimawende, mit einer stärkeren Öffnung Deutschlands für Einwanderung und mit der Weiterentwicklung der EU zu einem europäischen Bundesstaat.

Nur wenige Wochen nach der Bildung der Ampel-Koalition hat allerdings im Februar 2022 der Angriff Russlands auf die Ukraine weite Strecken der Koalitionsvereinbarung zu Altpapier gemacht. Insbesondere deren Aussagen zur Außen-, Sicherheits- und Verteidigungspolitik atmen einen pazifistisch angehauchten Verständigungsgeist, der durch den russischen Angriff und seine politischen Folgen ad absurdum geführt wurde.

Die Aussagen zur Dritten Welt, zu Afrika und zur Entwicklungshilfe spiegeln Illusionen wider und fallen weit hinter den Wissens- und Erkenntnisstand der Gegenwart zurück. Die Formulierungen des Papiers sind insgesamt gleichwohl abgewogen, weder besonders aggressiv noch übermäßig pauschal. Das Motto des Koalitionsvertrags »Mehr Fortschritt wagen« ist politisch unscharf. Ein konkreter, ideologisch untermauerter Fortschrittsbegriff liegt ihm nicht zugrunde. Das zumindest empfinde ich als grundsätzlich positiv.[2]

Gleichwohl ist der Text der Koalitionsvereinbarung stark von Ideologie geprägt. Das kommt vor allem in dem zum Ausdruck, was nicht erwähnt beziehungsweise als selbstverständlich vorausgesetzt wird, aber auch in jenen Passagen, die eigentlich Überflüssiges unablässig wiederholen:

- An zahlreichen Stellen des Papiers – auch wo dies mit der jeweils behandelten Sache selbst gar nichts zu tun hat – ist die Rede von »Geschlechtergerechtigkeit«, »Vielfalt« und »Diversität«. Diese Hinweise sind so über den Text gestreut, wie man Puderzucker über einen Kuchen streut.[3]
- Bei der dualen Ausbildung werden die Ursachen für die wachsenden Probleme der Nachwuchsgewinnung – der Leistungsabfall in den Schulen und das Absaugen der geeigneten Lehrstellenbewerber durch immer höhere Abiturientenzahlen – nicht erwähnt.[4] Dies würde ja der offenbar implizit zugrunde gelegten Ideologie widersprechen, dass Herkunft und Begabung für Leistungsfähigkeit und Leistung grundsätzlich keine Rolle spielen.
- Bei Unternehmensgründungen werden besondere Nachteile für Frauen und Migranten unterstellt, ohne dass diese schlüssig belegt sind: »Hürden für Frauen und Menschen mit Migrationshintergrund beim Zugang zu Finanzierungen und Förderungen bauen wir ab, besseren Zugang zu Wagniskapital für Gründerinnen stellen wir sicher.«[5] Ist eine besondere Frauenförderung bei Gründern nicht ein Widerspruch zur notwendigen Chancengleichheit für alle Gründer?
- Bei der pauschalen Forderung nach »mehr Arbeitskräfteeinwanderung«[6] fehlt der Hinweis auf die Hunderttausenden von Schulabgängern, die jedes Jahr mit steigender Tendenz die deutschen Schulen verlassen, ohne die Ausbildungsfähigkeit erlangt zu haben. Es fehlt die Auseinandersetzung mit der belegten Tatsache, dass der Gastarbeiterzuzug der Sechziger- und Siebzigerjahre unter Einbeziehung seiner Folgekosten den deutschen Wohlstand geschmälert und nicht gesteigert hat.[7] Es fehlt der Hinweis auf Japan, das die Folgen seiner demografischen Lücke ohne Einwanderung durch bessere Schulbildung und längere Beschäftigung der Älteren löst. Damit erspart es sich auch alle kulturellen und fiskalischen Integrationskosten, die Deutschland mehr und mehr belasten.
- Die Koalition will »den regelbasierten Freihandel auf Grundlage von fairen sozialen, ökologischen und menschenrechtlichen

Standards stärken« und spricht sich »für eine deutsche und europäische Handelspolitik gegen Protektionismus und unfaire Handelspraktiken aus«.[8] Das ist Wunschdenken, denn wer soll solche Standards setzen und überprüfen? Wenn dabei europäische Maßstäbe angelegt werden, so würden solche Standards entgegen der Behauptung des Gegenteils in hohem Umfang protektionistisch wirken.

- Ins humoristische Fach gehören unter »Umwelt- und Naturschutz« die Aussagen zum Wolf: »Unser Ziel ist es, das Zusammenleben von Weidetieren, Mensch und Wolf so gut zu gestalten, dass trotz noch steigender Wolfspopulation möglichst wenige Konflikte auftreten.«[9] Das Verhältnis von Wolf und Weidetier entspricht aber grundsätzlich jenem von Katze und Maus – nur dass das Weidetier durch den Weidezaun im Unterschied zur Maus an der Flucht gehindert ist. Hier wird Naturschutz mit Gemütskitsch verwechselt.
- Bei Landbau und Bodenpolitik fehlen Aussagen zur Gentechnik. Der Zusammenhang zwischen Düngung, Pflanzenschutz, Produktivität und dem Umfang der landwirtschaftlichen Bodennutzung wird nicht angesprochen. Dem angekündigten Verbot von Glyphosat fehlt die sachliche Begründung.[10]
- Die Aussagen zur Mobilität wirken undurchdacht und werden von einer unkritischen Sympathie für den Schienenverkehr getragen. Es wird der falsche Eindruck erweckt, die Schiene könne in Deutschland in wesentlichem Umfang den Straßenverkehr entlasten.[11] Ausgeklammert wird das unvermeidliche Ergebnis eines erfolgreichen Umstiegs auf Elektromobilität plus automatisiertem Fahren: Ist dies einmal umgesetzt, gibt es keine Umweltgründe mehr für eine Bevorzugung der Schiene gegenüber der Straße.
- Besonders viel Sorgfalt und Mühe sind in die Abschnitte zur Energie- und Klimawende geflossen. Der unbedingte Wille zur Planungsbeschleunigung wird deutlich, aber der Weg der Umsetzung bleibt unklar.[12] Recht ehrlich wird dargestellt, dass übergangsweise für den Ersatz von Kernkraft und Kohle nur erdgasbetriebene Kraftwerke zur Verfügung stehen.[13] Der angestrebte Übergang

zur grünen Wasserstoffwirtschaft bleibt ebenso nebelhaft wie die Umsetzung der Klimaschutzziele in der Industrie und im Gebäudebestand. Dass die Kapazitätsziele für Solar- und Windkraft bis 2030 erreicht werden können, ist nicht schlüssig belegt.[14] Offen bleibt, ob die nationale und internationale Bepreisung von CO_2 wirklich konsequent durchgeführt wird. Umweltökonomen halten dies für den einzigen Weg, die globalen Emissionen in der Summe ausreichend abzusenken.[15] Durch die Sanktionen gegenüber Russland ist der in der Koalitionsvereinbarung skizzierte Weg zur Energiewende weitgehend obsolet geworden. Jetzt stehen für einige Jahre die Sicherheit der Energieversorgung und die Unabhängigkeit von Russland im Vordergrund.

– Bei der Altersvorsorge werden die demografisch bedingten Finanzierungsprobleme, die in der zweiten Hälfte dieses Jahrzehnts zwingend auftreten, vollständig ausgeblendet. Durch die Festlegungen, dass sich am Rentenniveau und am Renteneintrittsalter nichts ändert, wird der größte Teil des Gestaltungsspielraums blockiert. Folgerichtig wird die Stabilität des Beitragssatzes nur für diese Legislaturperiode garantiert.[16] Das radikale Fahren auf Sicht in der Rentenfrage steht in eigentümlichem Kontrast zu den luftigen Zukunftsvisionen rund um den Klimawandel. Der angekündigte Einstieg in eine kapitalgedeckte Altersversorgung mit 10 Milliarden Euro ist vor dem Hintergrund der absehbaren Finanzlücken der Rentenversicherung weniger als ein Feigenblatt.[17]
– Die angekündigte Weiterentwicklung der Grundsicherung beziehungsweise des Arbeitslosengelds II zu einem Bürgergeld zeigt in der Summe Augenmaß.[18] Das gilt auch für die bessere Verkoppelung mit Anreizen zur Arbeitsaufnahme. Die Anpassungen sind vorausschauend, denn angesichts der ungesicherten Zukunft der gesetzlichen Rentenversicherung wird ein immer größerer Teil der Menschen dauerhaft auf das Bürgergeld angewiesen sein.
– Im Abschnitt Pflege und Gesundheit wird die »kontrollierte Abgabe von Cannabis an Erwachsene zu Genusszwecken in lizensierten Geschäften« angekündigt.[19] Damit startet die Ampel-Koalition ein groß angelegtes Sozialexperiment, das in Ländern wie

den USA, Kanada und den Niederlanden für die Drogenabhängigkeit bei Jugendlichen negative Folgen hatte.[20] Aber Drogenfreigabe gehörte schon seit den Sechzigerjahren zu den Träumen von linker und später auch grüner Ideologie.

– Besonders deutlich sind ideologische Spuren in den Abschnitten über Bildung und Familie. Die Worte Leistung und Begabung tauchen dort nirgendwo auf. Wo sie auftauchen könnten und am Platz wären, ist vielmehr stets konsequent von »sozialer Benachteiligung« die Rede. Auch die auf breiter Front sinkende Bildungsleistung an den Schulen und das besonders schlechte Abschneiden bestimmter Herkunftsgruppen unter den Migranten werden nicht thematisiert. Die Worte »Vater und Mutter« werden nirgendwo im Zusammenhang genannt. Stattdessen heißt es: »Familie ist vielfältig und überall dort, wo Menschen Verantwortung füreinander übernehmen.«[21] Das ist schon rein sachlich Unfug, denn auch ein Offizier der Bundeswehr übernimmt Verantwortung für die ihm anvertrauten Soldaten, bildet aber mit ihnen zusammen keine Familie! Die unscharfe Sprache soll offenbar den biologischen, unverfügbaren Charakter des ursprünglichen Familienbegriffs wegdefinieren. Stattdessen wird angekündigt, dass bei einem Kind in einer Ehe zweier Frauen beide automatisch die rechtlichen Mütter sein sollen.[22] Damit wird der elementare biologische Charakter der Mutterschaft künstlich unterdrückt. Hier zeigt sich ein utopisches Programm, mit dem man offenbar die biologische Ordnung auf den Kopf stellen will. *Dieselbe Mentalität, die das friedliche Zusammenleben von Wolf und Weidetier erzwingen will, entwickelt auch eine Distanz zur menschlichen biologischen Kernfamilie.* Immerhin soll das Kind einen Rechtsanspruch darauf bekommen, seine biologische Herkunft gerichtlich klären zu können.[23] Was solche Verhältnisse für die Entwicklungschancen eines Kindes bedeuten können, wird nicht erörtert.

– Der Abschnitt zur inneren Sicherheit beginnt mit dem Satz: »Deutschland ist eines der sichersten Länder der Welt.«[24] Es fehlt der Hinweis, dass zum Beispiel Japan – als alternde Gesellschaft in mancherlei Hinsicht mit Deutschland vergleichbar – noch viel sicherer ist, auch weil es kaum Migranten hat, während in Deutschland Ausländer und insbesondere die seit 2015 zu uns gekommenen Schutzsuchenden überdurchschnittlich an Gewalttaten beteiligt sind.[25] Bei der organisierten Kriminalität spricht die Koalitionsvereinbarung von der »sogenannten Clankriminalität«, die noch näher definiert werden soll. Offenbar gab es hier Bedenken, von arabischen Clans zu reden könne als rassistisch gelten. Nach der Koalitionsvereinbarung ist der »Rechtsextremismus (…) derzeit die größte Bedrohung für unsere Demokratie«. Islamismus und Linksextremismus werden neben »Verschwörungsideologien« unter ferner liefen genannt. Dass nach der amtlichen Statistik bei der Anzahl gewalttätiger Vorfälle der Linksextremismus eindeutig vor dem Rechtsextremismus rangiert[26], wird in der Koalitionsvereinbarung ignoriert. Ebenso wird ignoriert, dass in Deutschland (wie in anderen westlichen Ländern) Angriffe auf Juden überwiegend von Männern mit muslimischem Glaubenshintergrund begangen werden.

– Im Abschnitt über »Gleichstellung« wird angekündigt: »Wir wollen die Lohnlücke zwischen Frauen und Männern schließen.«[27] Dass diese auch etwas mit unterschiedlichen Präferenzen von Männern und Frauen bei der Berufswahl und mit unterschiedlichen Präferenzen bei der Arbeitszeit zu tun hat und dadurch fast vollständig erklärt wird, bleibt unerörtert.[28] Unter »reproduktiver Selbstbestimmung« wird angekündigt, dass Schwangerschaftsabbrüche kostenfrei sein sollen und »künstliche Befruchtung auch bei heterologer Insemination unabhängig von medizinischer Indikation, Familienstand und sexueller Identität förderfähig sein« soll. Eine einzusetzende Kommission soll »die Legalisierung der Eizellspende und der altruistischen Leihmutterschaft« prüfen.[29] Zwar wird Genmais nicht zugelassen, und der Wolf soll friedlich mit dem Weidetier zusammenleben. Aber bei der Zeugung von Menschenkindern wird das von der Natur zur Verfügung gestellte Verfahren offenbar für so defizitär gehalten, dass Alternativen dazu aus der Staatskasse unterstützt werden sollen.
– Unter dem Stichwort »Vielfalt« werden bei »muslimisches Le-

ben« der politische Islam und die Radikalisierung vieler Muslime nicht erwähnt, stattdessen soll der »zunehmenden Bedrohung von Musliminnen und Muslimen und ihren Einrichtungen (...) durch umfassenden Schutz, Prävention und bessere Unterstützung der Betroffenen« begegnet werden. Von diesen Bedrohungen ist mir jedenfalls in Berlin nichts bekannt. Ich weiß allerdings, dass bekannte Kritiker des Islamismus, die selbst Muslime sind, wie Ahmad Mansour, Seyran Ates und Hamed Abdel-Samad von der muslimischen Szene in Deutschland bedroht werden und ständig unter Polizeischutz stehen. Bei »jüdisches Leben« beklagt die Koalitionsvereinbarung, dass jüdische Einrichtungen unter Polizeischutz stehen, aber es bleibt unerwähnt, woher die meisten Bedrohungen gegen Juden kommen. Als dritte Gruppe wird in diesem Abschnitt neben den Muslimen und den Juden »queeres Leben« benannt und ein »ressortübergreifender nationaler Aktionsplan« gegen »Queerfeindlichkeit« angekündigt.[30] Das Phänomen der Queerfeindlichkeit ist mir allerdings in Berlin nur aus muslimischen Milieus bekannt. Unter »Vielfalt« wird ferner die Fortsetzung der »Arbeit zur Bekämpfung von Rechtsextremismus und Rassismus« angekündigt. Und schließlich wird angekündigt, dass die »UN-Dekade für Menschen afrikanischer Herkunft« vorangetrieben wird »z.B. durch entsprechende Begabtenförderung und Einrichtung eines bundesweiten Community-Zentrums«. Bemerkenswert: *Im Zusammenhang mit den Afrikanern in Deutschland taucht zum ersten und einzigen Mal in der gesamten Koalitionsvereinbarung das Wort »Begabtenförderung« auf.* In Bezug auf das angekündigte »Community-Zentrum« stellt sich mir die Frage, ob Afrikaner, die ethnisch gesehen untereinander viel unterschiedlicher sind als alle übrigen Menschen im Rest der Welt, mit ihren Tausenden von Sprachen und sehr unterschiedlichen Kulturen überhaupt eine »Community« darstellen. Aber wenn das so in der Koalitionsvereinbarung steht, ist das sicherlich sorgfältig geprüft worden.

– Für Europa strebt die Koalitionsvereinbarung einen »föderalen europäischen Bundesstaat« an und möchte, bis dies so weit ist, die

»strategische Souveränität Europas« erhöhen. Militärische Fragen finden dabei keine prominente Erwähnung, sondern im Rahmen eines umfassenden Sicherheitsbegriffs sollen »Krisenprävention und ziviles Krisenmanagement« gestärkt werden.[31] Diese von pazifistischem Wunschdenken geprägte Positionierung wurde vom russischen Angriffskrieg auf die Ukraine in wenigen Tagen hinweggefegt.

- In der »Migrations- und Integrationspolitik« strebt die Koalitionsvereinbarung einen »Neuanfang« an, »der einem modernen Einwanderungsland gerecht wird«. Man will »irreguläre Migration reduzieren und reguläre Migration ermöglichen«.[32] Instrumente, mit denen illegale Einwanderung künftig verhindert werden kann, werden aber nicht benannt. Tatsächlich erhöhen die meisten der angekündigten Maßnahmen die künftigen Erfolgschancen illegaler Einwanderung, sodass das angekündigte Liberalisierungsinstrumentarium dazu geeignet ist, einen zusätzlichen Sogeffekt auf Einwanderung aus Afrika und dem Nahen und Mittleren Osten auszulösen. Das gilt insbesondere auch für die angekündigte weitere Erleichterung des Familiennachzugs. Keine Vorschläge gibt es dazu, wie man unerwünschte Migranten besser dazu veranlassen kann, in der Heimat zu verbleiben, wie man sie wirksamer am Grenzübertritt hindern kann und wie man sie, wenn sie einmal im Land sind, schneller und in größerer Zahl wieder in ihre Heimatländer zurückschaffen kann. Begrüßenswert ist es, dass jene, die ein Aufenthaltsrecht erlangen, besser und schneller in den Arbeitsmarkt integriert werden sollen, und begrüßenswert sind alle darauf zielenden Integrationsangebote. Wirksame Vorschläge für ein besseres EU-weites Asylsystem fehlen gänzlich.
- In der Außen- und Verteidigungspolitik bleibt das Ziel der NATO, 2 Prozent des Bruttoinlandsprodukts für die Verteidigung auszugeben, unerwähnt. Auch die notwendige Steigerung der Einsatzfähigkeit und Kampfkraft der Bundeswehr wird nicht angesprochen. Die Menschenrechte werden betont und die Taliban in Afghanistan zu deren Beachtung aufgefordert.[33] Zur Entwicklungshilfe fehlt jeder Hinweis auf deren weitgehendes Scheitern

und auf die Notwendigkeit einer entsprechenden Neuorientierung. Mit der Regierungserklärung von Bundeskanzler Scholz am 27. Februar 2022 sind die Aussagen der Koalitionsvereinbarung zur Außen- und Verteidigungspolitik weitgehend obsolet geworden. In Bezug auf das 2-Prozent-Ziel und die Aufrüstung der Bundeswehr ist das Gegenteil der Koalitionsvereinbarung nun aktuelle Politik. Übrig bleibt der geistige Trümmerhaufen eines pazifistischen Grundverständnisses der Weltpolitik.
- In der Finanzpolitik sind der grundsätzliche Verzicht auf Steuererhöhungen und das Festhalten an der Schuldenbremse bemerkenswert. Das Fehlen eines Finanztableaus zeigt, dass beides nicht inhaltlich untermauert ist. Die neu sich etablierenden Inflationsrisiken durch die Ausrichtung der europäischen Währungspolitik werden nicht angesprochen. Aber mittlerweile ist der gesamte Finanzrahmen der Koalitionsvereinbarung ohnehin obsolet. Dafür sorgen nicht nur die politischen Ankündigungen zum 2-Prozent-Ziel für die Militärausgaben und zu dem 100 Milliarden Euro Sonderfonds für die Aufrüstung der Bundeswehr, sondern auch die finanziellen Folgen der Sanktionsmaßnahmen gegen Russland.

Man kann also zusammenfassen:
Die universalistische Ausrichtung der Koalitionsvereinbarung rankt sich um drei Kernaussagen:

- die absolute Priorität für eine Energiewende zur Bekämpfung des Klimawandels als ein Projekt zur Rettung der Welt
- das Bekenntnis zu einem europäischen Bundesstaat
- die Öffnung der Grenzen für mehr kulturfremde, außereuropäische Einwanderung.

Bei der absoluten Priorisierung der Energiewende lässt die Koalitionsvereinbarung Pragmatismus vermissen, beim Europa-Thema hat sie utopischen Charakter, und die Position zur Einwanderungspolitik ist stark ideologisch geprägt. Alles gemeinsam wird jetzt überlagert durch die direkten und indirekten Folgen des Konflikts zwischen Russland und der Ukraine.

Die Flüchtlingspolitik gegenüber der Ukraine muss und wird großzügig sein. Aber unabhängig davon sind mittel- und langfristig die größten innenpolitischen Widerstände gegen den Geist der Koalitionsvereinbarung in der Migrations- und Einwanderungspolitik zu erwarten, hier lauert auch das größte emotionale Konfliktpotenzial. Zudem ist die kontroverse Sicht auf Migrationsfragen historisch gesehen für den anhaltenden Aufstieg rechtspopulistischer Bewegungen in den meisten Ländern der EU verantwortlich. Es hat deshalb aus meiner Sicht eine strategische Bedeutung, dass in der Koalitionsvereinbarung die Gefahren des Rechtsextremismus und des Rassismus so stark betont werden, während Linksextremismus und Islamismus im Vergleich dazu in ihrer Dringlichkeit eher zurückgestuft werden.

Die mit der Migrationsfrage verbundenen Debatten sollte man ohne solche Tricks auf nationaler wie auf europäischer Ebene politisch ausfechten. Gegenwärtig besteht aber eine ungute Tendenz, die Debatte um die Asyl-und Migrationspolitik mit politischen Vorwürfen von Rechtsextremismus und Rassismus zu vermengen. So soll offenbar der Verfassungsschutz seinen Beitrag dazu leisten, einwanderungskritische Positionen moralisch zu delegitimieren. Zwar ist es richtig, dass Rassisten und Rechtsextremisten zumeist auch einwanderungsfeindlich sind. Richtig ist aber auch, dass man in Fragen der Migrations- und Einwanderungspolitik sehr restriktiv sein und gleichwohl auf dem Boden des Grundgesetzes stehen kann.

Helmut Schmidt gab wiederholt seiner Befürchtung Ausdruck, dass Masseneinwanderung aus fremden Kulturen die Stabilität der deutschen Gesellschaft gefährden könne, und sah auch in der Rückschau die Gastarbeiterpolitik der Sechzigerjahre als Fehler an.[34] Der Verfassungsrechtler und langjährige Bundesverfassungsrichter Ernst-Wolfgang Böckenförde äußerte sich kritisch zum Umfang islamischer Einwanderung, weil er eine Gefährdung des säkularisierten Staates befürchtete.[35] Beide waren Mitglieder der SPD. Aber der Grat ist schmal. Würden die beiden heute vergleichbare Äußerungen als Mitglieder der AfD tätigen, so müssten sie gewärtig sein, in aktuellen

Schriftsätzen des Bundesamts für Verfassungsschutz als Begründung für potenzielle verfassungsfeindliche Bestrebungen dieser Partei aufzutauchen.

Der Altbundeskanzler Schmidt und der Bundesverfassungsrichter Böckenförde waren in ihren Aussagen stets präzise und gemäßigt. Umso mehr muss man aufmerken, wenn heute in Analysen des Verfassungsschutzes recht ähnliche Aussagen den Verdacht des Rechtsextremismus auslösen. Der Verfassungsschutz geht seiner gesetzlichen Aufgabe nach, wenn er die AfD und ihre Gliederungen ebenso wie andere politische Organisationen auf verfassungsfeindliche Bestrebungen prüft. Es geht um politische Bestrebungen, die auf eine Gefährdung der freiheitlich-demokratischen Grundordnung, so wie sie im Grundgesetz festgelegt ist, abzielen. Die Aufgabe des Verfassungsschutzes ist es dagegen nicht, allgemeinpolitische Vorstellungen oder wissenschaftliche Theorien, die seinen Beamten nicht gefallen, abzuqualifizieren oder zu bewerten. Auch ganz abseitige Vorstellungen zum Begriff des »deutschen Volkes« oder sehr restriktive Vorschläge zu Einwanderungsfragen oder zum Staatsbürgerrecht sind nicht unbedingt verfassungsfeindlich. Löblicher Eifer zum Schutz der Verfassung sollte nicht die Grenze zur Gesinnungsschnüffelei überschreiten. Auch intellektuell begibt sich der Verfassungsschutz hier auf heikles Gelände.

So wirft er dem Institut für Staatswirtschaft (IfS) und einigen der dort publizierenden Autoren »ethnopluralistische Konzepte« vor, verengt diese fälschlich auf die ethnische Abstammung und konstruiert so einen grundsätzlich nicht vorhandenen Gegensatz zum Gleichheitsgrundsatz des Grundgesetzes. Die Mühe des Nachweises, dass irgendeiner der Autoren die Beseitigung der freiheitlich-demokratischen Grundordnung befürwortet oder an ihr arbeitet, erspart sich der Verfassungsschutz.[36] Tatsächlich geht es dem Ethnopluralismus »um die Bewahrung der kulturellen Identität im Rahmen einer staatlich organisierten Nation« – auch dann, wenn diese, wie in der französischen, amerikanischen oder schweizerischen Tradition, nicht als Abstammungs-, sondern als Willensgemeinschaft begriffen wird.[37] Aus der Theorie des Ethnopluralismus kann man auch folgern, dass

Konflikte zwischen unterschiedlichen Kulturen am besten vermieden werden können, wenn sie sich räumlich getrennt entwickeln. Darüber zu diskutieren, ist nicht illegitim, und wer dies tut, ist noch kein Verfassungsfeind. In der soziologischen Forschung ist zudem unbestritten, dass sich im räumlichen Nebeneinander kulturelle Heterogenität negativ auf das soziale Kapital auswirken kann.[38]

Übrigens folgte auch die Gründung des Staates Israel durch die zionistische Bewegung einem ethnopluralistischen Konzept. Ebenso muss eine kritische Haltung zum Multikulturalismus, insbesondere zum politischen Islam, kein Hinweis auf verfassungsfeindliche Bestrebungen sein. Im Gegenteil, wer es für unvermeidlich hält, dass in modernen und diversen Gesellschaften unterschiedliche Kulturen in Parallelgesellschaften koexistieren – und das ist die Wirklichkeit der deutschen Gegenwart –, hat damit implizit zugestanden, dass die für eine kulturelle Assimilation notwendigen verbindenden Elemente zwischen den Kulturen offenbar dauerhaft fehlen. Damit ist der Multikulturalismus nichts anderes als Ethnopluralismus ohne räumliche Trennung.

Am Ende dieses Abschnitts ein Gedankenexperiment zur Frage, wo kritische Betrachtung in Rechtsextremismus kippt. Nehmen wir als Beispiel die demografischen Verschiebungen in der ethnischen Zusammensetzung der Bevölkerung. Zweifellos empfinden es die meisten als rechtsextrem, wenn man vom »großen Austausch« spricht und diesen Begriff verschwörungstheoretisch untermalt. An welcher Stelle aber schlägt die kritische Betrachtung eines bedenklichen Sachverhalts in Rechtsextremismus um?

- Ist der Statistiker rechtsextrem, der die ethnischen Verschiebungen in der demografischen Zusammensetzung der Bevölkerung registriert und in Form statistischer Tabellen belegt?
- Ist der Demograf rechtsextrem, der diese Entwicklungen mithilfe statistischer Prognoseverfahren in die Zukunft fortschreibt und dazu Grafiken und Tabellen erstellt? Sind die Soziologen und Kulturwissenschaftler rechtsextrem, die diese Entwicklungen untersuchen und erläutern, was sie für die Gesellschaft bedeuten?

- Ist der Journalist rechtsextrem, der diese Entwicklungen zum Gegenstand eines besorgten Kommentars macht?
- Ist der Romancier rechtsextrem, der solche Entwicklungen zum Gegenstand eines dystopischen Romans macht?
- Oder ist erst der Politiker rechtsextrem, der bei einer Rede im Fackelschein über den demografischen Untergang des deutschen Volkes und seinen Ersatz durch Araber und Afrikaner polemisiert?
- Und was rechtfertigt den Vorwurf des Rechtsextremismus gegen diesen Politiker, wenn die Fakten, auf die sich entsprechende Gedanken beziehen, als solche nicht bestritten werden können – auch nicht vom Verfassungsschutz?

In solchen Fragen kann man vom Verfassungsschutz wesentlich mehr Differenzierungsvermögen und mehr Gedankenarbeit erwarten, als in seinen veröffentlichten Berichten zum Ausdruck kommt. Der Verfassungsschutz muss aufpassen, dass er die Grenze zur Gedankenpolizei nicht überschreitet. Dann nämlich würde er selbst zu einer Gefahr für Demokratie und Freiheit werden, die er doch nach seinem gesetzlichen Auftrag verteidigen soll.

Die ideologische Schlagseite des Programms der Ampel-Regierung ist von Sachgebiet zu Sachgebiet unterschiedlich, aber bei vielen Themen sehr ausgeprägt. Man muss hoffen, aber es ist keineswegs sicher, dass es von Fall zu Fall immer wieder zu einem vernünftigen Ausgleich zwischen dem ideologischen Diktat und einer abgewogenen, rationalen Entscheidung nach der Logik der jeweiligen Sachfrage kommt. Es wird nicht leichter dadurch, dass mittlerweile laut einer Studie der Universität Bamberg eine knappe Mehrheit von Abgeordneten und Journalisten eine Wahrheitskrise in der Politik wahrnimmt.[39] Zu hoffen ist, dass der im Januar 2022 neu gewählte CDU-Vorsitzende Friedrich Merz die geistige Kraft zu einer ideologiekritischen Opposition hat und seine Führungsaufgabe entsprechend wahrnimmt, ohne sich von unablässigen Versuchen irritieren zu lassen, ihn in die rechte Ecke zu stellen.[40]

Richtiges Denken ist weder links noch rechts. Es ist so rational wie möglich und legt dabei seine Voraussetzungen offen. Das ist nicht trivial, und man muss sich auch immer bewusst sein, dass es in gesellschaftlichen Fragen keine absolute Rationalität gibt: Im Verlauf des Jahres 2021 hatte der zögerliche Fortschritt der Impfkampagne nicht nur Mängel in der deutschen Verwaltung und im politischen System sichtbar werden lassen. Es hatte sich auch gezeigt, dass eine starke Minderheit der Menschen in Deutschland gesellschaftlich schwer erreichbar ist. Sie misstrauen offenbar generell der Politik wie auch den staatlichen Organen.[41] So treffen sich Impfskepsis, Zweifel am menschengemachten Klimawandel und eine restriktive Haltung in Einwanderungsfragen häufig in ein und derselben Person. Das deutet darauf hin, dass bei vielen solche Entscheidungen aufgrund von Präferenzen im vorrationalen Raum fallen.

Bei allen Menschen kommen die »letzten« Motive und Antriebe immer aus dem vorrationalen Raum. Die Meinung zu konkreten Sachverhalten ist aber umso stärker rational geprägt, je mehr es dem Einzelnen gelingt, seine inneren Antriebe und Wünsche von der Erkenntnis der Wirklichkeit geistig zu trennen, und je mehr er dabei seine intellektuellen Fähigkeiten auf die Wirklichkeit konzentriert:

- So war für mich in der Frage des Impfens von Anfang an klar, dass es pragmatisch klug ist, auf den naturwissenschaftlichen und medizinischen Sachverstand anderer zu vertrauen und jenen Vorschlägen zu folgen, die die überwiegende Zahl aller Experten vertritt.
- Auch in den Fragen des Klimawandels schien es mir nach einigem Zögern richtig, den Einschätzungen der überwiegenden Zahl der Klimaexperten zu folgen. Kritisch bin ich nach wie vor in der Frage, wie sich der menschengemachte Temperaturanstieg konkret auswirkt und ob die Nebenwirkungen des Umstiegs nicht teilweise schädlicher sind als der Temperaturanstieg, der damit vermieden werden soll. Dabei versuche ich aber, stets meine geistige Zugänglichkeit für rationale Argumente und für neue Informationen zu bewahren.
- Zur Frage der Einwanderung sehe ich mich aufgrund meiner Vorbildung, meiner Erfahrungen und meiner Kenntnisse als Ökonom

und als Statistiker rein fachlich zu dem ganz zweifelsfreien Urteil in der Lage, dass die Fortsetzung kulturfremder Masseneinwanderung den in Deutschland lebenden Menschen mehr schadet als nützt.

Wichtig ist es, unabhängig von den persönlichen Überzeugungen – mögen diese noch so fest geprägt und subjektiv unumstößlich sein – immer wieder auf den rationalen Diskurs zu setzen, dabei selbst geistig offen zu sein, diese Offenheit aber auch von anderen einzufordern. Wo man an Grenzen der Argumentation stößt, muss am Ende gleichwohl entschieden werden. Je weniger Ideologie dabei im Spiel ist, umso besser ist es für die Gesellschaft.

Schlussbemerkung

Der Kern dessen, was wir gemeinhin »Aufklärung« nennen, ist für mich der methodische Wille zum rationalen, evidenzbasierten Denken und eine damit verbundene voraussetzungslose Neugier zur Erforschung der Wirklichkeit. Der Durchbruch dieses Denkens auf breiter Front hat seit dem ausgehenden Mittelalter in Europa die Naturwissenschaften beflügelt, zur Entdeckung der Welt angeregt und schließlich zur industriellen Revolution geführt, die Europa und Nordamerika vorübergehend zu den Herren der Welt machte. Wo dieser Denkstil aufgegriffen und breit angewandt wurde, gelang auch Nationen und Kulturen außerhalb Europas und Nordamerikas der Durchbruch zu Industrialisierung und steigendem Massenwohlstand. Dies gilt insbesondere für die Staaten des Fernen Ostens – nämlich Japan, Südkorea, Singapur, Taiwan und China.

Die durch die Aufklärung bewirkte evidenzbasierte technische Rationalität führt allerdings keineswegs zwingend zu freiheitlichen, pluralistischen Gesellschaften mit parlamentarischer Demokratie. Das haben schon die Diktaturen im technisch sehr effizienten nationalsozialistischen Deutschland und in der ebenfalls sehr technikaffinen Sowjetunion gezeigt. Die freiheitliche westliche Gesellschaft ist zwar eine kulturelle Leistung, die sich genauso aus der Aufklärung ergibt wie das evidenzbasierte naturwissenschaftliche Denken, aber es ist keineswegs zwingend, dass beides Hand in Hand geht. Wenn sich große Länder wie China, Russland oder auch gegenwärtig die Türkei in eine autoritäre Richtung bewegen, so kann das durchaus mit technischer Effizienz und steigender wirtschaftlicher Leistungskraft vereinbar sein.

Generell scheint Rationalität in Bezug auf Wünsche und Ziele den meisten menschlichen Individuen wie auch Kulturen und Gesellschaften insgesamt eher schwerzufallen. Wie es schon David Hume beschrieb, bezieht der Mensch seine Gefühle und Antriebe aus dem vorrationalen Raum, und das prägt auch die von ihm geformten Kulturen und Gesellschaften. Insoweit die gesellschaftlichen Zusammenhänge und seine eigenen Wünsche betroffen sind, benutzt der Mensch sein rationales Denkvermögen dazu, um seine vorrationalen Wünsche und Begierden mit rationalen Gründen zu versehen und die Wirklichkeit so zu beeinflussen, dass sie seinen Wünschen entspricht.

Hier setzt auch in der modernen Medienwelt die verheerende Rolle von Fake News an: Manche Menschen möchten gerne den Eindruck erwecken, rational zu sein, und sich gegenüber anderen mit dem Glorienschein der Rationalität darstellen. So kommt ihnen ein Bauchladen scheinbarer Fakten, aus dem sie sich beliebig zur Unterstützung ihrer Meinung bedienen können, gerade recht. Das ist eine destruktive Wirkung des Internets: Vor Jahrzehnten bezog der gewöhnliche Mensch, der kein Wissenschaftler war, seine Informationen aus der Lokalzeitung, dem Konversationslexikon und gegebenenfalls aus der Bibel. Wenn er gebildet war, ging er bisweilen in die Stadtbücherei. Man war sich des eigenen Unwissens bewusst und hielt sich in allen Fragen, die nicht aus eigener Kompetenz beurteilt werden konnten, entsprechend zurück. Heute ist eine beliebige Scheinwahrheit nur zwei Mausklicks entfernt und kann zur scheinbar objektiven Rechtfertigung jedweden Blödsinns dienen. Eine Lösung des Problems scheint mir nicht in Sicht zu sein. Die entsetzliche Kakophonie mit Fake News ergibt sich auch daraus, dass alle über alles mitreden dürfen und der Prozess des Austauschs unstrukturiert läuft. Es fehlt in der Debatte an strukturierenden »Gatekeepern«. Aber wie sollten die aussehen, wer setzt sie ein, wer gibt ihnen die Direktiven, wer legt Ausschlusskriterien fest? Staatlich gelenkte »Gatekeeper« wären weder mit der Demokratie vereinbar noch wären sie, da machtgesteuert, unbedingt der Wahrheitsfindung dienlich.

Gleichwohl gilt grundsätzlich unverändert: In Bezug auf die Gestaltung der Gesellschaft und das menschliche Zusammenleben besteht die Kulturleistung der Aufklärung darin, die Auseinandersetzung um die Organisationsformen und Ziele der Gesellschaft und um die Rolle des Individuums in einer möglichstrationalen, evidenzbasierten Form zu führen – und dies in voller Kenntnis der Tatsache, dass die Ziele und Wünsche des Menschen aus dem vorrationalen Raum gespeist werden und rein rational weder kritisch hinterfragt noch begründet werden können.

Der Wille und die Bereitschaft, die Belange der Gesellschaft und die Rolle des Einzelnen rational zu diskutieren und dies in demokratischen Formen zu tun, ist eine soziale Konvention. In den Ländern das Westens hat diese sich auf breiter Front durchgesetzt, und insofern haben sich stabile Demokratien entwickelt. Selbstverständlich ist das aber nicht. Wenn Minderheiten in einer demokratisch verfassten Gesellschaft, was die Formen und die Rationalität des Diskurses angeht, anders ticken, vielleicht besonders gewaltbereit sind oder gar zur Mehrheit werden, dann ist die Stabilität der Gesellschaft in Gefahr. Die immerwährende gesellschaftliche Aufgabe besteht darin, die Menschen so zu erziehen, dass rationales Denken und Evidenzorientierung von früh auf genauso intensiv eingeübt werden wie Lesen, Schreiben und Rechnen, quasi als vierte Säule der grundlegenden Basisfertigkeiten.[1]

Historisch sehen war die Stabilität demokratischer Gesellschaften immer gefährdet, teils aus innerer Erosion, teils aus externer Bedrohung. Als Gegenmittel bleibt nur, unablässig auf die Notwendigkeit rationalen Denkens auch in gesellschaftlichen Fragen hinzuweisen. Das bedeutet, sich auch um die Einzelfragen in einer Gesellschaft evidenzbasiert, ohne ideologische Raster, zu bemühen, dabei aber jeweils die größeren Zusammenhänge nicht aus dem Auge zu verlieren. In allen sogenannten großen Fragen der Gesellschaft sind sehr unterschiedliche Antworten möglich. Das hängt von den vorrationalen Grundentscheidungen ab, die wir treffen, und von den Interessen, die uns dabei leiten. Solche Grundentscheidungen und die auf ihnen basierenden Interessen sollten möglichst offen dargelegt werden – gerade dann, wenn sie nicht rational begründet sind. Die Rationalität hat ihren Platz, wenn man überlegt, was aus vorrationalen Grundentscheidungen logisch folgt, und wenn man diese Folgerungen mit eigenen Zielen oder den Zielen anderer abgleicht.

Auch ein Denken, das von Interessen und vorrationalen Zielen geleitet ist, kann durchaus rational sein, wenn es sich seiner Motivationen bewusst ist und Zwecke von Mitteln sauber trennt. Irrational werden das Denken und die auf ihm aufbauende Politik stets dann, wenn man Wertungen mit Wahrheit vermischt und so den darauf aufbauenden Handlungen und Entscheidungen eine Zwangsläufigkeit unterstellt, die sie tatsächlich nicht haben. Das ist dann ideologisches Denken, das sich der Rationalität verschließt. Bereits das Gemüt und der Verstand des einzelnen Menschen sind ein Produkt unterschiedlicher Wünsche und Neigungen, die teilweise widersprüchlich sind. Und so ist trotz aller gegenteiligen Bemühungen auch das darauf aufbauende Verhalten des Individuums immer wieder logisch inkonsistent. Die Inkonsistenz der eigenen Seele trifft dann auf eine vervielfältigte Inkonsistenz in der Gesellschaft.

Gesellschaftliche Rationalität trägt vor diesem Hintergrund immer Kompromisscharakter. Die Rationalität der Demokratie besteht darin, die Widersprüchlichkeit grundsätzlich anzuerkennen und sich gleichwohl in jenen Einzelfragen, die es zu entscheiden gilt, pragmatisch zu einigen. Dabei sollte man auch nicht gleichzeitig zu viel ändern, weil man sonst leicht den Überblick verliert. Diesen Prozess des schrittweisen Vorgehens meinte Karl Popper mit der »sozialen Stückwerkstechnik«. Eine Politik der »großen Ziele« und der entsprechenden »großen Schritte« kann sich demgegenüber leicht verstolpern.

Diesen Gedanken erläutere ich abschließend am Beispiel des Kampfs gegen den Klimawandel. Dabei verzichte ich bewusst darauf, den Grad der Wahrscheinlichkeit einer deutlich steigenden Weltdurchschnittstemperatur oder auch den Grad der Schädlichkeit der Wirkungen dieses Anstiegs zu hinterfragen. Sicher ist jedenfalls, dass das menschliche Leben auf der Erde auch dann weitergeht, wenn die Ziele der Klimapolitik ganz oder teilweise verfehlt werden. Deutschland hat am weltweiten CO_2-Ausstoß einen Anteil von 2 Prozent. Was ist denn, wenn wir durch den deutschen Beitrag für die CO_2-freie Zukunft die Leistungs- und Exportkraft unserer Wirtschaft in größerem Umfang beschädigen, dadurch nachhaltige Verluste beim Wachstum, bei der Exportkraft und bei den Arbeitsplätzen erleiden, gleichwohl aber das Ziel der weltweiten Reduktion im CO_2-Ausstoß verfehlen, weil große Emittenten wie China, Indien oder der afrikanische Kontinent ihren Beitrag nicht leisten? Dann hätte sich Deutschland möglicherweise schwerwiegend selbst beschädigt und doch keinen nennenswerten Beitrag zur Lösung des großen Klimaproblems geleistet. Muss sich eine rationale Politik nicht auch auf den Eintritt eines solchen Risikos vorbereiten?

Eine Antwort habe ich nicht. Die deutsche Politik des Jahres 2022 hat sie wahrscheinlich auch nicht. Aber sie muss darauf achten, nicht in die Lage des deutschen Generalstabs im Jahr 1914 zu kommen: Es gab nur einen einzigen Plan, den sogenannten Schlieffen-Plan. Als diese kühne Operation in den ersten fünf Wochen des Weltkriegs scheiterte, fehlte es bei den Herrschenden an der geistigen Kraft zu alternativem Denken, und vier Jahre später war der Krieg nach lauter unnützen Opfern verloren. Hoffentlich ergeht es uns jetzt nicht so im Klimakrieg.

Als treuer Schüler Karl Poppers halte ich nichts von geschichtsphilosophischen Spekulationen und glaube grundsätzlich an eine offene Zukunft. Aber für die Perspektiven Deutschlands als Nation und Gesellschaft stimmt mich doch besorgt,

- dass wir immer älter werden,
- dass unsere Kinder zwar geringer an Zahl, aber nach allen derzeitigen Erkenntnissen durchschnittlich nicht klüger werden – eher zeichnet sich das Gegenteil ab,
- dass wir uns ethnisch und kulturell immer fremder werden
- und dass wir als Land unsere traditionellen großen Vorsprünge in Technik, Wissenschaft und produktiver Leistung zunehmend einbüßen.

Seit der Mitte des 18. Jahrhunderts stand Berlin in Deutschland immer an der Spitze und nahm vorweg, was später in Deutschland und auch anderswo kam. Was ist, wenn

- die im Bundesvergleich und im internationalen Vergleich sehr niedrige und weiter fallende Bildungsleistung an Berliner Schulen,
- das Terminchaos in Berliner Bezirken

– und die einmalige Leistung, für Baukosten von 7 Milliarden Euro drei gut funktionierende Flughäfen durch einen schlecht funktionierenden zu ersetzen,

Vorboten für die Zukunft von ganz Deutschland sind?

Über das ganze Buch hinweg habe ich für mehr Rationalität geworben. Aber mein Realismus bringt auch die Erkenntnis mit sich, dass das Irrationale, Gefühlsgesteuerte immer wieder siegen wird, denn es enthält die Versprechen des Lebens: Gemeinschaft, Solidarität, Heldenmut, Transzendenz, Sinn, Liebe. Alle Religionen und die meisten Ideologien, die auf »ismus« enden, tragen Elemente davon mit sich. Es ist zu befürchten – und ich halte es für wahrscheinlich –, dass menschliche Gesellschaften immer wieder von einem irrationalen Wahn überrollt werden beziehungsweise sich ihm ergeben. Dem Sisyphus gleichend muss man nach solchen Schüben der Irrationalität mühsam wieder Inseln der Rationalität schaffen, die aber stets zeitlich und örtlich begrenzt sind. Das größte Wunder der Rationalität ist für mich der europäisch-angelsächsisch geprägte Denkstil, der immerhin in bestimmten Teilen Europas und Nordamerikas schon seit 300 Jahren vorherrscht und in Wellen anbrandender Irrationalität bislang auch nicht untergegangen ist.

Anmerkungen

Einleitung

1 Der Ministerpräsident von Baden-Württemberg Winfried Kretschmann kritisierte rechtsextreme Impfgegner als »Aasgeier der Pandemie«. Bei bürgerlichen Impfgegnern handle es sich dagegen um eine Frage der Weltanschauung. Er wisse aus eigener Erfahrung, dass Argumente da nichts nützten. Vgl. Stefan Locke: »Aasgeier der Pandemie«, *FAZ* vom 14.12.2021.
2 Vgl. Thomas Thiel: »Der Koran im Klassenzimmer«, *FAZ* vom 04.01.2022, https://www.*faz*.net/aktuell/feuilleton/debatten/koran-im-klassenzimmer-religioese-konflikte-in-schulen-17713949.html
3 Auf einem Strategiegipfel der Linkspartei Ende Februar 2020 in Kassel sprach eine Diskussionsteilnehmerin davon, nach der Revolution »das ein(e) Prozent der Reichen« zu erschießen. Bemerkenswert war weniger der deplatzierte Charakter der offenbar scherzhaft gemeinten Äußerung, sondern die fehlende Abstoßungsreaktion im Kreis der Zuhörer. Der Parteichef Bernd Riexinger antwortete darauf scherzhaft: »Wir erschießen sie nicht. Wir setzen sie schon für nützliche Arbeit ein.« Zum Skandal wurde der Vorgang erst einige Tage später, als der Videobeitrag an die Öffentlichkeit ging. Und erst aufgrund der dortigen Empörungswellen distanzierte sich der Parteivorsitzende Riexinger. Vgl. »Heftige Diskussion über Äußerung auf Linke-Strategiegipfel«, *Focus Online* vom 03.03.2020.
4 Wolfgang Thierse: »Wie viel Identität verträgt die Gesellschaft? Identität darf nicht zum Grabenkampf werden, der die Solidarität zerstört«, *FAZ* vom 22.02.2021, S. 9.
5 Der *FAZ*-Redakteur Justus Bender, der sich als »AfD-Experte« einen Namen gemacht hat, definiert mit vollem Ernst Rechtsradikalismus so, dass derjenige, der kritisch gegenüber der Religion des Islam ist und sich außerdem gegen unkontrollierte kulturfremde Masseneinwanderung wendet, in jedem Fall ein Rechtsradikaler sei – allenfalls unterschieden nach den beiden Untergruppen eines »legalen Rechtsradikalismus« und eines »illegalen Extremismus«. Mit dieser willkürlichen Definition, die unwidersprochen prominent in der *FAZ* abgedruckt wurde, werden implizit alle, die sich kritisch mit dem Islam und der Einwanderungspolitik auseinandersetzen, aus dem Kreis der zu respektierenden demokratischen Kräfte ausgeschlossen. Soweit sich die etablierten Parteien, von der Linken bis CDU/CSU, an Benders Begriff von Rechtsradikalismus halten, werden zwei für Deutschland und Europa zentrale Themen aus dem Diskurs ausgeklammert. Ihre Erörterung wird in die rechte Ecke gedrückt, und jene Bürger, die sich mit diesen Fragen beschäftigen, werden den etablierten Parteien entfremdet. Das ist eine Erklärung für die erstaunlich stabilen Wahlergebnisse der AfD. Vgl. Justus Bender: »AfD im Aus«, *FAS* vom 07.03.2021.

6 Harald Martenstein: »Rechts sein ist verboten«, *Die Weltwoche* vom 30.09.2021, S. 27.
7 Dieter E. Zimmer: *Ist Intelligenz erblich? Eine Klarstellung,* Hamburg 2012.
8 Das begann Anfang der Siebzigerjahre mit dem Kulturkampf um die hessischen Rahmenrichtlinien in Deutsch. Überall dort, wo Sozialdemokraten die Kultusministerien besetzten, sank nach einiger Zeit das betreffende Land im Ranking der Bildungsleistung ab. Für die SPD-regierten Länder wurde das mit der Zeit so peinlich, dass die Daten für die deutschen Ergebnisse in den internationalen PISA-Vergleichsstudien nicht mehr nach Bundesländern differenziert veröffentlicht wurden.
9 Die Zahlen entstammen dem vorläufigen amtlichen Endergebnis.

Kapitel 1: Wie das Leben meinen Denkstil prägte

1 Vgl. Karl Popper: »Wie ich die Philosophie sehe«, in: *Theorie und Politik aus kritisch-rationaler Sicht,* hrsg. von Georg Lührs, Thilo Sarrazin, Frithjof Spreer und Manfred Tietzel, Bonn 1978.
2 Vgl. S. Widmann: *Geschichte der Neuesten Zeit. Von der großen Französischen Revolution 1789 bis zur Gegenwart,* München 1908.
3 Vgl. Winston Churchill: *Weltabenteuer im Dienst,* Hamburg 1951.
4 Vgl. ders.: *Der Zweite Weltkrieg. Mit einem Epilog über die Nachkriegsjahre.* Berlin/Darmstadt/Wien 1961.
5 Der damalige Bundesfinanzminister Rolf Dahlgrün gehörte der FDP an, und es ist interessant zu sehen, wie sich der Koalitionsbruch an Haushaltsfragen hochschaukelte, die aus heutiger Sicht geringfügig scheinen und ohne Weiteres auf dem Kompromissweg hätten gelöst werden können. Aufschlussreich ist das ausführliche Protokoll der Sitzung des Bundeskabinetts am 24.09.1966. Hier kam die Führungsschwäche des damaligen Bundeskanzlers Ludwig Erhard zum Ausdruck. https://www.bundesarchiv.de/cocoon/barch/1000/k/k1966k/kap1_2/kap2_42/para3_1.html
6 Von der Bundesrepublik aus war es damals praktisch unmöglich, privat nach Leningrad zu reisen. Aber in Helsinki, als Teil einer Gruppenreise des finnischen Studentenbundes, war die Einreise mit westdeutschem Pass problemlos möglich, wie wir erst vor Ort in Helsinki zufällig entdeckten. Das war nicht logisch, aber das neutrale Finnland genoss eben einen Sonderstatus.
7 Ich erinnere mich nur noch an ein Plakat, das besonders eindrücklich gezeichnet war: Darin durchbohrte ein sportlich durchtrainierter jugendlicher Rotarmist mit dem Bajonett die Brust eines wohlbeleibten Offiziers in zaristischer Uniform. Auf seinem Rücken stand Denikin. Dieser General war der Oberkommandierende der Weißen Armee im russischen Bürgerkrieg gewesen.

8 1990 wurde mein Onkel rehabilitiert und bei seinem ehemaligen Forschungsinstitut in Groß-Lüsewitz bei Rostock wieder eingestellt. Da aber war er bereits ein alter Mann, dem nur noch eine kurze Zeit bis zur Pensionierung verblieb.

9 Vgl. Robert William Fogel: *Railroads and American Economic Growth: Essays in Econometric History*, Baltimore 1964.

10 1993 erhielt Fogel, zusammen mit dem Wirtschaftshistoriker Douglass C. North, für seine Anwendung von Ökonometrie und Wirtschaftstheorie auf dem Gebiet der Wirtschaftsgeschichte den Nobel-Gedächtnispreis.

11 In die insgesamt dreißigköpfige Kommission hatte jeder Parteibezirk einen Vertreter und der Parteivorstand acht Vertreter entsandt. Kommissionsvorsitzender war der niedersächsische Kultusminister Peter von Oertzen, der dem linken Parteiflügel zugerechnet wurde. Seine Stellvertreter waren Klaus Dieter Arndt, Präsident des DIW und parlamentarischer Staatssekretär im Bundeswirtschaftsministerium, sowie Horst Ehmke, enger Vertrauter des Bundeskanzlers Willy Brandt und Bundesforschungsminister. Peter von Oertzen unterhielt sich mit mir über Erkenntnistheorie und den Positivismusstreit zwischen Karl Popper und Theodor von Adorno, einem bekannten Vertreter der marxistischen Frankfurter Schule. Klaus Dieter Arndt diskutierte mit mir über die praktischen Probleme der keynesianischen Globalsteuerung, und Horst Ehmke erörterte mit mir Fragen der Machtausübung in der Politik. Ich war tief beeindruckt, sowohl über die Bandbreite der Fragen als auch über das Interesse an meinen Meinungen.

12 Die Kommission hatte über zwölf Monate häufige, teilweise mehrtägige Plenartagungen. Außerdem wurden fünf Arbeitsgruppen eingerichtet. Streitige Fragen zur Ordnungspolitik, Verstaatlichung und Wirtschaftssteuerung wurden damals in SPD und Gewerkschaften unter dem Stichwort »Investitionslenkung« erörtert. An dieser Debatte beteiligte ich mich intensiv durch eigene Publikationen. Die streitigen Fragen zu Wirtschaftsordnung und -steuerung wurden in der Arbeitsgruppe V »Wirtschaftsstruktur und Wirtschaftspolitik« gebündelt. Den Vorsitz übernahm Herbert Ehrenberg. Er stammte aus der Industriegewerkschaft Bau, Steine, Erden und war als Bundesabgeordneter stellvertretender Vorsitzender der SPD-Bundestagsfraktion. Als Klaus Dieter Arndt im Herbst 1973, noch vor dem Beginn der eigentlichen Kommissionsarbeit, an Krebs starb, wurde Ehrenberg sein Nachfolger als stellvertretender Vorsitzender der Langzeitkommission. Ehrenberg erkannte schnell, dass wir in vielerlei Hinsicht verwandte Geister waren, und machte mich zum Sekretär der von ihm geleiteten Arbeitsgruppe. In Abstimmung mit ihm schrieb ich die Textentwürfe der Arbeitsgruppe, die nach heftigem Streit und vielen Modifikationen Eingang in den Bericht an das Plenum der Kommission und schließlich in den Text des Langzeitprogramms fanden. Durch intensives Argumentieren gelang es damals, in Fragen der Wirtschaftslenkung und Ordnungspolitik die ursprüngliche linke Mehrheit der Kommissionsmitglieder in eine marktwirtschaftli-

che Mehrheit zu verwandeln. Das sicherte bis zum Ende der sozialliberalen Koalition die Regierungsfähigkeit der SPD. Im Herbst 1975 wurde das Langzeitprogramm auf dem Mannheimer Parteitag der SPD verabschiedet. Ich war damals schon im Bundesfinanzministerium und wurde für die abschließenden Beratungen der Kommission sowie für die Verabschiedung auf dem Parteitag von dort freigestellt.

13 Konrad Porzner war ein Mitglied der Arbeitsgruppe »Wirtschaftsstruktur, Wirtschaftspolitik«, deren Sekretär ich war. Er stammte aus dem fränkischen Ansbach und gehörte zum konservativen Flügel der bayerischen SPD. In seiner Jugend war er ein bekannter Handballer gewesen. In den Achtzigerjahren berief ihn Helmut Kohl zum Präsidenten des Bundesnachrichtendienstes (BND). Als ich ihn im Herbst 1973 kennenlernte, war er Parlamentarischer Staatssekretär im Bundesministerium der Finanzen und betreute dort die große Einkommensteuerreform, die Anfang 1975 in Kraft treten sollte. Konrad Porzner stand in der SPD eher rechts und war in diesem Punkt sehr emotional. Die Auseinandersetzung mit der marxistischen Linken belastete ihn sehr und nahm ihn sichtlich mit. Im Sommer 1974 fand eine der Sitzungen der Arbeitsgruppe in Hannover beim niedersächsischen Wirtschaftsminister Helmut Greulich statt, der ebenfalls Mitglied unserer Arbeitsgruppe war. Am frühen Abend fuhr ich zusammen mit Konrad Porzner im IC nach Bonn zurück. Wir saßen im Speisewagen, tranken ein Bier und betrachteten die im Licht des späten Nachmittags vorbeiziehende niedersächsisch-westfälische Landschaft, mit ihren gepflegten Bauernhöfen, schmucken Einfamilienhäusern und gut geteerten Straßen. Im warmen Glanz der niedrigen Sonne sah alles aus wie »God's own Country«. Gemeinsam bewunderten wir den sichtbaren Wohlstand und das seit 1945 vollbrachte Aufbauwerk. Porzner beklagte die destruktive Haltung der marxistischen Linken in der SPD, die das erreichte Aufbauwerk mutwillig gefährde und fern von den Bedürfnissen und Sorgen der Bürger sei. Ich stimmte ihm von Herzen zu, und wir spannen diesen Faden weiter, bis wir in Köln den Rhein überquerten und uns durch die Kölner Börde allmählich der Bundeshauptstadt Bonn näherten. Als wir uns trennten, fragte mich Porzner, ob ich nicht Lust hätte, im Bundesfinanzministerium (BMF) zu arbeiten. Ich bejahte und erhielt einige Tage später einen Anruf aus der Personalabteilung des BMF. Dort stellte ich mich vor, und nach einigen weiteren Treffen stand fest, dass ich zum Januar 1975 ins Bundesfinanzministerium wechseln würde.

14 Zur detaillierten Darstellung vgl. Thilo Sarrazin: »Die Entstehung und Umsetzung des Konzepts der deutschen Wirtschafts- und Währungsunion«, in: Theo Waigel, Manfred Schell (Hrsg.): *Tage, die Deutschland und die Welt veränderten. Vom Mauerfall zum Kaukasus. Die deutsche Währungsunion*, München 1994, S. 160ff.

15 38 Jahre später veröffentlichte Hans-Jürgen Wehler eine Verteidigung von *Deutschland schafft sich ab* in der *Zeit* und äußerte sein Bedauern, dass ich

mich damals für die Ministeriallaufbahn und nicht für die Wissenschaft entschieden hatte.

16 Einige dieser Beiträge aus unterschiedlichen Zeitschriften erschienen in dem Sammelband Thilo Sarrazin (Hrsg.): *Investitionslenkung*, Bonn 1975.

17 Vgl. Georg Lührs, Thilo Sarrazin, Frithjof Spreer, Manfred Tietzel (Hrsg.): *Kritischer Rationalismus und Sozialdemokratie*. Mit einem Vorwort von Helmut Schmidt, Bonn 1975.

18 Vgl. Georg Lührs, Thilo Sarrazin, Frithjof Spreer, Manfred Tietzel: *Theorie und Politik aus kritisch-rationaler Sicht*, Bonn 1978.

19 Von 1978 bis 1981 diente ich dem damaligen Bundesarbeitsminister Herbert Ehrenberg als Berater und Redenschreiber. Für ihn schrieb ich das Buch *Sozialstaat und Freiheit*, das 2000 im Suhrkamp Verlag erschien. Leider kam Herbert Ehrenberg in einer späten Phase der Buchentstehung auf die Idee, seine Staatsekretärin Anke Fuchs als Mitautorin heranzuziehen. Mein eigentlich auf den Ordnungsrahmen einer systematischen Sozialpolitik angelegtes Buchprojekt wurde so immer umverteilungslastiger und unsystematischer. Das fand ich schade, und ich beschloss, künftig nur noch unter eigenem Namen Bücher zu veröffentlichen. Das Buch wurde auch prompt zu einem kommerziellen Misserfolg. Vgl. Herbert Ehrenberg, Anke Fuchs: *Sozialstaat und Freiheit*, Frankfurt a.M. 2000.

20 Vgl. Thilo Sarrazin: *Der Euro. Chance oder Abenteuer?*, Bonn 1997.

21 Über ihre Erlebnisse hat meine Frau ein Buch geschrieben: *Hexenjagd. Mein Schuldienst in Berlin*, München 2013.

22 Yasemin Shooman, Sarah Albrecht: »Expertise: Bewertung von Thilo Sarrazins Buch *Feindliche Übernahme. Wie der Islam den Fortschritt behindert und die Gesellschaft bedroht* aus rassismustheoretischer und islamwissenschaftlicher Perspektive«, unveröffentlichtes Manuskript vom 20.06.2019.

23 Tilman Nagel: »Thilo Sarrazins Buch *Feindliche Übernahme. Wie der Islam den Fortschritt behindert und die Gesellschaft bedroht* und dessen Beurteilung im gegen ihn angestrengten Parteiausschlussverfahren«, unveröffentlichtes Manuskript vom 07.08.2019.

24 Ebenda S. 48.

25 Ebenda S. 49.

26 Ebenda S. 53.

27 »Esken und Kühnert sollten sich für ihre Entgleisung entschuldigen«, Interview mit Klaus von Dohnanyi, *Die Welt* vom 05.03.2021.

28 Norbert Bolz: »Tyrannei der Wehleidigen«, *Die Weltwoche* 29.04.2021, S. 43.

29 Cass R. Sunstein: *Das Lemming-Prinzip. Wie unser Hang zur Konformität Extremismus fördert, kritisches Denken unterdrückt und unsere Freiheit bedroht*. München 2021, S. 88.

30 Ebenda, S. 170.

Kapitel 2:
Objektive Erkenntnis – Der kritisch-rationale Blick

1 David Hume: *Traktat über die menschliche Natur*. Vollständig neu bearbeitete Ausgabe der Übersetzung von Theodor Lipps. Berlin 2004. Drittes Buch, »Über Moral«. Erster Teil, 1. Abschnitt, S. 457.

2 Ebenda, S. 461

3 Ebenda, Zweites Buch, »Vom Willen und den unmittelbaren Affekten«, Dritter Teil, 3. Abschnitt, S. 419.

4 Ebenda, Erstes Buch. »Über den Verstand«. Vierter Teil, 7. Abschnitt, S. 282.

5 Zur Geschichte des Werkes und seine Einordnung in Humes Denken vgl. die Einführung von Ernest C. Mossner zur englischen Ausgabe *A treatise of human nature*, London 1985.

6 Vgl. Karl Popper: *Logik der Forschung*, 4. verb. Auflage, Tübingen 1971, Vorwort zur englischen Ausgabe 1959, S. XVIff. und Kapitel 1, »Grundprobleme der Erkenntnislogik«, S. 3ff.

7 Vgl. Jonathan Haidt: *The Righteous Mind*, New York 2012, S. XIV.

8 Der tief eingewurzelte menschliche Egoismus ist oft unbewusst und wirkt auch indirekt, etwa indem man Minderheitenrechte für andere Gruppen befürwortet, weil man selbst als Minderheit auf einem ganz anderen Gebiet ebenfalls Sonderrechte beansprucht. Vgl. Jacob Weeden und Robert Kurzban: *The Hidden Agenda of the Political Mind*, Princeton 2014, und Patrick Bernau: »Alles Egoisten! Altruistische Politik ist nur ein Schein«, *FAZ* vom 29.12.2014.

9 Vgl. Haidt: *The Righteous Mind*, a.a.O., S. 189ff. sowie die Ausführungen zur Entwicklung des Menschen in Thilo Sarrazin, *Wunschdenken*, München 2022, S. 19ff.

10 Vgl. dazu ebenda, S. 213ff. Zur Illustration, wie schnell sich Evolution vollziehen kann, erwähnt Haidt die Studie des sowjetischen Wissenschaftlers Dimitri Belyaev. Dieser war 1948 degradiert worden, weil er an die Mendel'sche Genetik glaubte. An einem sibirischen Forschungsinstitut arbeitete er dann mit Füchsen, aber anstatt sie in Bezug auf die Pelzqualität zu selektieren, selektierte er sie nach sozialen Eigenschaften. Bereits nach neun Generationen wurden die Füchse zahmer, auch änderte sich ihre Gestalt, und nach 30 Generationen wurden sie so zahm, dass man sie als menschliche Spielgefährten halten konnte, lernbegierig und darauf aus zu gefallen.

11 Charles Darwin: *Die Abstammung des Menschen*, Frankfurt a.M. 2009, S. 165f.

12 Vgl. Jonathan Haidt: *The Righteous Mind*, a.a.O., S. 129ff.

13 Vgl. ebenda, S. 297.

14 Vgl. ebenda, S. 302.

15 Vgl. ebenda, S. 306.

16 Wer sich klar auf der konservativen Seite positioniert, macht sich bei der Erfüllung dieser Aufgabe meistens wenig Freunde. Das erfuhr auch der

ungarische Ministerpräsident Viktor Orbán, als er im Mai 2014 einen Besuch in Berlin nutzte, um auf einer Konferenz des Auswärtigen Amtes die Prinzipien seiner Regierung darzulegen: Keine kulturfremde Einwanderung, Pflege nationaler Identität, klassisches Familienbild, finanzielle Eigenverantwortung der EU-Staaten. Die *FAZ* notierte, die Rede sei im Auswärtigen Amt »nur mit verhaltenem Applaus bedacht« worden. Das ist klar. Sie wirkte schockierend, weil sie der wohltätigen Unschärfe entbehrte, ohne polemisch zu sein. Und es verunsicherte, dass man offenbar in Europa mit solchen Ansichten noch Wahlen gewinnen kann. Vgl. »Orbán: Europa sollte Entwicklung in Ungarn studieren«, in: *FAZ* vom 09.05.2014, S. 2.

17 Vgl. Steven Pinker: *Gewalt: Eine neue Geschichte der Menschheit*, Frankfurt a.M. 2011, S. 622ff.

18 Vgl. ebenda, S. 652ff.

19 Max Weber: »Die ›Objektivität‹ sozialwissenschaftlicher und sozialpolitischer Erkenntnis«, erstmals veröffentlich 1904, in: Max Weber: *Gesammelte Aufsätze zur Wissenschaftslehre*, Tübingen 1968, S. 146–214, S. 212.

20 Ebenda S. 213.

21 Ebenda S. 213.

22 Karl Popper: a.a.O., S. 3.

23 Vgl. ebenda S.5.

24 Ebenda S. 6.

25 Ebenda, S. 7.

26 Ebenda, S. 8.

27 Ebenda S. 9.

28 Ebenda S. 11f.

29 Ebenda S. 14.

30 Ebenda S. 15.

31 Ebenda, S. 18. Das von Popper benutzte Kant-Zitat stammt aus: *Kritik der reinen Vernunft*, 2. Hauptstück, 3. Abschnitt (2. Aufl., S. 848).

32 Ebenda S. 19.

33 Karl Popper: *Das Elend des Historizismus*, 3., verb. Auflage, Tübingen 1971, S. VII.

34 Ralph Bollmann: »Es ist verrückt, was heute geschieht«, Interview mit Knut Borchardt, *FAS* vom 01.06.2013, http://www.*faz*.net/sonntagszeitung/es-ist-verrueckt-was-heute-geschieht-12204689-p3.html?printPagedArticle=true#pageIndex_4.

35 Zur Kausalität und kausalen Erklärung in der Geschichte vgl. Thilo Sarrazin: *Ökonomie und Logik der historischen Erklärung*, Bonn/Bad Godesberg 1974, insb. S. 103ff.

36 Karl Popper: *Das Elend des Historizismus*, a.a.O., S. XI.

37 Ders.: *Falsche Propheten*, a.a.O., S. 19.

38 Ebenda, S. 21. Vgl. ausführlicher ders.: *Logik der Forschung*, a.a.O., S. 207ff.

39 Ders.: »Zwei Mitteilungen über Induktion und Abgrenzung (1933 Der Zauber Platons–1934)«, in: Ders.: *Logik der Forschung*, a.a.O., S. 256.

40 Vgl. Nassim Nicholas Taleb: *Der schwarze Schwan. Die Macht höchst unwahrscheinlicher Ereignisse*, München 2008.

41 Karl R. Popper: »Immanuel Kant. Der Philosoph der Aufklärung. Eine Gedächtnisrede zu seinem hundertfünfzigstem Geburtstag«, in ders.: *Die offene Gesellschaft und ihre Feinde*, Bd. I: *Der Zauber Platons*, Bern 1957, S. 15.

42 Zitiert ebenda.

43 Vgl. Eric Kaufmann: *Shall the Religious Inherit the Earth? Demography and Politics in the Twentieth Century*, London 2010.

44 Vgl. Dennis L. Meadow u.a.: *Die Grenzen des Wachstums*, Stuttgart 1972.

45 Popper: *Der Zauber Platons*, a.a.O., S. 214.

46 Allen marxistischen Theorien, auch den neueren, wohnt noch das Denken in historischen Stufen und darauf aufbauenden Prophezeiungen inne. Das zeigt sich schon bei der Verwendung des Begriffs »Spätkapitalismus« bei Jürgen Habermas. Siehe dazu und zur weitergehenden Analyse des Historizismus im marxistischen Denken: Thilo Sarrazin: »Historische Analyse und Zukunftsplanung«, in: Georg Lührs (Hrsg.): *Beiträge zur Theoriediskussion II*, Bonn/Bad Godesberg 1974, S. 169ff.

47 Karl Popper: *Der Zauber Platons*, a.a.O., S. 215

48 Ebenda.

49 Ebenda, S. 218.

50 Vgl. ebenda, S. 215.

51 Vgl. ebenda.

52 Ebenda, S. 224.

53 Ebenda.

54 Ebenda, S. 177.

55 Ebenda, S. 188.

56 Karl Popper: *Falsche Propheten*, a.a.O., S. 344.

57 Karl Popper: *Der Zauber Platons*, a.a.O., S. 233.

58 Vgl. ebenda, S. 264.

59 Ebenda, S. 230.

60 Vgl. Amnesty International: »Artikel 301: Das Gesetz über die ›Verunglimpfung des Türkentums‹ ist eine Beleidigung der Freiheit der Meinungsäußerung«, http://www2.amnesty.de/internet/deall.nsf/51a43250d61caccfc1256aa1003d7d38/ED0453F26B07B33EC12571540043E990/$FILE/tuerkei443306.pdf.

61 Vgl. Katarzyna Chawryło: »Patriarch Kirill's Game over Ukraine«, *OSW* vom 14. August 2014, http://www.osw.waw.pl/en/publikacje/osw-commentary/2014-08-14/patriarch-kirills-game-over-ukraine.

62 Vgl. Frauenrechte Taliban: Frauen in Afghanistan müssen wieder die Burka tragen, WAZ vom 07.05.2022 https://www.waz.de/politik/taliban-afghanistan-burka-frauen-hibatullah-achundsada-menschenrechte-id235279691.html

63 Vgl. Offener Brief an Kanzler Olaf Scholz, Emma vom 29. April 2022 https://www.emma.de/artikel/offener-brief-bundeskanzler-scholz-339463

64 Karl Popper: *Der Zauber Platons*, a.a.O., S. 234.

65 Ebenda, S. 235f.

66 Beschluss des Bundesverfassungsgerichts vom 27.01.2015, 1 BvR 471/10 –, 1BvR 1181/10, https://www.bundesverfassungsgericht.de/SharedDocs/Entscheidungen/DE/2015/01/rs20150127_1bvr047110.html.

67 Christian Geyer: »Kopftuch – na und?«, *FAZ* vom 13.03.2015, http://www.*faz*.net/aktuell/feuilleton/karlsruher-beschluss-kopftuch-na-und-13481717.html.

68 »Störung. Über das Kopftuchurteil«, *FAS* vom 15.03.2015, S. 37.

69 Regina Mönch: »Eine Gefahr für die offene Gesellschaft«, *FAZ* vom 16. März 2015, http://www.*faz*.net/aktuell/feuilleton/kopftuch-urteil-eine-gefahr-fuer-die-offene-gesellschaft-13484485.html.

70 Reinhard Müller: »Nur die Neutralität schafft Freiheit«, *FAZ* vom 26.03.2015, http://www.*faz*.net/aktuell/politik/inland/bverfg-kopftuchurteil-lehrer-als-bannertraeger-der-religion-13489034.html.

71 David Hume: *Traktat über die menschliche Natur*, a.a.O., Drittes Buch »Über Moral«, Erster Teil, 1. Abschnitt, S. 457.

72 Dazu schrieb Harald Berger in einem Leserbrief an die *FAZ*: »Sarrazin hatte im letzten Kapitel seines berühmten Buches Absurditäten des Islam-Appeasement in Deutschland weitgehend ironisch und überspitzt dargestellt und so um 2045–2050 datiert. Damit lag er falsch, denn 1. ist es mit dem BVG-Urteil schon 2015 losgegangen und 2. ist es keine Ironie mehr, sondern jetzt schon bittere Realität. Ich befürchte, der Kulturkampf wird nicht erst 2050 im Gange sein, sondern viel früher«, *FAZ.NET* vom 16.03.2015.

73 Vgl. zur Rolle der Einwanderung Thilo Sarrazin: *Der Staat an seinen Grenzen. Über Wirkung von Einwanderung in Geschichte und Gegenwart*, München 2020.

74 Vgl. Friedrich A. Hayek: *Der Weg zur Knechtschaft*, München 1971.

75 Vorwort, ebenda, S. 15f.

76 Zitiert bei Philip Plickert: »Der Verräter des Sozialismus«, *FAS* vom 28.12.2013, http://www.*faz*.net/aktuell/wirtschaft/wirtschaftswissen/die-weltverbesserer/janos-kornai-der-verraeter-des-sozialismus-12722093.html.

77 Hayek: *Der Weg zur Knechtschaft*, a.a.O., S. 17.

78 Vgl. Rainer Hank: »Thatchers Revolution der Ideen«, *FAS* vom 14.04.2013, S. 33.

79 Die Grundlagen der modernen Ökonomie legte der griechische Philosoph Aristoteles um 340 v. Chr. in seiner Schrift *Politik*. Er trat dort für das Privateigentum ein und zeigte den Zusammenhang zwischen Markt und wirtschaftlicher Freiheit auf. Auch der Begriff Ökonomie (zu übersetzen als Gesetzmäßigkeit des häuslichen Wirtschaftens) stammt von ihm. Im 18. Jahrhundert hat dann Adam Smith den Mechanismus der dezentralen Steuerung durch den Markt systematisch und schlüssig beschrieben. Vgl. *Der Reichtum der Nationen*, Leipzig 1910 (neuere Ausgaben mit dem Titel: *Der Wohlstand der Nationen*).

80 Hayek beschreibt die Rolle des Staates wie folgt: »Die Schaffung von Bedingungen, unter denen der Wettbewerb den größtmöglichen Nutzen stiftet, seine Ersetzung in Fällen, in denen kein echter Wettbewerb möglich ist, die Bereitstellung von Leistungen, die, um mit Adam Smith zu reden, ›zwar der Gesellschaft als Ganzem höchst nützlich, doch der Art sind, dass sie (sich) für einen Einzelnen oder eine geringe Zahl von Einzelnen nicht rentieren‹ – das alles sind Aufgaben, die in der Tat ein weites und unumstrittenes Gebiet für die Betätigung des Staates darstellen. Kein vernünftiger Mensch kann sich ein Wirtschaftssystem vorstellen, in dem der Staat ganz untätig ist. Ein reibungslos arbeitendes Konkurrenzsystem braucht so gut wie jedes andere einen klug durchdachten und seinen Erfordernissen fortlaufend angepassten rechtlichen Rahmen.« Friedrich August von Hayek: *Der Weg zur Knechtschaft*, a.a.O., S. 62.

81 Sie bekämpfen lieber einen Popanz, den es so gar nicht gibt. So erhebt Axel Honneth, ein prominenter Vertreter der Frankfurter Schule, den unsinnigen Vorwurf, der ökonomische Mainstream suggeriere, »dass der beste Markt ein von staatlichen Einflüssen und Voraussetzungen freier Markt ist«, und klagt weiter: »Es ist mir ein Rätsel, wie man überhaupt auf so einen Gedanken kommen kann. Und ein noch größeres, dass der Gedanke bis heute wirkmächtig ist.« Dieter Schnaas: »Der Markt ist längst außer Kraft gesetzt«, *Wirtschaftswoche* vom 24.05.2014, http://www.wiwo.de/politik/deutschland/gleichheitsdebatte-der-markt-ist-laengst-ausser-kraft-gesetzt/9935042-all.html.

82 Die weitgehende Einführung der Marktwirtschaft in einer marxistischen Diktatur braucht eine besondere theoretische Basis. Vgl. Gerhard Schwarz über den »Ludwig Erhard« Rotchinas: »Chinas Mister Marktwirtschaft. Wu Jinglian ist der bedeutendste Ökonom Chinas und der Wegbereiter von Reformen«, *FAS* vom 07.09.2014, S. 36.

83 Bei politisch bedingten Eingriffen in die Preisbildung konzentriert man sich gern auf die *Verteilungsfunktion,* indem man etwa Preise aus sozialen Gründen niedrig festsetzt, und vernachlässigt die *Lenkungsfunktion* der Preise, die ja auch Art und Menge der Produktion steuern. Ein schönes Beispiel dafür ist die Anfang 2014 für Wohnungsmärkte in Ballungsgebieten eingeführte Mietpreisbremse. Vgl. »Kronberger Kreis: Richtige und falsche Preise«, *FAZ* vom 13.03.2015, S. 18. Diese Mechanik wurde im Land Berlin durch den sogenannten Mietendeckel ins Absurde gesteigert, bis das Bundesverfassungsgericht mit seinem Beschluss vom 25.03.2021 das Berliner Gesetz zur Mietenbegrenzung für nichtig erklärte. Siehe https://www.bundesverfassungsgericht.de/SharedDocs/Pressemitteilungen/DE/2021/bvg21-028.html

84 Friedrich August von Hayek: *Der Weg zur Knechtschaft*, a.a.O., S. 58f.

85 Dies kann etwa durch sehr einfache und sehr strikte Vorschriften für das Eigenkapital der Banken geschehen, durch die Beschränkung von Geschäftsfeldern für bestimmte Typen von Banken und so weiter.

86 Hayek fordert die »Sicherung gegen schwere körperliche Entbehrungen«

und die »Sicherheit eines Mindesteinkommens« für alle. Dies könne »allen (...) ohne Gefahr für die allgemeine Freiheit« gewährt werden. Auch spricht er sich »für die staatliche Hilfe bei der Organisierung einer umfassenden Sozialversicherung« aus. Ders.: *Der Weg zur Knechtschaft*, a.a.O., S. 157f.

87 Vgl. Daniel Kahneman: *Schnelles Denken, langsames Denken*, München 2010.

88 Richard H. Thaler und Cass R. Sunstein: *Nudge. Wie man kluge Entscheidungen anstößt*, Berlin 2009.

89 Vgl. Dieter Schnaas: »Gütiger Himmel!«, *Wirtschaftswoche* vom 23.03.2015, S. 38f.

90 Vgl. Jan Dams u.a.: »Merkel will die Deutschen durch Nudging erziehen«, *Die Welt* vom 12.03.2015, http://www.welt.de/wirtschaft/article138326984/Merkel-will-die-Deutschen-durch-Nudging-erziehen.html.

91 Daniel Mohr: »Anleger überschätzen sich selbst. Martin Weber versucht zu ergründen, warum die Menschen anders handeln, als es vernünftig wäre«, *FAZ* vom 23.03.2015, S. 18.

92 Vgl. Joseph Vogl: *Der Souveränitätseffekt*, Berlin 2015, sowie die Rezension von Werner Plumpe: »Bleibt also nur noch die Revolte?«, *FAZ* vom 11.03.2015, http://www.*faz*.net/aktuell/feuilleton/buecher/rezension-joseph-vogls-souveraenitaetseffekt-13475172.html.

93 Die einst bei einem Vulkanausbruch des Vesuvs verschüttete und seit dem 18. Jahrhundert wieder ausgegrabene römische Stadt Pompeji verliert durch Diebstahl und Verfall immer mehr Monumente, weil die Museumsverwaltung und die ortsansässigen Museumswächter korrupt sind und sich selbst an Diebstählen beteiligen. In sechs verschiedenen Gewerkschaften organisiert, sind sie zudem unkündbar. Der italienische Staat hat offenbar vor der Aufgabe kapituliert, dieses Problem zu lösen, und hofft jetzt auf die Hilfe und das Management privater Spender bei der Sanierung. Vgl. Simon Strauß: »Pompeji geht unter, schon wieder«, *FAS* vom 26.04.2015, S. V1f.

94 Heinrich August Winkler spricht vom »normative(n) Projekt« des Westens »in Gestalt der unveräußerlichen Menschenrechte, der Herrschaft des Rechts, der Gewaltenteilung, der Volkssouveränität und der repräsentativen Demokratie«. Vgl. Daniela Münkel: »Ende der weltumspannenden Hegemonie«, *FAZ* vom 10.03.2015, S. 7.

95 Mit dem Pressegesetz, das in Russland wenige Tage nach dem Angriff auf die Ukraine in Kraft trat, » ist dort die Presseberichterstattung mittlerweile weitaus unfreier als jene in der Sowjetunion nach dem Ende von Stalins Gewaltherrschaft«.

96 Vgl. Max Horkheimer: »Der neueste Angriff auf die Metaphysik«, *Zeitschrift für Sozialforschung* 6 (1937), S. 4–51.

97 Hans-Joachim Dahms: *Positivismusstreit*, Frankfurt a.M. 1994, S. 115

98 Ebenda S. 115 f.

99 Zitiert bei ebenda S. 117

100 Ebenda, S. 116f.

101 Ebenda S. 131.

102 Vgl. Max Horkheimer: »Die Juden und Europa«, *Zeitschrift für Sozialforschung* 8 (1939) S. 115–137.

103 Ders.: *Der neueste Angriff auf die Metaphysik*, a.a.O., S. 142.

104 Hans-Joachim Dahms: *Positivismusstreit*, a.a.O., S. 139.

105 Karl R. Popper: »Die Logik der Sozialwissenschaften«, in: Theodor W. Adorno, Ralf Dahrendorf, Harald Pilot, Hans Albert, Karl R. Popper: *Der Positivismusstreit in der deutschen Soziologie*, Darmstadt/Neuwied 1974, S. 7ff.

106 Vgl. Theodor W. Adorno: Einleitung, in: *Der Positivismusstreit*, a.a.O.; S 7ff.

107 Hans-Joachim Dahms: *Positivismusstreit*, a.a.O. S. 337

108 Karl R. Popper: »Gegen die großen Worte« (Ein Brief, der ursprünglich nicht zur Veröffentlichung bestimmt war), in ders.: *Auf der Suche nach einer besseren Welt, Vorträge und Aufsätze aus dreißig Jahren*, 21. Auflage München 2020, S. 108.

109 Ebenda, S. 109.

110 Hans Albert: »Kleines verwundertes Nachwort zu einer großen Einleitung«, in: *Der Positivismusstreit in der deutschen Soziologie*, a.a.O., S. 339.

111 Ebenda, S. 112.

112 Ebenda S. 113.

113 Karl Popper: »Gegen die großen Worte«, a.a.O., S. 107.

114 Ders.: *Logik der Forschung*, a.a.O. S. 12, Fußnote*5.

115 Unter den politischen Parteien gilt das für die AfD. Die Parteiausschlussverfahren der SPD gegen mich, gegen Boris Palmer bei den Grünen und Sahra Wagenknecht gehen in dieselbe Richtung. Unter Schriftstellern nenne ich an dieser Stelle Thor Kunkel, Monika Maron und Uwe Tellkamp.

116 Besonders peinlich wird es, wenn ein verantwortlicher Politiker, in diesem Fall der Frankfurter Oberbürgermeister Peter Feldmann, anlässlich der Verleihung des Friedenspreises des deutschen Buchhandels dazu aufruft, auf künftigen Buchmessen rechte Verlage auszuschließen. So geschehen in Feldmanns Ansprache am 24.10.2021 in der Frankfurter Paulskirche. Vgl. Andreas Platthaus: »Sturm aufs Rednerpult«, *FAZ* vom 25.10. 2021, S. 11.

117 Harald Martenstein: »Rechts sein ist verboten«, *Die Weltwoche* vom 30.09.2021, S. 27.

118 Vgl. Anabel Schunke: »Linke Deutungshoheit«, *Die Weltwoche* vom 21.10.2021, S. 51.

119 Durchgehend wird dies so angewandt von Anita Brockschmidt: *Amerikas Gotteskrieger. Wie die Religiöse Rechte die Demokratie gefährdet*, Hamburg 2021.

120 Für fremdenfeindlich und rassistisch hält Nepomuk Riva Lieder wie »Drei Chinesen mit dem Kontrabass«, »Zehn kleine Negerlein« oder »Lustig ist das Zigeunerleben«. Er geht noch weiter, und möchte für alle Lieder, in denen es um Nichteuropäer geht, hinterfragen, ob sie »aufgrund ihres offensichtlichen Potenzials für diskriminierende Handlungen in Kindergärten und Schulen« weiter praktiziert werden sollen. Selbst den Karnevalsschlager

»Die Affen rasen durch den Wald« hält er wegen der Assoziation zwischen Affen und Afrika für rassistisch. Nepomuk Riva: »Gewalt entsteht durch gemeinsam Singen«, *FAZ* vom 21.12.2021.

121 https://harpers.org/a-letter-on-justice-and-open-debate/. Zu den Unterzeichnern gehören berühmte Schriftsteller wie Richard Ford, Louis Begley, Salman Rushdie oder J. K. Rowling

122 Steven Pinker: *Rationality. What it is. Why it seems scarce. Why it matters*, London 2021, S. 313f.

123 https://www.netzwerk-wissenschaftsfreiheit.de/ueber-uns/manifest/

124 »Wir erleben eine Refeudalisierung der Diskussion«, Interview mit Martin Nettesheim, *FAZ* vom 10.02.2010, S. N4.

125 Vgl.Bernhard Kempen: »Universität als Risikozone«, *FAZ* vom 22.07.2021, S. 6.

126 Die Frage, wie weit Demokratien ihre Grenzen öffnen sollen, wird umfunktioniert in die Frage, ob man Menschen in Seenot ertrinken lassen darf. Die Frage nach dem Verhältnis von Islam und Europa wird in den Vorwurf der Islamophobie umgemünzt. Die Frage, ob es nicht am besten ist, wenn Kinder in einer stabilen Familiengemeinschaft bei Vater und Mutter aufwachsen, wird mit Homophobie-Verdacht belegt. So machen Minderheiten den Versuch, unser Denken – in den Worten Tocquevilles – »mit einem erschreckenden Ring zu umspannen«. Peter Graf Kielmannsegg: »Die Schließung der Demokratie«, *FAZ* vom 17.05.2021, S. 6.

127 Vgl. Sandra Kostner: »Flucht vor Argumenten«, *FAZ* vom 21.11.2020, S. N5.

128 Dieter Schönecker: »Freiheit in Forschung und Lehre?«, Leserbrief an die *FAZ* vom 26.11.2020, S. 29.

129 Vgl. Jörg Altwegg: »Mitleid für Mobber«, *FAZ* vom 22.12.2021, S. N4.

Kapitel 3:
Die Ordnung der Natur – Mensch und Evolution

1 Die grundlegenden emotionalen Mechanismen einer einseitigen Weltsicht hat der Kolumnist Jan Fleischhauer anhand seiner eigenen biografischen Erfahrungen mit den Vertretern eines linken Weltbilds dargestellt. Vgl. Jan Fleischhauer: *Unter Linken. Von einem, der aus Versehen konservativ wurde*, Reinbek 2009.

2 Mai Thi Nguyen-Kim: *Die kleinste gemeinsame Wirklichkeit. Wahr, falsch, plausibel? Die größten Streitfragen wissenschaftlich geprüft*, München 2021, S. 11.

3 Vgl. Stephen Hawking: *Kurze Antwort auf große Fragen*, 4. Aufl. Stuttgart 2020, S. 55ff.

4 Ebenda, S. 58.

5 Ebenda, S. 52.

6 Richard Dawkins: *Der Gotteswahn*, Berlin 2008, S. 154.

7 Ebenda, S. 153.

8 Hans Albert: *Traktat über kritische Vernunft*, Tübingen 1968, S. 118.

9 Die liberale Imamin Seyran Ates von der Berliner Ibn-Rushd-Goethe-Moschee, die selbst aus der politischen Linken kommt, wird wegen ihrer kritischen Haltung zum politischen Islam von konservativen Muslimen der »Islamophobie« beschuldigt. Sie kritisiert, dass »Teile der Linken blind für die Gefahr von Islamisten sind«: »Sie bekämpfen patriarchale Strukturen und den Einfluss der Kirchen. Wenn es aber um Muslime geht, werden sie plötzlich zu Verteidigern eines konservativen, patriarchalen und politischen Islam.« Vgl. Frederik Schindler: »Seyran Ates: ›Teile der Linken sind blind für die Gefahren von Islamisten‹«, *Die Welt* vom 28.10.2021.

10 Vgl. Mohammed Alassiri: »Evolution is the disguised friend of Islam«, in: *Nature Human Behaviour*, Bd. 4, Februar 2020, S. 122, https://doi.org/10.1038/s41562-019-0771-7.

11 Charles Darwin: *Die Abstammung des Menschen*, Frankfurt a.M. 2009, S. 175.

12 Das ist das Ergebnis gezielter Zuchterfolge. Darum kommen die großen und reichen USA mit nur neun Millionen Milchkühen aus, während es in Indien 300 Millionen Kühe gibt. Ähnliches gilt für die Fleischproduktion. »Bill Gates hat gut reden«, Interview mit dem Diplom-Agraringenieur Frank Mitloehner, *FAZ* vom 02.11.2021, S. 17.

13 Manuela Lenzen: »Schlau wie Schleimpilz«, *FAZ* vom 24.11.2020, S. N4.

14 Vgl. Francis Galton: *Hereditary Genius. An Inquiry into Its Laws and Consequences*, London/New York 1892.

15 Vgl. die Darstellung aus heutiger Sicht bei Edward Dutton/Michael Woodley of Menie: *At our wit's end. Why we're becoming less intelligent and what it means for the future*, Exeter 2018, S. 13ff.

16 So führen heute die gestiegenen Fähigkeiten der pränatalen Diagnostik dazu, dass kaum noch Kinder mit Down-Syndrom geboren werden. Wo die In-Vitro-Fertilisation genutzt wird, ist es heute schon möglich, gezielt unter Embryos mit unterschiedlichen Eigenschaften auszuwählen. Durch die CRISPR-Technologie ist es außerdem zunehmend möglich, gezielt ins Erbgut des ungeborenen Lebens einzugreifen.

17 Vgl. J.B.S. Haldane: »Karl Pearson, 1857–1957«, *Biometrika* 44 (1957), S.3003–3013, zitiert in: Kathryn Paige Harden: *The Genetic Lottery. Why DNA matters for social equality*, Princeton 2021, S. 19.

18 Vgl. ebenda, S. 20.

19 Vgl. James R.Flynn: *Are We Getting Smarter. Rising IQ in the Twenty-First Century*, Cambridge 2012.

20 Vgl. Edward Dutton/Michael Woodley of Menie: *At our wit´s end*, a.a.O., S. 122ff.

21 Vgl. Robert Plomin: *Blueprint. How DNA makes us who we are*, London 2018, S. IX.

22 Vgl. ebenda, S. 6.

23 Vgl. ebenda, S. 159f.

24 So hat man 50 Gene entdeckt, die Einfluss auf die Augenfarbe haben. Auch bestimmte Augenkrankheiten wie Grüner Star oder okulärer Albinismus stehen in Zusammenhang mit Augenfarben. »50 Gene für Augenfarbe entdeckt«, *FAZ* vom 17.03.2021, S. 7.

25 Plomin erläutert dies am Beispiel der Punktwerte für den mittleren Schulabschluss in Großbritannien: Die für die individuelle DNA ermittelte polygene Punktzahl (*polygenic score*) lässt eine statistische Prognose für die Punktzahl beim mittleren Schulabschluss zu. Die tatsächliche erreichte Punktzahl ist um diese prognostizierte Punktzahl herum normal verteilt. Eine höhere polygene Punktzahl führt zu einer höheren Prognose für die Leistung beim mittleren Schulabschluss. Auch hier ist wiederum die tatsächliche Leistung rund um die prognostizierte Leistung normalverteilt. Eine höhere polygenische Punktzahl führt also zu einer Rechtsverschiebung der Normalverteilung in Richtung höhere Punktzahl beim mittleren Schulabschluss. Es kann also durchaus sein, dass jemand mit einer niedrigen polygenischen Punktzahl einen guten, und jemand mit einer hohen polygenischen Punktzahl einen schlechten Schulabschluss macht. Es geht um Wahrscheinlichkeiten. Vgl. dazu Robert Plomin: *Blueprint*, a.a.O, S. 157ff.

26 Robert Plomin führte in den USA die umfangsreichste Langzeit-Adoptionsstudie und in England die umfangreichste Langzeit-Zwillingsstudie durch. Er gewann dadurch auch wichtige Ausgangsdaten für die DNA-Forschung. Vgl. ebenda, S. 17ff.

27 Harden zitiert eine Metastudie, die 2000 wissenschaftliche Papiere, in denen zwei Millionen Zwillingspaare untersucht wurden, auswertet. Danach sind kognitive Fähigkeiten zu 75 Prozent, psychische Krankheiten zu 60 % und Persönlichkeitsmerkmale zu 50 Prozent erblich, Vgl. Kathryn Paige Harden: *The Genetic Lottery*, a.a.O., S, 119f.

28 Das ist sehr anschaulich und klar dargestellt bei Axel Meyer: *Adams Apfel und Evas Erbe. Wie die Gene unser Leben bestimmen und warum Frauen anders sind als Männer*, München 2015, S. 21ff.

29 Von den komplizierten Ausnahmefällen sind weit weniger als 1 Prozent der Menschen betroffen. Vgl. zu den möglichen und beobachteten Abweichungen und ihren Gründen, ebenda. S. 166ff.

30 Vgl. ebenda, S. 252ff. und S. 316ff.

31 Vgl. Susan Pinker: *The sexual paradox; men, women and the real gender gap*, New York 2008, S. 148ff.

32 Vgl. ebenda S. 62ff.

33 Vgl. ebenda S. 92ff.

34 Der letzte gemeinsame Vorfahre des *Homo sapiens* und unseres nächsten Verwandten unter den Säugetieren, dem Schimpansen, lebte vor circa fünf Millionen Jahren in Afrika. Dort entwickelten sich unterschiedliche Vorläufer und Nebenlinien. Ein früher Mensch, der *Homo erectus* (Peking-Mensch) verließ vor 1,8 Millionen Jahren Afrika und breitete sich in Europa und Asien aus. Vor 600 000 Jahren lebte der letzte gemeinsame Vorfahre

von Mensch, Neandertaler und Denisovaner in Afrika. Vor 500 000 Jahren wanderte der letzte gemeinsame Vorfahre von Neandertaler und Denisovaner nach Europa ein. Der Neandertaler breitete sich in Europa aus. Spuren des Denisovaners wurden südlich des Ural gefunden. Vgl. Johannes Krause (mit Thomas Trappe): *Die Reise unserer Gene*, Berlin 2019.

35 Vgl. Nicolas Wade: *Before the Dawn. Recovering the Lost History of Our Ancestors*, New York 2007, S. 30. Auf S. 13ff. findet sich eine konzise Beschreibung der allmählichen Entwicklung der verschiedenen Menschenarten aus den Primaten bis zum heutigen modernen Menschen.

36 Vgl. Johannes Krause: *Die Reise unserer Gene*, a.a.O.

37 Ebenda S. 45.

38 Die Ureinwohner von Australien und Papua Neuguineas sind sogar zu sieben Prozent Nachfahren des Neandertalers und des Denisovaners. Vgl. ebenda S. 44.

39 Die Lebensweise der Jäger und Sammler ähnelte in mancher Hinsicht dem nächsten tierischen Verwandten des Menschen, dem Schimpansen: Bei den Schimpansen gibt es innerhalb der sozialen Gruppe neben ausgeprägten Rangordnungskämpfen auch Mitgefühl, Solidarität und Hilfsbereitschaft, außerdem gibt es einen ausgeprägten Sinn für Reziprozität. Außerhalb der Gruppe finden aber erhebliche Revierkämpfe statt, verbunden mit der Bereitschaft, den Feind zu töten, obwohl oder weil er zur eigenen Gattung gehört. Vgl. Nicolas Wade: *Before the Dawn* a.a.O., S. 139ff. Dort gibt es überzeugende Beispiele, die aus der reichhaltig zitierten anthropologischen Literatur belegt werden. Ebenso bei Steven Pinker: *The Blank Slate. The Modern Denial of Human Nature*, New York 2002, S 56ff.

40 Vgl. Johannes Krause: *Die Reise unserer Gene*, a.a.O., S. 63.

41 Vgl. Nicolas Wade: *Before the Dawn*, a.a.O, S. 123ff., Johannes Krause: *Die Reise unserer Gene*, a.a.O., S. 79ff.

42 Vgl. ebenda S. 83ff.

43 Vgl. ebenda S. 101f.

44 So noch Nicolas Wade: *Before the Dawn*, a.a.O., S. 133.

45 Johannes Krause: *Die Reise unserer Gene*, a.a.O., S. 84.

46 Vgl. ebenda S. 97.

47 Vgl. ebenda, S. 101f.

48 Vgl. ebenda, S. 104f.

49 Das Leben als Viehnomaden ergab sich aus den Bedingungen der Steppe, die für den Ackerbau nicht geeignet war. Vgl. Harald Haarmann: *Die Indoeuropäer. Herkunft, Sprachen, Kulturen*, München 2012, S. 24ff.

50 Vgl. Johannes Krause: *Die Reise unserer Gene*, a.a.O., S. 122f.

51 Vgl. ebenda S. 121f.

52 Vgl. ebenda, S. 120.

53 Vgl. ebenda, S. 148.

54 95 Prozent aller Sprint-Weltrekorde werden von Sportlern gehalten, deren genetischer Ursprung in Westafrika liegt. In mittleren Distanzen werden die

weitaus meisten weltweiten Rekorde von Sportlern gehalten, die aus dem Volksstamm der Nandi in Kenia kommen. Vgl. Nicolas Wade: *Before the Dawn*, a.a.O., S. 195f.

55 Vgl. Nicolas Wade: *Before the Dawn*, a.a.O., S. 181ff.

56 So gab es 2021 Überlegungen in der Großen Koalition, die Wortwahl in Artikel 3 des Grundgesetzes zu ändern. Dort steht derzeit: »Niemand darf wegen seines Geschlechtes, seiner Abstammung, seiner Rasse, seiner Sprache, seiner Heimat und Herkunft, seines Glaubens, seiner religiösen oder politischen Anschauungen benachteiligt oder bevorzugt werden. Niemand darf wegen seiner Behinderung benachteiligt werden.« Der Begriff »Rasse« sollte im Gesetzestext durch ein Verbot von Diskriminierung »aus rassistischen Gründen« ersetzt werden. Das Vorhaben stieß aber auf politische und juristische Hürden und wurde zunächst nicht weiterverfolgt.

57 Robert Plomin: Blueprint a.a.O., S. 53.

58 Vgl. Kathryn Paige Harden: *The genetic lottery*, a.a.O., S. 75. Renommierte Forscher wie Plomin oder Harden kennen natürlich die umfangreichen und sehr belastbaren Untersuchungen in der Intelligenzforschung über gruppenbezogene Unterschiede. Aber sie möchten offenbar ihre genetische Forschung betreiben, ohne sich mit dieser Debatte zu belasten, und belassen deshalb die Frage nach den Gründen für die beobachteten Unterschiede von geistigen Fähigkeiten je nach ethnischer Herkunft im Ungefähren.

59 Immanuel Kant zählte vier, Edmund Burke dreiundsechzig Rassen. Siehe Charles Darwin: *Die Abstammung des Menschen*, a.a.O., S. 217f.

60 Vgl. Johannes Fried: *Die Anfänge der Deutschen. Der Weg in die Geschichte*, Berlin 2015, S. 64.

61 Caroline Sommerfeld: »Wer gehört zu uns?« *Sezession* 88, Februar 2019, S. 33f.

62 Vgl. Charles Darwin: *Die Abstammung des Menschen*, a.a.O., S. 164f.

63 Die Übertragung in eine aus heutiger Sicht politisch korrekte Ausdrucksweise würde allerdings nicht leichtfallen. Vgl. ebenda das gesamte fünfte Kapitel »Über die Entwicklung der intellektuellen und moralischen Fähigkeiten während der vorgeschichtlichen und zivilisierten Zeiten«, S. 158ff.

64 Vgl. Rüdiger Vaas/ Michael Blume: *Gott, Gene und Gehirn. Warum Glaube nützt. Die Evolution der Religiosität*, Stuttgart 2009.

65 Michael Blume im Interview mit Doris Maull im SWR 2 am 05.05.2009.

66 Vgl. Thilo Sarrazin: *Deutschland schafft sich ab*, München 2010, S. 361ff.

67 Vgl. Eric Kaufmann: *Shall the Religious Inherit the Earth? Demography and Politics in the Twenty-First Century*, London 2010.

68 Vgl. ebenda, S. 16.

69 Ebenda, S. 269.

70 Vgl. Eric Kaufmann: *Whiteshift. Populism, Immigration and the Future of White Majorities*, London 2018.

71 Vgl. ebenda, S. 525.

72 Vgl. ebenda S. 527.

73 Vgl. ebenda S. 529.

74 Die Intelligenzforscher Richard Lynn und Tatu Vanhanen haben für 81 Staaten, bei denen ausreichende statistische Grundlagen vorliegen, Regressionsrechnungen über den Zusammenhang zwischen dem durchschnittlichen IQ der Bevölkerung und dem in Kaufkraftparitäten gemessenen realen Pro-Kopf-BIP durchgeführt. Der Zusammenhang ist eng und stabil und wird erst bei sehr hohem Pro-Kopf-BIP weniger deutlich. Vgl. Richard Lynn/ Tatu Vanhanen: *IQ and the Wealth of Nations*, Westport/Connecticut und London 2002, S. 87ff.

75 Vgl. Heiner Rindermann: »Was messen internationale Schulleistungsstudien? – Schulleistungen, Schülerfähigkeiten, kognitive Fähigkeiten«, *Psychologische Rundschau* 58 (2007) 2, S. 128ff.

76 Vgl. Eric H. Hanushek/ Ludger Wößmann: *The Knowledge Capital of Nations. Education and the Economics of Growth*, Cambridge/Mass, und London 2014, insbesondere 39ff.

77 Eric Kaufmann zeigt für die Staaten des amerikanischen Kontinents, dass die Einkommenslücke zwischen Weißen und Schwarzen, sofern sie existiert, unabhängig vom Bevölkerungsanteil der beiden Gruppen ist. *Whiteshift*, a.a.O. S. 334ff.

78 Vgl. dazu die Ausführungen und Zahlen bei Thilo Sarrazin: *Wunschdenken*, München 2022, S. 323ff.

79 Vgl. Eric Kaufmann: *Whiteshift*, a.a.O., S. 337.

80 Für eine umfassende Analyse dieser Tendenz vgl. Richard Lynn: *Dysgenics. Genetic Deterioration in Modern Populations*, Westport/Connecticut und London 1996. Lynn schließt aus seinen umfangreichen statistischen Analysen: »This means that dysgenic fertility has been in place for around six generations.« Er berechnet, »that genotypic intelligence in Western nations has deteriorated by between five and eight IQ points over this time period«, und hat die Einschätzung, dass diese Tendenz wegen der anhaltend negativen Korrelation zwischen Bildungsgrad und Kinderzahl weiter geht. Ebenda, S. 207f.

81 Eine vertiefte Erörterung würde den Umfang dieses Buches sprengen. Geistig sehr anregend war für mich die Lektüre von Edward Dutton/ Michael Woodley of Menie: *At our Wit´s End. Why we are becoming less intelligent and what it means for the future*, Exeter 2018

Dieses Buch nimmt in sehr ungeschützter Diktion die Gedanken des späten Darwin und von Francis Galton auf. Ausgehend von den Erkenntnissen zur Erblichkeit von Intelligenz aus der klassischen Intelligenzforschung und der neuen DNA-Forschung analysiert es die Auswirkungen von schichtspezifisch unterschiedlichen Geburtenraten und Sterblichkeiten. Den Intelligenzanstieg aufsteigender Gesellschaften führen die Autoren auf das Wirken der natürlichen Selektion zurück, die den Tüchtigeren einen Evolutionsvorteil sichert. Wenn eine Gesellschaft ein hohes Entwicklungniveau erklommen hat, sinkt die relative Fruchtbarkeit der erfolgreichen und besonders intelligenten Bevölkerungsgruppen. So wird ein Prozess des Niedergangs eingeleitet. Solche Prozesse können in zyklischer Form immer wieder auftreten und sind nach Auffassung der Autoren bis zu einem gewissen Grad auch historisch unvermeidlich. Die Autoren ziehen hinsichtlich des Schicksals der modernen westlichen Gesellschaft weitreichende geschichtsphilosophische Schlüsse in der geistigen Tradition von Oswald Spengler, den sie zu diesem Zweck auch zitieren. Damit überfordern sie letztlich ihren eigenen Erklärungsansatz und gleiten in Spekulation ab. Ihre Grundgedanken und die darauf aufbauenden Analysen werden damit aber nicht entwertet.

82 Vgl. Gunnar Heinsohn: *Wettkampf um die Klugen. Kompetenz, Bildung und die Wohlfahrt der Nationen*, Zürich 2019.

83 Vgl. Heiner Rindermann: *Cognitive Capitalism. Human Capital and the Wellbeing of Nations*, Cambridge 2018. Zum Einfluss des kognitiven Niveaus der Elite siehe S. 378ff.

84 Vgl. ebenda S. 420ff., insbesondere Tabelle 13.6 auf S. 443.

Kapitel 4:
Die geistige Ordnung – Religion und Ideologie

1 Vgl. dazu Richard Dawkins: *Der Gotteswahn*, a.a.O., S. 141ff. und die dort zitierte Literatur.

2 Vgl. ebenda S. 144.

3 Karl Albrecht Schachtschneider: »Mut zur Wahrheit, Warum Wahrheit und Richtigkeit?«, https://www.kaschachtschneider.de/mut-zur-wahrheit/

4 Richard Dawkins: *Der Gotteswahn*, a.a.O., S. 314.

5 Ebenda, S. 345.

6 Vgl. Thomas Petersen: »Christliche Kultur ohne Christen«, *FAZ* vom 22.12.2021, S. 8.

7 »Nobody is perfect«, Interview mit Jonathan Franzen, *FAZ* vom 07.10.2021, S. 9.

8 Ebenda.

9 Vgl. Hans Ulrich Gumbrecht: »Politik und Religion in den Vereinigten Staaten. Über die Geschichtlichkeit einer kulturellen Invariante«, in: Friedrich Wilhelm Graf/ Heinrich Meier: *Politik und Religion. Zur Diagnose der Gegenwart*, München 2017, S. 47ff.

10 Vgl. ebenda, S. 175ff.

11 Richard Dawkins: *Der Gotteswahn*, a.a.O., S. 391.

12 Vgl. die trotz einiger ideologischer Einseitigkeiten insgesamt informative Darstellung bei Annika Brockschmidt: *Amerikas Gotteskrieger: Wie die Religiöse Rechte die Demokratie gefährdet*, Hamburg 2021.

13 In Deutschland zuletzt u.a. Thilo Sarrazin: *Feindliche Übernahme*, a.a.O.; Susanne Schröter: *Politischer Islam: Stresstest für Deutschland*, Gütersloh

2019; Ruud Koopmans: *Das verfallene Haus des Islam. Die religiösen Ursachen von Unfreiheit, Stagnation und Gewalt*, München 2020.

14 Necla Kelek hatte im August 2010 mein Buch *Deutschland schafft sich ab* in der Pressekonferenz des Verlags vorgestellt und in der Öffentlichkeit wiederholt betont, dass sie meine kritischen Einschätzungen zu Islam und Integration weitgehend teile. Diese Positionierung hat ihr in vielen Medien geschadet, was mir sehr leidgetan hat.

15 *Focus Online* vom 18.10.2021.

16 Vgl. *Der Tagesspiegel plus* vom 28.10.2021, *Die Welt plus* vom 28.10.2021.

17 Vgl. Thilo Sarrazin: *Feindliche Übernahme*, a.a.O., S. 241ff. sowie den informativen Sammelband von Sandra Kostner/ Elgham Manea (Hrsg.): *Lehren aus 9/11. Zum Umgang des Westens mit dem Islamismus*, Stuttgart 2021.

18 »Die meisten Parteien fürchten, als islamfeindlich zu gelten«, Interview mit Susanne Schröter, *Die Welt* vom 19.07.2021.

19 Eine vom Neuköllner Bezirksamt in Auftrag gegebene Studie ergab Ende 2021 ernsthafte Probleme mit dem Verhalten strenggläubiger muslimischer Schüler an Neuköllner Schulen. Viele der befragten Schüler und Lehrer baten um Anonymität, »weil sie sonst als Rassisten dargestellt würden«. Das Problem, so der Projektleiter Hammerbacher, ist dabei die Alltagskultur. »Unter Jugendlichen herrschte eine repressive Kultur, die von einigen Moscheen noch unterstützt wird.« Es wird nun überlegt, eine »Anlauf- und Dokumentationsstelle für konfrontative Religionsbekundungen«« einzurichten. Vgl. Frank Bachner: »Ungläubiger Hund«, *Der Tagesspiegel* vom 06.01.2022, S. 8.

20 Vgl. Jordan B. Peterson: *Beyond Order. 12 More Rules for Life*, New York 2021, S, 171.

21 In geisteswissenschaftlichen Fachbereichen einiger Universitäten ist es eingerissen, Seminar- und Übungsarbeiten schlechter zu bewerten, wenn im Text nicht entsprechend den ideologischen Vorstellungen des jeweiligen Dozenten politisch korrekt »gegendert« wird. Vgl. Wolfgang Oelrich: »Das generische Maskulinum. Auch an der Liebig-Uni hat offenbar ein Student schlechtere Noten bekommen. Weil er nicht korrekt gegendert hat«, *FAZ* vom 01.02.2022, S. 32.

22 Friedrich Nietzsche: *Nachgelassene Fragmente*, Sommer 1887, https://www.aphorismen.de/zitat/111383

23 Für die deutsche Gesellschaft ist es wichtig, sich in ihrer Selbstbetrachtung immer wieder mit den Entstehungsbedingungen des Holocausts auseinanderzusetzen. Es ist aber auch wichtig, dafür Sorge zu tragen, dass die Generation der Enkel und Urenkel für die begangenen Gräueltaten nicht unbegrenzt in moralische Haftung genommen wird. Vgl. Wolfgang Reinhard: »Vergessen, verdrängen oder vergegenwärtigen?«, *FAZ* vom 10.01.2022, S. 7.

24 Hannah Arendt: *Elemente und Ursprünge totaler Herrschaft. Antisemitismus, Imperialismus und totale Herrschaft*, München 1986, S. 23.

25 Ebenda, S. 24.

26 Ebenda, S. 29.

27 Ebenda S.30.

28 Nach einer Studie des unabhängigen Expertenkreises Antisemitismus des Bundestages aus dem Jahr 2017 gingen nach Einschätzung der befragten Juden 62 Prozent der Beleidigungen und 80 Prozent der körperlichen Angriffe von Muslimen aus. Deshalb wird die Praxis der deutschen Kriminalitätsstatistik, alle antisemitischen Straftaten der »politisch motivierten Kriminalität von rechts« zuzuordnen, auf Initiative der Innenminister für Nordrhein-Westfalen und Baden-Württemberg überprüft. Wenn keine Tatsachen zur Tätermotivation vorliegen, sollen antisemitische und rassistische Straftaten künftig in die Kategorie »nicht zuzuordnen« aufgenommen werden.

29 Wolfgang Benz, der langjährige Leiter des Zentrums für Antirassismusforschung der Technischen Universität Berlin, gab im Juli 2021 den Sammelband *Streitfall Antisemitismus* heraus. Die gewalttätige Attacke eines jungen Mannes arabischer Herkunft auf einen jungen Mann, der eine Kippa trug, wurde dort als »jungmännertypisches Machtgebaren« verharmlost. Das passte sich ein in andere Relativierungen muslimisch-arabischer Gewalt gegen Juden in Europa. Vgl Frederik Schindler: »Wenn Judenhass nur noch als ›jugmännertypsisches Machtgebaren‹ gilt«, *Die Welt* vom 27.07.2020.

30 Nerib Mendel, Direktor der Bildungsstätte Anne Frank in Frankfurt, und Saba-Nur Cheema, Beraterin des Bundesinnenministerium zum Thema Muslimfeindlichkeit, stellen die Situation in einer gemeinsamen Analyse recht ungeschminkt dar und schlagen »mehr gegenseitiges Verständnis, ein offeneres Ohr für die andere Seite, mehr Differenzierungen« vor. Sie geben damit zu, dass es keine Patentrezepte gibt und die deutsche Gesellschaft mit dem Antisemitismus der Muslime auf absehbare Zeit leben muss. Nerib Mendel/ Saba-Nur Cheema: »Krieg auf dem Smartphone«, *FAZ* vom 21.12.2021, S. 12.

31 Hochrangige EU-Beamte, die für die Hilfe für den palästinensische Sektor zuständig sind, geben mittlerweile zu, dass palästinensische Schulbücher »sehr problematische Inhalte haben, die nach wie vor Anlass zu ernster Besorgnis geben«, darunter Antisemitismus, Aufstachelung zu Gewalt und Verherrlichung von Terroranschlägen. Diese zeigte sich im September 2021 bei drei öffentlichen Debatten im Europäischen Parlament, »Überraschendes Eingeständnis«, *Israel Heute* vom 19.09.2021.

32 Ahmad Mansour: »Woher kommt diese Besessenheit in der Israel-Kritik?«, *Neue Zürcher Zeitung* vom 16.07.2020.

33 Demgegenüber weist Ahmad Mansour darauf hin, dass die meisten israelischen Araber es ablehnen würden, in einem arabischen Land zu leben, weil es ihnen in Israel besser geht und sie mehr bürgerliche Freiheiten haben. Vgl. Ahmad Mansour: »Kaum ein arabischer Israeli will in einem arabischen Staat leben«, *Die Welt* vom 15.02.2022.

34 Derselbe Verlag, der Antisemitismus bei einer irischen Autorin nicht störend findet, verweigerte die Veröffentlichung der Memoiren des jüdischen

Autors Woody Allen, weil ihm seine Stieftochter sexuellen Missbrauch vorgeworfen hatte. Das ist gelebte Doppelmoral im Milieu linker politischer Korrektheit. Vgl. Jan Fleischhauer: »Sind Sie politisch links? Dann können Sie sich alles erlauben, sogar Antisemitismus«, *Focus Online* vom 25.10.2021.

35 Hannah Arendt: *Elemente und Ursprünge totaler Herrschaft*, a.a.O., S. 26.

36 Ebenda, S. 27.

37 Ebenda, S. 179.

38 Dazu zählen die UN-Rassendiskriminierungskonvention von 1965 und die Europäische Menschenrechtskonvention von 1950.

39 Gewaltkriminalität geht in den USA überwiegend von den Schwarzen aus. Das passt aber nicht zur politisch bevorzugten Erzählung über Täter und Opfer. So werden Morde an Weißen durch Schwarze in der *New York Times* möglichst nicht mit Hinweisen auf die ethnische Herkunft versehen. Als die Zeitung aber die Berichterstattung über den Mord an einem italienischen Studenten durch einen schwarzen Serientäter entsprechend gestaltete, fiel das in Italien auf und führte dort zu Demonstrationen. Vgl. Matthias Rüb: »Der falsche Täter, das falsche Opfer. In Italien fällt auf, wie vorurteilsbeladen die *New York Times* über einen Mord berichtet«, *FAZ* vom 14.12.2021, S. 11.

40 Bei einigen staatlichen Elite-Highschools in den USA erfolgt die Zulassung nach den von den Bewerbern erbrachten Testleistungen. So soll es möglich sein, auch im staatlichen Schulsystem den besonders Begabten ohne teures Schulgeld eine Chance zu geben, ihrer Begabung gemäß gefördert zu werden. Dabei werden die Spitzenplätze durchweg von Schülern ostasiatischer Herkunft eingenommen, und der Anteil schwarzer Schüler ist sehr klein: An der städtischen Elite-Highschool Lowell in San Francisco waren unter den Neuaufnahmen 2020 42 Prozent Ostasiaten, 25 Prozent Weiße, 13 Prozent Latinos und 2 Prozent Schwarze. Die Auswahl der Schüler nach standardisierten Tests bezeichnete der Vizepräsident des School Boards als »rassistisch«. Der Board beschloss, ab 2021 die Aufnahmekriterien auf ein Lotteriesystem umzustellen. Vgl. Michael Shellenberger: *San Fransicko. Why Progressives Ruin Cities*. New York 2021, S. 237.

41 Vgl. Andreas Rödder: »Die neue Systemfrage«, *Der Spiegel* vom 19.12.2020.

42 Vgl. Christiane Wiesenfeldt: »Ist die Klassik kolonialistisch?«, *FAZ* vom 28.04.2021, S. 9.

43 Francis Fukuyama: *Identität. Wie der Verlust der Würde unsere Demokratie gefährdet*. Hamburg 2020, S.154f.

44 Ahmad Mansour: »Um Rassismus zu bekämpfen, darf man uns nicht vorschreiben, was wir zu denken haben«, *Focus Online* vom 09.11.2021.

45 Ich nenne an dieser Stelle für die deutsche Debatte Necla Kelek, Hamed Abdel Samad, Seyran Ates, Hakim Ourghi, Muhammad Khorchide, Ahmad Mansour. Auch Der Vorwurf des Rechtsextremismus ist in solchen Fällen schon laut geworden. Vgl. Mareike Enghusen: »Debattenkultur – Angriff auf den Warner«, https://www.cicero.de/innenpolitik/debattenkultur-angriff-auf-den-warner.

46 »Der Begriff des antimuslimischen Rassismus führt ins Abseits«, Interview mit Susanne Schröter, *Die Welt* vom 08.05.2019. https://www.welt.de/kultur/plus193156725/Ethnologin-Schroeter-Begriff-des-antimuslimischen-Rassismus-fuehrt-ins-Abseits.html.

47 Pascal Bruckner: *Der eingebildete Rassismus, Islamophobie und Schuld,* Berlin 2020, S. 25.

48 Egon Flaig: *Die Niederlage der politischen Vernunft. Wie wir die Errungenschaften der Aufklärung verspielen,* Springe 2017, S. 197.

49 Ebenda, S. 198.

50 Ebenda, S. 199f.

51 So der schwarze amerikanische Kulturwissenschaftler Frank B. Wilderson III in seinem Buch *Afropessimismus,* Berlin 2021. Vgl. dazu Verena Lueken: »Entmutigung oder Befreiung?«, *FAS* vom 21.11.2021, S. 38.

52 Die ehemalige AfD-Vorsitzende Frauke Petry, die im September 2017 nach der Bundestagswahl die Partei verließ, hat den Wettlauf zwischen dem Engagement bürgerlicher Konservativer und ihrer Radikalisierung durch den Eintritt mit Mitgliedern mit rechtsradikalen und rechtsextremen Tendenzen im Detail beschrieben. Im September 2021 sagte sie mir, in der Rückschau habe sie erkannt, dass dieser Wettlauf schon recht früh verloren ging. Vgl. Frauke Petry: *Requiem für die AfD,* Delitzsch 2021.

53 Justus Bender schreibt den bürgerlichen, demokratischen Galionsfiguren der AfD die Rolle nützlicher Idioten zu, die für die Partei auf Stimmenfang gehen sollen, ohne dass sie ihren rechtsradikalen Charakter tatsächlich ändern können. Er prognostiziert zu Meuthens Nachfolge: »Die AfD wird bemüht sein, einen Vorsitzenden zu finden, der eine gewisse Bürgerlichkeit ausstrahlt. Von denen gibt es noch genug. Sie klammern sich an die Partei, weil sie Neugründungen für aussichtslos halten. (…) Es wird jemand sein, der wenig Lust zeigt, gegen Extremisten vorzugehen, sonst ist er nicht mehrheitsfähig. Er wird sich bürgerlich nennen und unter der Lücke leiden, die zwischen diesem Anspruch und der Wirklichkeit klafft. Das ist der Sweet Spot. Verlässt er ihn, um zu kämpfen, wird er verlieren. Dann ist der Nächste dran.« Justus Bender: »Der AfD-Zyklus«, *FAS* vom 06.02.2022, S. 6.

54 Den Begriff habe ich einem Buch der Politikwissenschaftlerin Natascha Strobl entlehnt. Sie stellt darin die These auf, dass an die Stelle der konservativen Normalität »ein radikalisierter Konservatismus getreten« ist, »der keine Berührungsängste vor der traditionellen extremen Rechten kennt, aber mit den Ressourcen und Mitteln einer großen Partei agiert, die als neu und anders und zugleich als staatstragend wahrgenommen wird«. Natascha Strobl: *Radikalisierter Konservatismus. Eine Analyse,* Berlin 2021, S. 148. Strobl versucht, ihre These an den drei Politikern Donald Trump, Boris Johnson und Sebastian Kurz zu erhärten. Dabei lässt sie die wesentlichen Unterschiede zwischen ihnen außer Acht. Für sie scheint implizit sonnenklar, dass ein konsequentes Vertreten konservativer Positionen schon als solches den Vorwurf des Rechtsextremismus verdient. Nur so macht ihre

These Sinn. Gleichwohl ist es sinnvoll, die Gefahr, dass sich konservative Positionen radikalisieren können, auf einen Begriff zu bringen. Recht hat Strobl mit ihrer grundsätzlichen Warnung vor Ideologisierung: »Betrachtet man historische Momente oder Prozesse durch eine einzige Linse, so ergibt sich – ganz gleich, wie scharf man damit fokussiert – stets ein verzerrtes Bild. Realität ist komplex und unordentlich. Sie fügt sich nicht theoretischen Modellen, Beschreibungen und Definitionen.« (S. 18) Strobl beschreibt damit treffend den Fehler, den sie in ihrem Buch durch ihren Hass auf konservatives Denken fast durchgehend selbst begeht.

55 Ebenda, S. 18.

56 Die Professsorin für osteuropäisches Recht Angelika Nußberger beschreibt, wie unter Putins Herrschaft die ungefestigte Demokratie immer mehr in eine autoritäre Richtung gedrängt wurde. Sie konstatiert »eine Renaissance der sowjetischen Logik, dass kollektives Angstschweigen besser sei als ein Marktplatz der Ideen«. Der Weg der russischen Gesellschaft habe »von Gorbatschow zu Orwell geführt«. Angela Nußberger: »Von Gorbatschow zu Orwell«, *FAZ* vom 10.03.2022, S. 7.

57 Interview mit Tichys Einblick vom 06.03.2022.

58 Zitiert bei Egon Flaig: *Die Niederlage der politischen Vernunft*, a.a.O., S. 91.

59 Mathias Rohe: *Der Islam in Deutschland. Eine Bestandsaufnahme*, München 2016, S. 254.

60 https://www.spiegel.de/politik/deutschland/integration-merkel-erklaert-multikulti-fuer-gescheitert-a-723532.html.

61 https://www.spiegel.de/politik/deutschland/angela-merkel-ja-wir-haben-das-geschafft-a-ce041e52-7a2d-4c67-9e9c-c188c4912475.

62 In der Neuausgabe von *Deutschland schafft sich ab* habe ich in einem ausführlichen Vorwort die von 2010 bis 2020 eingetretene Entwicklung analysiert und quantitativ untermauert: Alle Indikatoren haben sich in den zehn Jahren seit 2010 deutlich ungünstiger entwickelt, als damals von mir unterstellt. Vgl. Thilo Sarrazin: *Deutschland schafft sich ab*, München 2021, S. I-XXXVII.

63 Vgl. Egon Flaig: *Die Niederlage der kritischen Vernunft*, a.a.O, S. 96f.

64 Pascal Bruckner: *Der eingebildete Rassismus*, a.a.O., S. 32.

65 Vgl. Samuel Huntington: *Kampf der Kulturen. Die Neugestaltung der Weltpolitik im 21, Jahrhundert*, Hamburg 2006.

66 Martin Lichtmesz weist darauf hin, dass man im realen Leben »weder einer bloßen Rasse, noch einer bloßen Kultur noch einer bloßen Ethnie« begegnet, »sondern konkreten Individuen und Gruppen, die stets an allen drei Dingen teilhaben«. Für ihn schrumpfte »mit der zunehmenden außereuropäischen Einwanderung (…) das ethnopluralistische Denken zum defensiven Argument. Hier geht es darum, eine rationale und gleichzeitig moralisch akzeptable Position gegen Masseneinwanderung und Überfremdung zu beziehen, ohne sich der rassistischen Abwertung schuldig oder verdächtig zu machen«. Martin Lichtmesz: »Klarstellung über den Ethnopluralismus, Tumult«, *Vierteljahreszeitschrift für Konsensstörung* Nr. 02/2021, S. 22.

67 Vgl. Nico Hopper: »Disruptives Denken. Postmoderne Theorie will den Geist aus starren Formen befreien. Ihr blinder Radikalismus mündet in intellektuelle Regression«, *FAZ* vom 17.02.2021, S. N4.

68 Christoph Türcke: *Natur und Gender. Kritik eines Machbarkeitswahns*, München 2021, S. 218.

69 Michel Foucault: *Die Ordnung des Diskurses*, Frankfurt a.M. 1991, S. 11.

70 So die zusammenfassende Charakterisierung von Foucaults Machttheorie bei Egon Flaig: *Die Niederlage der politischen Vernunft*, a.a.O., S. 163.

71 Michael Shellenberger weist in seiner beachtenswerten Studie über die Ursachen der hohen Zahlen von Obdachlosen in den amerikanischen Großstädten der Westküste darauf hin, dass die Ideologie, der Einzelne trage für seine Situation keine nennenswerte Verantwortung, es sei immer »die Gesellschaft« schuld, maßgeblich von den Theorien Michel Foucaults geprägt ist. Vgl. Michael Shellenberger: *San Fransicko*, a.a.O., S. 141.

72 Christoph Türcke: *Natur und Gender*, a.a.O., S.106.

73 Ebenda S. 109.

74 Andreas Rödder: »Das Leugnen und die hässlichen Schwestern«, *Der Tagesspiegel* vom 24.11.2021, S. 6.

75 Simone de Beauvoir: *Das andere Geschlecht. Sitte und Sexus der Frau*, Hamburg 1968, S. 13.

76 Ebenda, S. 680f.

77 Judith Butler: *Das Unbehagen der Geschlechter*, Frankfurt a.M. 1991, S. 21.

78 Das Übermaß an Belegen aus der neueren genetischen Forschung und der Hirnforschung wird von der kanadischen Psychologin Susan Pinker in ihrem schon zitierten Buch *The sexual Paradox* (deutsch: *Das Geschlechter-Paradox: Über begabte Mädchen, schwierige Jungs und den wahren Unterschied zwischen Männern und Frauen*, München 2008) eindrucksvoll ausgebreitet. Sie schließt ihr Buch mit der lapidaren Feststellung, dass die Geschlechter im Durchschnitt unterschiedliche Stärken und unterschiedliche Verwundbarkeit haben. Diese Unterschiede sind biologisch determiniert und bedingen auch Unterschiede in männlichen und weiblichen Interessen und Prioritäten, a.a.O. S. 278.

79 Die englische Philosophieprofessorin Kathleen Stock ist lesbisch und lebt mit einer Frau zusammen, aber sie hält daran fest, dass das biologische Geschlecht bei der Geburt definiert und grundsätzlich unveränderlich ist. Weil sie Frauenrechte aufgrund der Geschlechtlichkeit einfordert – eine klassische feministische Position –, wurde sie von Aktivisten und von Kollegen als transphob verunglimpft. 600 akademische Philosophen protestierten dagegen, dass sie wegen ihrer wissenschaftlichen Arbeit 2919 mit der Auszeichnung Officer of the Order of the British Empire (OBE) geehrt wurde. »Das sagt mehr über den akademischen Zustand dieser Disziplin als über Stock selbst.« Rolf Hürzeler:» Hexenjagd im Philosophie-Seminar«, *Die Weltwoche* vom 11.11.2021, S. 71f.

80 So hat Präsident Biden mit einer »executive order« angeordnet, dass Transgender-Menschen im Sport ungefragt bei Frauen mitmachen dürfen. Eine

solche Sportpolitik geht aber zulasten der Frauen allgemein. »Transgender-Frauen haben durch höhere Testosteronkonzentrationen in ihrer Entwicklung und Pubertät einen riesigen und unfairen Wettbewerbsvorteil gegenüber ihren Konkurrentinnen.« Transgender-Aktivisten interessiert das nicht. In ihren Kreisen »wird rationales, evidenzbasiertes Denken lächerlich gemacht und als transphob verteufelt«. Axel Meyer: »Rassismus von links«, *Die Weltwoche* vom 18.02.2021, S. 39.

81 Cinzia Skiuto: »Sie sind cisgender! Ein Essay über Geschlecht zwischen Identität und Stereotypen«, *FAZ* vom 26.07.2021, S. 6.

82 Thomas Thiel: »Die Überwindung des Fleisches«, *FAZ* vom 29.01.2021, S. 9.

83 Vgl. Susan Pinker: *The sexual Paradox*, a.a.O., S. 266.

84 Vgl. die repräsentative Umfrage von Civey, https://civey.com/umfragen/16169/sollte-in-den-medien-z-b-in-nachrichtensendungen-ihrer-meinung-nach-geschlechtergerechte-sprache-verwendet-werden.

85 Dass der Kampf um das generische Maskulinum verloren ist, wusste ich, als ich im Monatsbericht der Deutschen Bundesbank, den ich regelmäßig lese, im Jahr 2020 plötzlich in einer Statistik den Begriff »Einwohnende« statt »Einwohner« vorfand.

86 So ist das generische Maskulinum keine »sehr junge und wenig stabile Konvention des Sprachgebrauchs«, sondern als Bestandteil des Sprachsystems älter als die deutsche Sprache selbst und bereits im 6. Jahrhundert im Codex Justinianus fixiert, und über die von Ulrike Lemke geforderten Genera, die »weitere biologische Geschlechter neben, zwischen und jenseits von männlich und weiblich repräsentieren«, verfügt keine Sprache der Welt. Vgl. Helmut Glück: »Das generische Maskulinum wird man einfach nicht los«, *FAZ* vom 06.01.2022, S. 6.

87 Vgl. Reinhard Bingener: »Gendern als verfassungsrechtliche Pflicht«, *FAZ* vom 16.12.2021, S. 3.

88 Vgl. Jürgen Kaube: »Menschinwürde«, *FAZ* vom 17.12.2021, S. 11.

89 Rudolf Stöber: »Unvermeidbare Ungenauigkeit«, *FAZ* vom 23.12.2021, S. 25.

90 Anna Pritzkau: »Sprechen Sie Deutsch!«, *FAS* vom 19.12.2021, S. 19.

91 Rainer Moritz: »Stimmt's oder hab ich recht?«, *FAZ* vom 12.04.2021, S. 6.

92 Vgl. Michael Deutschmann: Sprach-Polizei benennt 143 Kunstwerke um, Bild vom 14.09.2021, https://www.bild.de/bild-plus/regional/dresden/dresden-aktuell/angeblich-rassistische-namen-sprach-polizei-benennt-143-kunstwerke-um-77667934.bild.html.

93 Christoph Türcke: »Der Fluch der bösen Wörter«, *FAZ* vom 17.06.2021, S. 13.

94 Dies hat der Linguist Holger Schmitt umfassend belegt, indem er in Presseveröffentlichungen zählte, in welchem Umfang bestimmte Adjektive, Standardformeln und wertende Substantive in bestimmten Kontexten auftauchen. Vgl. Holger Schmitt: *Das Framing der Linken. Von »Umverteilung«, »Diversität« und »Nazis«*, Bad Schussenried 2021.

95 Die portugiesischen Kolonien in Afrika gewannen erst 1975 nach der Revolution in Portugal ihre Unabhängigkeit, und das Regime der Apartheid in Südafrika endete erst 1991.

96 »Geschichte ist immer schmutzig«, Interview mit Wolfgang Reinhard, *FAZ* vom 25.06.2020, S. 11.

97 Franz Fanon: *Die Verdammten dieser Erde*, Frankfurt a.M. 1981, S. 263.

98 Ebenda, S. 264.

99 Ebenda, S. 265.

100 Ebenda S. 20.

101 Ebenda, S. 23.

102 Vgl. Edward W. Said: *Orientalism*, London 2003.

103 Vgl. Thomas Thiel: »Der Fluch der Antike«, *FAZ* vom 19.03.2021, S. 11.

104 Vgl. Andreas Kilb: »Leitfaden zum Vergessen. Der Postkolonialismus ist eine Form von Ideologie«, *FAZ* vom 03.07.2019, S. 9.

105 »Waffe für eine zeitgenössische Schlacht«, Interview mit Nigel Biggar, *Die Weltwoche* 29.07.2021, S. 80.

106 »Wir reparieren die Zukunft«, Interview mit Bonaventure Ndikung, *FAZ* vom 03.07.2021, S. 12.

107 Einem besonderen Tabu unterliegen alle Forschungen zur Erblichkeit menschlicher Eigenschaften: Dem renommierten britischen Wirtschaftswissenschaftler Gregory Clark, der an der Universität von Kalifornien lehrt, wurde von der amerikanischen National Science Foundation die Finanzierung für seine Forschung und Datenarbeit verweigert, weil er genetische Faktoren untersucht. Ein Vortrag von ihm an der Universität Glasgow wurde abgesagt, weil der Titel mit dem Begriff »Bell Curve« (Normalverteilung) als Bezug zu der Untersuchung von Charles Murray und Richard Herrnstein aus der Mitte der Neunzigerjahre über Vererblichkeit und Verteilung von Intelligenz interpretiert werden könnte. Vgl. Philip Plickert:» Der Ökonom und das böse Buch«, *FAZ* vom 27.02.2021, S. 26.

108 An britischen Universitäten gibt es für Anglistik-Studenten mittlerweile Warnungen vor Klassikern wie *Jane Eyre* von Charlotte Brontë oder *Große Erwartungen* von Charles Dickens, weil sie »Szenen und Diskussionen über Gewalt und sexuelle Gewalt« enthalten, deren Inhalt als verstörend empfunden werden könnte. Bei Shakespeare wird vor *Julius Caesar* gewarnt, weil sich das Drama um Mord und sexistische Einstellungen drehe. Bei Jane Austens *Stolz und Vorurteil* wird auf »Klassismus und Sexismus« hingewiesen. Bei *Emma* wird vor »Antiziganismus und Alkoholkonsum« gewarnt, und bei *Verstand und Gefühl* wird auf Betrug, Depression und »für die damalige Zeit typischen« Rassismus und Sexismus hingewiesen. Achtung. Vgl. »Klassiker! Britische Universitäten warnen vor Verstörung«, *FAZ* vom 10.01.2022, S. 9.

109 Vgl. Greg Lukianoff/ Jonathan Haidt: *The Coddling of the American Mind. How Good Intentions and Bad Ideas are Setting Up a Generation for Failure*, London 2018.

110 Das gilt zum Beispiel für die Universität Bonn. Der dortige Leitfaden »Informationen und Anregungen zum Umgang mit Inhaltshinweisen in der Lehre« gab im September 2021 Anlass zu Diskussionen. In der wertenden Zusammenfassung von Thomas Thiel beschreibt der Leitfaden »Studenten als Patientenkollektiv, dem negative Emotionen wie Ärger und Stress erspart bleiben sollen. Teils klingt er wie ein medizinischer Beipackzettel. (...) Die Liste der potenziellen Stressfaktoren ist so lang, dass man sich fragen muss, wie Medizinstudenten überhaupt noch ohne Vorabpädagogik unterrichtet werden können. (...) Neben Blut umfasst er etwa Rassismus und Frauenfeindlichkeit, Tod und Sterben, Gewalttätigkeit, Pornografie und Klassenkampf.« Es stellt sich die Frage: »Welchen Wert hat ein Bildungsabschluss, der auf selektiver Wahrnehmung beruht?« (...) »Gerade das auch in dem Leitfaden prominente Thema Rassismus ist durch die Vertreter der Critical Race Theory mit subjektivistischen Prämissen aufgeladen worden, die wissenschaftlichen Standpunkten widersprechen und sich hervorragend zur mittlerweile auch in Deutschland viel geübten Denunziation eignen.« Thomas Thiel: »Die Helikopter-Uni«, *FAZ* vom 23.09.2021, S. 11.

111 »Wenn man die Weißen verteufelt, werden sie dementsprechend reagieren«, Interview mit Brett Weinstein, *Die Welt* vom 29.12.2020.

112 Der Anteil der Schwarzen an der Bevölkerung der USA ist 13 Prozent. Auf Schwarze entfielen 2009 in den 75 größten Gemeindebezirken der USA (wo sie 15 Prozent der Bevölkerung stellen) 62 Prozent aller Raubüberfälle, 57 Prozent aller Morde und 45 Prozent aller gewalttätigen Angriffe. Vgl. Heather Mac Donald: *The War on Cops*, New York 2016; S. 217.
Über alles gerechnet, war im Jahrzehnt bis 2019 in 13 amerikanischen Städten die Rate der Gewaltverbrechen von Schwarzen elfmal so hoch wie die Rate der Gewaltverbrechen von Weißen. Vgl. Charles Murray: *Facing Reality. Two Truths about Race in America*, New York 2021, S. 51.

113 In San Francisco sind sechs Prozent der Einwohner schwarz, unter den Obdachlosen sind 37 Prozent schwarz. Die Zahl der Obdachlosen stieg, obwohl die üblicherweise dafür angeführten Gründe – Armut, traumatische Erlebnisse, Rassismus – deutlich abgenommen haben, während gleichzeitig soziale Unterstützungen zunahmen. Vgl. Michael Shellenberger: *San Fransicko*, a.a.O., S. 123ff.

114 Vgl. Michael Shellenberger: »Why Black Moderates Awoke the Woke«, 23.12.2021, https://michaelshellenberger.substack.com/p/why-black-moderates-awoke-the-woke

115 Das ist das Resümee eines Artikels, in dem beschrieben wird, wie in Finnland gegen den aus Deutschland berichtenden freien Journalisten Pertti Rönkkö gehetzt wird, weil manche Schwerpunkte seiner Berichterstattung einem linken Meinungsmainstream nicht gefallen. Vgl. Juri Reinvere: »Wenn die Nachrichten nicht gefallen«, *FAZ* vom 20.02.2021, S. 16.

116 Rainer Hank: »Armut durch Christentum«, *Die Weltwoche* vom 11.11.2021, S. 48.

117 Brockhaus-Enzyklopädie Band I, Wiesbaden 1966, Stichwort Anarchismus.

118 Bei der Debatte über die Impfpflicht und andere freiheitsbeschränkende Maßnahmen in der Corona-Krise zeigte sich, dass Argumente aus der AfD und aus der FDP bisweilen gar nicht so weit auseinanderlagen. Rainer Hank beklagte, dass die FDP in der Pandemie Freiheitsrechte nicht härter verteidigte und sich stattdessen »für tektonische Verschiebungen einspannen« lasse: »weg von individuellen Freiheitsrechten, hin zum Recht der Gemeinschaft«. Christian Lindners Wort von der »staatlichen Verantwortungsgemeinschaft« zeige »die gefährliche Richtung dieser Verschiebung«: Sie verrate die Freiheit. Vgl. Rainer Hank: »Lindners Liberalismus: Wie der FDP-Chef die Freiheit verrät«, *FAS* vom 19.12.2021, S. 22.

119 Der Verfassungsrechtler Udo Di Fabio bemerkt dazu: »Was Freiheit ist, merkt man, wenn sie gewalttätig entzogen wird wie in einer Diktatur. In einer wohlhabenden Umgebung sind Hunger und Elend schwer vorstellbar, und in einer liberalen Gesellschaft kann der Bauplan individueller Freiheit manchmal verblassen. Die Frage ist, ob wir nicht zu sehr einem falsch proportionierten Freiheitsbegriff aufgesessen sind, der eine Freiheit von allen Bindungen propagiert.« – »Freiheit und Pflicht«, Interview mit Udo Di Fabio, *FAZ* vom 30.12.2021, S. 6.

120 Im Dezember 2021 waren drei von vier Ungeimpften der Ansicht, dass die Medien einseitig über die Pandemie berichten, zwei von drei sahen Corona als Vorwand an, durch den der Staat mehr Kontrolle bekommen kann, einer von fünf Ungeimpften war der Ansicht, dass keine eindeutigen Beweise für die Existenz des Virus vorliegen. Vgl. Johannes Pennekamp: »522 Gründe für eine Impfpflicht«, *FAZ* vom 18.12.2021, S. 21.

121 Vgl. »Mordplan und Gewaltphantasien«, *FAZ* vom 09.12.2021, S. 4.

122 »Es ist erbärmlich, Impfwillige noch zu beschimpfen«, Interview mit Sachsens Kultusminister Christian Piwarz, *FAZ* vom 09.12.2021, S. 8.

123 Ein besonders tragisches Ereignis, das den Übergang von Impfgegnerschaft in Verblendung und Wahnsinn zeigt, war in Königswusterhausen bei Berlin der Selbstmord eines Familienvaters, dem der Mord an seiner Frau und an seinen drei Töchtern vorausgegangen war. Ausgelöst wurde die Gewalttat offenbar durch die Furcht, dass der gefälschte Impfpass seiner Frau, der durch deren Arbeitgeber entdeckt worden war, zu Sanktionen gegen die Familie und zur Wegnahme der Kinder führen könne. Vgl. Julia Schaaf: »Der gefälschte Impfpass und der Tod«, *FAS* vom 12.12.2021, S. 11.

124 Stefan Locke: »Tödliche Ablehnung«, *FAZ* vom 09. 12.2021, S. 9.

125 Claus Leggewie: »Das banale Nichts«, *FAZ* vom 18.12.2021, S. 13.

126 »Naiver Glaube, dass die Omikron-Variante das Ende der Pandemie ist«, Interview mit Karl Lauterbach, *Die Welt* vom 08.01.2022.

127 Thomas Meyer: »Geschichte eines Diebstahls«, *FAS* vom 09.01.2022, S. 37.

128 So geschieht es im deutschen öffentlich-rechtlichen Rundfunk zunehmend bei Programmen mit klassischer Musik: »Während vor Urzeiten nur die ans Mikrofon durften, die etwas von dem verstanden, wovon sie sprachen, gibt es

längst ›Moderatoren‹, die alles wegmoderieren, was anfällt, und ihre Ahnungslosigkeit gekonnt mit Phrasen, Stereotypen, Klischees unterfüttern.« Der Evangelische Pressedienst warnt: »Der Kulturauftrag wird weichgespült, und es wird versucht, Hörer zu binden, indem man die Qualität absenkt. Das ist hochgefährlich.« Aktuelle Moderationsleitlinien übergehen die Bedürfnisse der gebildeten Zuhörer, durch ihren »schnoddrigen Ton (…) wird populistisches Bildungsbürgermobbing plötzlich gebührenwürdig«. Man findet es eben unerträglich, dass eine kleine Minderheit deutlich mehr weiß als die Mehrheit und möchte den Bedürfnissen dieser Minderheit nicht länger dienen, weil sie zu einem banalen Gleichheitsdenken im Widerspruch stehen. Jan Brachmann: »Mobbing gegen Bildungsbürger«, *FAZ* vom 18.03.2021, S. 9.

129 Vgl. die schönen und polemischen Beispiele bei Anabel Schunke: »Es lebe die Schönheit«, *Die Weltwoche* vom 30.11.2021, S. 39.

130 Rafael Grossi, der Generaldirektor der Internationalen Atomenergie-Organisation (IAEA) weist darauf hin, dass fast ein Drittel des sauberen Stroms auf der Welt aus Atomreaktoren stammt. Er hält es ohne Kernkraft für »fast unmöglich, zur Dekarbonisierung zu gelangen«. Er zitiert auch die Feststellung der Gemeinsamen Forschungsstelle der EU, des Joint Research Centre (JRC), dass es »keinen Beleg dafür« gibt, »dass Kernkraft mehr Schäden verursacht als andere Energieträger«. »Kernkraft ist quicklebendig und wächst«, Interview mit Rafael Grossi, *FAZ* vom 09.11.2021, S. 17.

131 Die Logik der in Deutschland betriebenen Energie-und Klimawende besteht darin, den Energieverbrauch insgesamt stark abzusenken, innerhalb des abgesenkten Energieverbrauchs den Umfang und den Anteil des Stroms deutlich zu erhöhen, innerhalb der deutlich zu erhöhenden Nettostromerzeugung die Erzeugung aus Kernkraft, Kohle und Öl möglichst schnell zu beenden und die Erzeugung aus Erdgas nur noch übergangsweise zu dulden. Ein starkes Anwachsen der Nettostromerzeugung wird für die Energiewende benötigt, weil der Autoverkehr weitgehend auf batteriebetriebene Fahrzeuge und die Gebäudeheizung weitgehend auf elektrische Wärmepumpen umgestellt werden soll. Das gilt ebenso für energieintensive industrielle Prozesse in der Chemie oder in der Stahl- und Aluminiumproduktion.
Die große Hoffnung ist dabei der blaue Wasserstoff. Er könnte in Gaskraftwerken verfeuert werden. Seine Erzeugung soll durch gewaltige Mengen an Wind- und Solarenergie ermöglicht werden.
Das aber ist ferne Zukunftsmusik. Die deutsche Energiewirklichkeit sah 2021 ganz anders aus: Die Windenergie trug 21,5 Prozent und die Solarenergie 8,7 Prozent zur deutschen Stromerzeugung bei, zusammen waren das 30,2 Prozent. Der Beitrag von Kernenergie und Kohle lag demgegenüber bei 42,8 Prozent. Vgl. https://www.destatis.de/DE/Presse/Pressemitteilungen/2022/03/PD22_116_43312.html
Die Kapazitäten von Wind und Sonne müssten in nur wenigen Jahren auf das Drei- bis Vierfache steigen, um deren angekündigten beziehungsweise

bereits vollzogenen Fortfall und die geplante Erhöhung der Stromerzeugung auszugleichen.
Wie realistisch kann das sein? Im Januar 2021 wurden in Deutschland 31 115 Windkrafträder betrieben, Im September waren es 30 617, ihre gesamte Nennleistung stieg in dieser Zeit um 3 Prozent. Die Nennleistung der Photovoltaik stieg um 7 Prozent. Damit für die Stromproduktion die Ziele der Energiewende bis 2030 erreicht werden, müsste bei Solaranlagen die jährliche Zubaurate verdreifacht und bei Windenergie vervierfacht werden – und zwar aus dem Stand ab sofort. Das wäre selbst dann nicht möglich, wenn alle Beteiligten den besten Willen hätten und das deutsche Planungsrecht in wenigen Monaten umfassend geändert würde. Beides ist nicht der Fall.

132 China, die USA, Japan, Frankreich, Großbritannien, Finnland, Tschechien, Polen und die anderen Länder Osteuropas setzen in ihrer Strategie gegen den Klimawandel alle auf einen Ausbau der Kernkraft. In Italien und Belgien ist die Diskussion kontrovers. Deutschland ist mit seiner Entscheidung für den Ausstieg weitgehend isoliert. Nichts wie raus, *FAZ* vom 03.01.2022, S.19.

133 Jasper von Altenbockum: »Der Kaiser ist nackt«, *FAZ* vom 03.01.2022, S. 1.

134 »Bloß keine Panik – auch beim Klima«, Interview mit Jochem Marotzke, *FAS* vom 29.03.2020, S. 57f.

135 Chiristiane Nüsslein-Volhard: »Grüne Genschere«, *FAZ* vom 29.12.2021, S. N 2.

136 Vgl. Jasper von Altenbockum: »Der heilige Datenschutz«, *FAZ* vom 04.01.2022.

137 Vgl. Steven Pinker: *Rationality. What it is. Why it seems scarce. Why it matters*, London 2021, S. 36ff.

138 So behauptete Trump, noch nie hätten so viele Menschen bei der Amtseinführung eines Präsidenten teilgenommen, wie bei ihm im Januar 2017. Historische Fotos der Mall bewiesen das Gegenteil. Bis heute behauptet er, er habe bei der Präsidentenwahl im November 2020 mehr Stimmen bekommen als Joe Biden. Richtig ist, dass Joe Biden nach dem amtlichen Wahlergebnis sieben Millionen Stimmen mehr als Trump hatte.

139 Vgl. Majid Sattar: »187 Minuten Pflichtverletzung«, *FAZ* vom 05.01. 2022, S. 3.

140 Josef Holnburger, Experte für Verschwörungsideologien und den Messengerdienst Telegram, weist darauf hin, dass schon seit vielen Jahren etwa 20 Prozent aller Menschen offen für Verschwörungserzählungen sind. »Sie wähnen sich im Widerstand«, Interview mit Josef Holnburger, *FAZ* vom 08.01.2022, S. 7.

141 Vgl. Nassim Taleb: *Skin in the Game. Hidden Asymmetries in Daily Life*, New York 2019.

142 Vgl. Cass. R. Sunstein: *Das Lemming-Prinzip. Wie unser Hang zu Konformität Extremismus fördert, kritisches Denken unterdrückt und unsere Freiheit bedroht*, München 2021.

143 Vgl. Rainer Hank: *Die Loyalitätsfalle. Warum wir dem Ruf der Horde widerstehen müssen*, München 2021.

Kapitel 5:
Ideologie und die Ordnung der Gesellschaft

1 Vgl. Egon Flaig: *Weltgeschichte der Sklaverei*, München 2018. Die systematische Versklavung der Schwarzen in Subsahara-Afrika wurde seit der Spätantike vor allem von den Ländern der islamischen Welt betrieben. Die Sklavenjäger waren durchweg Muslime, und in die islamische Welt ging auch der größte Teil der Sklaven. Mit der Entdeckung der Neuen Welt stiegen die Portugiesen und später die Spanier groß in den Sklavenhandel ein. Die meisten Sklaven gingen nach Brasilien und in die Karibik. Nur knapp 400 000 wurden in die USA verschifft. Von dieser kleinen Zahl stammen die 39 Millionen Schwarzen ab, die heute in den USA leben.

2 In den Ländern Europas, aber auch in Nordamerika war seit dem 18. Jahrhundert die kleine Minderheit der Juden gemessen an Bildung, wissenschaftlichen Leistungen und Einkommen trotz der verbreiteten antisemitischen Vorbehalte überdurchschnittlich erfolgreich, das hält bis heute an. Gleiches gilt für die ostasiatischen Einwanderer und ihre Nachkommen in Nordamerika, obwohl sie bei der weißen Bevölkerung lange Zeit Gegenstand rassistischer Vorbehalte waren. In Bezug auf die amerikanischen Schwarzen fällt es schwer, 150 Jahre nach dem Ende der Sklaverei die relativen Rückstände bei Bildung, Einkommen und Beschäftigung kausal auf die bei einem Teil der Weißen immer noch bestehenden rassistischen Vorbehalte zurückzuführen.

3 »Rassismus existiert, aber er erklärt nicht, was hier passiert«, Interview mit Glenn Cartman Loury, *Neue Zürcher Zeitung* vom 06.06.2020.

4 Uwe Kischel: »Rasse oder Rassismus«, *FAZ* vom 11.02.2021, S. 6.

5 Seit Dezember 2021 wird Twitter von Parag Agrawal geleitet. 2014 wurde Satya Nadella Chef von Microsoft. Sundar Pinchai ist seit 2015 Chef von Google. Shantanu Naryen steht an der Spitze von Adobe. Nikesh Krishna leitet IBM. Saneed Mathrani ist Chef von WeWork. »Die Branche spricht mittlerweile von einer Art ›umgekehrtem Rassismus‹. Inder und Technik sind heute ein Selbstläufer«. Vgl. Christoph Hein: »Techkonzerne in indischen Händen«, *FAZ* vom 1.12.2021, S. 18.

6 Beispiele larmoyanten Jammerns über die ungerechte Verteilung von Privilegien durch Herkunft finden sich in der linken und linksliberalen Presse zuhauf. Vgl.»Der vererbte Habitus ist ein Riesenprivileg«, Interview mit Julia Friedrichs und Sophie Passmann, *Der Tagesspiegel plus* vom 20.03.2021.

7 Alle Vergleiche der Bildungsleistung in afrikanischen Ländern mit dem Durchschnitt der OECD führen immer wieder zu niederschmetternden Ergebnissen: Nicht nur ist die durchschnittliche Leistung der Schüler weitaus niedriger – etwa ein Viertel bleibt trotz Schulbesuchs analphabetisch oder

erreicht nur eine geringe Lesefähigkeit –, sondern auch bei formal identischen Bildungsabschlüssen ist das Niveau in Afrika weitaus niedriger. Vgl. Andreas Backhaus: »Skills in African labor markets and implications for migration to Europe«, Kiel Working Paper Nr.2150, April 1920, Kiel Institute for the World Economy ISSN 1862–1155.

8 Dänemark plant zur Verhinderung kultureller Überfremdung die Einführung von Migrantenquoten für Wohngebiete. Ahmad Mansour stimmt einem solchen Ansatz grundsätzlich zu, fordert aber auch eine Quotierung an Schulen, damit Migranten nicht unter sich bleiben. Vgl. »Migrantenquoten in Stadtvierteln? Es geht nicht darum Falafel-Läden zu bekämpfen«, Interview mit Ahmad Mansour, *Focus Online* vom 19.03.2021.

9 Thomas Thiel: »Rückschritt wagen. Ausgeblendet: Religiöse Konflikte an Schulen«, *FAZ* vom 04.01.2022, S. 9.

10 Vgl. Ayaan Hirsi Ali: *»Beute«. Warum muslimische Einwanderung westliche Frauenrechte bedroht*, München 2021.

11 Vgl. Ahmad Mansour: »Im Umgang mit dem Islam machen deutsche Politiker immer denselben arroganten Fehler«, *Focus Online* vom 27.07.2021.

12 Dazu gehört auch, dass die deutsche Politik die Entstehung eines liberalen Islam in Deutschland nur halbherzig oder gar nicht unterstützt und tatsächlich den strenggläubigen Muslimen und ihren Verbänden mehr Einfluss gewährt – zum Beispiel bei der Ausbildung von Imamen in Deutschland –, als ihnen zustehen sollte. Vgl. Judith Sevinc Basad: »Liberaler Islamausbilder wird aus Uni gemobbt«, *Bild* vom 26.06.2021.

13 Die Ereignisse auf der Kölner Domplatte zu Silvester 2015, als maghrebinische Einwanderer in großer Zahl Frauen sexuell belästigten, wiederholten sich Silvester 2021 vor dem Mailänder Dom. Auch hier gingen die Übergriffe von Einwanderern aus dem Maghreb aus, auch hier griffen die Sicherheitskräfte lange Zeit nicht ein, und auch hier brauchte die Politik, mit dem Mailänder Bürgermeister an der Spitze, längere Zeit, bis sie die Ereignisse als jenen Skandal bezeichnete, der sie waren. Vgl. Matthias Rüb: »Keiner half den Frauen«, *FAS* vom 18.01.2022, S. 8.

14 »Das ist Selbstaufgabe, keine Integrationspolitik«, Interview mit Hamed Abdel-Samad, *Die Welt* vom 11.11.2020.

15 67 Prozent der Deutschen halten die Zuwanderung in Deutschland für zu hoch, das meinen auch 36 Prozent der Wähler der Grünen. Vgl. Klaus Geiger: »Die überraschende Migrations-Skepsis der Grünen-Wähler«, *Die Welt* vom 27.12.2021.

16 Vgl. Daniel Thym: »Das Ende einer Illusion. Die europäischen Gesellschaften sollten sich eingestehen, dass sie das Asylrecht faktisch heute schon kontingentieren«, *FAZ* vom 26.03.2020, S. 6.

17 Die Zahlen stammen vom internationalen Eisenbahnverband UIC und sind zitiert bei Steingarts Morning Briefing vom 02.12.2021.

18 Im Jahresdurchschnitt 2019/2013 betrug die preisbereinigte Zunahme des BIP je Erwerbstätigenstunde 0,8 Prozent, für die Zeit 2025/2019 wird ein

Anstieg von 0,9 Prozent vorausgeschätzt. Das befindet sich in Übereinstimmung mit dem langfristigen Trend. Vgl. Timo Wollenshäuser u.a.: *Ifo Konjunkturprognose Winter 2020*, ifo Schnelldienst Sonderausgabe Dezember 2020, Tabelle 4.2, S. 50.

19 Vgl. Thomas Piketty: *Das Kapital im 21. Jahrhundert*, München 2014.

20 »Staatlicher Automobilbetrieb – Kühnerts Ideen zur Zukunft von BMW«, *Die Welt* vom 01.05.2019, https://www.welt.de/wirtschaft/article192761211/Enteignungen-Kevin-Kuehnerts-extreme-Ideen-fuer-die-Wirtschaft.html.

21 2017 betrug das Einkommen der untersten 10 Prozent nach Umverteilung circa 35 Prozent des Durchschnittseinkommens, die obersten 10 Prozent hatten ein Einkommen, das um 130 Prozent über dem Durchschnitt lag. Vgl. »Sechster Armuts- und Reichtums-Bericht – Lebenslagen in Deutschland«, Bundestagsdrucksache 19/29815 vom 14.05.2021, dort die Tabellen zur Verteilung der jährlichen Nettoäquivalenzeinkommen laut Einkommens- und Verbrauchsstichprobe, S. 357.

22 Vgl. Valentina Consiglio/ Christian Geppert/ Sebastian Königs/ Horacio Levy/ Anna Vindics: »Bröckelt die Mittelschicht? Risiken und Chancen für mittlere Einkommensgruppen auf dem deutschen Arbeitsmarkt«, vom 01.12.2022, S. 11, DOI 10.11586/2021117.

23 Vgl. ebenda S. 12.

24 Jürgen Kaube: »Am Puls der Mittelschicht«, *FAZ* vom 03.12.2021, S. 11.

25 Vgl. Susanne Vieth-Entus: »Herkunft als Stigma. Koalition schränkt Informationen über Schulen ein. Migrantenquote künftig nicht mehr öffentlich«, *Der Tagesspiegel* vom 03.02.2021, S. 21.

26 Jürgen Kaube: »Geheimnis und Stigma«, *FAZ* vom 06.12.2021, S. 9.

27 Für das Vorwort der Neuausgabe von *Deutschland schafft sich ab* habe ich die Entwicklung der Bildungsleistung an den Schulen in Deutschland im internationalen Vergleich anhand aktueller Daten, die bis 2018 reichen, ausgewertet. Es ergibt sich ein erheblicher Niveauunterschied zu den Ländern Ostasiens und ein deutlicher Rückgang der durchschnittlichen Leistungen in Lesen und Mathematik seit dem Jahr 2010. Vgl. Thilo Sarrazin: *Deutschland schafft sich ab*, München 2021, S. XVIIff.

28 Vgl. »Wir führen hier keinen Kulturkampf«, Interview mit Bettina-Stark-Watzinger, *Der Tagesspiegel* vom 19.12.2021, S. 3.

29 Vgl. Wolfgang Krischke: »Teufelskreis der Rechtschreibschwäche«, *FAZ* vom 08.09.2021, S. N4.

30 Vgl. Amartya Sen: *The Idea of Justice*, London 2009.

31 In den USA zeigt sich ein Trend, dass der Anteil der Kinder, die mehr als ihre Eltern verdienen, langfristig sinkt: von 90 Prozent in den Siebzigerjahren über 60 Prozent um die Jahrtausendwende auf 45 Prozent im Jahr 2014. Dieser Trend wurde im November 2021 im *Economist* diskutiert und als Beleg für mangelnde Chancengleichheit interpretiert. Es war aufschlussreich, dass die Frage, ob dies mit einer zunehmenden Schichtung der amerikanischen Gesellschaft nach ihrer Leistung zu haben könnte, in dem ausführli-

chen Artikel überhaupt nicht diskutiert wurde. Vgl. »Stuck in place. Briefing: Social Mobility in America«, *The Economist* vom 06.11.2021.

32 Vgl. Michael Shellenberger: *San Fransicko*, a.a.O.

33 Vgl. Michael Shellenberger: »Warum alles falsch ist, was wir über Drogen zu wissen glaubten«, *Die Weltwoche* vom 02.09.2021, S. 34f.

34 Heinrich August Winkler: »Das widerspruchsvolle Erbe des Otto von Bismarck«, *FAZ* vom 18.01.2021, S. 6.

35 Zum Absurden neigt traditionell die Zusammensetzung des UN-Menschenrechtsrats: Ihm gehören unter anderen China, Pakistan, Russland, Kuba, Libyen und Venezuela an. 70 Prozent seiner Entschließungen verurteilen den demokratischen Rechtsstaat Israel. Sofern die UNO militärische Interventionen tätigte und unterstützte, standen UNO-Truppen nur zu oft nicht aufseiten der Opfer oder verhielten sich passiv, wie zum Beispiel bei der Ermordung muslimischer Bosnier nach der Eroberung von Srebenica durch serbische Truppen oder beim Völkermord der Hutus an den Tsutsis in Ruanda. Vgl. Michael Wolffsohn: »Wenn Unrechtsstaaten zu Wächtern von Menschenrechten werden«, *Die Welt* vom 03.01.2022.

36 Vgl. https://www.demokratiematrix.de/ranking.

37 Vgl. Eric Gujer: »Annalena Baerbock will Deutschland auf einen gefährlichen Irrweg führen«, *Neue Zürcher Zeitung* vom 24.12.2021.

38 https://www.*faz*.net/aktuell/politik/ausland/bidens-demokratiegipfel-ungarn-muss-draussen-bleiben-17665078.html. Nach meiner Vermutung wurde die amtierende ungarische Regierung von der US-Regierung politisch abgestraft, weil sie den Aktivitäten von George Soros in Ungarn wiederholt Steine in den Weg gelegt hat.

39 https://www.state.gov/participant-list-the-summit-for-democracy/

40 Vgl. Julian Staib: »Gegen das anhaltende Grauen«, *FAZ* vom 31.12.2021, S. 4.

41 Vgl. Thilo Sarrazin: *Wunschdenken. Warum Politik so häufig scheitert.* Vollständig überarbeitete und aktualisierte Neuausgabe, München 2022, S. 392ff.

42 Hans Christoph Buch spricht von den drei Grundübeln Afrikas, die jetzt auch Südafrika zerstören: Stammesdenken, Korruption und Brutalität. Vgl. Hans Christoph Buch: »Die drei Grundübel Afrikas zerstören nun auch Südafrika«, *Die Welt* vom 28.07.2021.

43 Vgl. zur wirtschaftlichen Entwicklung Afrikas und zu ihren Hemmnissen die ausführliche Analyse in Thilo Sarrazin: *Der Staat an seinen Grenzen*, a.a.O., S. 283ff.

44 Vgl. dazu die ausführliche Darstellung in Thilo Sarrazin: *Wunschdenken* a.a.O., S. 40ff und die dort zitierte Literatur.

45 Vgl. ebenda S. 44ff. und die dort zitierte Literatur

46 Vgl. Thilo Sarrazin: *Der Staat an seinen Grenzen*, a.a.O., S 346ff. und die dort zitierte Literatur.

47 Vgl. Rainer Hank: »Arme Westler bezahlen für Drittwelt-Eliten«, *Die Weltwoche* vom 09.09.2021, S. 50f.

48 Vgl. Rolf J. Langhammer: »Ein Reformplan für Afrika«, *FAZ* vom 30.04.2020, S. 18.
49 Diese Auffassung, die ich seit 2016 in mehreren Veröffentlichungen näher begründet habe, gehörte zum Kern meiner in Kapitel 2 beschriebenen Konflikte mit der SPD. Auch in dem noch nicht abgeschlossenen Ausschlussverfahren der Grünen gegen Tübingens Oberbürgermeister Boris Palmer beziehen sich die Anwürfe überwiegend auf seine Aussagen zur Einwanderungs- und Flüchtlingspolitik.
50 Vgl. Rüdiger Soldt: »Konfrontation und Öffentlichkeit. Im Streit über seinen Parteiausschluss tritt Boris Palmer die Flucht nach vorn an und stellt Schriftsätze ins Netz«, *FAZ* vom 09.12.2021, S. 4.
51 Matthias Rüb: »Ohne diplomatische Rücksicht«, *FAZ* vom 09.12.2021, S. 10.
52 Thomas Thiel: »Rückzug aus einem Kulturkampf«, *FAZ* vom 03.11.2021, S. 11.

Kapitel 6: Zur ideologischen Prägung der Ampel-Regierung

1 Vgl. »Mehr Fortschritt wagen. Bündnis für Freiheit, Gerechtigkeit und Nachhaltigkeit, Koalitionsvertrag 2021–2025 zwischen der Sozialdemokratischen Partei Deutschlands (SPD), Bündnis 90/Die Grünen und den Freien Demokraten (FDP), SPD.de/ Grüne.de/FDP.de«.
2 Wer bestimmte ideologische Konzepte erwartet hatte, ist allerdings enttäuscht, wenn er sie nicht findet. So ärgerte sich Claudius Seidl in der *FAZ* darüber, dass es auch unter der Ampel-Regierung beim Privateigentum an Grund und Boden bleibt. Vgl. Claudius Seidl: »Nie wieder Gegenwart«, *FAZ* vom 15.12.2021, S. 9.
3 Was soll zum Beispiel zum Thema Wissenschaft der Satz: »Geschlechtergerechtigkeit und Vielfalt in all ihren Dimensionen sind Qualitätsmerkmale und Wettbewerbsfaktoren im Wissenschaftssystem.«? Ebenda S. 19. Offenbar denkt man an Quoten für Frauen, Behinderte und Migranten: »Wir wollen die familien- und behindertenpolitische Komponente für alle verbindlich machen. (…) Wir wollen das Professorinnenprogramm stärken. Wir wollen Geschlechtergerechtigkeit und Vielfalt künftig in allen Förderprogrammen und Institutionen durchsetzen.« Ebenda S. 221. Auch das Gesundheitssystem soll »divers« und »inklusiv« sein: »Für ein diverses, inklusives, und barrierefreies Gesundheitssystem erarbeiten wir mit den Beteiligten bis Ende 2022 einen Aktionsplan.« Ebenda, S. 84.
4 Vgl. »Mehr Fortschritt wagen«, a.a.O., S. 28.
5 Ebenda, S. 30.
6 Ebenda, S. 33.
7 Vgl. Thilo Sarrazin: *Wunschdenken*, a.a.O., S. 282ff.
8 »Mehr Fortschritt wagen«, a.a.O., S. 34.

9 Ebenda, S. 38.

10 Vgl ebenda S. 45f.

11 Vgl. ebenda, S. 45ff.

12 Es geht um verkürzte Genehmigungsverfahren und um ausreichende Bauflächen für Wind- und Solarparks. Wenn man hier steuern will, bedeutet dies Eingriffe in die Planungshoheit der Kommunen. Experten fordern ein durchgehendes Regime von Bund, Ländern und Kommunen, um die Flächenbereitstellung und auch den Arten- und Naturschutz zu regeln. Das gewohnte konsensorientierte föderale Verfahren ist hier eindeutig zu langsam. Mit ihm werden die Klimaschutzziele verfehlt werden. Vgl. »Grünstrom oder Rotmilan«, Interview mit Urban Keussen, *FAS* vom 02.01.2022, S. 22.

13 Vgl. »Mehr Fortschritt wagen«, a.a.O., S. 58ff.

14 Franz Fehrenbach, der Aufsichtsratsvorsitzende der Robert Bosch GmbH, hält zentrale energiepolitische Zielsetzungen der Ampel-Regierung für irreal: »Nehmen wir das Beispiel erneuerbare Energien: Die sollen bis 2030 in Deutschland einen Anteil am Strommix von 80 Prozent ausmachen. Das wäre eine Verdreifachung gegenüber dem heutigen Wert. Wie soll das gelingen?« Vgl. »Wir sind zu abhängig von anderen Regionen«, Interview mit Franz Fehrenbach, *FAZ* vom 11.12.2021, S. 30.

15 Ottmar Edenhofer und Axel Ockenfels schreiben dazu: »Internationale Kooperation ist der Dreh- und Angelpunkt erfolgreicher Klimapolitik. Die neue Bundesregierung sollte ihr beträchtliches politisches Kapital darin investieren, dass sie gelingt. Dann wird auch die Glaubwürdigkeit, und damit die Erfolgswahrscheinlichkeit, des europäischen Green Deal und der deutschen Klimapolitik gestärkt. Nichts wäre wichtiger.« Vgl. »Die deutsche Ampel und das Weltklima«, *FAZ* vom 10.12.2021, S. 16.

16 Vgl. »Mehr Fortschritt wagen«, S. 72ff.

17 Die Idee für eine Aktienrente kommt aus Schweden. Dort besteht das Modell schon seit 20 Jahren, und der entsprechende Fonds erwirtschaftete bislang jahresdurchschnittliche Renditen von 11 Prozent. Jeder Schwede muss 2,5 Prozent seines beitragspflichtigen Einkommens für den kapitalgedeckten Teil der Rente aufwenden, das ist Teil eines am Ende der Neunzigerjahre eingerichteten Gesamtkonzepts. Dazu gehören auch eine Begrenzung des Beitragssatzes auf 18,5 Prozent, eine stufenweise Erhöhung des Rentenalters und der Verzicht auf die Festschreibung eines bestimmten Rentenniveaus. Schweden hat also genau die Festlegungen vorgenommen, auf die man sich in Deutschland nicht einigte beziehungsweise immer wieder außer Kraft setzte. Im Vergleich zu Schweden lebt Deutschland rentenpolitisch von der Hand in den Mund. Vgl. Sebastian Balzter: »Alter Schwede«, *FAZ* vom 16.12.2021, S. 17.

18 Vgl. »Mehr Fortschritt wagen«, a.a.O. S. 75ff.

19 Ebenda S. 87.

20 Die Ankündigung der teilweisen Legalisierung des Kaufs und Gebrauchs

von Cannabis stieß sofort auf einhelligen Widerstand von Medizinern, Psychiatern und Psychotherapeuten. In einer gemeinsamen Stellungnahme von Fachgesellschaften und Berufsverbänden wurde vor einer Entwicklung wie in den Vereinigten Staaten und Kanada gewarnt. Damit werde Suchtprävention unterlaufen, die Zugänglichkeit gesteigert und insbesondere unter den Jugendlichen der Anteil der Süchtigen erhöht mit ungünstigen Folgen für die Hirnleistung einschließlich der Intelligenz. Auch gebe es einen klar belegten Zusammenhang zwischen psychischen Störungen und Cannabisgebrauch. Vgl. Daniel Deckers: »Jugendschutz als Illusion«, *FAZ* vom 17.12.2021, S. 4.

21 »Mehr Fortschritt wagen«, a.a.O., S. 98.

22 Vgl. ebenda, S. 101.

23 Vgl. ebenda.

24 Ebenda, S. 103.

25 40 Prozent aller Gewalttaten in Deutschland werden von Ausländern begangen, und die altersbereinigte Gewaltkriminalität der seit 2015 nach Deutschland gekommenen Schutzsuchenden ist dreimal so hoch wie bei der übrigen männlichen Bevölkerung.

26 Im Jahr 2020 gab es in Deutschland 1237 Gewalttaten von Linksextremisten und 1023 Gewalttaten von Rechtsextremisten. Siehe: Bundesministerium des Inneren: »Verfassungsschutzbericht 2020«, S. 27 und S. 24.

27 »Mehr Fortschritt wagen«, a.a.O., S. 115.

28 Beides ist international für ganz unterschiedliche Länder nachgewiesen und bildet sich umso stärker aus, je mehr Männer und Frauen ihre Berufe und ihre Arbeitszeiten frei und unbeeinflusst wählen können. Das war auch seit den Dreißigerjahren die Entwicklung in den israelischen Kibbuz-Gemeinschaften, die auf gleiche Rechte und Pflichten von Männern und Frauen bei Auflösung herkömmlicher Familienstrukturen zielten. Vgl. Susan Pinker: *The Sexual Paradox* a.a.O., S. 264f.

29 Ebenda, S. 116.

30 Ebenda, S. 119.

31 Ebenda, S. 135.

32 Ebenda, S. 138.

33 Vgl. ebenda S. 156.

34 Vgl. Egon Flaig: »›Gesichert rechtsextremistisch‹: Ein Bundeskanzler und ein Verfassungsrichter«, in: *Tumult*, Vierteljahresschrift für Konsensstörung, Winter 2021/22, S. 15.

35 Vgl. Ernst-Wolfgang Böckenförde: »Der säkularisierte Staat. Sein Charakter, seine Rechtfertigung und seine Probleme im 21. Jahrhundert«, Vortrag im Rahmen der Siemens-Stiftung, München 2007, S. 39 und S. 41.

36 Vgl. Bundesministerium des Innern, für Bau und Heimat: »Verfassungsschutzbericht 2020«, Berlin, Mai 2021, S. 85f.

37 Egon Flaig: »›Gesichert rechtsextremistisch‹: Ein Bundeskanzler und ein Verfassungsrichter«, a.a.O., S. 17.

38 Vgl. dazu die Diskussion des wissenschaftliches Erkenntnisstandes bei Thilo Sarrazin: *Wunschdenken*, a.a.O., S. 48ff.

39 Gerald Wagner: »Bleiben wir bei den Fakten«, *FAZ* vom 08.12.2021, S. N4.

40 Harald Martenstein prognostiziert: »Natürlich wird bei Merz, wenn er nicht brav ist, sofort der übliche Ausgrenzungsfuror einsetzen. Er wird als Depp verspottet, als Nazi beschimpft und zur Unperson ernannt werden, seine Aussagen werden verdreht, seine Fernsehinterviews werden Tribunale. Jeden Tag wird das Land mit Anti-Merz-Impfstoff geflutet werden. Fairness darf er nicht erwarten. Da sollte er cool bleiben. Die Erfahrung lehrt, dass man auch gegen fast alle Medien Wahlen gewinnen kann, ich sage nur: Kohl.« Harald Martenstein: »Friedrich Kohl?«, *Der Tagesspiegel* vom 19.12.2021, S. 1.

41 Aus meiner Sicht ist 2015/16 die Glaubwürdigkeit der Politik, der staatlichen Organe und der Medien durch den Umgang mit der Flüchtlingskrise beschädigt worden. Das gilt insbesondere für Ostdeutschland. Maßgebend war dafür auch die moralisierende Art, wie damals kritische Einwände in die »rechte Ecke« geschoben wurden. Die Glaubwürdigkeit, die damals verbraucht wurde, fehlte der Politik 2021 bei der Auseinandersetzung mit dem Impfskeptikern und den Impfgegnern.

Schlussbemerkung

1 Das ist der Vorschlag des Kognitionsforschers Steven Pinker für das amerikanische Bildungssystem. Vgl. Steven Pinker: *Rationality*, a.a.O., S. 301.

Dank

Dem Langen Müller Verlag danke ich für die konstruktive Begleitung bei der Entstehung dieses Buches und viele wertvolle Gespräche.

Annalisa Viviani danke ich für die akribische Durchsicht des Textes im Rahmen des Lektorats. Er gewann dabei an Präzision und Klarheit.

Meiner Frau Ursula Sarrazin danke ich für ihre Geduld während meiner Arbeit am Manuskript und für ihre Bereitschaft, Texte im Prozess der Entstehung kritisch zu lesen.

Register

Öfen setzen. Laudatio auf einen Unbequemen

von Uwe Tellkamp

Thilo Sarrazin zu loben ist, folgt man manchen Journalisten, ein Vergehen, ein Überschreiten der roten Linie, ein Geistesverbrechen. Zum ersten Mal begegnete mir sein Name bei Recherchen zur Wirtschafts- und Währungsunion im Zuge der 89er Revolution. Sarrazin leitete damals das Referat für Nationale Währungsfragen im Bundesfinanzministerium. Kein einflussreiches Referat in den Jahren vor dem Mauerfall. In Abseits-Referaten kann der Beamte auf zweierlei Weise agieren: mit Dienst nach Vorschrift (was eine Form von Rückzug ist), oder indem er das Referat ernst nimmt, Potenziale erforscht und nutzbar macht, die das Referat aus dem Schlummer- in den Avantgardestatus leiten können. Sarrazin tat Letzteres, und so verdanken wir nicht zuletzt seiner Arbeit im Referat für Nationale Währungsfragen, dass einige der schwierigsten Aufgaben der deutschen Wiedervereinigung geglückt sind. Später übernahm er im Bundesfinanzministerium die Rechts- und Fachaufsicht über die Treuhand, saß im Vorstand der Deutschen Bahn, wurde Finanzsenator des Landes Berlin. Als er 2009 von Berlin nach Frankfurt in den Vorstand der Deutschen Bundesbank wechselte, hatte der Berliner Landeshaushalt den ersten Überschuss seit 1948 erwirtschaftet.

Im Jahr 2010 dann brach der Vielfaltsberg aus, der größte Vulkan auf dem Gebiet der deutschen demokratischen Meinungswirtschaft. Was war geschehen? Thilo Sarrazin hatte es gewagt, Statistiken zu veröffentlichen. Aus diesen Statistiken zog er außerdem noch Schlüsse. Einer stand auf dem Buch und hieß »Deutschland schafft sich ab«. Das folgende Theaterstück war im Staatsschauspiel durchaus erprobt, ungewohnt war die Intensität. Nennen wir es Schlammödie – ist der Name auch neu, so doch das Verfahren vertraut. Die Schlammödie mit dem Arbeitstitel »Thilo und der Regenbogen« war durch eine recht einseitige Verteilung von Wurfgeschossen mit mehr oder weniger blubbernautischem Hintergrund gekennzeichnet, viele stammten vom Panzerkreuzer Potemkin, von Qualitätskanonieren abgeschossen. Auf Dauer waren sie nicht hilfreich, »Deutschland schafft sich ab« hatte zu viel Realitäts-Vorder- und -Hintergrund.

Das Buch, das Ihnen heute vorgestellt wird, trägt den Karl Popper abwandelnden Titel »Die Vernunft und ihre Feinde. Irrtümer und Illusionen ideologischen Denkens«. Es lässt sich, wie jedes gute Buch, auf einen Satz bringen. *Wenn der Staat beginnt, Sinn zu suchen, wird es gefährlich.* Was Vernunft sei, findet statt in wechselnder und schwankender Gestalt. Wenn aber die Feinde der Vernunft walten, kommt der Volkswitz zurück.

Habecken. In der Bundesrepublik Deutschland, im Jahr 2022, wurde über das E-Auto, smartes Wohnen, Kohlendioxid, über den Ukrainekrieg, Gas und Gender gesprochen, gesendet und geleitartikelt, über das E-Auto je länger je weniger, dafür mehr über den sogenannten Streckbetrieb, eine Art von Streckbank für *den Wähler*, im Diskurs nur Demokraten selbstverständlich, die mit Weisheitslöffeln aus dem ökologisch abbaubaren Kiezkürbis Demokraten-Eintopf löffelten, während die Menschen unten, wo die undemokratischen Ruder der Schiffe streifen, zu *habecken* begannen, weil plötzlich offenbar wurde, dass all diese Wörter und Phrasen nur Falschgeld waren, kaum oder nicht gedeckt von der Lebenswirklichkeit der vielen (die tatsächlich sagen konnten »wir sind mehr«). In dieser Lebenswirklichkeit ging es darum, den kommenden Winter ohne Gas, Strom, Heizung zu überstehen und das nicht etwa als üblen Scherz, sondern als *faesern*, als ernstgemeinten Akt im Theaterstück unseres Staatsschauspiels, zu begreifen, als den Augenblick, wo das Schauspiel in die Wirklichkeit überging und also *merkelte*, vom Ende her gedacht und mit durchaus flach gehaltenen Bällen. Winter ohne Wärme in Stadtwohnungen ohne Ofen, wenn das Licht ausging und weder Kühlschrank noch Toilettenspülung mehr funktionierten, noch Benzinpumpen an Tankstellen, wenn Notstromaggregate in Krankenhäusern womöglich vorhanden waren, aber nach dem Anspringen wieder ausgingen, wie es sich zutrug in Berlin im Jahr 2019; in dieser Wirklichkeit, der Wirklichkeit des Habeckens, ging es nicht um Welterrettung, sondern um den Kauf von Wasserkanistern zum Trinkwasserspeichern, um Taschenlampen und Notfallradios mit Kurbel, darum, welche Axt man sich besorgt, ob Konserven oder Armee-Notfallnahrung, und es ging darum, in Zeiten ohnehin drückender Inflation für all diese Dinge Geld und nochmals Geld auszugeben beim Versandhandel, der das einzige war, was in diesem Jahr 2022 im *besten Deutschland ever* zu funktionieren schien, es ging ums Bevorraten gegen den Knall, das Große Schwarze Loch nach der Großen Grünen Idee; und wie es nach dem Krieg in Köln das Wort *fringsen* gegeben hatte, nach Kardinal Frings, der Stehlen in der Not für vertretbar erklärte, so kam jetzt, im Revolutionären Kalender schrieb man das Jahr Eins der Ampel, das Wort *habecken* auf, es bezeichnete das Raffen, Amazonen, Preppern, das nicht Folge von Putins Krieg, sondern von einem Wahn war, einem Feind der Vernunft: Wer zwei grundlastfähige Energien abschaltet, der wird eben von der dritten und ihrem Besitzer abhängig, dann bleibt nur noch *habecken* und dem Wirtschaftsminister, mit authentisch zerknirschtem Gesicht das störrische Volk auf die gute Sache hinzuweisen, für die kalt zu duschen sich lohne. *Habecken* hieß also nicht bloß hamstern, sondern freiwillig verzichten für den Frieden, E-Räder müssen rollen für das Klima, und wer sich da an etwas erinnert fühlte, zu dem kommen, wie früher der Gasmann kam, die Energiewächter.

Wer aber hat das möglich gemacht, fragt Sarrazin. Medien und Wähler: »Wie bestellt, so geliefert«, sagt der Blogger Danisch. Wir sind mehr, sagen die Kulturschaffenden.

Sarrazin ist Aufklärer. Es geht ihm darum, die Freiheit zu schützen vor denen, die sie im Namen höherer Zwecke einschränken wollen. Dazu muss man die Begriffe klären, teils eben wieder aufklären – und klar halten. Man muss die Rahmen untersuchen, in denen sie wie gelten, auf Bedeutungsverschiebungen, Sinndrehereien, Konturaufweichungen hinweisen. Doch um Inhalte geht es im Staatsschauspiel schon lange nicht mehr. Das ist ja der Grund, warum man es tunlichst vermied, sich mit Sarrazin auf Sachdebatten einzulassen, seine Statistiken inhaltlich zu widerlegen. Es geht nicht um die Sache, es geht um Macht, und in der Talkshowkratie ist Macht bei denen, die in die Talkshows eingeladen werden. Sarrazin wirkt auf den ersten Blick, wie sich Karikaturisten einen Spitzenbeamten als Mann reiner Ratio vorstellen: zahlen- und statistikbestimmt, die Wirklichkeit steckt für ihn eher in einer Tabelle als in einer Parlamentsdebatte. Beobachtet man ihn genauer, nimmt man den metaphysischen Saum seiner Persönlichkeit wahr: Zum interessantesten Bereich seines neuen Buchs gehören für mich seine Erinnerungen an die frühen, die prägenden Jahre. Sie zeigen eine Folge der heutigen Debattenkultur in aller Deutlichkeit: den durch Blödheit, Blindheit, Herdentrieb, aufmerksamkeitsökonomische Gier und Zwänge geschaffenen grotesken Abstand zwischen öffentlichem und privatem Bild eines Menschen. Er hatte lange Scharlach, das Lesen ermöglichte Weltentdeckung. Sein Humor ist angelsächsisch, der zum Understatement neigende, trockene der Seefahrer, sein Wahrnehmungsvermögen und -interesse lässt ihn immer wieder zurücktreten und die eigenen Erkenntnisse bezweifeln. Das widerspricht dem Bild, das bestimmte Medien von Sarrazin zusammenschustern. Er ist eben keiner, der mit platten Argumenten oberflächliche Beobachtungen verteidigt, er geht den Dingen auf den Grund, studiert die Philosophen, will wissen, was man wissen kann. Vor allem die Politik als offensichtlichstes Gebiet von Macht interessiert ihn, und da Politik der Versuch ist, Ordnung in die Unordnung der Polis zu bringen, interessieren ihn die Grundlagen des Daseins. Dazu gehört Rüstzeug. Wer über Gesellschaft nachdenkt, kommt um die Staatslehren von Platon, von Hobbes, Marx und Popper nicht herum, er muss sich damit auseinandersetzen, will er auch nur einordnen können, was um ihn, den Beobachter, von Staats wegen vorgeht. Vom Verstehen und Verständnis, das oft mit Erklärungen operiert, zu schweigen. Sarrazin ist, was das betrifft, ein zurückhaltender Mensch. Dass Erklärungen manchmal allzu rasch das Etikett auf der Weinflasche für den Wein halten, weiß er nur allzu gut aus seiner beruflichen Tätigkeit an verschiedenen Stellen der Staatsmaschine und, nach 2010, aus der Erfahrung, was es heißt, mit einer Fremdwahrnehmung konfrontiert zu sein, die mit dem realen Menschen nur den Namen gemeinsam hat. Der Name klebt als Etikett auf einem teils bequem, teils bösartig herbeigeschriebenen, herbeigesendeten Popanz. Diese aus der Propaganda wohlbekannte Vogelscheuche diente zum Abladen persönlicher Charakterdefizite und zum Ablenken von den Problemen.

Jede langfristige Politik, heißt es im Buch, ist institutionell. Jede langfristige Institution aber verliert das Herdfeuer, den wärmenden Ofen des Gefühls. Dies zu verhindern, wird die Schwampel auf Rot gestellt, begleitet vom *Baerbocken*. Baerbocken war, Kobolde im Netz zu sehen, baerbocken war, nicht etwa Sinn und Verstand von Coronamaßnahmen zu befragen, sondern, etwa als baerbockender Journalist, zu den Kontrolleuren von Polizei und Gesundheitsamt in den ÖPNV zu steigen und auch ja genau hinzusehen, ob die Maßnahmen befolgt wurden oder nicht und denjenigen zu melden, der sie nicht befolgte, zu kontrollieren, ob es auch ja genug und genügend motivierte Kontrolleure, auf Baerbockisch: Kontrolleur:innen, gab, und wenn nicht, noch mehr, ja viel mehr Kontrolleure zu fordern, Kontrolleur:innen und Kontrolleur:außen, baerbocken war: den Kampf gegen Rechts aufzunehmen, *Krematorien am Limit* zu schreiben und zugleich über das Wort Exil zu wachen, das Feld also nicht den Falschen zu überlassen und ihrem bis über die *rote Linie* in Kontaktschuld getunkten Sprachgebrauch; baerbocken war, die Windräder dafür zu bestrafen, dass sie sich drehten, wie und wann sie wollten, und die Lösung für ihre Unbotmäßigkeit darin zu sehen, noch mehr Windräder zu bauen, dann würde nämlich das Vorbild der anderen Windräder auf die noch in der Trotzphase befindlichen Windräder einwirken, ein Ministerium würde dafür zuständig sein, das Ministerium des Winds und der Sonne, das WiSo, geleitet von einer Gesichtserkennung mit Korananschluss, und damit das Baerbocken Schule machte, musste das WiSo hinaus in die Welt, um die Welt zu beglücken, zu bebaerbocken, und während das zu Hause hockende, hass & hetzende Volk habeckte, baerbockten bombastisch bezahlte Blindendanten vom Klimawandel, *gretelten* von Fridays for Future, baerbockten, der nicht schnell und entschieden genug erfolgten Energiewende hätten die Habeckenden den Schlamassel zu verdanken, außerdem Putin und seinem Krieg in der Ukraine, und während sie baerbockten, suchten die Habeckenden nach Waffen, um sich und ihre Familien vor den nach den grünen Wundern kommenden Plünderern zu schützen. Dagegen hilft *faesern* – ab fünf ausgefallenen Mahlzeiten endet die Demokratie. Vernunft ist grundlastfähig.

Religion sei tot? Im Gegenteil, der religiöse Sensus ist unsterblich und sucht sich, überdrüssig der Sinnleere einer dekadenten Gesellschaft, andere Formen. Alles ist wieder da: Gläubige, Priester, Hohepriester, Ablasshandel, Sünder, Ketzer und Götzen. Sogar Altarkerzen gibt es wieder, nachdem das Toilettenpapier zeitweise aus war. Der Weltuntergang ist nahe. Doch wo Armageddon droht, sind auch die Wunderwaffen nicht weit. Mitten in der deutschen Seele gibt es den Panikknopf, und *lauterbachen* hieß, um die Bedeutung dieses Knopfs zu wissen. Ständiges Drücken erhöhte die Talkshowpräsenz, und je mehr Talkshowpräsenz, desto näher der Ministersessel. Der Daumen auf dem Panikknopf schüchterte die deutschen Seniorenresidenzen ein, trieb die Klickzahlen unter den lauterbachenden Artikeln in die Höhe; wer lauterbachte, wusste, wer die Schwurbler waren und wer nicht, wer die »-leugner«, die Verschwörungstheoretiker und Bekloppten, wer lauterbachte, definierte Pandemie neu (und kam damit durch), wer lauterbachte, forderte mehr Diktatur wagen und nicht alles auf den Tisch, sondern vom Tisch, am besten unter den Teppich, wer lauterbachte, als Wissenschaftler, brauchte keine Angst um Drittmittel zu haben, vor Kollegen, Nachbarn, der Zivilgesellschaft; wer lauterbachte, musste sie nicht fürchten, die bohrenden Fragen, er hatte ja Studien gelesen und in Harvard studiert, und Widersprüche, dass sich alle Stapelbalken bogen, blieben ohne Konsequenzen; wer lauterbachte, war ja schließlich Demokrat und auf der richtigen Seite, lauterbachen hieß: maßlos sein und dafür nicht geradestehen zu müssen, nicht in den allermeisten Zeitungen, nicht in den Löwenanteilen des ÖR. Lauterbachen hieß, die Gesellschaft ungestraft mit Phantomen einzuschüchtern, hieß Lockdown und Maske, egal, ob die was taugten und das brachten, was behauptet wurde, und wer nicht lauter, sondern leiser dachte, war schon ein Anhänger von Verschwörungstheorien und als solcher anzuzeigen, lauterbachen hieß, des Deutschen Angst und Finsterführers feuchten Traum hervorzuholen, auf willige Helfer zu treffen, lauterbachen hieß denunzieren mit Lust und öffentlicher Anerkennung fürs Lumpentum; lauterbachen hieß nicht *scholzen*, das hieß kanzlern, schweigen, alzheimern und Führungsschwäche zeigen, so wie *merzen* hieß, den Finger vorsichtig in den Wind zu heben, eine entsaftete Partei zu Ende zu merkeln, merzen hieß, praktisch immer nur theoretisch zu bleiben. Lauterbachen hieß, einem Virus den Krieg zu erklären, Generalmobilmachung und »Wann wir schreiten Seit an Seit«; lauterbachen hieß, den Inneren Deutschen zu entbinden und dabei den Schleim wiederzuentdecken, Nabelstränge und Käseschmiere der Vierten Gewalt, oder wars die Traurige Gestalt, oder wars Wurstbrühe, an der die Welt genesen sollte? Lauterbachen war, Deutschland wieder mal erfolgreich zum Sonderfall zu machen.

Aufklärung: Darunter versteht Sarrazin einen Denkstil, der sich der Ratio, der vorurteils- und tabulosen, genauen Sicht auf die Wirklichkeit, dem logischen und systematischen Denken verpflichtet weiß. Glaube vereinfacht die Willensbildung, das ist verführerisch. An der Oberfläche ist Politik rational, sie wirkt in die Wirklichkeit und muss, um das erfolgreich tun zu können, diese erkennen, adäquat abbilden und nach ihren Gesetzen handeln. Das ist die Ratio im Sinn des Lebens, das sich im Moment präsentiert. Leben als Projekt aber ist in die Zukunft gerichtet, und da das mit Unsicherheit verbunden ist, braucht man Pläne, Vorstellungen, wie sie aussehen könnte, gar wie sie zu machen wäre. Das ist möglich, beruhigt der Glaube. Man braucht dazu nur Schiff und Magnet. Glaube erscheint als Kompass, als Vernunft in Zukunft. Der Feind der Vernunft mag vernünftig argumentieren, aber diese Vernunft, die alltagspraktisch gebundene, ist für den religiös Empfindenden Schein, spiegelt einen Irrtum, hat bestenfalls vorübergehend etwas für sich. Wer so auf die Welt sieht, für den wird sie eine Brücke zur Verheißung. Sarrazin zitiert den amerikanischen Physiker Steven Weinberg über Religion: »Mit ihr oder ohne sie gibt es Menschen, die gute Dinge tun, und böse Menschen, die böse Dinge tun. Aber damit gute Menschen böse Dinge tun, braucht es Religion.«

Was eine Gesellschaft, die demokratisch bleiben will, dringend braucht und deshalb aushalten muss, sind ehrliche Debatten: kühl, unbestechlich, unerschrocken, den Blick auf die Sache und nicht auf den Weihrauch gerichtet, der die Sinne vernebelt. Sarrazin braucht keinen Bundesverdiensthammer auf der Heldenbrust, schon gar nicht aus den Händen dieses Bundespräsidenten; Sarrazin braucht nicht die Nestwärme einer Partei, die einmal Geister wie ihn nicht nur aushielt, sondern rief, inzwischen aber zu einem Ideologiekombinat mit Mietendeckel verkommen ist, das seine ursprüngliche Klientel verrät. Sarrazin hat die Anerkennung, ja Verehrung seiner Leser, die sich dem Tugendterror, der Klimareligion, dem Coronawahn, dem nach woke und linksgrün entgleisten öffentlich-rechtlichen Staatsfunk entziehen. Sie, die nur das Böse, aber nicht das Bewährte an Nation, Volk, gewachsener Sprache, abendländischer Kultur sehen und dieses Bewährte als bloßes Konstrukt abzuräumen versuchen, hoffen aufs Vergessen. Deshalb fürchten und bekämpfen sie Geister wie Sarrazin.

Berlin, 22. August 2022